¿Quieres razonar mejor, ser más feliz, y tener más concentración y más memoria? En las páginas del nuevo libro del doctor Amen, *Mejora tu cerebro cada día*, encontrarás las estrategias avaladas por la neurociencia para conseguirlo.

UMA NAIDOO, doctora en Medicina, psiquiatra nutricional de Harvard, chef, bióloga nutricional y autora del bestseller nacional e internacional *This Is Your Brain on Food*.

La particularidad de este libro radica en que va más allá de la teoría e incluye prácticas que puedes llevar a cabo todos los días. Cada práctica se basa en las anteriores, así que, al final del año, habrás forjado una vida completamente nueva.

DR. DERWIN L. GRAY, cofundador y pastor principal de la Transformation Church; autor de *How to Heal Our Racial Divide: What the Bible Says, and What the First Christians Knew, about Racial Reconciliation*.

¿Sabías que con apenas unos minutos al día puedes mejorar la salud de tu cerebro? Para empezar a dar un giro a su vida y a tu salud cerebral, basta con leer una página al día de este libro.

CHALENE JOHNSON, experta en estilo de vida y negocios, conferenciante motivacional, autora bestseller del *New York Times* y reconocida *podcaster*.

Los estudios científicos han demostrado que nuestro estilo de vida afecta a la salud del cerebro. Y aunque algunos libros pueden ayudarnos a mejorar la salud de nuestro cerebro, las estrategias que describen suelen ser muy complicadas y abrumadoras. *Mejora tu cerebro cada día*, del doctor Amen, nos regala amablemente la capacidad de alterar el destino de nuestro cerebro. Solo nos pide que hagamos un pequeño cambio cada día. Y estos cambios, a la larga, se acumulan para empoderarnos con el objetivo de tener un cerebro más sano, más feliz y que funcione mejor.

DAVID PERLMUTTER, autor bestseller del *New York Times*.

Mejora tu cerebro cada día es una gran incorporación al conjunto de herramientas de salud mental de cualquier persona. Basándose en el análisis de más de 225.000 escáneres cerebrales de 155 países, el doctor Amen ofrece consejos y estrategias asequibles para mejorar tu salud mental y vivir mejor en apenas un año.

DR. CAROLINE LEAF, neurocientífica clínica y autora del bestseller *Cleaning Up Your Mental Mess*.

El cerebro cambia constantemente. Puede mejorar o empeorar, pero nunca permanece invariable. Por eso, ahora más que nunca, es muy importante disponer de prácticas diarias para mejorar la salud de nuestro cerebro. *Mejora tu cerebro cada día* es un auténtico hallazgo de recursos diarios que te ayudarán a mejorar tu cerebro de forma automática.

SHAWN STEVENSON, autor del bestseller *Eat Smarter and Sleep Smarter.*

Mejora tu cerebro cada día es como recibir una sesión diaria del doctor Amen para mejorar tu memoria, tu estado de ánimo y tu mentalidad.

JIM KWIK, autor del bestseller del *New York Times, Limitless: Upgrade Your Brain, Learn Anything Faster, and Unlock Your Exceptional Life.*

DANIEL G. AMEN

MEJORA
TU CEREBRO
CADA DÍA

Sencillas prácticas diarias para fortalecer tu mente, memoria, estado de ánimo, concentración, energía, hábitos y relaciones

REM*life*

Descuentos y ediciones especiales

Los títulos de Reverté Management (REM) se pueden conseguir con importantes descuentos cuando se compran en grandes cantidades para regalos de empresas y promociones de ventas. También se pueden hacer ediciones especiales con logotipos corporativos, cubiertas personalizadas o con fajas y sobrecubiertas añadidas.

Para obtener más detalles e información sobre descuentos tanto en formato impreso como electrónico, póngase en contacto con revertemanagement@reverte.com o llame al teléfono (+34) 93 419 33 36.

Change Your Brain Every Day
Mejora tu cerebro cada día

Original Published in English in the U.S.A.:
Change Your Brain Every Day: Simple Practices to Strengthen Your Mind, Memory, Moods, Focus, Energy, Habits, and Relationships by Daniel G. Amen, MD. English edition is comprised of portions of previously published content excepted from the following works by Dr. Daniel G. Amen, MD and published by TYNDALE: Memory Rescue, Feel Better Fast and Make It Last, The End of Mental Illness, Your Branin is Always Listening, and You, Happier.

Copyright © 2023 by Daniel G. Amen, MD.

All rights reserved.

Esta edición:
© Editorial Reverté, S. A., 2024
Loreto 13-15, Local B. 08029 Barcelona – España
revertemanagement.com

Edición en papel
ISBN: 978-84-17963-93-4 (tapa dura)
ISBN: 978-84-10121-11-9 (rústica)

Edición ebook
ISBN: 978-84-291-9800-3 (ePub)
ISBN: 978-84-291-9801-0 (PDF)

Editores: Ariela Rodríguez/Ramón Reverté
Coordinación editorial y maquetación: Patricia Reverté
Traducción: Genís Monrabà Bueno
Revisión de textos: M.ª del Carmen García Fernández

Impreso en España – *Printed in Spain*
Depósito legal: B 4375-2024 (tapa dura)
Depósito legal: B 4376-2024 (rústica)
Impresión y encuadernación: Liberdúplex
Barcelona – España

#112

Contenido

TIPOS DE CEREBRO

DESARROLLO DE LAS CAPACIDADES CEREBRALES

LAS SUSTANCIAS QUÍMICAS DE LA FELICIDAD

NUEVO PROGRAMA BASADO EN EL CEREBRO PARA SUPERAR ADICCIONES

Introducción

No estás limitado por tu cerebro. Aunque lo hayas tratado mal, siempre puedes mejorarlo. Te lo garantizo. Cambiar tu cerebro está en tus manos. Y, cuando lo hagas, tu vida cambiará. Durante los últimos treinta años, he concluido la mayoría de mis conferencias con las anteriores palabras. Es el propósito que impulsa mi trabajo. Tu cerebro determina todo lo que haces y quién eres. Cambia a diario: o mejora y rejuvenece, o empeora y envejece por culpa de tu alimentación, tus pensamientos y decisiones. Esta lectura diaria está diseñada para ayudarte a controlar el futuro de tu cerebro y mejorar tu memoria, estado de ánimo, concentración y sensación de bienestar y felicidad. Aprender a amar y cuidar tu cerebro también te permitirá disminuir el estrés, mejorar tus relaciones, incrementar las oportunidades de éxito en cualquier área de tu vida, prevenir la demencia, y evitará que te conviertas en una carga para tus seres queridos.

Toma como ejemplo a mi amiga Leeza Gibbons, una reconocida periodista. La conocí en 1999, tras participar en su programa de televisión para presentar mi libro *Cambia tu cerebro, cambia tu vida*. Es una mujer brillante y decidida, y tiene una sonrisa luminosa. Entablé amistad con ella después de acudir en distintas ocasiones a su programa. A medida que la conocía, supe que tanto su madre como su abuela habían muerto por alzhéimer, hecho que preocupaba mucho a toda su familia. Puesto que esta enfermedad es hereditaria y provoca cambios cerebrales décadas antes de que las personas afectadas presenten algún síntoma, la convencí para que se hiciera un escáner en mi clínica. En Amen realizamos estudios de neuroimagen llamados SPECT, que analizan el flujo sanguíneo y los patrones de actividad. Es una de las mejores técnicas para evaluar el riesgo de padecer la enfermedad de Alzheimer.

Al principio, Leeza se mostró reticente. Mucha gente teme saber si más adelante su cerebro puede presentar algún tipo de problema. Pero entonces le pregunté: «Si supieras que un tren está a punto de arrollarte, ¿no intentarías hacer cuanto estuviera en tus manos para, al menos, alejarte de las vías?». Al final, tras pasar por una etapa difícil, vino a verme y su SPECT reveló varias zonas donde el flujo de sangre era muy bajo; el pronóstico no era alentador. Leeza se tomó los resultados muy en serio e hizo todo lo que le recomendé, lo cual, a fin de cuentas, es lo que aparece en este libro. Diez años

1

más tarde, su cerebro mostraba un aspecto mucho más saludable, algo que no suele ocurrir con el paso del tiempo.

Y es que las imágenes de sus escáneres nos cuentan una historia: una llena de esperanza. *Tu cerebro no te limita. Al contrario, con la orientación adecuada, puedes mejorarlo. Te lo garantizo.*

ANTES **DIEZ AÑOS MÁS TARDE**

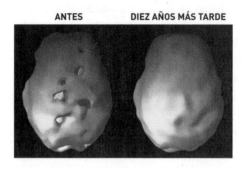

En las Clínicas Amen tenemos miles de historias como la de Leeza. ¿Qué hizo para revertir el envejecimiento de su cerebro, para tenerlo más sano diez años más tarde? Este es el argumento del presente libro. ¿Fue muy duro? En absoluto. Estar enfermo es duro, pero Leeza entendió su salud cerebral como un entrenamiento diario.

EL CEREBRO Y LA SALUD MENTAL SE CUIDAN CON ENTRENAMIENTO DIARIO

Mantener el estado físico es una cuestión de entrenamiento constante. No puedes tener sobrepeso el lunes, comerte una ensalada el martes y esperar estar en forma el viernes. Es ridículo, ¿no te parece? Mantenerse en forma exige un esfuerzo y un entrenamiento cotidiano durante mucho tiempo, y eso incluye comer bien, tomar los suplementos adecuados, hacer ejercicio, gestionar el estrés y tomar muchas más buenas decisiones que malas. Sí, es cierto, puedes tomar pastillas para tratar la diabetes, la hipertensión y el dolor crónico que, en realidad, son el resultado de haber tomado malas decisiones en el pasado. Pero esas pastillas nunca te proporcionarán la energía y la vitalidad que deseas.

Del mismo modo, el cerebro y la salud mental exigen entrenamiento a diario, ahora más que nunca. En la actualidad, la ansiedad, la depresión, el suicidio, los trastornos por déficit de atención/hiperactividad (TDA/TDAH), la bipolaridad, el trastorno de estrés postraumático (TEPT) y el deterioro cognitivo alcanzan cifras epidémicas, del mismo modo que la venta de medicamentos con receta que alivian estas dolencias también ha alcanzado cotas nunca vistas. Las estimaciones indican que el alzhéimer triplicará su incidencia en las próximas décadas, y desde la pandemia, los trastornos de ansiedad y depresión se han duplicado tanto en niños como adultos. Algo tiene que cambiar.

Si quieres ser más feliz y alcanzar un mayor estado de relajación, si deseas mantener una buena salud cerebral y reducir el riesgo de padecer alzhéimer, como Leeza, debes emprender un entrenamiento prolongado que fortalezca tu cerebro. Y este libro, *Mejora tu cerebro cada día*, te enseñará a hacerlo. En él comparto los conocimientos que he adquirido al otro lado del diván, como neuropsiquiatra (un psiquiatra que cree que la salud cerebral es fundamental para ayudar a sus pacientes a curarse y mejorar). Durante más de cuarenta años he trabajado con niños, adolescentes y adultos en la superación de trastornos de ansiedad, depresiones, obsesiones, compulsiones, adicciones, traumas emocionales, traumatismos craneales, problemas relacionales, y también de memoria y aprendizaje. Este volumen recopila esos cuarenta años de experiencia y conocimientos en una guía didáctica, que, paso a paso, te mostrará cómo mejorar y sanar el cerebro. Yo utilizo estas prácticas diarias en mi vida, y animo a quienes me rodean a hacer lo mismo.

Desde 1991, junto al equipo de la Clínica Amen, he creado la mayor base de datos del mundo de escáneres cerebrales (SPECT) relacionados con el comportamiento, con un total de más de 225.000 escáneres hechos a pacientes de 155 países. Hemos atendido a personas desde apenas nueve meses de edad hasta ciento cinco años. Y nuestro trabajo nos ha enseñado muchas cosas importantes sobre las prácticas y los hábitos cotidianos de salud cerebral y mental, que enseñamos a nuestros pacientes.

Si te sentaras en mi despacho de neuropsiquiatra todos los días durante un año, estos son los conocimientos y las prácticas cotidianas que aprenderías. En este libro aparecen 366 (por si compraste el ejemplar en año bisiesto) breves textos organizados en torno a ocho grandes temas:

1. Principales aprendizajes que he extraído de la observación de más de 225.000 escáneres SPECT cerebrales.
2. Cómo entender y mejorar el funcionamiento físico del cerebro, lo que yo llamo el «hardware de tu alma».
3. Aprender a gestionar tu mente para fomentar la felicidad, la paz interior y el éxito: el «software» que dirige tu vida.
4. Desarrollar un plan de por vida para afrontar cualquier estrés que se presente.
5. Utilizar el cerebro para mejorar tus relaciones y «conexiones».
6. Hallar un sentido y un propósito permanentes, coherentes con tus acciones cada día.
7. Mantener una alimentación centrada en el cerebro y los nutracéuticos (suplementos específicos) para fortalecer tu cerebro y tu mente.
8. Aplicar una sabiduría específica para cada tipo de dolencia, como tratar traumas pasados, ansiedad, depresión, adicciones, TDA/TDAH, etc.

Además, incluye una sencilla práctica o entrenamiento para cada día: un pequeño hábito, una pregunta o alguna reflexión que con el tiempo cambiarán el rumbo de tu vida.

Los hábitos son esos ejercicios que puedes incorporar a tu rutina para marcar una gran diferencia a largo plazo. Hace varios años empecé a trabajar con el profesor B. J. Fogg (director del Persuasive Tech Lab de la Universidad de Stanford) y su hermana, Linda Fogg-Phillips, para desarrollar pequeños hábitos para nuestros pacientes. En este libro encontrarás muchos de ellos. B. J. y Linda afirman que solo existen tres caminos para modificar el comportamiento a largo plazo:

1. Una revelación (contemplar tu escáner cerebral puede ser un catalizador, como le ocurrió a Leeza).
2. Un cambio en el entorno (qué y quién te rodea).
3. Crear pequeños hábitos.[1]

En mi libro *The End of Mental Illness*, me preguntaba qué haría un malvado gobernante si quisiera aumentar la incidencia de los trastornos mentales. Y es que la sociedad influye de forma contundente en tu cerebro y en tu mente. Por eso, también me pregunté qué haría un buen gobernante si quisiera disminuir la incidencia de los trastornos mentales. ¿Qué estrategias utilizaría? En este libro hallarás muchas de las que pondrían en marcha uno y otro tipo de gobernante, para que aprendas a evitar las trampas que nos tiende la sociedad.

Aun así, no creas que podrás aplicarlas todas. Céntrate en los consejos más sencillos que puedas incorporar en tu estilo de vida. Para empezar, el simple hábito (pero más importante) que aprenderás es este: cuando tengas que tomar una decisión, pregúntate: *¿Esto es bueno o malo para mi cerebro?* Apenas te llevará 3 segundos hacerlo, y si eres capaz de responder a la pregunta con argumentos y amor (amor por ti, por tu familia y por tu propósito vital), enseguida dispondrás de un cerebro mejor. Gracias a este hábito, uno de mis pacientes me dijo: «Me levanto sobrio todos los días porque he dejado de beber alcohol, que no era bueno para mi cerebro».

El ritmo de lectura de este libro solo depende de ti, pero te recomiendo que leas una página al día. Apenas necesitarás unos minutos, pero, con el tiempo, una vez que aprendas a reflexionar sobre tu salud cerebral y a entrenarla todos los días empezarás a experimentar cambios en tu vida. Del mismo modo que animo a mis pacientes a perder peso poco a poco, para que desarrollen los hábitos que les permitirán mantenerse saludables y en forma el resto de su vida, adoptar estos hábitos de salud mental y cerebral de uno en uno te ayudará a mantenerlos.

Empecemos, pues, a mejorar tu cerebro cada día.

Tu cerebro crea tu mente

Tu cerebro está involucrado en todo lo que haces, en cómo piensas, cómo te sientes, cómo actúas y cómo interactúas con los demás. Es el órgano de la inteligencia y el carácter, y el responsable de todas tus decisiones. Es decir, tu cerebro «crea» tu mente; es el hardware de tu alma. Tu cerebro genera la ansiedad, las preocupaciones y también la sensación de paz; almacena esos sucesos traumáticos que siguen golpeándote mucho tiempo después de que hayan ocurrido, o los procesa para que adquieras aprendizajes importantes. Tu cerebro centra la atención en aquello que es crucial o en distracciones sin sentido. Siente tristeza o felicidad. Crea una realidad saludable o perjudicial. Recuerda lo que es necesario para mejorar tu vida y descarta aquello que es superficial.

En 2020, Justin Bieber estrenó su documental *Seasons*, donde le contaba al mundo que había trabajado conmigo.[2] El cerebro no procesa con facilidad la fama, y Justin se topó con ella tan pronto y con tanta intensidad que estoy orgulloso de que haya sobrevivido a ello y se haya convertido en un joven formidable. Antes de que Justin acudiera a mí, otro médico le había diagnosticado un trastorno bipolar. Sin embargo, el escáner SPECT reveló que su cerebro había sufrido daños. Recuerdo que un día llegó a mi despacho y dijo: «Creo que entiendo lo que intentas decirme. Mi cerebro es un órgano, como mi corazón. Si me dijeras que tengo alguna enfermedad cardiaca, haría cuanto me dijeras. Por eso, haré todo lo que me digas». Y al prestar atención tanto a su salud cerebral como a la mental, Justin ha evolucionado en positivo.

Sí, tu cerebro es un órgano como otro cualquiera; como el corazón, los pulmones o los riñones. Y muchas personas, a pesar de que nunca hayan sufrido un infarto, acuden al cardiólogo para prevenirlos. Creo que en el futuro los psiquiatras actuarán de forma similar: conocerán los factores de riesgo del cerebro (ver los factores de riesgo BRIGHT MINDS en los días 7, 9 y 39-104) y abordarán cada uno lo antes posible. Para tener una mente sana, primero debes trabajar en la mejora del funcionamiento físico del cerebro.

PRÁCTICA DE HOY: *Menciona tres razones por las que quieres o necesitas un cerebro sano.*

Si estás sufriendo: te doy la bienvenida a la normalidad

«Normal» no es más que una configuración de la lavadora o el nombre de una localidad de Illinois. Hace unos años di una charla en la Universidad Estatal de Illinois, en Normal, una localidad de Illinois. Pensé que sería *curioso* hablar en una emisora de *Normal*, comer en un restaurante de *Normal* o pasar por delante de un instituto de *Normal*. Sin embargo, me di cuenta de que sus habitantes se enfrentaban a los mismos problemas que la mayoría de mis pacientes.

Demasiadas personas no reciben la ayuda que necesitan porque se avergüenzan de sus problemas de salud mental. Creen que la ansiedad, la depresión o las dificultades de atención y memoria no son normales. Pero se equivocan: la investigación al respecto demuestra que más de la mitad de la población padece problemas de salud mental en algún momento de su vida.[3] Por eso, si tienes problemas con tu cerebro o tu mente, te doy la bienvenida a la normalidad.

Si estás sufriendo, deja de pensar que no eres normal y pide ayuda. Hacerlo es señal de inteligencia, no de fragilidad. Piensa en una persona emprendedora que tiene problemas en su negocio; si es inteligente, lo más probable es que se busque a un buen asesor para que le eche una mano. Ignorar el problema o negarlo solo le llevará a pasarlo peor, e incluso a la quiebra. De modo que si estás sufriendo busca al mejor médico, psiquiatra o terapeuta que puedas. Cuando te des cuenta de que muchas más personas están pasando por lo mismo, te sentirás menos solo o sola y la vergüenza se esfumará. Como suele decir mi esposa: el dolor compartido es dolor reducido.

PRÁCTICA DE HOY: *Haz una lista con diez de tus amigas y amigos. ¿Cuántas de estas personas han necesitado ayuda para su cerebro o su mente, de un modo u otro en algún momento?*

DÍA 3

Cuando tu cerebro funciona de manera adecuada, trabajas mejor

El libre albedrío no es blanco o negro; se sitúa en los grises. Nuestro trabajo con imágenes cerebrales en la Clínica Amen a lo largo de las últimas tres décadas nos ha demostrado que tener un cerebro sano es fundamental para la felicidad y el éxito. Cuando tu cerebro funciona de manera adecuada, te permite tomar mejores decisiones, que a su vez tienen efectos positivos en tu economía, tus relaciones, tu salud y casi todo lo que haces. En cambio, si tu cerebro no funciona de un modo correcto, es más probable que acabes enfrentándote a problemas mentales o de salud, que tengas menos éxito en tus relaciones y que experimentes dificultades económicas.

Un concepto clave que suele pasarse por alto en muchos libros sobre el éxito es que una salud cerebral óptima es fundamental para alcanzarlo. Aunque la realidad nos dice que los problemas cerebrales son muy comunes y suelen estar detrás del fracaso o las desgracias, son como el «eslabón perdido» de la derrota y la frustración. Cuando no cuentan con diagnóstico ni tratamiento, trastornos como la apnea del sueño, las conmociones cerebrales, la exposición a toxinas, el abuso de sustancias nocivas o los traumas gestacionales, entre otros, pueden causar un amplio abanico de problemas que interfieren en la capacidad para tomar buenas decisiones. Por tanto, la idea de que el libre albedrío —el control consciente de las acciones— es algo que se tiene o no se tiene es errónea. Nuestro trabajo nos ha demostrado que esa capacidad para elegir de forma intencionada los propios comportamientos depende del estado de salud del cerebro de la persona; que no es una cuestión de blanco o negro, sino que se sitúa en la escala de grises.

En otras palabras, cuanto mejor sea el funcionamiento general de tu cerebro, más probabilidades tendrás de ejercer un alto grado de libre albedrío. Por otro lado, las personas cuyo cerebro no funciona de manera adecuada suelen experimentar dificultades para sentirse eficaces y tomar buenas decisiones. En consecuencia, tienen un menor sentido del libre albedrío.

PRÁCTICA DE HOY: *Piensa en tres o cuatro personas cercanas a las que sueles juzgar con dureza. ¿Es posible que al menos a una de ellas le esté pasando algo en el cerebro que afecte a su comportamiento?*

Tu cerebro es la creación más asombrosa

¿Sabías que el cerebro humano tiene la capacidad de almacenar todo lo que publique el Wall Street Journal durante seis millones de años? Se estima que nuestra galaxia, la Vía Láctea, contiene cien mil millones de estrellas. Algo de semejante magnitud es difícil de comprender, pero el caso es que existe un órgano incluso más complejo y asombroso… y está dentro de tu cráneo. El cerebro humano posee unos cien mil millones de neuronas (células cerebrales) y casi el mismo número de glías, que funcionan como células «auxiliares». Cada neurona tiene múltiples conexiones con otras células: algunas solo unas pocas, mientras que otras pueden establecer más de diez mil. Esto quiere decir que el cerebro posee unos cien billones de conexiones, y todas ellas son importantes, porque se comunican constantemente con otras células y son las encargadas de llevar a cabo una amplia gama de funciones.[4]

A pesar de que tu cerebro apenas pesa un kilo y solo representa el 2 % del peso corporal, consume el 20 % de tu ingesta calórica diaria. Además, utiliza el 20 % del flujo sanguíneo de tu cuerpo para tener una circulación constante de nutrientes vitales y oxígeno. Sin ellos, no podría funcionar de manera adecuada mucho tiempo. Es fundamental comprender esto, porque cualquier cosa que prive al cerebro de oxígeno —como la apnea obstructiva del sueño o una intoxicación por monóxido de carbono— puede dañarlo. Tu cerebro, tan especial, te hace ser quien eres, por eso es importantísimo cuidar de esta parte tan preciada de ti.

PRÁCTICA DE HOY: *Piensa en tres hazañas que hayan cambiado el mundo gracias al cerebro de alguien.*

La envidia de cerebro es el primer paso

Freud estaba equivocado: la envidia de pene no es la causa de los problemas de la gente.
Jamás la he visto, en los cuarenta años que llevo ejerciendo mi profesión. La envidia de
cerebro es en realidad lo que todo el mundo necesita.

1. Ten «envidia de cerebro» (se consciente de que debes cuidarlo).
2. Evita cualquier actividad que te pueda hacer daño.
3. Practica hábitos saludables para el cerebro.

Hoy hablaremos sobre la envidia de cerebro. Cuando empecé a escanear cerebros nunca había pensado en proteger o fortalecer el mío, a pesar de que era el mejor estudiante de neurociencia en la facultad de Medicina, y un psiquiatra con dos titulaciones. Durante mis cinco años de residencia en el área de psiquiatría, no asistí a ninguna conferencia sobre la salud cerebral. De hecho, no se me había pasado por la cabeza preguntarme nada sobre mi propio cerebro. Eso cambió en cuanto decidí escanear el cerebro de mi madre. Por aquel entonces ella tenía 60 años. Al analizar los resultados encontré un cerebro hermoso, sano; parecía mucho más joven y reflejaba una vida altamente funcional como esposa, madre y abuela.

Después de analizar su cerebro, decidí echar un vistazo al mío. ¡Menuda diferencia! Mi escáner mostraba un cerebro poco sano que parecía, además, mucho más viejo que el del hombre de 37 años que era entonces. Múltiples factores lo habían dañado, entre ellos la práctica del fútbol americano, haber contraído meningitis dos veces en el servicio militar y ciertos malos hábitos, como la comida rápida, la falta de sueño y el estrés. No me hacía ni pizca de gracia que el cerebro de mi madre estuviera más sano que el mío. Por eso a partir de entonces desarrollé cierta «envidia de cerebro». Quería uno tan sano como el suyo, así que me pasé décadas esforzándome para mejorarlo. Si ahora pudieras echar un vistazo a un escáner de mi cerebro, lo verías más grande y sano. Por tanto, observar el cerebro me enseñó que, si quería amar mi vida, tenía que empezar por amar mi cerebro. «Necesitaba» la envidia de cerebro.

PRÁCTICA DE HOY: *Escribe una carta de amor a tu cerebro; puede ser un texto breve.*

Doug se enamora de su cerebro

«Observar mi cerebro fue como ver a uno de mis hijos por primera vez». Un buen amigo le recomendó a Doug que viniera a verme, porque sufría niebla mental y fatiga. Doug había vivido en una casa llena de moho, se había criado en una granja en la que estuvo expuesto a muchos pesticidas y había sufrido varias contusiones cerebrales, porque practicaba artes marciales. Y cuando echó un vistazo a su escáner cerebral me confesó que fue como ver por primera vez a uno de sus hijos. Sabía que tenía que cuidar su cerebro y no quería que nada lo dañara. Eso es la envida de cerebro.

ANTES   TRES MESES DESPUÉS

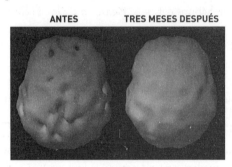

Doug hizo todo lo que le recomendé: por ejemplo, mejorar su dieta, tomar nutracéuticos específicos (suplementos que ayudan a mantener y mejorar la salud, en su caso un complejo vitamínico de alta calidad, ácidos grasos omega-3 en dosis altas y un suplemento para estimular el cerebro) y utilizar oxigenoterapia hiperbárica. A las pocas semanas empezó a sentirse mucho mejor. Al cabo de tres meses, su escáner había mejorado de forma espectacular (ver la imagen). La niebla mental desapareció y su cerebro estaba más sano, y al mismo tiempo había incrementado su energía, resistencia y memoria, y su estado de ánimo había mejorado. Y ese es uno de los aprendizajes más emocionantes del trabajo con escáneres cerebrales:

Sin embargo, la mayoría de la gente nunca se preocupa por su cerebro. ¿Por qué? Porque no pueden verlo. El pelo grasiento, la piel seca o los kilos de más siempre están a la vista y, si no te gustan, puedes ponerle remedio. Pero no mucha gente tiene la oportunidad de echar un vistazo a su cerebro, así que ¿por qué iban a preocuparse? El caso es que las imágenes cerebrales lo cambiaron todo para mí y para Doug. Si tú todavía no amas a tu cerebro, plantéate echarle un vistazo.

PRÁCTICA DE HOY: *Reflexiona sobre esto: ¿amas a tu cerebro tanto como a las personas importantes de tu vida?*

Evita todo lo que dañe tu cerebro

Si quieres mantener sano tu cerebro, o bien enderezarlo si ves que empieza a tener problemas, debes evitar o tratar los once factores de riesgo principales que debilitan tu mente.

¿Qué puede dañar el cerebro? Es probable que conozcas las respuestas más obvias: drogas, abuso de alcohol, exposición a sustancias tóxicas y lesiones en la cabeza. Aunque otras menos conocidas son el sobrepeso, la apnea del sueño, la tensión arterial, la diabetes, los altos niveles de azúcar en sangre, los ansiolíticos, los alimentos tratados con pesticidas, los azúcares añadidos, las hormonas del estrés, el pesimismo y relacionarse con personas con hábitos dañinos. Piensa en cuáles de ellas están afectando a tu cerebro.

Warren Buffett tiene dos reglas para invertir dinero. La primera es «nunca pierdas dinero». Y la segunda, «no olvides nunca la primera regla». Las reglas para mantener tu salud cerebral son parecidas. Primera: «nunca pierdas neuronas»; segunda: «no olvides nunca la primera regla». La pérdida de neuronas es mucho más difícil de subsanar que cualquier pérdida económica.

En la Clínica Amen hemos creado el acrónimo BRIGHT MINDS (que solo tiene sentido en inglés) para ayudarte a recordar los once principales factores de riesgo que destruyen neuronas y pueden causar deterioro cognitivo. Con las estrategias adecuadas, serás capaz de evitar o minimizar casi todos estos factores de riesgo, incluso aquellos que parecen inevitables, como los antecedentes familiares de demencia. Estos son los once factores de riesgo que durante los próximos días trabajaremos en profundidad:[5]

Blood flow (Flujo sanguíneo)
Retirement/Aging
    (Jubilación/Envejecimiento)
Inflammation (Inflamación)
Genetics (Genética)
Head trauma (Traumatismo craneal)
Toxins (Toxinas)

Mental health (Salud mental)
Immunity/Infections
    (Inmunidad/Infecciones)
Neurohormone issues
    (Problemas hormonales)
Diabesity («Diabesidad»)
Sleep issues (Problemas de sueño)

PRÁCTICA DE HOY: *Cumplimenta el cuestionario de nuestra web para saber qué factores de riesgo pueden afectarte: memoryrescue.com/assessment*

Entonces, ¿cómo puedo pasármelo bien?

¿Quiénes se lo pasan mejor? ¿Los niños con un cerebro sano o los que dañan su cerebro? Durante los últimos 17 años he impartido un curso (Brain Thrieve by 25) junto con el doctor Jesse Payne; con él enseñamos a los adolescentes a amar y cuidar su cerebro. Una investigación independiente llevada a cabo por Multi-Dimensional Education en 16 centros escolares ha revelado que reducir el consumo de drogas, alcohol y tabaco frena la depresión y mejora la autoestima.[6] Siempre que explicamos todo aquello que debemos evitar para mantener sano el cerebro, algún chico (es raro que sea una chica) levanta la mano y pregunta: «Pero, entonces, ¿cómo puedo pasármelo bien?».

Y siempre que surge la pregunta organizamos un juego con los alumnos, llamado «¿Quién se lo pasa mejor? ¿Un niño con un cerebro sano u otro cuyo cerebro tiene problemas para funcionar de manera adecuada?».[7] ¿Quién entra en la universidad que quiere, una chica con el cerebro sano u otra que tiene un cerebro enfermo? ¿Quién da con la pareja adecuada porque no se comporta como un imbécil, un chaval con el cerebro sano o el que tiene el cerebro dañado? ¿Quién consigue el mejor trabajo? Y así un largo etcétera. Luego siempre expongo el caso de la superestrella Miley Cyrus, que dejó las drogas y empezó a tomarse en serio el cuidado de su cerebro. Cuando le envié un mensaje tras un año desintoxicada, le pregunté: «¿Te diviertes más con tus buenos hábitos o con los malos?». Me contestó enseguida: «¡Sin duda, con los buenos!».

Ten claro que, con independencia de lo que quieras en la vida, es más fácil obtenerlo cuando tu cerebro funciona bien. Por eso has de procurar que tu comportamiento esté acorde con ello. No renuncias a las sustancias tóxicas para privarte de ellas; las evitas porque es el mayor acto de amor propio que puedas llevar a cabo. Si tienes esta mentalidad, el resto será pan comido.

PRÁCTICA DE HOY: *Reflexiona sobre lo siguiente: cuando adoptas comportamientos que dañan tu cerebro, ¿cómo se ve afectada tu vida?*

Adoptar hábitos saludables para el cerebro

Busca una estrategia sencilla para optimizar tu estado en cada uno de los once factores de riesgo. Si me lo permites, yo te propongo un sencillo hábito cerebral saludable para cada uno.

Flujo sanguíneo: camina como si llegaras tarde a algún sitio durante 45 minutos, al menos cuatro veces por semana.

Jubilación/envejecimiento: dedica quince minutos al día al aprendizaje de algo nuevo.

Inflamación: cepíllate los dientes con regularidad para evitar enfermedades periodontales.

Genética: infórmate sobre los factores de riesgo en tu familia y empieza a tomar medidas cuanto antes.

Traumatismo craneal: protégete la cabeza (y deja de escribir mensajes en el móvil mientras conduces).

Toxinas: desintoxica tu cuerpo yendo a la sauna con frecuencia.

Salud mental: cuando estés triste, enfadada, nervioso o sientas que has perdido el control, pon por escrito tus pensamientos negativos y pregúntate si son ciertos.

Inmunidad/infecciones: conoce y optimiza tus niveles de vitamina C.

Problemas hormonales: hazte análisis hormonales y contrasta los resultados con tu médico.

«Diabesidad»: lleva una dieta saludable para el cerebro.

Problemas de sueño: intenta dormir siete horas al día.

PRÁCTICA DE HOY: *Elige una de las estrategias anteriores y añádela a tu rutina diaria.*

Aumenta tu reserva cerebral

La reserva cerebral es el tejido o la función cerebral extra que tienes disponible para afrontar cualquier situación de estrés. ¿Alguna vez te has preguntado por qué una persona puede superar un accidente de coche sin ninguna secuela, mientras que otra queda destrozada para toda la vida? Esto está relacionado con su salud cerebral en el momento del accidente. Acuñé el término «reserva cerebral» para referirme al tejido y las funciones cerebrales extra de los que dispones para hacer frente a cualquier situación de estrés que se te presente. Incluso antes de que te concibieran, los hábitos de tus padres estaban sentando las bases de tu salud física, mental y cerebral.[8] En el momento de la concepción, el cerebro cuenta con una reserva cerebral de gran potencial. Sin embargo, si tu madre fumaba, bebía demasiado, tomaba comida basura o padeció alguna infección durante el embarazo, esto redujo tu reserva cerebral incluso antes de que nacieras. En cambio, si se alimentó de manera adecuada, tomó vitaminas y no sufrió situaciones estresantes, entonces aumentó de forma activa tu reserva.

Después de tu nacimiento (y cada día desde entonces), tus hábitos, tus circunstancias, los factores de riesgo, la dieta y el estrés siguieron aumentando o disminuyendo tu reserva cerebral.

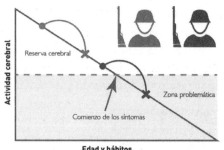

Imagina que dos soldados pasan por encima de una mina con su Humvee. Ambos son catapultados fuera del vehículo al mismo tiempo, con la misma fuerza y el mismo ángulo. Pero uno sale ileso del accidente, y el otro sufre deterioro cognitivo, estrés postraumático y ansiedad. ¿Cómo es posible? Bien, todo depende de la reserva cerebral de cada soldado antes de la explosión. Sí, el accidente dañó la reserva de ambos, pero uno tenía más para sobreponerse a un acontecimiento traumático, mientras que el otro tenía menos y corría mucho más riesgo de padecer graves problemas de salud cerebral.

Para incrementar tu reserva cerebral debes seguir estas tres simples estrategias: (1) Ama a tu cerebro. (2) Evita lo que daña a tu cerebro. (3) Toma decisiones que ayuden a tu cerebro.

PRÁCTICA DE HOY: *Nombra tres acciones que reducen tu reserva cerebral y otras tres que la incrementan.*

DÍA 11

Libérate de las «esposas» del fracaso

Un cerebro equilibrado es la base del éxito. Hace unos años, trajeron a la Clínica Amen a un joven muy problemático con antecedentes penales. Dale llegó a la clínica literalmente «esposado». Enseguida me compadecí de él y de su madre. No lo juzgué por sus problemas con la justicia; como tantos otros jóvenes a los que habíamos tratado antes, sabía que padecía problemas cerebrales, y que eso lo había llevado a tomar una mala decisión tras otra. Lo más probable es que, en el momento en que nos conocimos, la cárcel fuera el lugar más seguro para él. No hice ningún juicio de valor sobre los comportamientos que le habían impedido vivir su vida. Sabía que, si podíamos echarle una mano para equilibrar su cerebro y lo tratábamos con respeto para que mejorara, había esperanzas para él.

Tras la evaluación y el tratamiento adecuados, este joven —que había sido condenado por «ir por el mal camino»— consiguió un trabajo y lo mantuvo durante un año. Esto lo animó a alistarse en el ejército. Es decir, en lugar de considerarse un fracasado se dio cuenta de su potencial y se sintió realizado sirviendo a su país. Su madre estaba muy orgullosa del hombre en el que se había convertido.

Por desgracia, pocos días antes de cumplir 24 años, murió en combate. Su madre me comunicó la noticia en una conmovedora carta; en ella describía los asombrosos progresos de su hijo desde que yo había empezado a trabajar con él. Sus últimas palabras me afectaron de un modo muy profundo:

Pensé que te interesaría conocer el papel que jugaste en la vida de este héroe.
Laura B., orgullosa madre del sargento Dale B.[9]

Si hubiéramos optado por el mismo tratamiento severo que otros especialistas habían aplicado a ese joven de 17 años que antes llevaba puestas unas esposas, es probable que nunca hubiera hallado el rumbo correcto para hacer algo con su vida. Pero lo que hicimos fue examinar su cerebro y esforzarnos por mejorar su salud mental.

PRÁCTICA DE HOY: *¿En qué podría ayudarte tener un cerebro más sano?*

Debes batallar por la salud de tu cerebro

La batalla por tu salud se gana o se pierde entre las orejas. No te equivoques: estás en medio de una pugna cuyo objetivo es la salud de tu cerebro y tu mente. Dondequiera que vayas, alguien pretende enriquecerse metiéndote por el gaznate comida basura que acabará minando tu salud. Las auténticas «armas de destrucción masiva» son los alimentos procesados, tratados con pesticidas, con alto índice glucémico, bajos en fibra o almacenados en envases de plástico. Además, las grandes corporaciones mediáticas bombardean tu cerebro con imágenes catastrofistas para aumentar su audiencia, y las empresas tecnológicas crean aplicaciones adictivas para atrapar tu atención y evitar que te centres en tus seres queridos y tus objetivos vitales.

Como sociedad, vamos claramente en la dirección equivocada. Y eso tiene unas consecuencias devastadoras: se estima que la enfermedad de Alzheimer triplicará su incidencia en 2050; los índices de depresión han aumentado un 400 % desde 1987; la mitad de la población adulta estadounidense es prediabética o diabética, y el 60 % padece hipertensión o prehipertensión; además, el 73 % de los individuos adultos en Estados Unidos tienen sobrepeso. Todas ellas son afecciones que dañan el cerebro.[10]

Podemos poner remedio a todos estos problemas, pero para lograrlo necesitamos adoptar una perspectiva nueva. En lugar de asumir que cada enfermedad es distinta y tiene su propia medicación, hemos de darnos cuenta de que todas ellas son el resultado de tomar malas decisiones para la salud, y que comparten la misma cura: un estilo de vida saludable para el cerebro. En otras palabras, aunque existen muchas enfermedades, el mejor camino para tener una buena salud es más simple de lo que crees. Yo lo llamo el camino del «guerrero del cerebro». De esta forma, con los pertrechos adecuados y consciente de tu objetivo, podrás ganar la batalla por la salud de tu cerebro. Cuando mi esposa no ve las noticias, ¡es mucho más feliz!

Incluso mi hija Chloe tiene mentalidad de guerrera. Después de una dura excursión, cuando tenía 7 años, su madre le dijo: «Chloe, eres un hueso duro de roer». Chloe la miró con actitud, se puso las manos en las caderas y dijo: «No quiero ser un hueso duro. Quiero ser un pimiento rojo duro». No es tan difícil como parece. Solo necesitas la mentalidad de un guerrero del cerebro.

PRÁCTICA DE HOY: *Mira a tu alrededor e identifica qué factores favorecen o perjudican a tu cerebro y tu mente.*

La guerrera del cerebro Marianne: toda la vida por delante

El dolor y la niebla mental se habían desvanecido. Marianne, una exitosa mujer de negocios de 59 años, atribuía esa niebla mental y sus dolores al envejecimiento. Recordaba con nostalgia sus días de juventud, cuando gozaba de una mente afilada y rebosante de energía. A pesar de que amaba su trabajo, empezó a pensar que era un buen momento para jubilarse. Tras una larga y fructífera carrera, no quería ser una carga para sus colegas. Entonces compartió sus intenciones con una de sus hijas, que por aquel entonces había seguido uno de mis programas de peso y salud cerebral. Marianne decidió darme una oportunidad, y al cabo de unos meses empezó a sentirse notablemente mejor. Eso la animó a seguir adelante, y tras unos diez meses había perdido más de quince kilos. Los dolores no solo habían desaparecido, sino que además sus niveles de energía estaban por las nubes: su cerebro volvía a estar en forma. Se sentía genial, tanto desde el punto de vista mental como cerebral. Así que compartió sus nuevos hábitos alimenticios con sus colegas del trabajo, y ellos también notaron los beneficios sobre su salud cerebral: lograron una mejor concentración y una mayor productividad.

Al cabo de un tiempo, me encontré con Marianne en una conferencia. Me contó de manera sucinta cómo mi programa la había ayudado a recuperar la salud cerebral, pero me dijo que, en realidad, de lo que estaba más orgullosa era de que otra de sus hijas, que había luchado durante años contra la obesidad, aprovechó su experiencia para no bajar los brazos. Quería volver a sentirse bien, poder ir de excursión o montar en bici sin tener la sensación de que no llegaría a casa. Siguió el mismo programa y logró bajar de peso. Además, el marido de Marianne, para no quedarse rezagado, también se propuso luchar por su salud cerebral. Fue maravilloso ver cómo el viaje que había empezado una persona para sanar su cerebro había contagiado a otras tantas más.

PRÁCTICA DE HOY: *Nombra a dos o tres personas que podrían inspirarte para mejorar la salud de tu cerebro.*

DÍA 14

Si quieres grandes resultados, avanza paso a paso

Hay dos clases de personas que buscan ayuda: (1) aquellas que van a por todas para sentirse mejor en el menor tiempo posible y (2) quienes adoptan una estrategia gradual y avanzan paso a paso. Esto último es lo que hizo Nancy. Ella era de Oxford (Inglaterra) y estaba deprimida, desmotivada, ansiosa, y además sufría artritis y sobrepeso. Se topó con uno de mis libros en una librería de su barrio y le encantó. Pero sabía muy bien que no podía adoptar todas las estrategias de golpe, así que decidió empezar con una: beber más agua. Poco a poco, fue recuperando energía. Entonces añadió a su dieta vitaminas y omega-3. Como consecuencia, su concentración se incrementó de forma notable. Esos cambios le permitieron empezar a hacer ejercicio cada día (pasear, bailar, jugar al pingpong, etc.), y su estado de ánimo mejoró de forma radical. Luego, su estrategia consistió en cuidar la alimentación: desterró los alimentos poco saludables. Esto le dio tan buenos resultados que siguió añadiendo nuevos hábitos: se matriculó en clases de idiomas y en un curso de guitarra. Su energía, su humor y su memoria mejoraron de manera exponencial. Perdió quince kilos sin enterarse. El último paso de su camino fue convencer a sus hijos para que se tomaran en serio su propia salud cerebral. Sabía que, si se mantenía sana, también ayudaría a sus hijos.

Conocí en persona a Nancy cuando acudió a la clínica Amen para someterse a un escáner cerebral con motivo de su octogésimo tercer cumpleaños. A continuación, aparecen los escáneres típicos de una persona de ochenta o noventa años. El de Nancy parecía el de alguien de cuarenta. Su cerebro estaba sano y fuerte.

ESCÁNERES TÍPICOS DE UNA PERSONA DE 80 O 90 AÑOS　　**ESCÁNER DE NANCY**

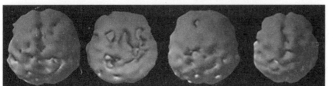

Al ver su escáner cerebral lloró de felicidad, porque sabía que, si se lo hubiera hecho un año antes, los resultados habrían sido muy distintos. Nancy cambió de rumbo para el resto de su vida; y tú también puedes hacerlo. Solo tienes que decidir si el mejor enfoque para ti es el rápido o el lento.

PRÁCTICA DE HOY: *¿Cuál de los pequeños pasos de Nancy podrías dar hoy? ¿Es más probable que tengas éxito por la vía rápida o con un enfoque gradual?*

¿Qué eres? ¿Lobo, oveja o perro pastor?

Si tuvieras que ser un lobo, una oveja o un perro pastor, ¿cuál elegirías?[11] ¿Por qué? Por mi parte, lo tengo claro: un perro pastor. Y no porque sean unas criaturas hermosas y peludas, sino porque su firme instinto de protección los llama a proteger a su rebaño del peligro y de posibles depredadores. Los perros pastores reciben un adiestramiento exhaustivo y, si es necesario, incluso luchan hasta la muerte defendiendo a los suyos. Las ovejas, en cambio, son unas criaturas dóciles que se dejan convencer sin alzar la voz; siguen al rebaño y hacen lo mismo que sus compañeras, incluso si eso las lleva a una muerte segura. A diferencia de los perros pastores, las ovejas prefieren huir en lugar de plantar batalla a los depredadores; por eso son presas fáciles. Los lobos lo saben, y van a por ellas. Un lobo suele acechar a las ovejas que están enfermas, débiles o, simplemente, distraídas. Pero, a pesar de su poder, los lobos no suelen atacar a un rebaño protegido por un perro pastor. Porque no quieren luchar, solo aprovecharse de la situación.

Los lobos me recuerdan a esos ejecutivos de marketing de las grandes compañías de alimentación que ponen todo su empeño en las presas fáciles, esas personas que se creen sus mentiras publicitarias. Por desgracia, la mayoría de la gente actúa, sin darse cuenta, como las ovejas. Hacen lo mismo que los demás; comen lo mismo, incluso si es perjudicial para su salud; no se paran a pensar que lo que están ingiriendo puede ser dañino para su cuerpo.

Así que esta gente necesita un perro pastor, alguien que los guíe para que no sigan tomando malas decisiones, sobre su vida o su salud, que les lleven a una muerte prematura. Por tanto, en un mundo en el que puedes ser casi lo que se te antoje, elige ser como un perro pastor: ayuda y protege a tus seres queridos.

PRÁCTICA DE HOY: *Menciona a algunas personas que necesitan que seas su perro pastor.*

Empezar es lo más difícil

Al principio, cuidar de tu cerebro puede resultar incluso incómodo. Cualquiera que se dedique de forma profesional a la danza, a tocar la guitarra o a nadar se acordará de lo difícil que fue empezar a aprender esas nuevas técnicas. Seguro que pensaron que nunca serían capaces. Pero, con el tiempo, su cuerpo se acostumbró a esos movimientos y adquirieron destreza, hasta que esas nuevas habilidades se convirtieron en algo natural. Y es que el cerebro tiene un gran potencial de crecimiento, pero necesita tiempo, establecer nuevas rutas neuronales y adaptarse a nuevos movimientos e ideas.

Así que cuando emprendas el camino del guerrero del cerebro no te sorprendas si al principio te parece demasiado duro. Lo más probable es que te preguntes: *¿Dónde está el postre? ¿Y los espaguetis y el pan de ajo? Pero si me encantan las patatas fritas con salsa. No tengo ni idea de cómo hacer una lista de la compra y dónde buscar todos estos nuevos ingredientes. No tengo espacio para añadir otra tarea en mi horario. Llevo veinte años comiendo pizza los jueves; no puedo dejarlo ahora.*

Meses 1-3: primeros pasos. No te apures. Esto es solo el principio. Necesitas tiempo para adaptarte. Confía en lo que estás aprendiendo y no pierdas el norte; llegará un momento en el que los nuevos hábitos se convertirán en algo natural. Si eres una persona dinámica, es posible que solo necesites treinta días para que tus gustos cambien y tu cerebro establezca nuevas conexiones, pero si prefieres un ritmo más lento quizá tardes entre 30 y 90 días. En cualquier caso, cada vez será más fácil.

- Convéncete de que necesitas un cambio.
- Identifica tus factores de riesgo.
- Acude al médico para conocer tus indicadores de salud.
- Empieza a tomar suplementos básicos.
- Añade a tu rutina algunos ejercicios y hábitos de sueño saludables para el cerebro.
- Encuentra la motivación para mejorar tu salud.
- Piensa en quién se beneficiará de tus resultados.
- Olvídate de las soluciones rápidas y opta por un estilo de vida duradero.
- No te preocupes por cometer errores; llegarán. Prepárate para aprender de ellos.

PRÁCTICA DE HOY: *¿Qué decisión puedes tomar para beneficiar tu salud cerebral?*

DÍA 17

Adopta un estilo de vida saludable

No te detengas. Da un paso detrás de otro. Una vez que hayas *empezado el camino* (día 16), si persistes acabarás adoptando un estilo de vida saludable. Porque los buenos hábitos para el cerebro empezarán a ser naturales. La niebla mental se desvanecerá. Empezarás a relacionar ciertos alimentos con tu nivel de energía. Reconocerás con más facilidad el pesimismo, y serás capaz de tomarte unos segundos para evitar los pensamientos negativos y recurrentes. Sí, tienes que actuar de forma consciente porque aún no has adoptado los nuevos hábitos. Las personas dinámicas tardan entre uno y tres meses en superar esta fase de creación de hábitos, mientras que las personas tranquilas, pero constantes, tardan entre tres y seis meses.

Meses 2-6: adopción de hábitos saludables. Aquí es donde empieza a crecer tu confianza.

- Cuando abres los ojos y te das cuenta de la mala salud cerebral que hay a tu alrededor, incrementas tu compromiso con tu objetivo; resulta más sencillo ignorar o responder a las críticas de personas con hábitos poco saludables.
- Recibes los resultados de tus análisis y empiezas a trabajar para mejorarlos. Identificas tus factores de riesgo y tomas medidas para prevenirlos.
- Descubres alimentos que te encantan y, además, son saludables.
- Has creado nuevas rutinas, como la meditación, caminar y enfrentarte a los pensamientos negativos automáticos (PNA). Tu rutina se vuelve más sencilla y organizada. Encuentras tu ritmo.
- Empiezas a compartir tus progresos con amistades, colegas del trabajo o familiares.
- Por fin, sientes que puedes mantener este nuevo estilo de vida para siempre, no solo durante unas semanas o meses.
- A partir de este momento, los errores serán cada vez menos frecuentes. Aunque de vez en cuando tengas un mal día, enseguida volverás al buen camino.

PRÁCTICA DE HOY: *Responde a estas dos preguntas:*

¿Qué ha cambiado desde que empecé a poner en práctica un programa saludable para el cerebro?

¿Qué me hace seguir adelante?

DÍA 18

La salud cerebral se convierte en algo natural y automático

La enfermedad es dura, esto es más fácil. El objetivo es que tus nuevos hábitos cada vez sean más naturales y sencillos. Las personas más decididas suelen tardar entre cuatro y seis meses, y las más pausadas (pero constantes), entre seis y doce. El objetivo es ser constante sin reparar en las dificultades que puedan surgir (tanto problemas laborales como familiares). Si perseveras el tiempo suficiente, serás un guerrero del cerebro de por vida.

Meses 6-12: fase automática. En este momento, la salud cerebral se convierte ya en una rutina. Piensas: «No hay problema, esto es pan comido». Haces lo mejor para tu salud sin dificultades.

- Apenas cometes errores, y cuando ocurren empiezas de nuevo sin pestañear. Abandonar no es una opción.
- Revisas tus indicadores de salud para comprobar tus progresos.
- Te encanta descubrir nuevos alimentos y recetas.
- Tomas vitaminas y suplementos con la misma constancia con la que te cepillas los dientes.
- Si interrumpes tus rutinas de salud, te sientes fuera de lugar; prefieres hacer siempre lo mejor para tu cuerpo.
- Quieres ayudar a tus amistades y familiares a mejorar también su salud.
- Puedes tomar postre, pero eliges uno bueno para tu salud, en lugar de uno que la perjudique.
- Rechazas el pan antes de comer.
- Ni siquiera te planteas tomar una copa de vino, y mucho menos una segunda.
- Los entrenamientos forman parte de tu rutina diaria. No te los pierdes, porque para ti son tan importantes como una reunión de trabajo.
- Respondes de forma positiva a las opciones saludables para el cerebro y rechazas las perjudiciales sin pensártelo dos veces.

PRÁCTICA DE HOY: *Menciona tres beneficios para tu vida si llegas a la fase automática de los hábitos de salud cerebral.*

No puedes cambiar aquello que no puedes medir

La salud física de tu cuerpo y tu cerebro están profundamente vinculadas a tu salud mental. Algunas dolencias físicas, como la obesidad, la diabetes y la inflamación crónica se asocian a una mente poco sana y a un mayor riesgo de depresión, TDA/TDAH y alzhéimer. Para mejorar tu mente, necesitas conocer y mejorar tus indicadores de salud con regularidad. Aquí te ofrezco doce valores importantes que debes revisar cada año.

Salud general

1. Índice de masa corporal (IMC): busca en internet una calculadora del índice de masa corporal y esfuérzate por estar dentro del rango saludable (18,5-25).
2. Tensión arterial: los valores normales son de hasta 120 de presión sistólica y 80 de presión diastólica.
3. Número de horas de sueño nocturno: procura dormir entre 7 y 9 horas.

Análisis de sangre

4. Nivel de vitamina D: el óptimo es de 50-100 mg/dL.
5. Hormona estimulante de la tiroides (TSH): el nivel óptimo es de 0,4-3,0 mUI/L.
6. Proteína C reactiva: lo óptimo es que esté en el rango 0,0-1,0 mg/dL.
7. Hemoglobina A1c: lo saludable es que se sitúe entre 4,0 y 5,6.
8. Colesterol total: lo óptimo es 160-200 mg/dL; por debajo de 135 se asocia a depresión.
9. Ferritina: lo óptimo es 40-100 ng/mL.
10. Testosterona libre y total: depende de la edad y del sexo.
11. Índice de omega-3: el óptimo es > 8 %.

Los factores de riesgo modificables

12. ¿Cuántos de los siguientes diez factores de riesgo modificables tienes? Esfuérzate para eliminarlos todos.

___ Fumar/vapear	___ Bajo nivel de omega-3
___ Hipertensión arterial	___ Bajo consumo de grasas
___ IMC sobrepeso u obesidad	poliinsaturadas
___ Inactividad física	___ Alto consumo de sal
___ Glucemia elevada	___ Bajo consumo de frutas/verduras
___ Abuso de alcohol	

PRÁCTICA DE HOY: *Acude a tu centro de salud para conocer los valores de tus indicadores de salud.*

La gente se pone enferma o se recupera en cuatro círculos

Piensa siempre en las personas como seres completos, no las juzgues por sus síntomas. Para ayudar a las personas que tienen algún problema, sin importar su edad, siempre adopto el enfoque de los cuatro círculos:

1. **Círculo biológico:** cómo funcionan tu cerebro y tu cuerpo.
2. **Círculo psicológico:** cómo piensas o se desarrollan tus pensamientos.
3. **Círculo social:** conexiones, estrés y situación vital actual.
4. **Círculo espiritual:** sentido y propósito vitales.

Imagina que tu biología es como el hardware de tu alma. La gestión de este círculo incluye la prevención o el tratamiento de los once factores de riesgo que dañan tu cerebro.

Después de optimizar el hardware, tienes que programar el software, que yo asocio al círculo psicológico, es decir, cómo piensas y te autodiriges. Desarrollar una cierta disciplina mental es esencial para gozar de una vida feliz y saludable. Y eso incluye aprender a erradicar los pensamientos negativos automáticos (PNA); también desenmascarar las pequeñas mentiras que no te permiten comer de forma saludable o te sumen en la depresión; dominar los demonios del pasado (los grandes problemas psicológicos que te roban la felicidad); y acabar con los malos hábitos que no te permiten progresar.

Al tiempo que mejoras el hardware y el software de tu vida, es el momento de mejorar tus *conexiones online* o tu círculo social, mejorando la calidad de tus relaciones, gestionando el estrés cotidiano y controlando la influencia que otras personas y la sociedad ejercen sobre tu cerebro.

Aunque la salud cerebral depende sobre todo de la parte fisiológica, mental y relacional de la vida, también es importante la parte espiritual. Tu mente tiene la capacidad de pensar con profundidad sobre el sentido de la vida. Así, puedes reflexionar sobre cuestiones como las siguientes: «¿Cuál es el propósito de la vida?», «¿Cómo puedo marcar la diferencia?», «¿Cuáles son mis valores?». Tener un propósito más allá de tu propia persona te permitirá vivir una vida plena. En realidad, puede ayudar a resolver los problemas de los otros tres círculos.

En este libro hallarás muchas propuestas y ejercicios para cada uno de estos círculos que te ayudarán a llevar una vida equilibrada.

PRÁCTICA DE HOY: *Evalúa los cuatro círculos de tu vida. Para cada uno, apunta un punto fuerte y una vulnerabilidad.*

¿Por qué colecciono caballitos de mar?

El hipocampo produce 700 células madre nuevas cada día.[12] *Tu comportamiento puede protegerlas o destruirlas.* Desde que en 2017 escribí *Memory Rescue*, me gusta coleccionar caballitos de mar para rendir homenaje a una parte del cerebro llamada hipocampo, que en griego significa «caballito de mar» y que le debe el nombre a su parecido con este animal. Los seres humanos tenemos dos hipocampos, uno en el interior del lóbulo temporal derecho, y otro en el izquierdo. Son determinantes para el aprendizaje, la memoria y el estado de ánimo. Si dañas el hipocampo, no serás capaz de almacenar información o nuevas experiencias. En la película *50 primeras citas*, Lucy (el personaje que interpreta Drew Barrymore) sufre un grave accidente de coche que daña su hipocampo, y cada noche, al quedarse dormida, sus recuerdos del día anterior caen en el olvido. El hipocampo también es una de las primeras áreas dañadas por la enfermedad de alzhéimer.

El hipocampo es una estructura singular, porque fabrica 700 nuevas células madre cada día (o «crías» de caballitos de mar). En condiciones óptimas, es decir, en un entorno favorable —con una buena nutrición, ácidos omega-3, buen flujo sanguíneo y cierta estimulación—, estas prosperan. Sin embargo, en un entorno tóxico desaparecen. Así que cada día, o cuidas de tus pequeños caballitos de mar, o los dejas morir.

Suelo utilizar esta analogía con mis pacientes. Por ejemplo, con una de ellos tuve problemas para que dejara de consumir marihuana, y como sabía que era una gran amante de los animales, le expliqué que la marihuana estaba dañando a las crías de sus caballitos de mar y no permitía que alcanzaran todo su potencial, ni que ella alcanzara el suyo. Su respuesta fue rotunda: «¡Doctor Amen! No es justo. Sabe muy bien cuánto amo a los animales». Poco después dejó de fumar marihuana.

PRÁCTICA DE HOY: *Anota tres comportamientos que nutren tu hipocampo y tres de carácter tóxico que le perjudican.*

Por qué adoro a los osos hormigueros

No tienes que creerte todas las estupideces que se te ocurren.
Adoro a los osos hormigueros desde hace más de treinta años. ANT, son las siglas en inglés para los pensamientos negativos que aparecen de forma automática en la mente para arruinarnos el día. En inglés, «ANT» también significa hormiga. Cuando tenía 28 años y estaba haciendo mi residencia psiquiátrica en el Walter Reed Army, aprendí que no tenía que creerme cada estupidez que se me pasaba por la cabeza. Y aquello fue una auténtica liberación.

Todo el mundo tiene días estresantes en el trabajo, algunos de los cuales parecen sacados de nuestras peores pesadillas. Hace algún tiempo, después de un largo día visitando pacientes, al llegar a casa con la esperanza de poder descansar descubrí que las *hormigas* habían infestado mi cocina. Estaban por todas partes, aquello era un desastre. Aunque no tenía previsto hacer ningún ejercicio de relajación, mientras me deshacía de ellas tuve una especie de revelación: así como las hormigas habían invadido mi cocina, los «ANT» (pensamientos negativos automáticos o PNA en español) estaban invadiendo la mente de mis pacientes y les arrebataban su felicidad. Al día siguiente, de camino a la oficina, pasé por unos grandes almacenes y compré una lata de espray para reflejar la importancia de eliminar esas molestas «hormigas» que infestaban la mente de mis pacientes.

Con el tiempo, descubrí que no necesitaba una analogía tan tóxica como la del espray, así que fui a una tienda de marionetas y compré el muñeco de un oso hormiguero. A mis pacientes —en especial a los más jóvenes— les encantó la idea. Así empezó mi amor por los osos hormigueros. Una de mis historias favoritas es la de un niño de ocho años que acudió a mi consulta para tratar sus ataques de pánico. Cuando le enseñé cómo eliminar las «hormigas» de su cabeza, su salud mental mejoró con rapidez. Más tarde, una vez que regresó a verme, le pregunté por la población de hormigas que habitaba en su cabeza. «Ahora, en mi cabeza, solo queda un hormiguero fantasma»,[13] me dijo.

PRÁCTICA DE HOY: *¿Cuántas hormigas se pasean por tu cabeza? Si son muchas, empieza a anotar tus pensamientos negativos, y pronto te enseñaré a eliminarlos.*

Por qué me gustan los pingüinos

Fíjate más en las virtudes de los demás que en sus defectos. Para decirlo con suavidad, mi hijo Antony era un niño con un carácter «muy fuerte». Cada vez que le pedía que hiciera algo, quería llevarme la contraria. Era realmente frustrante. Para mejorar nuestra relación, decidí que teníamos que pasar más tiempo juntos, así que un día lo llevé al parque acuático para divertirnos un poco.

Antes de acabar el día fuimos a ver el show de Fat Freddy. Freddy era un pingüino adorable, regordete y talentoso que saltaba a través de un aro rodeado de fuego. Incluso podía contar con sus pequeñas aletas y jugar a los bolos con el pico. Siempre hacía caso a todo lo que decía su amaestradora. Me pregunté cómo se las apañaba esta para que Freddy fuera tan obediente, sobre todo porque yo tenía muchísimas dificultades para que mi hijo me hiciera caso. Después del espectáculo, me acerqué a ella para preguntarle cómo había logrado que Freddy obedeciera sus órdenes. La estrategia que compartió conmigo era extraordinariamente sencilla: me dijo que siempre que Freddy hacía lo que ella le ordenaba, le daba algún tipo de recompensa (un pescado, un abrazo o cualquier otra cosa que le gustase). «Es decir, lo recompenso cuando se porta bien, que es lo contrario de lo que hace la mayoría de los padres».

De repente tuve una revelación: en mi caso, muy pocas veces recompensaba a Antony cuando hacía lo correcto, pero siempre le llamaba la atención cuando su comportamiento no era correcto. Sin darme cuenta lo había «amaestrado» para que hiciera todo aquello que me sacaba de quicio. Él solo quería atención, aunque eso supusiera comportarse mal.

Desde ese día memorable, los pingüinos me recuerdan que siempre debo fijarme en las cosas positivas en lugar de dar importancia a las negativas. ¿Quién hubiera imaginado que uno de los mejores consejos sobre la crianza y las relaciones iba a venir de un pequeño pingüino llamado Freddy?

PRÁCTICA DE HOY: *Fíjate en algo que te guste de una o dos personas de tu entorno, y de ahora en adelante hazlo tan a menudo como puedas.*

Por qué me gustan las mariposas

Las mariposas son el símbolo universal del cambio, la esperanza, la renovación, la espiritualidad y la transformación. En la Clínica Amen he tenido el privilegio de presenciar muchas transformaciones. Muchos de mis pacientes suelen acudir a mí con depresión, ansiedad, fracaso escolar o amoroso, o incluso pensamientos suicidas. Pero, una vez que logramos equilibrar su cerebro y fortalecer su mente, la vida de estas personas suele mejorar de forma drástica. «Cambia tu cerebro, cambia tu vida» ha sido el lema que hemos repetido miles de veces. Y las mariposas son el símbolo perfecto de los cambios y el trabajo que hacemos con nuestros pacientes. Representan el trabajo de mi vida. Y no soy el único: muchas culturas han hallado los mismos valores en las mariposas. Además, también nos recuerdan que la vida es corta y que debemos centrarnos en el presente.

Para llegar a ser quien en realidad has de ser debes comprender que eres mucho más que un cerebro o un cuerpo; más que una madre, una pareja o un trabajo. Por eso tienes un lado espiritual. Esa parte de ti puede pensar en profundidad y plantearse cuestiones como las siguientes:

- ¿Cuál es el sentido de mi vida?
- ¿Dónde puedo hallar mi propósito vital?
- ¿Por qué estoy aquí?
- ¿Qué es lo que más valoro en la vida?
- ¿Qué es la fe?
- ¿Qué papel juega la fe en mi vida?
- ¿Cómo me puedo vincular con las personas del pasado y del futuro?
- ¿Cuál es mi conexión con la Tierra?

Tener un propósito vital te ayuda a comprender tus conexiones con los demás y con el mundo, te permite darte cuenta de que tu vida va más allá de ti y te reafirma en que tu existencia es importante. Sin un sentido o un propósito vital más profundo, mucha gente se siente perdida, sin rumbo ni esperanza. La vida espiritual es esencial para sentirse completo y conectada. Diversas investigaciones indican que tener un sentido y un propósito mejora la salud y ayuda a vivir más tiempo.[14]

PRÁCTICA DE HOY: *Dedica un tiempo a reflexionar sobre las preguntas espirituales que te he planteado antes.*

DÍA 25

Las estrategias del buen o el mal gobernante para crear y acabar con los trastornos mentales: círculo biológico

Los aspectos físicos del cerebro y el cuerpo trabajan juntos. En mi libro *The End of Mental Illness,* presenté los conceptos del buen gobernante y el mal gobernante; era una evolución del *camino del guerrero del cerebro.* Si la prioridad del mal gobernante fuera crear y perpetuar los trastornos mentales, ¿cómo lo haría? Bien, simplemente utilizaría los cuatro círculos (biológico, psicológico, social y espiritual) en nuestra contra y generaría políticas para promover comportamientos que aumentaran los problemas y los factores de riesgo del cerebro. Por otro lado, ¿qué haría un buen gobernante si quisiera erradicar los trastornos mentales? Fomentaría el uso de los cuatro círculos para mejorar la salud cerebral y abogaría por políticas que ayudaran a minimizar los factores de riesgo para el cerebro.

En el círculo biológico, el gobernante malvado perpetuaría la guerra biológica para mantener a la mayoría de la población enferma y cansada (en la actualidad, esto es lo que le ocurre a casi el 90 % de la gente).[15] Es decir, abriría restaurantes de comida rápida por todas partes y permitiría que los medios de comunicación, a menudo financiados por la industria farmacéutica, difundiesen el relato de que los suplementos naturales no son útiles y que, de hecho, pueden dañar la salud de las personas.

En cambio, un buen gobernante contrarrestaría los mensajes y comportamientos que perjudican la salud física creando programas nacionales para que la gente abrazara la salud de su cuerpo y su cerebro. Empezaría en las escuelas y se extendería a las iglesias, las empresas y los centros de la tercera edad, es decir, a cualquier lugar donde se reúna la gente.

PRÁCTICA DE HOY: *¿Tus comportamientos en el círculo biológico favorecen tu salud o perjudican a tu cerebro y al de los demás?*

Las estrategias del buen o el mal gobernante para crear y acabar con los trastornos mentales: círculo psicológico

Los éxitos y los fracasos, la esperanza, la autoestima y el empoderamiento personal forman parte del círculo psicológico. En este aspecto, el mal gobernante usaría la guerra psicológica para herir a las personas. Eso supondría ignorar los traumas emocionales del pasado, fruto de las adicciones de los padres, y no abordar los traumas recientes o pasados derivados de catástrofes como terremotos, incendios o inundaciones, la inmigración o los comportamientos delictivos. También intentaría que los políticos generasen patrones de pensamiento negativo, donde siempre se culpara al otro bando de los males del país y nunca se enseñara a la población cómo eliminar los pensamientos negativos automáticos que invaden su mente. Además, permitiría que las redes sociales fomentaran la cultura de la vergüenza mediante comparaciones infinitas con modelos irreales. Por último, no dudaría en dar rienda suelta a la gente para que promoviera la cultura del odio de forma anónima y sin consecuencias.

El buen gobernante, en cambio, ayudaría a la gente a optimizar el funcionamiento de su cerebro; evitaría que los medios de comunicación se convirtieran en monopolios, para que unos pocos no pudieran influir en la mente de muchas personas; enseñaría a la gente a afrontar sus traumas pasados y actuales; incluiría en los planes de estudios la enseñanza del pensamiento racional (para eliminar los PNA), así como métodos para ayudar a las personas a autorregular el cuerpo y las emociones mediante la imaginación guiada y la meditación; facilitaría el acceso a la terapia a quienes lo desearan o necesitaran; exigiría a cada terapeuta que incluyera programas de formación sobre salud cerebral; y fomentaría la creación de más espacios verdes para mejorar el estado de ánimo y reducir la incidencia de los trastornos mentales.

PRÁCTICA DE HOY: *¿Piensas con frecuencia que no estás «a la altura»? ¿Qué aspectos de tu infancia (adopción, abandono/abuso, pérdida, trauma, estabilidad, elogios, mensajes positivos) crees que han influido en tu salud psicológica?*

Las estrategias del buen o el mal gobernante para crear y acabar con los trastornos mentales: círculo social

La calidad de tus relaciones y tus niveles de estrés actual indican cómo es la salud de tu círculo social. En este círculo, el mal gobernante fomentaría la polarización y las luchas entre la población, condenándola a una tensión crónica que aislara a unos individuos de otros para que él (o ella) pudiera ostentar un poder mayor aún. Y bombardearía a la población con noticias negativas, creando un clima de confrontación política y racial. En distintos estudios se ha descubierto que ver noticias negativas durante 14 minutos seguidos incrementa la ansiedad y los estados de ánimo negativos.[16] Un mal gobernante también aumentaría la presión social para engancharse al móvil y a las redes sociales (tanto en el trabajo como en la vida privada), y así arrebatar horas de descanso o cuidado personal, y crear una sociedad donde la marihuana pudiera adquirirse en expendedores callejeros y el alcohol se promocionara como alimento saludable. Para colmo, permitiría que las asociaciones de estudiantes vendieran galletas frente a los expendedores de marihuana. (En 2014, una niña de trece años vendió 177 cajas de galletas delante de un expendedor de marihuana en San Francisco. Al cabo de una hora, tuvo que pedir ayuda para que la reabastecieran). [17]

En cambio, un buen gobernante haría más accesible la formación laboral, la atención sanitaria, la formación para la crianza o la ayuda financiera para quienes la necesitaran, y apostaría por impartir programas sobre gestión del estrés en escuelas y empresas. Minimizar el estrés cotidiano (en las relaciones, el trabajo, la economía y la salud) reduce la inflamación y refuerza el sistema inmunitario.[18] Un buen gobernante impartiría clases para aprender a tomar decisiones de modo que la población pudiera gestionar su vida con mayor facilidad y redujera sus niveles de estrés. Tomarás mejores decisiones cuando tengas unos objetivos definidos, duermas más de siete horas, evites las bajadas de azúcar en sangre —para ello, toma proteínas y grasas saludables en cada comida— y elimines los pensamientos negativos automáticos siempre que te ataquen.

PRÁCTICA DE HOY: *¿Cómo afecta el estrés a tus relaciones más importantes? ¿Alguna de tus relaciones se ha resentido por culpa del estrés?*

Las estrategias del buen o el mal gobernante para crear y acabar con los trastornos mentales: círculo espiritual

Somos seres espirituales y todo el mundo tiene un propósito mayor. Nuestras vidas importan. Cada cual tiene un papel que jugar y una llamada que atender. Sin esta conexión espiritual, mucha gente experimenta en su vida la desesperación o la falta de sentido.

Para evitar que diéramos con un sentido o un propósito vital, el mal gobernante fomentaría una sociedad frívola, sin valores, sin conexión, donde nadie dejara de mirarse el ombligo; permitiría que los líderes actuaran de forma amoral para normalizar ese tipo de conductas y que se demonizaran quienes no estuvieran de acuerdo con ello.

Por otro lado, el buen gobernante apostaría por líderes con un propósito definido y que inspiraran a otras personas; fomentaría las creencias y las prácticas espirituales, sin imponerlas; buscaría la forma de conectar el pasado con el futuro y con el planeta; y practicaría la tolerancia, enseñando a la población que no se puede llegar a los demás si antes no se establece una conexión personal.

PRÁCTICA DE HOY: *¿Qué puedes hacer para acercarte un poco más a uno de tus propósitos? Añádelo a tu lista de tareas pendientes.*

Todos los trastornos psiquiátricos tienen múltiples causas

Diagnosticar una depresión a un paciente es lo mismo que decirle que tiene dolor de pecho.
¿Por qué un médico nunca diagnostica un dolor de pecho? Porque es un *síntoma*
con muchas causas distintas. ¿Qué puede producir dolor en el pecho? Un ataque al
corazón, una úlcera, los gases, la ansiedad o el duelo. Bien, pues con la depresión (así
como con todos los trastornos mentales) ocurre lo mismo; es un conjunto de síntomas
con muchas causas diferentes. ¿Qué puede causar una depresión? A saber: estrés crónico, problemas relacionales, lesiones craneales, abuso de drogas, hipotiroidismo, cáncer
de páncreas, así como muchos medicamentos, la predisposición genética y el duelo.

Gracias al trabajo con imágenes cerebrales, he observado que existen al menos
siete tipos de depresión. Se puede tener demasiada actividad en la parte frontal del
cerebro y pensar o preocuparse demasiado, o se puede tener muy poca actividad en
esta parte del cerebro y tener problemas para pensar o controlar los impulsos. Pero la
depresión no deriva de una única causa, así que aplicar el mismo tratamiento en todos
los casos es una vía directa hacia el fracaso. Aun así, eso es lo que ocurre a lo largo y
ancho del planeta cada día. Muchos pacientes les cuentan a sus doctores que están
deprimidos y abandonan la consulta al cabo de cinco minutos con unas muestras del
último medicamento, sin tener la menor idea del tipo de depresión que padecen. Y
esto puede causar más problemas.

Antes de conocer a mi mujer, Tana, ella había padecido depresión por culpa de
los medicamentos que le administraron para superar un cáncer de tiroides a los veinte
años. Un psiquiatra le recetó Prozac, que disminuyó tanto su ansiedad que empezó
a tomar decisiones arriesgadas, algo impropio de ella. Cuando escaneé el cerebro de
Tana, descubrimos que tenía muy poca actividad en el córtex prefrontal, y eso con-
vertía al Prozac en una mala elección para ella. Este medicamento calma la actividad
cerebral y suele funcionar en personas con cerebro hiperactivo. Pero a los individuos
con poca actividad en el córtex prefrontal lo que hace más bien es desinhibirlos y
condenarlos a tomar malas decisiones. Conocer el tipo de depresión, TDA/TDAH o
adicción que padeces es fundamental para obtener la ayuda adecuada. En la Clínica
Amen usamos la imagen SPECT para comprender y tratar a los pacientes, pero hace
tiempo me di cuenta de que no todo el mundo puede hacerse un escáner. Así que, ba-
sándonos en miles de ellos, desarrollamos un cuestionario para ayudar a cada persona
a predecir cómo sería su escáner si pudieran hacerse uno.

PRÁCTICA DE HOY: *Haz la evaluación de tu salud cerebral en brainhealthassessment.com*

Por qué odio el término «enfermedad mental»

El término enfermedad mental avergüenza a muchas personas, perpetúa el estigma e impide que se busque ayuda. Siempre lo he detestado, y tú también deberías. Y es así porque hace hincapié en el concepto equivocado, es decir, en tu psique o en tu mente (un término difícil de definir), cuando las imágenes cerebrales nos muestran con claridad que los problemas de salud cerebral son los responsables de tus problemas. Cuando a alguien se le diagnostica una «enfermedad mental», se le estigmatiza o siente vergüenza, y eso reduce las probabilidades de que busque ayuda.

Al principio de mi carrera, aprendí que muy pocas personas quieren acudir al psiquiatra porque temen que se les considere defectuosas o anormales. Sin embargo, todo el mundo quiere tener un cerebro más sano. Por tanto, ¡tenemos que renombrar la salud mental como salud cerebral! Cambiar los términos lo cambia todo. La gente empezará así a considerar sus problemas como *médicos* en lugar de *morales*, y eso reducirá la vergüenza y el sentimiento de culpa, y fomentará la comprensión por parte de sus familiares. El término «salud cerebral» es, por tanto, más exacto, ya que incrementa la esperanza y el deseo de obtener ayuda, y permite que los pacientes mejoren su salud cerebral con el cambio de estilo de vida pertinente. Una vez que la gente entiende que el cerebro controla todo lo que hacen y todo lo que son, querrán mejorar su cerebro para disfrutar de una vida mejor.

PRÁCTICA DE HOY: *¿Conoces a alguien que pueda beneficiarse de este mensaje? ¿Quién necesita un cerebro mejor? Envíales un mensaje en el que les cuentes lo que has aprendido hoy, algo así como: «Un cerebro mejor conlleva una vida mejor. Mejoremos juntos nuestro cerebro».*

Cómo las imágenes cerebrales lo cambian todo: Steve y la esquizofrenia

Jamás habría esperado un beso de gratitud. Hace unos años, conocí a una dirigente de la Alianza Nacional de Trastornos Mentales (NAMI) que solicitó una consulta para su hijo, Steve: tenía esquizofrenia paranoide. Había estado viviendo en la calle, porque era violento y se negaba a recibir ayuda. Cuando lo conocí, no tuve ninguna duda de que sufría psicosis. No quería tomar medicación y se aseguró de que supiera que nadie le obligaría a hacerlo. Pero seguí charlando con él y le pregunté si estaría dispuesto a hacerse un escáner cerebral. Los que estaban colgados en mi despacho habían despertado su curiosidad, así que aceptó. En su escáner se apreciaban muchos daños. Cuando lo comparé con el de un cerebro sano, Steve se quedó en silencio, observándolos; y, de repente, me preguntó si podía ayudarlo. Lo que le ocurrió fue que al echar un ojo a los escáneres su perspectiva cambió por completo; en lugar de mostrarse reticente de pronto parecía curioso e interesado. He visto este tipo de transformaciones muchas veces.

ANTES   UN MES MÁS TARDE

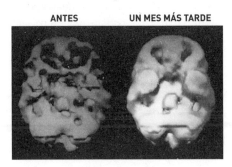

Esto me permitió explicarle a Steve que nuestros tratamientos eran mucho mejores que los que había probado antes. Le receté un nuevo antipsicótico y concertamos otra cita tres semanas más tarde. Una semana después, su madre estaba sentada en la sala de espera. No había pedido cita. Cuando me vio, se levantó y me dio un beso en la mejilla. Me dijo que su hijo estaba mucho mejor y más tranquilo, y le había propuesto que regresara a casa. Se sentía muy agradecida.

Cuando Steve volvió a mi consulta, pude comprobar que, en efecto, estaba mucho mejor. Y cuando le hice otro escáner cerebral le pedí que comparase los resultados con el anterior. Luego, le pregunté:

—¿Qué cerebro prefieres?

—El que está sano —respondió.

—Entonces debes seguir tomando la medicación y cuidar de tu cerebro.

Así, observar el estado de su propio cerebro fue el punto de inflexión para Steve y quienes le querían.

PRÁCTICA DE HOY: *Pregúntate si existe una razón alternativa por la que las personas problemáticas de tu vida se comportan de ese modo.*

DÍA 32

Es fácil etiquetar a los demás; lo difícil es preguntarse por qué actúan así

Llamar a alguien enfermo o mala persona solo es otra forma de decir que su cerebro tiene problemas. Mi libro *The End of Illness* empieza con una historia sobre un indigente con el que me topé en la esquina de Hollywood y Vine mientras me dirigía a grabar un pódcast. Aquel hombre soltaba improperios y apenas se mantenía en pie. Mucha gente habría pensado de inmediato que sufría algún problema psiquiátrico severo, como esquizofrenia, y se habría preguntado por qué no estaba medicado.

En este tipo de casos, yo necesito una explicación más profunda sobre por qué las personas actúan de determinada forma, es decir, qué les ha ocurrido para que se comporten de manera errática. Tras más de cuarenta años de profesión, he aprendido que muchas cosas pueden dañar tu cerebro y apoderarse de tu mente sin que tú tengas la culpa. Sufrir un traumatismo craneal, tener un quiste cerebral, padecer la enfermedad de Lyme o la COVID-19, o problemas de salud intestinal, o que te expongas a toxinas ambientales (como el moho) pueden hacer estragos en el cerebro y provocar comportamientos extraños.

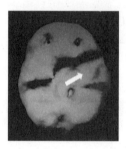

Este concepto se me quedó grabado (en el cerebro) después de evaluar a Andrew, mi sobrino de nueve años, que había atacado a una niña pequeña en el campo de béisbol sin motivo aparente. Habría sido muy sencillo decir que era un chico malo, y seguro que la mayoría de los psiquiatras infantiles lo habrían puesto en tratamiento o lo habrían medicado. Pero yo necesitaba saber los motivos de su conducta. Cuando escaneé su cerebro, resultó que tenía un quiste del tamaño de una pelota de golf ocupando el espacio de su lóbulo temporal izquierdo, una parte del cerebro implicada en la violencia. Cuando drenamos el quiste, regresó a la normalidad. Era muy fácil etiquetar a Andrew, lo difícil era preguntarse por qué actuó de esa forma.

PRÁCTICA DE HOY: *Si alguien actúa mal, no saques un juicio precipitado. Pregúntate qué puede haber detrás de su comportamiento.*

El recorrido de las revoluciones científicas

Aprende a encajar las críticas. He dedicado mi carrera profesional a intentar erradicar los trastornos mentales mediante una especie de revolución en la salud cerebral. Aun así, me he topado con una buena cantidad de rechazos. Y algo que me ha ayudado a enfrentarme a los detractores es lo que escribió el filósofo Thomas Kuhn en 1962 sobre las cinco etapas por las que suelen pasar las revoluciones científicas; pueden aplicarse a las ideas innovadoras en otros campos, y ayudarte a no bajar los brazos cuando llegan las críticas.

Primera etapa: se detectan discrepancias. La revolución comienza su andadura cuando el paradigma estándar empieza a fallar. Por ejemplo, cuando antes yo diagnosticaba depresión grave o TDA/TDAH —según los criterios del MDE (*Manual diagnóstico y estadístico de los trastornos mentales*)— y aplicaba un tratamiento convencional, como Prozac o Ritalin, algunos pacientes desarrollaban agresividad o tendencias suicidas. Este fracaso, fruto del procedimiento estándar, ocurría con demasiada frecuencia y resultaba emocionalmente traumático tanto para los propios pacientes como para los facultativos.

Segunda etapa: surgen los desacuerdos. Cuando el paradigma empieza a fallar, los expertos se ponen a buscar formas de enmendar la teoría, pero se resisten a descartar los viejos modelos. En su lugar, buscan pequeños remedios para preservar su poder e influencia. Esto me recuerda las seis versiones publicadas del MDE, que, a pesar de los pequeños cambios aplicados, no ha experimentado una revisión sustancial desde 1980.

Tercera etapa: la revolución. Con el paso del tiempo, emerge un nuevo paradigma que resuelve muchos problemas. Este (por ejemplo, «cuida tu cerebro y tu mente hará el resto») reinterpreta los conocimientos existentes conservando lo mejor del viejo paradigma e integrando los últimos descubrimientos en un nuevo modelo.

Cuarta etapa: el rechazo. Llega el momento de que el nuevo paradigma sea rechazado y ridiculizado por los líderes del sector. Esta etapa puede prolongarse durante décadas. Max Planck, ganador del Premio Nobel de Física, escribió: «Una nueva verdad científica no triunfa abriendo los ojos y convenciendo a sus detractores, sino más bien porque estos acaban muriendo y surge una nueva generación familiarizada con ella».[19] En otras palabras, la ciencia avanza gracias a los funerales.

Quinta etapa: la aceptación. La nueva teoría se adopta de forma gradual una vez que los científicos jóvenes y de mente abierta la abrazan al principio de su carrera y luego se convierten en los líderes del sector. Kuhn también señaló que los nuevos paradigmas suelen ser defendidos por profesionales ajenos al *statu quo*.[20] En la actualidad, miles de profesionales de la medicina general y la salud mental han recibido formación sobre nuestra labor y han derivado a más de diez mil pacientes a nuestras clínicas.

PRÁCTICA DE HOY: *Piensa en una gran idea que hayas tenido y que nadie haya aceptado. Antes de tirar la toalla como consecuencia del rechazo, identifica en qué fase estás; esto puede ayudarte a mantener la motivación para seguir intentándolo.*

DÍA 34

Mañana puedes tener un cerebro mejor

Cada día tus acciones dañan tu cerebro o lo ayudan. Nick, de 25 años, era un luchador de MMA cuya madre lo llevó a mi clínica porque lo habían arrestado tras una pelea en un bar y haber expresado pensamientos suicidas. Lo conocí el mismo día que di una conferencia en la clínica. Más tarde, analicé su escáner con él: se veían daños en el córtex prefrontal (PFC) y en la actividad del lóbulo temporal. Entonces le pregunté si estaba dispuesto a participar en un experimento a la mañana siguiente. Por aquel entonces, había llevado a cabo un exhaustivo estudio con jugadores retirados y en activo de la NFL. En sus escáneres SEPCT, observamos que el cerebro de todos ellos presentaba daños graves, en especial en el córtex prefrontal y los lóbulos temporales. Aquello no fue una sorpresa; la novedad del estudio era que el 80 % de nuestros jugadores experimentaron mejoras después de que trabajáramos para rehabilitar su cerebro, y estas mejoras se refieren sobre todo al flujo sanguíneo, la memoria, el estado de ánimo, la motivación y el sueño. Nuestro programa de rehabilitación incluía una combinación de suplementos nutricionales (altas dosis de multivitamínicos y ácidos grasos omega-3 y otros nutrientes que favorecen las funciones cerebrales, como el ginkgo biloba y la fosfatidilserina).

Le dije a Nick que conocía muy bien cómo funcionan estos suplementos, pero que desconocía la velocidad de sus efectos. Por eso le pedí que regresara a las ocho de la mañana siguiente, y yo mismo le administraría los suplementos. Al cabo de dos horas y media le hicimos otro escáner. Nick estaba ansioso por saber si esos suplementos podían ayudar (ver los escáneres del antes y el después). Bien, en solo dos horas había aumentado de forma notable el flujo sanguíneo en todo el cerebro, en especial en el córtex prefrontal y los lóbulos temporales.

ANTES   DOS HORAS Y MEDIA
                      MÁS TARDE

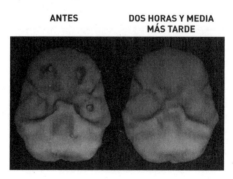

PRÁCTICA DE HOY: *Elabora una lista con tus actividades cotidianas que dañan tu cerebro. Deja de hacerlas durante una semana para ver cómo te sientes. Haz también una lista de las cosas cotidianas que ayudan a tu cerebro (y asegúrate de ponerlas en práctica hoy).*

El cerebro es un órgano escurridizo

No digas todas las estupideces que se te ocurren, por favor. Todo el mundo tiene pensamientos extraños, estúpidos, lascivos o violentos que el resto nunca debería escuchar. ¿Cuántos de nosotros hemos visto en unos grandes almacenes a una persona cargada con decenas de cajas y hemos pensado en hacerle la zancadilla solo para ver como las cajas salían volando? ¿Acaso soy el único que lo ha pensado alguna vez? Ahora bien, es evidente que no nos dejamos llevar por este tipo de pensamientos. En realidad, lo que nos protege de tales impulsos es nuestro córtex prefrontal, la parte más humana y reflexiva del cerebro. Se trata del «freno» cerebral que evita que digamos o llevemos a cabo cualquier estupidez. El cómico Dudley Moore dijo en una ocasión que el mejor dispositivo de seguridad para un coche es un retrovisor que refleje siempre un coche de policía. Tu córtex prefrontal es ese coche de policía.

Pero ¿qué sucede si esa parte de tu cerebro está dañada? Recuerdo una vez que estaba con un amigo al que una lesión cerebral le había dañado el córtex prefrontal. Estábamos sentados cerca de dos personas con sobrepeso que charlaban precisamente sobre ese tema. Cuando mi amigo oyó a una de ellas decir: «No sé por qué estoy tan gordo, si como como un pajarito», exclamó: «¡Más bien como un buitre!». ¡Qué vergüenza pasé! En cuanto mi amigo se dio cuenta de que todo el mundo había oído sus palabras, se llevó la mano a la boca y murmuró: «¿Lo he dicho en voz alta?».[21]

Para mí, en aquel momento, habría sido muy sencillo emitir un juicio negativo sobre mi amigo. Sin embargo, si analizamos su comportamiento con ayuda de los escáneres cerebrales, podemos empezar a entender por qué se comportó así: su córtex prefrontal estaba dañado.

PRÁCTICA DE HOY: *Observa los pensamientos locos o extraños que pasan por tu cabeza y detente en considerar cuántos de ellos no pones en práctica ni compartes con nadie.*

DÍA 36

Si no lo ves, ¿cómo puedes saberlo?

Si queremos reparar el cerebro, no tenemos más remedio que echarle un vistazo. ¿Por qué los psiquiatras son los únicos doctores que no observan imágenes del órgano que tratan? Los cardiólogos o los traumatólogos (en realidad, cualquier especialista en medicina) observan los órganos que pretenden sanar. Entonces, ¿por qué los psiquiatras solo deducen lo que le ocurre a su paciente basándose en sus síntomas? Por desgracia, esto provoca con demasiada frecuencia diagnósticos erróneos y tratamientos fallidos. He aquí un ejemplo:

QUISTE

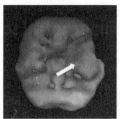

Cuando conocí a Coti era un adolescente de 17 años, y me dijo que quería cortar a su madre en pedacitos. Sus oscuros y malvados pensamientos estaban fuera de control. Habían recurrido a seis psiquiatras distintos y pasó quince meses en un centro de rehabilitación. Nada de eso había dado resultado. Tenía el quiste más grande que jamás había visto, alojado en su cerebro: era del tamaño de una pelota de tenis e invadía el espacio de sus lóbulos temporales. Una vez que le extirparon el quiste, su comportamiento mejoró, pero no desaparecieron todos los problemas, y eso fue por culpa de los daños que había causado el quiste. Durante años, he escuchado muchas quejas sobre el coste de los escáneres cerebrales, aunque para personas como Coti los problemas que esos daños generan sin tratamiento salen mucho más caros a la larga, y no solo en términos económicos, sino en cuanto a estrés familiar y falta de libertad.

Mucha gente que ha tenido problemas de salud mental acude a un profesional que solo les pide que le cuente qué síntomas padece. Basándose en eso, hace un diagnóstico y prescribe un tratamiento. Todo eso sin ningún tipo de prueba médica. Por ejemplo, si un paciente asegura «estar deprimido», es probable que obtenga un diagnóstico con el mismo nombre (depresión) y que le prescriban antidepresivos, lo cual, según varios estudios, no funciona mejor que un placebo, excepto en los casos más graves. Si otro dice que sufre ansiedad, poca concentración o cambios de humor, es probable que le diagnostiquen un trastorno de ansiedad, por déficit de atención con hiperactividad o un trastorno bipolar, y que le receten ansiolíticos, como Xanax (que se ha demostrado que provoca demencia)[22] o estimulantes, como Adderall; o bien litio para estabilizar su estado de ánimo. Y todo ello sin ninguna información sobre cómo funciona su cerebro. ¿No es una auténtica locura?

PRÁCTICA DE HOY: *Echa un vistazo a mi conferencia TEDx titulada «The Most Important Lesson from 83,000 Scans» en youtube.com/watch?v=esPRsT-lmw8*

Depresión o demencia

¡Deja de volar a ciegas! Recuerdo muy bien a una de mis primeras pacientes, Matilda. Era una mujer mayor que, en un descuido, se había dejado la estufa encendida y estuvo cerca de prender fuego a su casa. También se había visto envuelta en algunos accidentes de tráfico y, por esa razón, le habían retirado el carné de conducir. Su familia la trajo a la clínica porque no sabían qué hacer con ella. Le habían diagnosticado la enfermedad de Alzheimer y estaba empeorando con rapidez. Sus hijos mayores querían llevarla a una residencia, pero una de sus hijas sabía de la existencia de nuestra clínica y concertó una cita. Acordaron que eso sería lo último que probarían, su última esperanza.

Lo primero que pensé al conocer a Matilda fue que, en efecto, padecía la enfermedad de Alzheimer. Sin embargo, su escáner cerebral me mostró algo más: en las regiones que suele dañar el alzhéimer, el cerebro parecía sano. Pero, en su lugar, detecté signos de depresión. Ambas enfermedades suelen presentar síntomas similares. Así que le receté un antidepresivo.

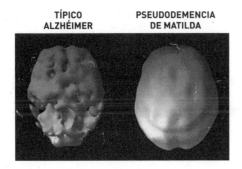

TÍPICO ALZHÉIMER   PSEUDODEMENCIA DE MATILDA

La buena noticia fue que la memoria de Matilda empezó a mejorar con rapidez. Y, al hacerlo, se mostraba más comunicativa y ayudaba a otros pacientes de la misma ala de la clínica. Al cabo de cuatro semanas, estaba lista para regresar a su casa. Fue entonces cuando me pidió un favor: me preguntó si podía hablar con la administración para que le devolvieran el carné de conducir. Así que hicimos un trato: si seguía tomando su medicación, hacía caso a mis indicaciones y al cabo de seis meses un escáner demostraba que tenía el cerebro sano, yo haría todo lo que pudiera para ayudarla a obtener de nuevo su licencia de conducción. A los seis meses, Matilde la recuperó: su SPECT de seguimiento mostró tanta mejoría que pudo volver a ponerse al volante con seguridad.

PRÁCTICA DE HOY: *Piensa en algún momento en los que estuviste a punto de perder la esperanza por un ser querido. ¿Pudo haber estado implicada su salud cerebral?*

Mantener viva la memoria

La memoria define quienes somos. Es la «fábrica del alma». Nos permite sentir cerca a nuestros seres queridos incluso si están muy lejos. La memoria alberga nuestras alegrías, nuestras heridas y todos los aprendizajes que adquirimos. Nos ayuda a crecer y mantenernos en el buen camino. También dota de sentido a la vida y le da un significado. Pero cuando disminuye puede arrebatarnos la capacidad para tomar buenas decisiones. Los problemas de memoria limitan nuestras opciones de triunfar en el trabajo, reducen nuestra independencia y nos dejan en una situación de indefensión ante quienes quieren aprovecharse de nosotros.

La enfermedad de Alzheimer (EA), la causa más común de demencia hoy en día, arrebata los recuerdos y desdibuja la vida de una persona. Alrededor de seis millones de estadounidenses padecen esta enfermedad, y se estima que esta cifra se duplique con creces hacia el año 2060. Pero la auténtica mala noticia es que, si tienes la suerte de vivir 85 años o más, cuentas con más de un 33 % de probabilidades de padecerla.[23] Es decir, tienes una probabilidad entre tres de perder la cabeza. Y esto debería animarnos a seguir un programa de prevención durante toda la vida.

Muchos médicos y científicos opinan que el alzhéimer es una enfermedad genética. Y sí, en parte lo es. Pero en mi equipo, y muchos de nuestros colegas, creemos que también es una enfermedad relacionada con el estilo de vida y que, si se adoptan unos hábitos adecuados, es posible reducir de forma significativa el riesgo de padecerla, y también otras formas de demencia. Mantener tu cerebro sano reduce además el riesgo de padecer ansiedad, depresión, trastorno por déficit de atención con hiperactividad o adicciones.

Si quieres mantener sano tu cerebro o «rescatarlo» si está metido en problemas, es vital que evites o trates los once factores de riesgo que lo debilitan y que hacen lo mismo con tu memoria y tu mente. En las próximas semanas, exploraremos estos factores de riesgo con detenimiento.

PRÁCTICA DE HOY: *Si no has hecho aún el cuestionario Memory Rescue Quiz para saber qué factores de riesgo puedes tener, hazlo ahora en memoryrescue.com/assessment*

Factores de riesgo: flujo sanguíneo

No envejecen las neuronas, sino los vasos sanguíneos. El flujo sanguíneo es crucial para la vida. La sangre transporta nutrientes para las células del cerebro y elimina las toxinas. La reducción de este flujo es uno de los principales indicadores del alzhéimer. Cualquier factor que dañe tus vasos sanguíneos priva al cerebro de los nutrientes que necesita.

Entonces, ¿cómo puedes mejorar tu flujo sanguíneo? Una de las primeras medidas a tomar es limitar el consumo de cafeína y nicotina, puesto que ambas sustancias disminuyen el flujo sanguíneo del cerebro. De todos modos, una taza de café al día no supone ningún riesgo. No quites importancia a la hipertensión: cuando la presión arterial aumenta, el flujo sanguíneo del cerebro disminuye. Si tienes algún problema cardíaco, tómatelo en serio: cualquier factor que dañe tu corazón también perjudicará a tu cerebro. Además, evita el sedentarismo. Por otro lado, comer pimientos picantes y remolacha puede ayudar a aumentar el flujo sanguíneo, al igual que tomar suplementos como el ginkgo (los cerebros más hermosos que he visto toman ginkgo). Haz ejercicio, en especial actividades que requieran algún tipo de coordinación, como el tenis o caminar a paso ligero. ¿Sabías que la gente de ochenta años capaz de caminar a 5 km/h tiene un 90 % de probabilidades de vivir hasta los noventa?[24] También hay un tratamiento que me gusta especialmente y que se llama «oxigenoterapia hiperbárica»: he comprobado que aumenta el flujo sanguíneo en el cerebro. En breve te hablaré más sobre ello.

PRÁCTICA DE HOY: *Camina como si llegaras tarde a todas partes.*

El mejor deporte para el cerebro

Para jugar al tenis de mesa tienes que hacer que tus ojos, tus manos y tus pies se coordinen mientras analizas el efecto de la pelota. Mi deporte favorito para el cerebro es el tenis de mesa. Hay gente que cree que bromeo cuando lo recomiendo en mis conferencias. Pero nunca me tomo a broma la salud cerebral. Si crees que el tenis de mesa es solo un juego, eso es porque no has conocido a mi madre (esa misma madre que ahora goza de un cerebro estupendo). Cuando era pequeño, mi madre ganaba a cualquier rival que osara enfrentarse a ella. El tenis de mesa es como un ajedrez aeróbico; resulta fantástico para la coordinación ojo-mano y exige usar muchas áreas distintas del cerebro mientras se planea el siguiente tiro, no se pierde de vista la pelota y se anticipa su efecto. Hace trabajar la parte inferior del cerebelo, que es fundamental para la coordinación, pero también para el pensamiento y la agilidad para aplicar nueva información. Además, a diferencia de muchos otros deportes, causa muy pocas lesiones en la cabeza.

En los Estados Unidos existen muchas asociaciones de tenis de mesa y, cada vez más, mejores jugadores. El pádel comparte muchos de sus beneficios; es una versión del tenis de mesa y su popularidad está en auge. La mejor manera de empezar a jugar a cualquiera de estos dos deportes es comprar el material necesario y aprender las reglas del juego. A menudo recomiendo contratar a un entrenador para mejorar la destreza rápidamente. Será más divertido si sabes jugar bien. Puedes obtener más información sobre el tenis de mesa o ping-pong (reglas, equipamiento, entrenadores y lugares de juego) haciendo búsquedas en internet.

PRÁCTICA DE HOY: *Busca dónde jugar al tenis de mesa o al pádel.*

La salud cerebral puede mejorar tu vida sexual

Aquello que es bueno para tu corazón también lo es para tu cerebro… y tus genitales. Este es uno de mis dichos favoritos para intentar que la gente entienda que se suele pasar por alto un elemento al hablar de una vida sexual sana y satisfactoria. Y es que todo tiene que ver con el flujo sanguíneo: lo que lo disminuye perjudica tanto a tu cerebro como a tu vida sexual.

Una de las razones por las que medicamentos como la Viagra son tan populares es porque muchas personas sufren problemas circulatorios. Si un hombre padece disfunción eréctil, es probable que su cerebro también sufra algunos problemas. Si tienes dificultades de riego en alguna parte, seguramente no será un caso aislado, sino que afectarán a todo tu cuerpo, incluido el cerebro. Por eso, para mejorar tu vida sexual debes mejorar tu flujo sanguíneo. Aquí tienes cuatro métodos sencillos para lograrlo:

1. Practica la meditación cada día, entre 10 y 20 minutos. Esto ayuda a mejorar el flujo sanguíneo prefrontal, reduce la ansiedad y mejora el estado de ánimo.
2. Apuesta por la oxigenoterapia hiperbárica (TOHB). En un estudio de 2011, los escáneres SPECT mostraron una notable mejora general del flujo sanguíneo tras cuarenta sesiones de TOHB.[25] Encontrarás más información sobre la oxigenoterapia hiperbárica en el día 43.
3. Bebe más agua y reduce la ingesta de sal.
4. Duerme las horas necesarias. La falta de sueño puede reducir la testosterona, los estrógenos y la progesterona (todas ellas hormonas sexuales esenciales).

No sé lo que piensas al respecto, pero a mí todo esto me da ganas de cuidarme más. Para ser un buen «partenaire sexual» tienes que proteger tu flujo sanguíneo. Y puedes hacerlo eliminando cualquier factor que lo reduzca, como fumar o tomar demasiada cafeína, así como tratando de forma adecuada las enfermedades que le afectan de un modo negativo, como la hipertensión, las cardiopatías y la diabetes. La mejora de la función sexual es uno de los mayores beneficios de seguir un programa de salud cerebral.

PRÁCTICA DE HOY: *Elabora una lista con los factores de riesgo del flujo sanguíneo que cumples y prepárate para abordar al menos uno de ellos.*

La cafeína y el cerebro

La cafeína constriñe ciertos vasos sanguíneos del cerebro. Dwayne tenía 45 años cuando acudió a mi clínica porque se sentía decaído y notaba que su mente había envejecido demasiado rápido. Estaba experimentando ciertos problemas de concentración, empezaba a equivocarse de nombres, cada vez olvidaba más cosas y sufría fatiga mental todo el día, en especial a media tarde y por la noche. Tenía dos trabajos: era piloto de la Fuerza Aérea por las mañanas y psicoterapeuta por las tardes. Su escáner SPECT reveló una disminución del flujo sanguíneo. Y es que Dwayne tenía un montón de malos hábitos para el cerebro: apenas dormía cinco horas por noche, bebía entre cinco y ocho tazas de café al día, no hacía ejercicio y su dieta se basaba en la comida rápida. Dwayne me había derivado a muchos de sus pacientes, así que cuando vio su propio cerebro supo que tenía que cambiar. «Pero no puedo renunciar a la cafeína —argumentó—. Si lo hiciera no podría trabajar por la tarde».

«Eso solo es un pensamiento retorcido para justificar la ingesta de cafeína», respondí. Como teníamos una relación estrecha y además era un psicoterapeuta que entendía mi trabajo, no podía andarme con rodeos. «En realidad, no quieres afrontar el síndrome de abstinencia y prefieres seguir envenenándote», añadí.

«De verdad, sin la cafeína no podré tenerme en pie», replicó.

«¿Estás seguro de eso? —insistí—. ¿Puedes afirmarlo con rotundidad?

Dwayne se tomó unos segundos para pensar y luego dijo: «Supongo que en realidad no lo sé, pero algo tiene que cambiar». Dwayne pudo darse cuenta de que sus pensamientos solo estaban fomentando su fracaso, y aceptó reducir su consumo de cafeína, dormir mejor y, por consiguiente, mejorar la salud de su cerebro. (Ver días 234-258). Una semana más tarde, Dwayne me llamó entusiasmado: había suprimido por completo la cafeína y estaba comiendo y durmiendo mucho mejor. «Me siento diez años más joven», dijo.

PRÁCTICA DE HOY: *¿Cuánta cafeína consumes al día? Redúcela un 25 % y comprueba cómo te sientes.*

Plantéate la oxigenoterapia hiperbárica

La cámara de curación. En *Seasons,* Justin Bieber reveló que dormía en una cámara hiperbárica.[26] No digo que debas hacer lo mismo, pero opino que tiene muchos beneficios. La oxigenoterapia hiperbárica (OTHB) aprovecha el poder del oxígeno para crear un entorno donde el organismo se regenera, acelerando el proceso de curación y reduciendo la inflamación. En esta terapia, una persona se sienta o se tumba en una cámara que incrementa la presión del aire para que los pulmones absorban más oxígeno y llegue más a los vasos sanguíneos y a los tejidos, aumentando así la producción de factores de crecimiento y células madre, y favoreciendo la cicatrización.

En general, los glóbulos rojos transportan el oxígeno por el cuerpo. Pero con la OTHB el oxígeno se disuelve en otros fluidos, como el plasma, el líquido cefalorraquídeo y la linfa, y puede llegar a regiones donde la circulación es escasa o está dañada. Si padeces problemas vasculares, el oxígeno no llegará a las zonas dañadas, y eso disminuye la capacidad natural del organismo para curarse. Por eso, cuando el oxígeno alcanza esas áreas dañadas, acelera su proceso de regeneración. La investigación reciente ha revelado que el incremento de la presencia de oxígeno refuerza la capacidad de los glóbulos blancos para destruir bacterias, reduce la inflamación y permite el crecimiento de nuevos vasos sanguíneos en las zonas dañadas.[27] Se trata de un tratamiento sencillo e indoloro, y sin efectos secundarios.

ANTES   DESPUÉS

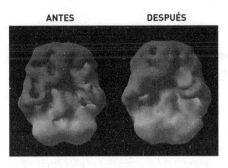

Los estudios sugieren que la OTHB puede resultar útil para traumatismos craneales, accidentes cerebrovasculares, la fibromialgia, la enfermedad de Lyme, las quemaduras o las heridas.[28] El doctor Paul Harch y yo, junto con otros colegas, publicamos un estudio sobre algunos soldados que habían sufrido lesiones cerebrales y demostramos mediante los escáneres SPECT que la OTHB mejoraba el flujo sanguíneo y aumentaba el cociente intelectual, la memoria, el estado de ánimo y la calidad de vida de estas personas.[29] El escáner que incluyo en esta página pertenece a uno de mis jugadores de la NFL antes y después de la terapia.

PRÁCTICA DE HOY: *Prueba la OTHB u otro método para aumentar tu absorción de oxígeno. La OTHB está disponible en las clínicas Amen, pero también puedes encontrar una cámara hiperbárica cerca de tu casa en la web de International Hyperbarics Association (ihausa.org).*

Las estrategias del buen y el mal gobernante para fomentar o acabar con los trastornos mentales: el flujo sanguíneo

La mejor estrategia para mantener o mejorar tu salud mental y la de tu cerebro es proteger, nutrir y mejorar tu corazón y tus vasos sanguíneos. Para evitar que gozáramos de un buen flujo sanguíneo, un mal gobernante distribuiría entre sus súbditos consolas de videojuegos o incentivaría los canales de *streaming* para robarles su tiempo y que no tuvieran ocasión de hacer ejercicio. Además, incentivaría que las escuelas eliminaran la educación física de sus planes de estudios, o que las cafeterías proliferaran sin control (te recuerdo que la cafeína constriñe el flujo sanguíneo hacia el cerebro), y fomentaría la hipertensión, las enfermedades cardíacas, los ataques al corazón y el endurecimiento de las arterias bajando el precio de los cigarrillos o la marihuana (ambos disminuyen el flujo sanguíneo). También pondría restaurantes de comida rápida en cada esquina, permitiría que la clientela eligiera un menú más grande por unos pocos céntimos, ocultaría el número de calorías de los alimentos para que la gente no supiera cuántas está consumiendo, y regalaría los postres con cada comida, ¡porque la población lo merece!

En cambio, un buen gobernante incentivaría el ejercicio en las escuelas, las iglesias y los centros de trabajo; limitaría el uso de videojuegos y el tiempo que pasan delante de una pantalla niños y adultos, para que salieran más de casa y pudieran hacer ejercicio. Además, promovería las revisiones anuales para detectar y tratar con rapidez cualquier problema vascular e instauraría un programa de educación para la salud cerebral en las escuelas y empresas, para que la población estuviera al corriente de los efectos de la cafeína, las bebidas energéticas, la nicotina y la marihuana en el flujo sanguíneo.

PRÁCTICA DE HOY: *Busca ayuda para detectar o tratar cualquier problema que dañe tu flujo sanguíneo, como alguna enfermedad de las arterias coronarias, arritmias cardíacas, prediabetes o diabetes, hipertensión, insomnio, apnea del sueño o disfunción eréctil.*

Factores de riesgo: jubilación y envejecimiento

Una de las cosas más emocionantes que he aprendido analizando los escáneres que hacemos es que el deterioro de tu cerebro NO es inevitable. Puedes frenar o incluso revertir su proceso de envejecimiento. Y es que el envejecimiento es el principal factor de riesgo para la pérdida de memoria y otros problemas cerebrales. Cuanto más se envejece, más necesario es tomar las medidas adecuadas. Nuestras imágenes demuestran que el cerebro se vuelve menos activo con el paso del tiempo. ¡Y eso es algo que no soporto! A continuación, te presento el escáner SPECT de una persona sana de 35 años, el de un hombre de 55 años con problemas leves de memoria y el de una mujer de 82 que padece problemas de memoria y depresión. Ahora, compáralos con el escáner de mi abuela a los 92 años. Llegó a cumplir 98 con la mente lúcida.

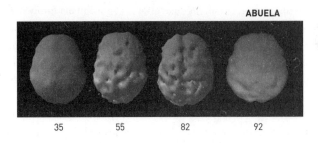

ABUELA

35   55   82   92

    Para reducir los riesgos que aparecen con la jubilación y el envejecimiento, evita el aislamiento (uno de los principales problemas durante la pandemia), los trabajos que no requieren adquirir nuevos conocimientos y, una vez que te jubiles, las situaciones que no supongan retos para tu cerebro. Ten claro que, cuando dejas de aprender, tu cerebro empieza a morir. En este sentido, no tener los telómeros cortos es de gran ayuda. Los telómeros son los extremos de los cromosomas y protegen tus genes. Tenerlos cortos está relacionado con el envejecimiento y la pérdida de memoria, pero no es inevitable. Hace unos años analicé mis propios telómeros. Por aquel entonces tenía 63 años, pero la edad de mis telómeros era equivalente a la de un adulto de 43.

    Los estudios recientes muestran que el aprendizaje constante y los programas para entrenar la memoria ayudan a frenar los efectos de la jubilación y el envejecimiento.[30] Y es que, cuando aprendes algo nuevo, tu cerebro crea nuevas conexiones. Pero es necesario variar los ejercicios mentales (ver el capítulo de mañana). Puedes aumentar la longitud de tus telómeros socializando y haciendo voluntariado, tomando multivitamínicos, meditando y comiendo alimentos que contengan vitamina C, como las fresas y los pimientos rojos. Uno de los secretos de mi abuela era mantener su mente activa y pasar miles de horas tejiendo colchas para sus seres queridos. Tejer, en concreto, resulta estupendo, porque es un ejercicio de coordinación que activa el cerebelo, parte del cerebro relacionada con la velocidad de procesamiento y la memoria.

PRÁCTICA DE HOY: *Dedica quince minutos a aprender algo nuevo.*

Los mejores ejercicios mentales para tu cerebro

Hacer crucigramas es como ir al gimnasio, ejercitar solo los bíceps y marcharte a casa. Debes trabajar todas las partes de tu cerebro. El mejor ejercicio para la mente es adquirir conocimientos y hacer actividades novedosas. A pesar de que tus rutinas laborales sean complejas —por ejemplo, dar clases en la universidad, interpretar escáneres cerebrales o reparar redes informáticas—, es posible que no te estimulen lo suficiente el cerebro porque no son nuevas. Cuando el cerebro hace una misma cosa una y otra vez, aprende a hacerla optimizando la energía. Por tanto, el aprendizaje continuo (ya sea de nuevas técnicas médicas, pasatiempos o deportes) ayuda a crear nuevas conexiones, y mantiene y mejora la actividad de las áreas menos usadas del cerebro.

Aquí tienes algunas ideas para ejercitar distintas partes de tu cerebro:

- Corteza prefrontal: juegos de lenguaje, como Scrabble, Boggle, Wordle y crucigramas, o juegos de estrategia, como el ajedrez.
- Lóbulos temporales: juegos de memoria, aprender a tocar instrumentos musicales.
- Lóbulos parietales: juegos matemáticos como el Sudoku, malabares, etc.
- Cerebelo: juegos de coordinación como el tenis de mesa, el baile, el yoga o el taichí.

NUEVOS CONSEJOS DE APRENDIZAJE

- Dedica quince minutos al día a aprender algo nuevo. Einstein dijo que, si dedicabas ese tiempo diario a aprender sobre alguna materia, en un año serías un experto en ella; y en cinco años, una auténtica eminencia.
- Haz cursos online (nosotros ofrecemos algunos en amenuniversity.com).
- Aprende nuevas habilidades. En el trabajo, prepárate para otras labores o inscríbete en cursos de formación avanzada en tu campo. Como sugerencia, ¿por qué no intercambias funciones con algún colega durante unos días? Esto podría beneficiar no solo a tu cerebro, sino también a tu equipo, porque ambos desarrollaréis la capacidad para apoyaros mutuamente en caso de emergencia.
- Sal de tus rutinas para «despertar» otras áreas de tu cerebro. Lleva a cabo tareas de forma distinta, eso activará el otro hemisferio. Por ejemplo, cepíllate los dientes, mueve el ratón o lanza una pelota con la mano con la que no lo haces habitualmente. Sigue una ruta diferente para ir al trabajo; o camina hacia atrás unos minutos (siempre que tengas una barandilla a mano o alguien que te vigile). El objetivo es desafiar al cerebro para que se desarrolle.

PRÁCTICA DE HOY: *Dedica hoy otros quince minutos a aprender algo nuevo.*

Las estrategias del buen y el mal gobernante para fomentar o acabar con los trastornos mentales: jubilación y envejecimiento

Cuando el cerebro se deteriora con la edad aparecen problemas de estado de ánimo, ansiedad, irritabilidad, cambios de humor y comportamientos irracionales. Pero no tienes por qué envejecer así. Un mal gobernante no tomaría medidas contra el envejecimiento y diría que no puedes hacer nada para contrarrestarlo. Recomendaría a todo el mundo jubilarse pronto, dejar de aprender cosas nuevas y ver la televisión cuanto quisiera, en especial, los telediarios, que hacen hincapié en la violencia, los desastres naturales y las luchas intestinas de los partidos políticos, todo lo cual genera ansiedad y estrés. Dejaría que sus súbditos vieran películas poco edificantes o jugaran a videojuegos durante horas, porque ambas actividades desgastan los centros del placer en el cerebro. También fomentaría que la gente malgastara su tiempo en actividades sin sentido y en navegar por las redes sociales, porque ambas actividades incrementan el riesgo de padecer depresión y obesidad. Además, fomentaría que los niños empezaran la escuela demasiado pronto —la mayoría de los estudios demuestran que los escolares más pequeños tienen más probabilidades de obtener un diagnóstico de TDA/TDAH, que se ha asociado a síntomas de deterioro cognitivo leve en personas mayores de cincuenta años.[31] Por último, promovería los confinamientos como estrategia de gestión de las pandemias, aislando aún más a los ancianos, lo que se asocia con el deterioro cognitivo y la depresión.

Por el contrario, un buen gobernante fomentaría el aprendizaje permanente, el establecimiento de propósitos vitales y las labores de punto; disuadiría a los niños de empezar la escuela demasiado pronto, para evitar el TDA/TDAH. También promocionaría la formación cruzada en el trabajo; limitaría el tiempo dedicado a la televisión, las redes sociales y las películas de miedo, para mantener sanos los centros del placer, y fomentaría la donación regular de sangre. Además, educaría a la gente sobre los beneficios del ayuno intermitente; proporcionaría tratamientos para el TDA/TDAH y las dificultades de aprendizaje, de modo que la gente disfrutara aprendiendo; e impulsaría la educación sobre la salud cerebral en escuelas y empresas, para que todo el mundo fuera consciente de los efectos positivos del aprendizaje permanente.

PRÁCTICA DE HOY: *Cuando no te apetezca hacer ejercicio o comer bien, pregúntate: ¿Quiero un cerebro viejo o joven? Asegúrate de incluir en tu dieta antioxidantes como las bayas y el té verde.*

Factores de riesgo: inflamación

La palabra inflamación viene del latín inflammatio, que significa «incendio» o «prender fuego». Cuanto tu cuerpo padece inflamación crónica es como si un leve incendio te arrasara los órganos, y eso incrementa el riesgo de depresión y demencia. Las tres pruebas más habituales para detectar la inflamación son la proteína C reactiva (PCR), la velocidad de sedimentación globular (VSG) y el índice Omega-3. La rosácea, el dolor articular, la fatiga y las infecciones frecuentes son signos de inflamación crónica.

La mejor manera de reducir la inflamación es eliminar aquello que la provoca, como un intestino insano, bajos niveles de omega-3, altos niveles de hierro, una dieta repleta de alimentos procesados y azúcar, y enfermedades de las encías. Yo siempre estaba demasiado ocupado para usar el hilo dental hasta que vi que la investigación había demostrado que las enfermedades de las encías son una de las principales causas de inflamación y pérdida de memoria.[32] Ahora uso el hilo dental a diario. Hace poco fui al dentista, y me dijo que mi boca estaba más sana que nunca.

Para reducir la inflamación, usa el hilo dental cada día, cocina con cúrcuma o toma suplementos con curcumina, y aumenta tus niveles de ácidos grasos omega-3 comiendo más pescado o tomando suplementos. En un estudio que publicamos en el *Journal of Alzheimer Disease*, revelamos que el hipocampo estaba más sano en aquellas personas con altos niveles de omega-3.[33] Asimismo, cuida tu salud intestinal, plantéate tomar probióticos y comprueba tus niveles de ferritina (que es una medida del almacenamiento de hierro); dona sangre si te salen altos.

PRÁCTICA DE HOY: *Empieza a usar el hilo dental y conviértelo en un hábito diario.*

DÍA 49

Incrementa la tasa de omega-3 en la sangre para reducir la inflamación

Los ácidos grasos omega-3 son esenciales. Los niveles bajos de dos de los ácidos grasos omega-3 más importantes —el ácido eicosapentaenoico (EPA) y el ácido docosahexaenoico (DHA)— se han relacionado con la depresión y el trastorno bipolar, el comportamiento suicida, la inflamación, las enfermedades cardiacas, el TDA/TDAH, el deterioro cognitivo, la demencia y la obesidad.[34] La realidad es que la dieta del 95 % de los estadounidenses no incluye suficientes ácidos grasos omega-3.[35] Por otro lado, el cuerpo humano no los produce por sí mismo, por lo que hay que obtenerlos de fuentes externas, como el pescado azul. Si no ingieres suficiente cantidad de este nutriente esencial a través de la dieta, tu cerebro se resentirá. La razón es que los ácidos grasos omega-3 contribuyen en un 8 % al peso del cerebro. En las Clínicas Amen analizamos los niveles de omega-3 de 50 pacientes que no tomaban suplementos de aceite de pescado, y 49 de ellos (es decir, un sorprendente 98 %) tenía un nivel por debajo del óptimo. En un estudio posterior, analizamos los escáneres de 130 pacientes comparándolos con sus niveles de omega-3, y quienes presentaban los niveles más bajos tenían un menor flujo sanguíneo en las áreas del cerebro asociadas con la depresión y la demencia.

Ahora las buenas noticias: aumentar la ingesta de omega-3 mejora el estado de ánimo. Por ejemplo, recientes estudios han demostrado que el consumo de pescado con altos niveles de ácidos grasos omega-3 está relacionado con un menor riesgo de depresión y suicidio.[36] Y, lo que es mejor, tener niveles más altos de omega-3 está relacionado con la felicidad, como se desprende de una interesante investigación realizada en Japón, en la que se reunió a 140 enfermeras y cuidadoras para evaluar su felicidad (medida con la Escala de Felicidad Subjetiva), su sensación de plenitud y sus niveles de omega-3. El equipo de investigación descubrió que la felicidad subjetiva estaba asociada de forma significativa a la sensación de plenitud —ser útil equivale a ser feliz—, así como a los niveles de EPA y DHA; la correlación fue especialmente elevada con los niveles de EPA.[37] Otros estudios también han sugerido que el EPA es más eficaz en el tratamiento de la depresión y otros trastornos.[38] La mayoría de las personas adultas deberían tomar entre 1000 y 2000 mg de ácidos grasos omega-3, con una proporción de 60 % de EPA y 40 % de DHA.

PRÁCTICA DE HOY: *Toma suplementos de omega-3 a diario o come pescado graso, como salmón o caballa, dos veces por semana.*

DÍA 50

La conexión intestino-cerebro

Se suele decir que el intestino es el segundo cerebro. Preguntas rápidas: ¿dónde se crean las tres cuartas partes de los neurotransmisores? ¿Qué órgano alberga dos terceras partes de nuestro tejido inmunitario? ¿Qué órgano tiene diez veces más células que el resto de nuestro cuerpo? La respuesta es la misma en todos los casos: los intestinos. Este largo tubo está recubierto con cerca de cien millones de neuronas que se encuentran en comunicación directa con el cerebro. Por eso sientes «mariposas en el estómago» cuando te enamoras, o náuseas cuando sufres un disgusto. Y es que el dolor físico o emocional suele manifestarse con problemas en los intestinos. Una vez que pasé por un período de duelo sufrí diarrea crónica. Los seres humanos tenemos unos diez metros de tubo digestivo, que va desde la boca hasta el otro extremo del cuerpo, y está revestido con una fina capa de células, conectadas entre sí, que te protegen de los invasores externos. Si se abren las uniones intercelulares o se vuelven permeables, suelen producirse grandes problemas. Este fenómeno, llamado «intestino permeable», está asociado con la inflamación crónica, las enfermedades autoinmunes y diversos problemas digestivos y cerebrales, como los trastornos del estado de ánimo y la ansiedad.

Ten en cuenta que tu tracto gastrointestinal alberga unos cien billones de microorganismos (bacterias, levaduras y otros), conocidos como microbioma. Algunos de ellos son beneficiosos para la salud, mientras que otros son perjudiciales. Por tanto, mantener el equilibrio de tu microbioma es esencial, ya que juega un papel determinante en la protección del revestimiento intestinal, la digestión y la síntesis de vitaminas (K, B12) y neurotransmisores (como la serotonina). Pero ¿qué factores disminuyen la cantidad de microorganismos beneficiosos? Pues medicamentos como los antibióticos, los anticonceptivos orales y los antiinflamatorios no esteroideos (AINE); también tener niveles bajos de ácidos grasos omega-3, el estrés, el azúcar y los edulcorantes artificiales, el gluten, el insomnio y toxinas como los pesticidas.

Así pues, para mejorar la salud de tu microbioma es importante que consumas alimentos probióticos con mucha fibra, como manzanas, judías, cebollas y tubérculos, así como suplementos o alimentos de carácter probiótico, como la *kombucha*, el *kimchi*, frutas y verduras encurtidas y chucrut. Los suplementos probióticos también pueden ayudar en este sentido. Y es que los prebióticos y probióticos alimentan a las bacterias buenas del tracto gastrointestinal.

PRÁCTICA DE HOY: *Aporta más fibra a cada comida añadiendo semillas, frutos secos, legumbres, aguacates, bayas o verduras. ¿Qué alimentos vas a incluir hoy en tu dieta?*

Las estrategias del buen y el mal gobernante para fomentar o acabar con los trastornos mentales: inflamación

Si has recibido tratamiento para algún problema de salud cerebral sin resultados satisfactorios, la inflamación crónica puede haber sido responsable de ello. Así como la inflamación puede causar estragos en el cuerpo, también puede dañar el cerebro. Un gobernante malvado favorecería la inflamación crónica limitando la disponibilidad de pescado graso sostenible y aumentando la de alimentos procesados cargados de maíz y soja (ricos en ácidos grasos omega-6, que favorecen la inflamación), y también de azúcar. Prohibiría, asimismo, el uso del hilo dental, incrementaría el de pesticidas y haría rociar los cultivos con glifosatos potencialmente peligrosos. Además, aseguraría que el alcohol es un alimento saludable y decretaría que todo el mundo tomara dos vasos de vino al día. Por otro lado, fomentaría el uso de antibióticos (que pueden matar las bacterias intestinales beneficiosas) a la primera señal de tos o resfriado, y exigiría a los fabricantes de alimentos añadir azúcares ocultos a sus productos, para acabar con los microorganismos beneficiosos del intestino.

Un buen gobernante, en cambio, combatiría la inflamación animando a la población a que analizaran con regularidad su PCR (proteína C reactiva), VSG (velocidad de sedimentación globular) e índice de omega-3; fomentaría la salud del revestimiento intestinal y del microbioma limitando los tratamientos innecesarios con antibióticos, los pesticidas y los alimentos procesados, y promovería dietas a base de verduras orgánicas y alimentos prebióticos y probióticos. Además, pondría al alcance de todo el mundo nutracéuticos prebióticos y probióticos, fomentaría el consumo de pescado saludable (visitar seafoodwatch.org) y distribuiría nutracéuticos omega-3 de alta calidad. Por último, haría que se enseñase en las escuelas la importancia de la salud de las encías para el cerebro, por lo que se instaría a usar hilo dental a diario.

PRÁCTICA DE HOY: *Pregúntate lo siguiente: «¿Estoy siguiendo las estrategias del mal gobernante o del buen gobernante respecto a la inflamación?».*

Factores de riesgo: genética

Cuando cumplí cincuenta años, mi médico me sometió a una colonoscopia. Le pregunté por qué no examinaba también mi cerebro. ¿Acaso el otro extremo del cuerpo no era también importante? Los problemas de salud cerebral —como la depresión, las adicciones, el TDA/TDAH y la enfermedad de Alzheimer— son hereditarios. Tener familiares que los sufran incrementa el riesgo, desde luego, pero no es una sentencia de muerte; más bien debería ser una llamada de atención. Te ofrezco a continuación cinco estrategias para tomar el control sobre esta cuestión:

1. **Identifica tus puntos débiles y trabaja en la prevención lo antes posible.** La obesidad y las cardiopatías son hereditarias, pero yo no tengo sobrepeso ni cardiopatías, y eso es porque conozco mis riesgos y me esfuerzo por evitarlos.

2. **Evita cualquier factor de riesgo que acelere las enfermedades genéticas.** Si un niño o niña quiere practicar un deporte de contacto con una alta probabilidad de provocar conmociones cerebrales (fútbol, fútbol americano, hockey, equitación, etc.) debería someterse a una prueba de detección del gen Apo E4. Esto es así porque su presencia multiplica por diez el riesgo de deterioro cognitivo y demencia a edades más avanzadas, si se sufren traumatismos craneoencefálicos. Así pues, si el individuo tiene el gen Apo E4, debería plantearse practicar deportes sin contacto, como el golf, el tenis, el tenis de mesa o el atletismo, o bien danza.

3. **Practica hábitos saludables para disminuir la expresión de los genes que potencian los problemas.** Diversos estudios han demostrado que la vitamina D, los arándanos, la cúrcuma y el té verde pueden reducir las placas que contribuyen a la enfermedad de Alzheimer.[39]

4. **Apuesta por la detección precoz.** Si crees que corres el riesgo de padecer problemas de salud cerebral, es esencial un diagnóstico precoz. Nos sometemos a revisiones del corazón, los huesos, los senos y la próstata, pero muy poca gente se preocupa de su cerebro, y esto tiene que cambiar.

5. **Deja de poner excusas como que es demasiado caro, que requiere mucho esfuerzo o que limita tu libertad.** Créeme, perder la memoria y tu independencia es mucho más duro y costoso, y además eso hará tener menos libertad a tu familia.

PRÁCTICA DE HOY: *Examina tus antecedentes y comprueba qué enfermedades tienden a aparecer en tu familia. ¿Qué puedes hacer para prevenirlas? Además, tómate una taza de té verde o de arándanos orgánicos a la salud de tus genes.*

Chalene, una guerrera del cerebro, cambia su vida

Al final, pudo salir del sótano. Chalene Johnson es una escritora bestseller, profesora de técnicas motivacionales, *podcaster* y madre de dos hijos. Nuestra amistad se remontaba a varios años atrás, bastante antes de que me invitara a participar en su pódcast. Al final de aquel programa, me dijo: «Crees que tengo déficit de atención, ¿no?». Y bueno, sí, la idea me había pasado por la cabeza. A pesar de su éxito, tenía dificultades de memoria y concentración, además de con las distracciones y el hecho de procrastinar, y siempre llegaba tarde a sus citas. Para que te hagas una idea de la envergadura de sus problemas, Chalene se veía obligada a encerrarse en el sótano para poder trabajar, porque cualquier ruido la distraía o irritaba. Para colmo de males, tenía antecedentes familiares de alzhéimer y, tras escucharme, albergaba la esperanza de hallar la forma de evitarlo.

Su primer escáner SPECT fue terrible: mostraba indicios de TDA/TDAH, y baja actividad en los lóbulos frontales y en las zonas vulnerables al alzhéimer (lóbulos parietales y temporales). Esos resultados le llamaron mucho la atención. En los dos años siguientes hizo todo lo que le pedimos, incluido someterse a oxigenoterapia hiperbárica y tomar suplementos. Su exploración de seguimiento mostró una mejoría espectacular, es decir, su riesgo de padecer futuros problemas había disminuido. Pero lo más importante es que me dijo que su rendimiento en el trabajo, en casa y en sus relaciones había mejorado de manera sustancial. Además, por fin podía trabajar en otro lugar que no fuera el sótano.

ANTES DEL TRATAMIENTO

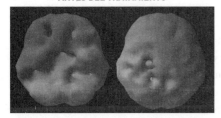

DOS AÑOS DESPUÉS

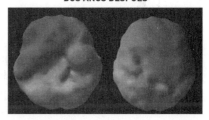

PRÁCTICA DE HOY: *¿Cómo podría estar perjudicándote la mala salud de tu cerebro? Pon tres ejemplos.*

El legado de Lincoln

La depresión de Lincoln le proporcionó las herramientas para salvar a la nación. El árbol genealógico de esa familia estaba repleto de problemas de salud: a su madre, Nancy, se la describía como una persona triste, y su padre padecía depresiones y extraños episodios en los que quería estar solo. Su tío abuelo paterno dijo a un tribunal que tenía una «mente trastornada». Su tío, Mordecai Lincoln, padecía cambios de humor severos, que empeoraban con el consumo excesivo de alcohol. Los tres hijos de Mordecai lucharon contra la depresión, y uno de ellos fluctuaba entre esta y la psicosis maníaca. Uno de los primos hermanos de Abraham Lincoln tuvo una hija, Mary Jane, que llegó a ser internada en el Hospital Estatal para Dementes de Illinois. En su valoración médica, el jurado concluyó que «su enfermedad era hereditaria», es decir, que estaba relacionada con la genética.[40]

Según el biógrafo de Lincoln, Joshua Wolf Shenk, el presidente lidió con la depresión toda su vida, incluso llegó a expresar pensamientos suicidas. Sin embargo, con el tiempo, en muchos sentidos llegó a convertirse en el paradigma de la salud mental, y fue capaz de mantener unido al país incluso en sus días más oscuros. Es decir, sus genes no determinaron su destino. En el ámbito político, «si Lincoln viviera en la actualidad, se trataría su enfermedad como un problema de carácter, es decir, como un lastre político». De hecho, su trastorno era una condición de carácter, porque le dio las herramientas para salvar a la nación.[41] Shenk sostiene que, gracias a la depresión, Lincoln supo aguantar el sufrimiento y sobreponerse a los peores momentos. Cabe destacar que además el presidente sufrió una grave lesión en la cabeza a los diez años por la coz de un caballo, y estuvo inconsciente toda una noche. Los traumatismos craneoencefálicos son una causa común (y a menudo pasada por alto) de posteriores problemas emocionales y de comportamiento.

PRÁCTICA DE HOY: *¿En qué medida tus luchas personales te han convertido en alguien mejor y más fuerte?*

Desactiva los genes que te hacen vulnerable

Muy poca gente está libre de problemas de salud genéticos. En las Clínicas Amen siempre analizamos al detalle los antecedentes familiares, porque los trastornos psiquiátricos suelen ser hereditarios. Aquí tienes nuestras cinco razones para hacerlo: (1) Mucha gente con algún problema presenta vulnerabilidades genéticas. (2) Es más probable que se sufra estrés crónico si hay trastornos psiquiátricos en la familia. Por ejemplo, los niños que se crían en situaciones de estrés constante o de maltrato por parte de algún familiar tienen muchas más probabilidades de sufrir después ansiedad o depresión crónicas. (3) El estrés causado por las enfermedades en las generaciones anteriores modifica los genes y los hace más vulnerables a ciertos problemas. En otras palabras, el estrés, una dieta poco saludable, las toxinas ambientales y la mala nutrición prenatal en generaciones previas modifican los genes futuros (en lo que se llama epigenética) y los hacen más propensos a desarrollar enfermedades. (4) Si los miembros de tu familia adquieren hábitos malsanos, es probable que en el futuro tú los repitas, y eso incrementa los riesgos de padecer enfermedades cerebrales. (5) Si tu familia no se toma en serio su propia salud o su bienestar general hasta el punto de cambiar su comportamiento, te resultará más difícil adoptar un estilo de vida saludable.

Cuantos más de estos factores tengas en tu contra, mayor será tu riesgo de padecer trastornos mentales. Cuando nacieron mis hijas —Breanne, Kaitlyn y Chloe— y luego mis nietas —Emmy y Heaven—, llevaban ya en su interior todos los óvulos de los que dispondrían en su vida entera. Y eso se vio influenciado por los hábitos de su madre y los míos. A su vez, sus propios hábitos activarán o desactivarán ciertos genes, de modo que se modifique el riesgo de padecer determinadas enfermedades. Y lo mismo ocurrirá con sus hijos, y con los hijos de sus hijos. De igual modo, mis sobrinas Alizé y Amelie nacieron con genes modificados por los hábitos de sus padres y abuelos. Por tanto, para acabar con los trastornos mentales hemos de centrarnos en la salud cerebral con el fin de desactivar cualquiera de esos genes que aumentan la vulnerabilidad de las generaciones futuras a los problemas psiquiátricos.

PRÁCTICA DE HOY: *Repasa cada una de las cinco razones anteriores para saber cuáles pueden estar afectándote a ti o a tus hijos e hijas.*

DÍA 56

Las estrategias del buen y el mal gobernante para fomentar o acabar con los trastornos mentales: la genética

Tu trayectoria no solo tiene que ver contigo; también con la de tus ancestros. Sin embargo, un gobernante malvado se esforzaría por convencerte de lo contrario. Aseguraría a quienes tuvieran antecedentes familiares de enfermedades cerebrales o mentales que no tienen que preocuparse por cuidar de su salud, porque no hay nada que puedan hacer al respecto. También adoptaría el *carpe diem* como eslogan de salud pública, y diría a sus súbditos que no se inquietaran por su bagaje emocional, porque una vez muertos ya no hay nada que hacer. Sin embargo, lo cierto es que tu comportamiento no tiene que ver solo contigo.

En cambio, un buen gobernante te recordaría que tu conducta influye en la genética de tus hijos y nietos; informaría a la población de que los genes no lo son todo, y aprendería de la desacertada corriente eugenésica que tanta influencia tuvo en los siglos XIX y XX. También educaría a la población para que conociera sus riesgos y vulnerabilidades genéticas, haciendo que las familias examinaran el historial de sus antepasados y se tomaran en serio la prevención lo antes posible. Además, animaría a la gente a adoptar hábitos saludables. Por último, desarrollaría programas de servicio público para dar a conocer la epigenética e informar a la población de que su comportamiento no solo le afecta de manera individual, sino también a las generaciones futuras.

PRÁCTICA DE HOY: *¿Qué parte de tu historia familiar o de tus problemas genéticos necesitas abordar por el bien de tu cerebro?*

Factores de riesgo: traumatismo craneal

Las lesiones cerebrales son una de las principales causas de problemas psiquiátricos y muchas personas lo desconocen, porque la mayoría de los profesionales de la salud cerebral nunca observan el cerebro. Bastante gente no sabe que el cerebro tiene una consistencia parecida a la manteca, el tofu o la gelatina. Además, se aloja en un cráneo robusto que cuenta con muchas crestas óseas afiladas. Los movimientos bruscos y los traumatismos craneoencefálicos a veces provocan que el cerebro impacte contra el duro interior del cráneo, por lo que es posible que las neuronas sufran desgarros, hematomas, micro-hemorragias o se inflamen. Es decir, las lesiones cerebrales pueden arruinarte la vida aunque no pierdas la conciencia.

INTERIOR DEL CRÁNEO

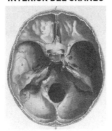

Las lesiones cerebrales traumáticas (LCT) suelen estar en muchos casos detrás de problemas como la adicción, el abuso, la ansiedad, los ataques de pánico, la depresión, los conflictos en el seno familiar, el trabajo o la escuela, el suicidio y muchos otros.[42] Mientras que algunas personas manifiestan los síntomas inmediatamente después de una lesión cerebral, en el caso de otras aparecen al cabo de semanas o incluso meses. Por culpa de este retraso, el origen de tales síntomas suele olvidarse y pasa inadvertido mucho tiempo. Los médicos casi nunca preguntan sobre las lesiones cerebrales ni se preocupan por hacer un escáner; suelen atribuir cualquier problema a una enfermedad psiquiátrica y se limitan a recetar medicación. Los traumatismos craneoencefálicos se pasan por alto en psiquiatría con bastante frecuencia. Pero la realidad es que incluso los de carácter leve pueden causar problemas años después.

En Estados Unidos se producen cada año millones de visitas a urgencias a causa de traumatismos craneoencefálicos. Piensa cuántos de ellos se quedan sin diagnosticar. Tenemos que mejorar la prevención, así como los tratamientos en caso de que se produzcan. En 2018, varios exjugadores de la NFL pidieron poner fin al fútbol americano con placajes para niños.[43] En 2021, Brett Favre (que había jugado veinte temporadas en la NFL) advirtió a los padres sobre los riesgos de que los pequeños jueguen con placajes.[44] Es un comienzo, pero necesitamos que este principio se asiente en nuestra sociedad.

PRÁCTICA DE HOY: *Para evitar posibles lesiones en la cabeza, de ahora en adelante deja de mirar el móvil mientras conduces o caminas; así prevendrás caídas o accidentes.*

Identifica las lesiones cerebrales de cualquier tipo

Tenemos que preguntar a la gente hasta diez veces si han sufrido un traumatismo craneal. Muchas personas no se acuerdan de haber sufrido un traumatismo en la cabeza. En las Clínicas Amen, por protocolo, se lo preguntamos muchas veces a nuestros pacientes antes de que pasen a ver a un doctor. Si responden que no, se lo preguntamos otra vez. Y si vuelven a responder de forma negativa, insistimos. «¿Seguro? ¿Nunca te has caído de un árbol, al saltar una zanja o al tirarte al agua? ¿Practicas deportes de contacto? ¿Has sufrido algún accidente de coche?». Todavía me sorprende la cantidad de gente que olvida haber sufrido un traumatismo de este tipo. Cuando ya lo he preguntado hasta cinco veces, algún que otro paciente se lleva las manos a la cabeza y exclama: «¡Anda, sí! Cuando tenía siete años me caí de un segundo piso». Del mismo modo, otros pacientes olvidan que una vez atravesaron el parabrisas del coche en un accidente, se cayeron de vehículos en marcha o quedaron inconscientes al caerse de la bicicleta.

Veamos el ejemplo de Logan Paul, la superestrella de YouTube. Esta controvertida celebridad de internet, conocido por sus arriesgadas bromas y peligrosas acrobacias, ha alcanzado la cifra de 40 millones de seguidores en las redes sociales; pero también ha cosechado duras críticas. Logan vino a verme para averiguar por qué toma malas decisiones, por qué carece de empatía y por qué es incapaz de comprometerse en una relación afectiva. «Quiero averiguar por qué pienso y actúo como lo hago —me dijo—. Soy un poco gamberro, siempre ando metido en problemas».

Entonces le pregunté si alguna vez había sufrido un traumatismo craneoencefálico. Al principio me dijo que no varias veces; eso fue antes de acordarse de que cuando iba a séptimo curso tuvo un accidente en una cama elástica y se fracturó el cráneo. También fue defensa de fútbol americano en el instituto. El escáner de Logan mostró un bajo flujo sanguíneo en el córtex prefrontal, lo cual está asociado a la toma de malas decisiones, falta de empatía y problemas para relacionarse.

EL ESCÁNER DE LOGAN

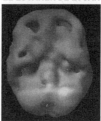

PRÁCTICA DE HOY: *Repasa tu infancia, adolescencia y edad adulta en busca de algún accidente, caída o deporte que haya podido afectar a tu cerebro. ¿Cuántos traumatismos craneoencefálicos has sufrido?*

Revertir los daños cerebrales es posible: estudio de rehabilitación cerebral de la NFL de las Clínicas Amen

La mayoría de los niños de diez años sabe que el fútbol americano es un deporte que puede dañar el cerebro. En julio de 2007, el exjugador de la NFL Anthony Davis acudió a mi consulta porque estaba experimentando problemas de memoria, y se sentía desubicado e irritable. AD —como lo llama la mayoría de sus conocidos— tiene un lugar en el Salón de la Fama del Fútbol Americano Universitario. Un profesor de la Universidad del Sur de California le había hablado de nuestro trabajo, y se le ocurrió que quizá podíamos ayudarlo. Bien, a sus 54 años, el cerebro de Anthony parecía tener 85; mostraba claras evidencias de daño en el córtex prefrontal y el lóbulo temporal izquierdo. Anthony también estaba preocupado por los problemas cognitivos que observaba en otros futbolistas retirados. Por eso le propuse seguir los mismos ejercicios de rehabilitación cerebral que expongo en este libro, y al cabo de varios meses me comentó que se sentía mejor, que estaba más concentrado y que gozaba de más energía y mejor memoria.

La cita con AD fue el detonante de nuestro proyecto sobre lesiones y rehabilitación cerebrales en futbolistas profesionales. La NFL sostenía que no sabía si el fútbol americano causaba daños cerebrales a largo plazo; nunca habían hecho ningún estudio con escáneres cerebrales para averiguarlo. Por eso, mis colegas y yo nos pusimos manos a la obra. Hasta la fecha, hemos escaneado y tratado a más de 300 jugadores, tanto en activo como retirados. En casi todos ellos se observaron evidencias claras de daño cerebral. Lo más interesante de nuestro estudio fue que el 80 % de esos jugadores mostraron una mejoría significativa en sus escáneres SPECT y en sus pruebas neuropsicológicas mientras estuvieron siguiendo nuestro programa,[45] lo que demuestra una vez más que las personas no estamos atrapadas en el cerebro que tenemos en un determinado momento. Diez años después, el cerebro de AD había mejorado de manera significativa.

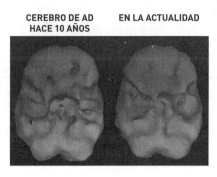

CEREBRO DE AD HACE 10 AÑOS   EN LA ACTUALIDAD

PRÁCTICA DE HOY: *Evita, en la medida de lo posible, los deportes de contacto. ¿Piensas lo mismo del fútbol americano ahora que conoces los problemas que provocan los traumatismos craneoencefálicos?*

La opinión de las Clínicas Amen sobre la encefalopatía traumática crónica (ETC)

Me interesan los vivos y hacer todo lo posible por retrasar su viaje hacia la mesa de autopsias. La encefalopatía traumática crónica (ETC) se dio a conocer a gran escala gracias a la película *La verdad duele*, protagonizada por Will Smith y basada en el trabajo del neuropatólogo Bennet Omalu. Cuando este doctor le hizo la autopsia a uno de los jugadores del Salón de la Fama, advirtió que había algo muy distinto en su cerebro que todo el mundo había pasado por alto: depósitos excesivos de una proteína anormal, la tau.[46] Posteriormente observó esta tendencia en otros jugadores de la NFL que sufrían graves problemas cognitivos y emocionales. La proteína tau es esencial para el cerebro, puesto que está involucrada en varios procesos celulares como la estabilización de microtúbulos, el mantenimiento axonal y el transporte intracelular. Sin embargo, cuando el cerebro sufre conmociones con frecuencia —como es habitual en los jugadores de fútbol americano o de otros deportes de contacto—, la proteína tau se rompe y atraviesa las membranas celulares, provocando una respuesta inflamatoria que daña el cerebro.

Como la ETC solo puede diagnosticarse con certeza a partir de muestras de tejido cerebral obtenidas mediante autopsia, únicamente podemos asegurarnos de que alguien la ha sufrido después de que esa persona haya muerto. Soy amigo del doctor Omalu y hemos publicado algunos artículos científicos juntos. Siempre le digo que sus pacientes son los muertos, aunque a mí me interesan los vivos. La opinión generalizada en los círculos médicos es que la ETC es permanente, progresiva e intratable. Yo opino que eso es una majadería, y que no existen evidencias científicas que apoyen tal dictamen desesperanzador. Sin embargo, como la creencia popular es esa, muchos jugadores y atletas profesionales no buscan ayuda. Algunos medios de comunicación me han acusado de dar falsas esperanzas a las personas con ETC. Pero permíteme hablar sin tapujos: los escáneres que hacemos en las Clínicas Amen no diagnostican la ETC (para eso se necesita un informe patológico), pero sí el impacto *actual* de conmociones cerebrales *pasadas*, y con la ayuda adecuada el cerebro puede mejorar. La cuestión es que no hacer nada para mejorar los efectos crónicos de las conmociones cerebrales es inconcebible. No debemos esperar a que la gente muera para descubrir que algo va mal.

PRÁCTICA DE HOY: *No pierdas la esperanza. Aunque tu cerebro esté dañado puede mejorar si generas un entorno curativo.*

Lo que debes saber sobre el síndrome de Irlen

Ciertos colores del espectro visible pueden modificar tu cerebro. El síndrome de Irlen, también llamado «síndrome de sensibilidad escotópica», es un problema de procesamiento visual por el cual ciertos colores del espectro visible «irritan» el cerebro. Esta enfermedad, descubierta por la terapeuta Helen Irlen, es hereditaria y suele manifestarse después de sufrir lesiones cerebrales. Cualquiera que experimente síntomas de ansiedad, depresión, irritabilidad, falta de concentración, problemas de aprendizaje o sensibilidad a la luz debería someterse a una prueba para detectarlo. Los síntomas más comunes son dolor de cabeza, fatiga, problemas para concentrarse cuando hay luces brillantes o fluorescentes, así como dificultades para leer texto en papeles blancos satinados. Al leer, las palabras y las letras tienden a desplazarse, temblar, difuminarse o desaparecer. Además, con frecuencia aparecen problemas para percibir la profundidad o calcular la distancia, y dificultades para subir escaleras mecánicas, practicar deportes de pelota o conducir.

Cuando Heather, de 42 años, acudió a mi consulta para tratar sus síntomas de TDA/TDAH, ansiedad y depresión, ya había sufrido una decena de accidentes de tráfico. En su entrevista nos contó que tenía dificultades para leer y que las luces fluorescentes le provocaban dolor de cabeza. Como sospechamos que podía padecer el síndrome de Irlen, la sometimos a algunas pruebas. Cuando regresó al cabo de unas semanas, estaba radiante: con las lentes Irlen (gafas de color), su ansiedad se había reducido, y su concentración y su estado de ánimo habían mejorado. Gracias a estas lentes, su exploración de seguimiento fue mucho más relajada.

**SÍNDROME DE IRLEN: ANTES Y DESPUÉS
DE LAS LENTES IRLEN**

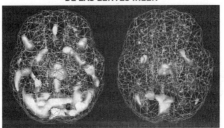

Hiperintensidad de la   Actividad normal
sustancia blanca

Sin embargo, a pesar de su mejoría, Heather comenzó a padecer de nuevo depresión. De joven había sido una guitarrista portentosa, pero nunca pudo aprender a leer música, porque las notas le bailaban en la partitura. A los doce años destrozó su guitarra y jamás volvió a tocar. Ahora, treinta años después, se lamentaba por lo que habría podido llegar a ser. Heather no necesitaba Prozac para tratar su depresión: lo que le hacía falta era una terapia de duelo. Una vez que la empezó, en pocas semanas volvió a sentirse bien… y se compró una guitarra nueva.

PRÁCTICA DE HOY: *Si todo esto te resulta familiar, haz los test de autoevaluación en irlen.com*

DÍA 62

El caso del capitán Patrick Caffrey, otro guerrero del cerebro

Cuando cambie tu personalidad, piensa en el cerebro. Durante una misión en Oriente Medio a principios de la década de los 2000, el capitán Patrick Caffrey, oficial de ingeniería de combate, formó parte de un equipo encargado de desactivar artefactos explosivos improvisados. Para ello, el equipo se trasladaba en unos nuevos vehículos blindados. Por aquel entonces, se creía que estos vehículos eran tan resistentes que podrían soportar una gran explosión y mantener a sus ocupantes con vida y hasta cierto punto ilesos. Por supuesto, como tanta otra gente, Patrick no sabía nada sobre los traumatismos craneoencefálicos, a pesar de haber sufrido varias contusiones en la cabeza con anterioridad. Simplemente, no se lo había planteado, igual que no se planteaba que podía saltar por los aires cuando viajaba en un vehículo blindado. Y por esa razón le ocurrió justo eso, y hasta en tres ocasiones: cada una de esas veces terminó con una conmoción cerebral. Él lo atribuyó a su coraje.

Cuando finalizó su misión y regresó a Estados Unidos, pensó que se sentía bien, pero su personalidad empezó a cambiar: perdía los estribos como nunca.[47] También advirtió que se irritaba con facilidad, padecía dolores de cabeza intensos y no podía concentrarse para escuchar a los demás. Su memoria tampoco funcionaba como antes, y no dormía bien. Él era consciente de algunos cambios, pero no de todos. Por ejemplo, era incapaz de darse cuenta de lo grosero que podía llegar a ser. Por casualidad leyó uno de mis libros y pensó que sería buena idea venir a las Clínicas Amen para hacerse una exploración. Y resultó que tanto su corteza prefrontal como sus lóbulos temporales estaban gravemente dañados, lo cual encajaba con sus síntomas. Le dimos varios suplementos y en poco tiempo recuperó la concentración, pudo controlar su

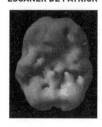

ESCÁNER DE PATRICK

temperamento y su memoria mejoró. En definitiva, Patrick volvió a ser Patrick y nunca más subestimó el valor de proteger su cerebro.

Tras haber servido en el ejército estadounidense diez años, primero como soldado raso y luego como médico militar, siento mucha empatía por los soldados que intervienen en una guerra. Hemos podido ayudar a muchos de ellos a través de la fundación Change Your Brain, Change Your Life.

PRÁCTICA DE HOY: *Si has sufrido un traumatismo craneal, considera someterte a neurorretroalimentación, una técnica no invasiva que ayuda a reeducar el cerebro para optimizar la salud emocional y conductual. En las Clínicas Amen te ofrecemos este tipo de terapia, pero puedes encontrar a otros especialistas en ella en isnr.org/find-a-member*

Cómo distinguir el TEPT (trastorno por estrés postraumático) de las LCT (lesiones cerebrales traumáticas)

La revista Discover incluyó el trabajo de las Clínicas Amen entre las 100 mejores labores de investigación científica de 2015. Uno de los grandes momentos de mi vida ocurrió en enero de 2016, cuando *Discover* situó nuestro trabajo en el número 19 de su lista de las 100 mejores labores de investigación científica de 2015. Nos colocaron entre los proyectos de Tesla y el descubrimiento de una nueva especie de dinosaurio. El equipo de investigación de las Clínicas Amen, en colaboración con científicos de la UCLA, la Universidad Thomas Jefferson y la Universidad de la Columbia Británica, publicó uno de los mayores estudios de imagen cerebral funcional del mundo, efectuado con una muestra de unos 21.000 pacientes; dicho estudio mostró que podemos distinguir entre el trastorno de estrés postraumático (TEPT) y la lesión cerebral traumática (LCT) utilizando imágenes SPECT cerebrales de gran precisión. Se publicó en la prestigiosa revista *PLOS ONE*.[48] Más adelante obtuvimos los mismos resultados con un grupo de veteranos de guerra, y los publicamos en la revista *Brain Imaging and Behavior*.[49]

¿Por qué son tan relevantes estos estudios? Dichas enfermedades presentan muchos síntomas comunes, como irritabilidad, insomnio, depresión, ansiedad, asilamiento social, problemas para controlar los impulsos y falta de concentración. Sin embargo, el TEPT y las LCT presentan patrones muy diferentes en los escáneres SPECT. En general, el TEPT revela zonas de hiperactividad, mientras que las LCT presentan zonas de actividad reducida en el cerebro. Nuestro estudio descubrió que las imágenes de los escáneres SPECT nos permitían distinguir entre el TEPT y la LCT con una precisión superior al 80 %.

La capacidad de diferenciar estos trastornos es fundamental para establecer el tratamiento más eficaz para cada individuo. Si no conocemos la base biológica que hay tras los síntomas, es fácil confundir una enfermedad con otra, y los tratamientos para cada una son muy diferentes: el del TEPT y los traumas emocionales consiste en relajar el cerebro, mientras que el de una LCT suele centrarse en aumentar la actividad de las zonas dañadas del cerebro. Así, si un médico diagnostica a su paciente con TEPT (pero en realidad se trata de una LCT), tal vez le recete un sedante y, por desgracia, esto no es lo que necesita esa persona, porque su actividad cerebral ya está deprimida como consecuencia de la lesión y, por lo tanto, este tratamiento puede en realidad causar más daño.

PRÁCTICA DE HOY: *Plantéate hacerte un escáner cerebral para averiguar si padeces TEPT o una LCT. Si conoces a personas que sufren una cosa u otra, envíales la entrada de hoy.*

Las estrategias del buen y el mal gobernante para fomentar o acabar con los trastornos mentales: los traumatismos craneales

El cerebro es delicado. Es blando y flota en el líquido cefalorraquídeo dentro de un robusto cráneo. Los latigazos cervicales, los movimientos bruscos y los golpes en la cabeza pueden lanzar el cerebro contra las afiladas crestas del cráneo. Un gobernante malvado fomentaría cualquier actividad que pusiera en peligro la integridad de tu cerebro. Permitiría que los niños golpearan el balón con la cabeza, jugaran al fútbol americano sin protecciones, practicaran esquí, montaran a caballo o bicicleta sin casco, jugaran al hockey e hicieran otras actividades de riesgo. Animaría a cualquier jugador (en especial a los que tienen talento) a regresar enseguida al terreno de juego tras sufrir una lesión en la cabeza. Equiparía las escuelas y los espacios de trabajo con fluorescentes para incrementar la ansiedad, la irritabilidad, la depresión o la disminución de la concentración, todos ellos síntomas relacionados con el síndrome de Irlen (ver día 61). Además, fomentaría que se produjeran películas de acción donde aparecieran muchos golpes en la cabeza.

En cambio, un buen gobernante protegería a la población contra los traumatismos craneoencefálicos; animaría a la gente a amar su cerebro y el de sus hijos, y a protegerlos a toda costa; prohibiría a niños y adolescentes golpear balones con la cabeza o participar en actividades de alto riesgo; y se aseguraría de que los progenitores firmaran un documento admitiendo que conocen y aceptan los riesgos de los traumatismos craneales —y es que, a menudo, padres y madres aprueban estos comportamientos porque desconocen sus riesgos—. Además, se plantearía retrasar un año la obtención del carné de conducir para ayudar a reducir el número de accidentes de tráfico y de traumatismos craneoencefálicos en adolescentes.

PRÁCTICA DE HOY: *¿Con qué frecuencia practicas actividades que te exponen a sufrir un traumatismo craneal? Protégete la cabeza y reduce el riesgo de accidentes: abróchate siempre el cinturón de seguridad, usa casco cuando montes en bici o vayas a esquiar, y agárrate a la barandilla al subir o bajar escaleras.*

Factores de riesgo: toxinas

Existen muchas cosas tóxicas para tu cerebro. Averigua cuáles son y toma las medidas oportunas. La exposición a sustancias tóxicas es una de las causas más comunes de depresión, pérdida de memoria y envejecimiento.[50] Cuando empecé a hacer escáneres cerebrales, observé un «patrón tóxico» en el cerebro de los drogadictos (ya fueran adictos al alcohol, la cocaína o la marihuana). Pero los escáneres también me enseñaron otra cosa importante: hay muchas más sustancias tóxicas para el cerebro, como el tabaco —o el tabaquismo pasivo—, la exposición al moho por daños causados por el agua, el monóxido de carbono, la quimioterapia y la radiación contra el cáncer, y los metales pesados —como el mercurio, el aluminio y el plomo—. ¿Sabías que cuando el Gobierno estadounidense eliminó el plomo de la gasolina lo mantuvo en el combustible de los pequeños aviones? Bien, pues en las Clínicas Amen escaneamos el cerebro de cien pilotos y descubrimos que el 70 % de ellos presentaba síntomas de intoxicación. Por otro lado, el plomo también está presente en el 60 % de las barras de labios que se venden en Estados Unidos;[51] así que cuidado con los besos: podrían causarte problemas. Si te has expuesto a algún tipo de tóxico, como la quimioterapia o el moho, deberías tomarte aún más en serio el cuidado de tu cerebro.

Para disminuir este tipo de riesgos, limita siempre que puedas la exposición a cualquier tóxico: compra productos ecológicos para reducir el uso de pesticidas, y revisa las etiquetas: si alguno contiene ingredientes como ftalatos, parabenos o aluminio, no lo compres. Lo que *pasa por* tu cuerpo *entra en* tu cuerpo y afecta a tu cerebro. Por otro lado, intenta ayudar a tus cuatro «órganos de desintoxicación». Para los riñones, bebe más agua; para el intestino, come mucha fibra; para el hígado, toma verduras desintoxicantes como el brécol, la coliflor, el repollo y las coles de Bruselas; para la piel, haz ejercicio y toma saunas. Un estudio reciente demostró que las personas que iban con frecuencia a la sauna tenían menos riesgo de sufrir problemas de memoria.[52]

PRÁCTICA DE HOY: *Bebe más agua para ayudar a eliminar tu concentración de tóxicos. Practica con regularidad ejercicio cardiovascular que te haga sudar.*

15 toxinas que dañan el cerebro y se apoderan de la mente

Todos los días nos exponemos a un montón de sustancias químicas, pesticidas, humos y productos que envenenan el cerebro. Las toxinas presentes en el aire que respiramos, los alimentos que comemos y los productos que usamos para la piel son absorbidos por el organismo a través de los pulmones, el aparato digestivo y los poros de la piel, y pueden acabar afectando al cerebro. Cuanto mayor sea tu exposición a estas toxinas cotidianas, mayor será el riesgo para tu cerebro, y aumentarán tus posibilidades de sufrir problemas de salud mental.

Responde a las siguientes preguntas para saber cuál es la carga tóxica de tu cerebro. Cuantas más respondas de manera *afirmativa*, más tóxico será tu cerebro.

1. ¿Fumas o sueles estar cerca de personas que fuman?
2. ¿Consumes marihuana?
3. ¿Te has expuesto a emisiones de monóxido de carbono?
4. ¿Llenas tú el depósito de gasolina de tu coche o respiras gases de los tubos de escape de otros automóviles?
5. ¿Vives en una zona con altos niveles de contaminación atmosférica o expuesta a incendios forestales?
6. ¿Has vivido o trabajado en un edificio con daños por agua y moho?
7. ¿Estás en contacto con ropa, alfombras o muebles rociados con productos químicos para evitar las manchas?
8. ¿Usas pesticidas en tu jardín, granja o huerto, o vives cerca de una zona donde se emplean para los cultivos?
9. ¿Tomas más de dos copas de bebidas alcohólicas a la semana?
10. ¿Consumes de forma habitual productos agrícolas, carne, lácteos o pescado de piscifactoría de producción convencional?
11. ¿Consumes de forma habitual frutas y verduras no ecológicas?
12. ¿Consumes alimentos con colorantes o edulcorantes artificiales, como refrescos light, o empleas para cocinar edulcorantes artificiales, como aspartamo (NutraSweet), sucralosa (Splenda) o sacarina?
13. ¿Usas más de dos productos de salud o belleza al día? (La mayoría de la gente nunca lee las etiquetas y no se da cuenta de la cantidad de sustancias químicas que incluyen. Ver día 70.)
14. ¿Tienes en los dientes empastes de amalgama de mercurio?
15. ¿Utilizas envases de plástico para almacenar alimentos y bebidas?

PRÁCTICA DE HOY: *Anota las posibles toxinas con las que estás en contacto y elabora un plan para eliminar al menos una de ellas.*

¿Por qué La Sociedad Estadounidense contra el Cáncer dice que hay que dejar de beber?

Cuando empezaba a salir con mi esposa me aseguró que nunca me diría «te lo dije». Mentía. En realidad, es una de sus frases favoritas. Pero ahora ha llegado mi turno: durante más de treinta años he repetido a mis pacientes que el alcohol no es bueno para el cuerpo. Y muchos me responden: «¿Y qué me dices de esos estudios que aseguran que beber con moderación es bueno para el corazón?». Sí, es cierto, algunos estudios indican eso. Sin embargo, hay otros que no dicen lo mismo. Recientemente, la Sociedad Estadounidense contra el Cáncer (ACS) dio la vuelta a la tortilla cuando revisó sus recomendaciones para la prevención del cáncer y afirmó lo siguiente: «Es mejor no consumir alcohol». ¡Te lo dije! La ingesta de alcohol está asociada al incremento de la incidencia de siete tipos de cáncer (boca, faringe, laringe, colorrectal, esófago, hígado y mama). El portal web de la ACS dice que «el consumo de alcohol es uno de los más importantes factores de riesgo prevenibles del cáncer, junto con el consumo de tabaco y el sobrepeso».[53]

Nuestro trabajo con imágenes cerebrales en miles de pacientes demuestra que las personas que consumen alcohol con moderación suelen tener un cerebro de aspecto tóxico, y eso puede aumentar la disfunción cognitiva y emocional. Asimismo, las investigaciones han demostrado que las personas que beben a diario tienen un cerebro más pequeño, en especial el hipocampo.[54] Además, el alcohol disminuye la actividad en el córtex prefrontal, lo que reduce la capacidad de juicio y toma de decisiones, y aumenta los antojos. El consumo elevado de alcohol es una de las principales causas de divorcio, violencia doméstica y accidentes de tráfico mortales. Y el alcohol sirve como desinfectante, lo que significa que es perjudicial para el microbioma y la salud de tus intestinos. Recuerda que en los intestinos se producen cerca de las tres cuartas partes de tus neurotransmisores, y que están estrechamente comunicados con el cerebro. Así, se ha demostrado que los problemas intestinales están relacionados con la depresión, la ansiedad, el TDA/TDAH y el alzhéimer.

Si eres consciente de los efectos negativos del alcohol, te resultará evidente que no es beneficioso para tu salud. Si quieres un cerebro más sano, una mente más brillante, una buena salud física y una vida mejor, evita o limita de forma drástica tu ingesta de bebidas alcohólicas.

PRÁCTICA DE HOY: *Deja de consumir alcohol durante una semana.*

¿La marihuana es inocua?

En las redes sociales, la gente me plantea todo tipo de preguntas, pero me he dado cuenta de que una de las más frecuentes se refiere al uso y los efectos de la marihuana. Tras analizar a miles de consumidores de esta planta a lo largo de los años, he llegado a la clara conclusión de que ejerce un poderoso impacto en el cerebro. Y es que con el tiempo la materia gris de muchos consumidores de maría adquiere un aspecto malsano. La marihuana disminuye de un modo significativo la actividad del cerebro, y también he comprobado que merma la memoria, la motivación, el aprendizaje, la concentración y la coordinación. Además, en las personas más jóvenes incrementa el riesgo de sufrir psicosis. Según el National Institute on Drug Abuse, la marihuana puede provocar un descenso de 8 puntos en el cociente intelectual, y está vinculada a unos resultados educativos inferiores, ya que sus consumidores tienen menos probabilidades de graduarse en el instituto o la universidad; también tienen un menor nivel de satisfacción general con la vida y mayor probabilidad de ingresos bajos o de estar en paro.[55]

CEREBRO SANO   **CONSUMIDOR DE MARIHUANA HABITUAL, 18 AÑOS**

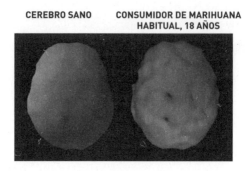

Las personas que acuden a nuestras clínicas afirman que la marihuana disminuye su ansiedad social y, en ocasiones, los síntomas de depresión, razón por la cual la consumen, pero ese consumo recreativo crónico pasa claramente factura y supera a cualquier beneficio a corto plazo. En un estudio sobre veteranos de guerra con trastorno de estrés postraumático (TEPT), los investigadores probaron la marihuana como tratamiento, y los resultados mostraron que su consumo estaba asociado con una mayor intensidad de los síntomas del TEPT, así como con el incremento de comportamientos violentos, consumo de alcohol y de drogas.[56] En otro estudio efectuado con 322 niños, aquellos cuya placenta materna dio positivo por marihuana presentaban un mayor riesgo de padecer ansiedad grave, agresividad e hiperactividad.[57]

Ahora bien, ¿la marihuana es peor que el alcohol o que algunos medicamentos legales con receta, como el Xanax o el Valium? Según mi experiencia, no. Ninguna de estas sustancias es buena para el cerebro a largo plazo. Publiqué la imagen de arriba en las redes sociales y tiene más de un millón de visitas.

PRÁCTICA DE HOY: *deja de consumir marihuana, aunque sea de forma ocasional. Los daños superan los posibles beneficios.*

¿La anestesia general puede dañar el cerebro?

Existe un riesgo del que no te previenen los anestesistas. La primera vez que tomé conciencia del posible alcance tóxico de la anestesia general fue cuando una de mis pacientes me llamó entre lágrimas después de una operación de rodilla. Sentía una especie de niebla mental, y temía que se tratara de alzhéimer. Ya le había hecho un SPECT, así que escaneamos de nuevo su cerebro para saber si algo había cambiado. En ese escáner su cerebro mostraba un aspecto tóxico, y el estado de sus lóbulos frontales y temporales —relacionados con la memoria y la atención— era incluso peor. Era evidente que algo había perjudicado su cerebro después del primer escáner.

Al final, gracias a los consejos de este libro, pudo eliminar la niebla mental y recuperar la memoria. Las investigaciones más recientes sobre la anestesia general son contradictorias, porque algunos estudios no muestran los efectos negativos que tiene a largo plazo y otros pasan por alto su toxicidad. Sin embargo, entre ellos existen dos muy relevantes: en uno, niños menores de cuatro años que habían sido sometidos a anestesia general tenían un cociente intelectual más bajo, menor comprensión del lenguaje y menos materia gris en la parte posterior del cerebro.[58] Es, ciertamente, un dato muy preocupante; asimismo, otro estudio con imágenes SPECT tomadas a pacientes antes y después de someterse a cirugía de bypass coronario mostró que el 68 % presentaba una disminución del flujo sanguíneo, lo que se relacionó con un empeoramiento de la memoria verbal y visual seis meses después.[59] A veces, la cirugía y la anestesia general son inevitables, así que asegúrate de hacer lo posible por optimizar tu cerebro antes y después de pasar por el quirófano.

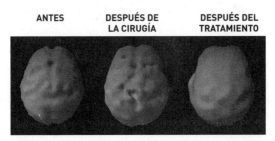

ANTES	DESPUÉS DE LA CIRUGÍA	DESPUÉS DEL TRATAMIENTO

Mi ayudante Karen, a quien mis pacientes adoran, descubrió que sufría un aneurisma de aorta y se sometió a una intervención que duró ocho horas. Y después de aquello ya no era la misma persona. Antes de la operación le hicimos un escáner SPECT, después de la misma otro, y luego, tras seguir nuestro tratamiento de rehabilitación, otro más. Y lo que vimos es que, a pesar de que la cirugía tuvo un impacto muy negativo en su cerebro y su mente, Karen fue capaz de recuperarse con el tratamiento adecuado.

PRÁCTICA DE HOY: *Si debes someterte a una intervención quirúrgica, opta por la anestesia local o raquídea si es posible, y haz todo lo que puedas antes de la operación para optimizar la salud de tu cerebro.*

Productos de cuidado personal: el lado oscuro de los cosméticos

Lo que pasa por tu cuerpo entra en tu cuerpo y afecta a tu cuerpo. ¿Cuántos productos cosméticos y de cuidado personal usas a diario? Si estás en la media de las mujeres estadounidenses, te diría que recurres a unos doce al día; y si estás en la de los hombres, unos seis.[60] Según Statista, en 2020 la industria de los cosméticos, los perfumes y el cuidado personal invirtió cerca de 4 billones de dólares en publicidad para que usáramos sus productos.[61] Pero la realidad es que tu piel absorbe con facilidad los químicos que contienen esos productos y que aquellos pueden llegar a cualquier parte de tu cuerpo, incluido el cerebro. Esto quiere decir que, mientras intentas mejorar tu aspecto, puedes estar envenenándote por dentro, e incrementando las probabilidades de padecer problemas de salud física o mental. Los riesgos de estos productos no son pocos. Sin ir más lejos, en 2016 la compañía Johnson & Johnson fue condenada a pagar 72 millones de dólares a la familia de una mujer cuya muerte por cáncer de ovario se asoció al uso diario de uno de sus productos.[62]

Entre las sustancias químicas de los productos de higiene y belleza que conviene suprimir figuran los acrilatos (uñas postizas), el aluminio (desodorantes), los parabenos (cosméticos, acondicionadores y lociones), los ftalatos (esmaltes de uñas, cosméticos, jabones, champús y envases), el formaldehído (champús, jabones corporales, tintes de uñas), las fragancias (champús, cosméticos de color), la oxibenzona (protectores solares), los polietilenglicoles o PEG (jabones y baños de espuma) y el triclosán (dentífricos).

Si tienes síntomas asociados a problemas de salud cerebral, te recomiendo encarecidamente que te deshagas de los productos de cuidado personal que contengan ingredientes nocivos, para aligerar así tu carga tóxica. La base de datos Skin Deep del Environmental Working Group (ewg.org/skindeep/) puede ser de ayuda, al igual que la aplicación Think Dirty. Ambas contienen información sobre muchos productos con componentes tóxicos, y sugieren opciones más saludables. El libro *The Toxin Solution*, del doctor Joseph Pizzorno, fundador de la Universidad Bastyr, también es un recurso excelente en este sentido.

PRÁCTICA DE HOY: *Descárgate la aplicación Think Dirty y escanea los productos de tu baño. De los que usas a diario, deshazte de dos que tengan una puntuación alta en toxinas y sustitúyelos por alternativas no tóxicas.*

El guerrero del cerebro Dave Asprey y el moho

No soy yo, es mi biología. Después de leer *Cambia tu cerebro, cambia tu vida*, Dave Asprey se hizo un escáner SPECT en 2003. Por aquel entonces era un ingeniero informático excepcional y trabajaba en una empresa tecnológica que había sido adquirida por más de 500 millones de dólares, al tiempo que cursaba un MBA en Wharton. Pero algo andaba mal en su agilidad mental: en los exámenes, superaba las primeras preguntas, pero luego se le nublaba la mente y apenas podía recordar su propio nombre. Sentía que era perezoso o que no se esforzaba lo suficiente. Enseguida confesó que sus síntomas eran tan debilitantes que estuvo a punto de no graduarse.

Los resultados de su escáner SPECT no fueron nada buenos. El psiquiatra que lo trataba describió su actividad cerebral anómala como un «caos total». Sin embargo, en lugar de desmoralizarse al observar su cerebro enfermo, Dave sintió alivio al pensar: «No soy yo, es mi biología». Entonces desaparecieron los sentimientos negativos de vergüenza, y en su lugar surgió la determinación de esforzarse para modificar su biología y reparar su cerebro dañado. Había nacido el «biohacker».

EL PRIMER ESCÁNER DE DAVE   **13 AÑOS DESPUÉS**

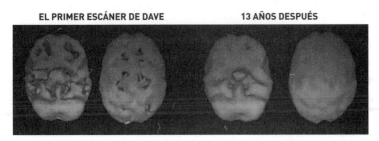

Una investigación posterior descubrió por qué el cerebro de Dave tenía tan mal aspecto: su casa estaba llena de moho tóxico. En cualquier caso, seguir un programa de rehabilitación cerebral le ayudó a recuperar la lucidez mental. Observar su escáner cerebral fue el catalizador que desbloqueó su capacidad para tomar el control de su salud y lo convirtió en un «guerrero del cerebro». Doce años más tarde, su escáner de seguimiento mostraba una mejora significativa. Su entusiasmo por compartir cómo el moho tóxico puede afectar de una forma negativa a la salud y al bienestar psicológico le llevó a producir un documental de éxito titulado *Moldy: The Toxic Mold Movie*. Los síntomas más comunes de la exposición al moho son fatiga, temblores, niebla mental, dificultad para concentrarse, dolores de cabeza, entumecimiento y hormigueo, problemas de memoria, cambios de humor y ansiedad.

PRÁCTICA DE HOY: *Echa un vistazo al documental* Moldy: The Toxic Mold Movie *(https://www.youtube.com/watch?v=VI0_azQv6N8).*

La vulnerabilidad de los primeros en responder

Nuestros héroes también necesitan que los protejan. Steven era bombero y sufría depresión, niebla mental y síntomas de trastorno por estrés postraumático (TEPT). Cuando vino a verme por primera vez tenía 32 años. Ya había tratado a su hermano por problemas de aprendizaje en la escuela, a su padre por ansiedad laboral y a su madrastra por depresión. Y todos ellos me habían mencionado su preocupación por Steven, sobre todo después de conocer la conexión entre la salud cerebral y la mental. Y es que los bomberos están expuestos tanto a toxinas ambientales como a traumatismos craneoencefálicos y traumas emocionales.

ANTES   DESPUÉS

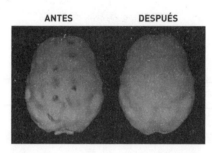

En la primera entrevista, Steven me preguntó: «¿Cómo puedo superar mis traumas? Ojalá pudiera olvidar lo que he visto, desde niños quemados hasta familias muertas en accidentes de tráfico e incendios». Su escáner mostraba signos de TEPT y, además, indicios de exposición tóxica, probablemente por respirar monóxido de carbono y las sustancias químicas venenosas que suelen liberar los muebles en llamas. Este aspecto tóxico es muy común entre los numerosos bomberos a los que hemos atendido. Al observar su escáner, Steven se tomó al fin en serio su salud cerebral. Al cabo de seis meses se sentía mucho mejor y su cerebro estaba más sano.

Pero Steven no es el único. Bomberos, policías y personal de protección civil —los héroes cotidianos de nuestra sociedad— ejercen profesiones peligrosas que entrañan muchos riesgos para la salud y que pueden tener efectos negativos duraderos en su funcionamiento cerebral. Se exponen de forma constante a toxinas ambientales como monóxido de carbono, benceno, amianto y gases de escape de motores diésel, así como a traumatismos craneales y emocionales. Los estudios muestran un elevado riesgo de TEPT, depresión, consumo excesivo de alcohol y suicidio entre el personal de primeros auxilios.[63] Por desgracia, es poco probable que busquen ayuda, debido al estigma asociado a padecer una enfermedad mental; temen que se les tache de débiles o incapaces de cumplir con su deber.[64] Se les ha convencido de que son superhéroes y que nada puede hacerles daño. Pero eso no es así.

PRÁCTICA DE HOY: *Tanto si te dedicas a la atención en emergencias o desastres como si no, identifica cualquier acontecimiento traumático de tu vida que pueda haberte provocado TEPT, ansiedad, depresión, consumo de drogas o abuso de alcohol. Y acude a terapia para abordarlo.*

El secreto de la terapia de pareja

«Solía pintar coches en un garaje cerrado». Durante años he dado numerosas conferencias para grandes grupos. A raíz de ello, muchas de esas personas acuden a las Clínicas Amen para someterse a un escáner cerebral. Y cuando imparto una conferencia por segunda vez en un mismo lugar a menudo se me acercan algunas de ellas para mostrarme sus escáneres SPECT. En una de estas ocasiones, un joven de unos treinta años vino a pedirme que echara un vistazo su escáner (imagen inferior). Parecía un queso gruyere: su cerebro mostraba muy poca actividad, un patrón que solemos ver en personas que abusan de las drogas o el alcohol.

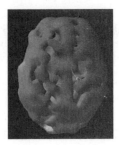

Me preguntó si creía que era drogadicto. Y en realidad esa fue mi primera impresión. Sin embargo, me aseguró que nunca había consumido drogas ni alcohol. El problema era una de sus aficiones: solía pintar coches en su garaje, y nunca se preocupó de que el recinto estuviera bien ventilado. Tras escanear su cerebro, dejó de exponerse a los aerosoles tóxicos.

«Cuando una nueva información cambia tu comportamiento —le dije—, eso significa que eres inteligente».

Su cambio de conducta no solo benefició a su cerebro, sino también a su matrimonio. Durante años, él y su mujer habían acudido a terapia de pareja sin lograr ningún resultado. Pero todo cambió después de ese escáner cerebral: él empezó a tomar multivitaminas, aceite de pescado y otros suplementos saludables para el cerebro que le recomendamos. También modificó su dieta y empezó a hacer ejercicio. A medida que su cerebro mejoraba, su matrimonio también lo hacía.

Me pregunto cuántos matrimonios están sufriendo porque uno de sus miembros tiene problemas cerebrales y no es consciente de ello. ¿Cómo puede tener éxito una terapia de pareja con esos cerebros? No lo hará, si antes no cuidas tu cerebro.

PRÁCTICA DE HOY: *Piensa en tu día a día: ¿te expones a gases tóxicos de forma habitual?*

Tu casa puede estar dañando tu cerebro

El cuerpo humano está diseñado para eliminar las toxinas por sí mismo, aunque necesita que pongas algo de tu parte. Cada día, aunque no salgamos de casa, nos exponemos a sustancias químicas, pesticidas, gases tóxicos y otros productos. Las toxinas ambientales impregnan el aire que respiramos (contaminación, gases de los tubos de escape de vehículos, humos de limpieza, moho), y abundan en las sustancias que ingerimos (pesticidas, colorantes y conservantes artificiales, medicamentos) y en los productos que nos ponemos en la piel o el pelo (de belleza y cuidado personal).

Los pulmones, el sistema digestivo y los poros de la piel absorben estas sustancias químicas, y sin remedio llegan al cerebro. Entonces es cuando pueden causar estragos: inhiben el flujo sanguíneo, afectan a las hormonas y alteran el microbioma intestinal. Además de los problemas físicos —como las enfermedades autoinmunes, la diabetes y el cáncer—, las toxinas suelen ser responsables de muchos problemas de salud mental. Los psiquiatras convencionales suelen pasar por alto la exposición tóxica como posible causa de los síntomas, y esto puede provocar diagnósticos erróneos. Y ya sabemos que eso implica un tratamiento equivocado, que no ayuda a mejorar, sino que empeorará la situación.

Cuanto mayor sea el nivel de exposición a toxinas, mayor será también el riesgo de padecer daños cerebrales. Aunque no puedes evitar por completo el contacto con tales toxinas, sí es posible que reduzcas el riesgo. Teniendo en cuenta el tiempo que pasas en casa, lo mejor es empezar por una «desintoxicación» a fondo del lugar donde vives.

1. Consulta aplicaciones como Healthy Living, del Grupo de Trabajo Medioambiental, o Think Dirty, que te ayudarán a identificar los productos domésticos y de belleza que deberías descartar. Ambas aplicaciones clasifican los productos en función del número de ingredientes tóxicos que contienen (parabenos, ftalatos, plomo, aluminio, PEGS). También ofrecen alternativas «aptas».
2. No comas ni bebas en recipientes de plástico, ni tampoco calientes alimentos en ellos.
3. No olvides revisar los productos que tengas en el garaje (pintura, disolventes, anticongelantes, etc.) y los que usas para el césped (herbicidas, pesticidas, etc.).

Procura que en tu casa no haya cigarrillos, alcohol o drogas (incluidas sustancias legales como la marihuana), porque contribuyen a la toxicidad cerebral.

PRÁCTICA DE HOY: *Busca en tu casa cinco productos que contengan sustancias tóxicas y sustitúyelos por una alternativa sin riesgos.*

DÍA 75

Vapear y el cerebro

Cuanto más pequeña es la partícula que inhalas, mayor es su capacidad para provocar reacciones inflamatorias y dañar el cerebro. Vapear nicotina o THC provoca la inhalación de una gran cantidad de toxinas diminutas y ultrafinas que pueden penetrar en los pulmones y el cerebro. Pero ¿acaso importa su tamaño? ¡Por supuesto! Las partículas más pequeñas provocan grandes reacciones inflamatorias y dañan tu cerebro. No hay duda de que vapear es adictivo, y tanto adolescentes como adultos se están enganchando. Y es que los cigarrillos electrónicos contienen nicotina, una sustancia muy adictiva que se absorbe con rapidez en los vasos sanguíneos que recubren los pulmones. Con el vapeo, la nicotina solo tarda 10 segundos en alcanzar el cerebro. Y es ahí donde secuestra su sistema de recompensa: se adhiere a los receptores cerebrales y provoca que se liberen grandes dosis de dopamina, el neurotransmisor del bienestar. El incremento de dopamina puede llegar a ser de dos a diez veces lo que tu cerebro segregaría por recompensas normales como escuchar tu canción favorita o comerte un delicioso melocotón. No obstante, con el tiempo los grandes picos de dopamina disminuyen su eficacia, con lo cual la persona necesita cada vez más cantidad de la sustancia para obtener el mismo efecto. Pero la nicotina tiene otros inconvenientes; por ejemplo, constriñe los vasos sanguíneos y, por ende, reduce el flujo de sangre que llega al cerebro. Esto le impide recibir los nutrientes que necesita y disminuye su actividad general.

El uso de cigarrillos electrónicos, pues, incrementa el riesgo de sufrir problemas de salud. Un estudio de 2019 descubrió que los universitarios que «fumaban» cigarrillos electrónicos tenían más probabilidades de desarrollar problemas mentales como TDA/TDAH, ansiedad o TEPT, así como de tener problemas con el juego o las drogas.[65] Se ha comprobado que los efectos de estos cigarrillos cada vez son más graves. En 2018, el cirujano general de los Estados Unidos calificó de «epidemia» el consumo de cigarrillos electrónicos entre los jóvenes. En un informe al respecto se exponía que más del 20 % de los estudiantes de secundaria de todo el país afirmaban haber consumido nicotina el mes anterior. Esta cifra duplica la obtenida en 2017.[66] Y los más jóvenes también se están sumando a esta tendencia: el 11 % de los estudiantes de octavo grado afirma haber fumado cigarrillos electrónicos en el último año.[67]

PRÁCTICA DE HOY: *No permitas que tus hijos consuman tabaco, y deja de consumirlo si es un hábito que tú has adquirido.*

Las estrategias del buen y el mal gobernante para fomentar o acabar con los trastornos mentales: las toxinas

Cuanto mayor sea la exposición a las sustancias tóxicas cotidianas, mayor será también el riesgo para el cerebro. Un gobernante malvado nunca te diría que te protegieras. Al revés, derogaría las leyes que buscan garantizar la limpieza del aire y el agua, y la seguridad de los edificios; haría la vista gorda con las empresas que vierten residuos tóxicos; promovería el consumo de alimentos cargados de productos químicos; publicitaría las investigaciones que pregonan los beneficios para la salud del alcohol y la marihuana, y animaría a los adolescentes a empezar a fumar cannabis, porque se ha descubierto que incrementa el riesgo de depresión y suicidio. Un estudio reciente reveló que el consumo de esta droga en la adolescencia es responsable de la depresión de más de 400.000 personas.[68] Este malévolo dirigente también prohibiría el etiquetado detallado de los ingredientes de los productos de higiene personal, para que nadie pudiera preocuparse por las sustancias químicas que absorbe su cuerpo al usarlos.

Por el contrario, un buen gobernante haría todo lo posible para protegerte de la exposición tóxica; reforzaría las leyes que garantizan el aire limpio y los edificios seguros; penalizaría a las empresas que vierten residuos tóxicos; expondría los peligros de los alimentos cargados de productos químicos; haría hincapié en las investigaciones que revelan cómo el alcohol y la marihuana afectan a la salud del cerebro; disuadiría a los preadolescentes y adolescentes de fumar cannabis, y exigiría un etiquetado correcto de todos los componentes de los cosméticos, para que se pudieran tomar decisiones razonadas sobre su uso.

PRÁCTICA DE HOY: *¿Qué has cambiado para proteger tu cerebro de la exposición a sustancias tóxicas?*

Factores de riesgo: problemas de salud mental

La salud mental y la salud física siempre van de la mano. Mucha gente asocia las enfermedades crónicas a las personas mayores, pero un reciente estudio de Harris Poll ha revelado que al 44 % de los *millennials* —nacidos entre 1981 y 1988— se les ha diagnosticado al menos un problema de salud crónico,[69] como el colesterol o la tensión alta, o la enfermedad de Crohn. Pero lo que de verdad es preocupante es que, según un estudio de Blue Cross Blue Shield, entre los *millennials* los principales problemas de salud crónicos se incluyen en la categoría de salud mental o del comportamiento (por ejemplo, depresión, hiperactividad o trastorno por consumo de sustancias).[70] La incidencia de todos ellos está aumentando de manera drástica, y no solo entre los *millennials*. Así que nuestra salud física y mental está en juego, y una y otra no se pueden considerar por separado.

Dentro de tu cerebro hay una lucha constante entre la corteza prefrontal (anticipación, juicio y control), la amígdala (encargada de responder a las amenazas) y los ganglios basales (responsables de fijar los hábitos). Cuando la corteza prefrontal funciona de manera correcta, puede ayudar a controlar y supervisar la incorporación de hábitos saludables. En cambio, cuando se debilita es más fácil tomar malas decisiones y dejarse llevar por los impulsos. Es entonces cuando se adquieren los malos hábitos. El estrés generalizado y la incertidumbre que provocó la pandemia debilitaron el funcionamiento de nuestra corteza prefrontal y provocaron un aumento de los malos hábitos. Esto ayuda a explicar el incremento del uso y abuso de sustancias nocivas durante la pandemia de COVID-19.

Y aquí está el problema: cualquier persona con síntomas de trastornos de salud mental corre un mayor riesgo de padecer enfermedades físicas crónicas. Y es que la salud física repercute enormemente en el bienestar mental. Los problemas de riego sanguíneo, inflamación, traumatismos craneales, exposición a tóxicos, infecciones (como la enfermedad de Lyme o el COVID-19), enfermedades autoinmunes, desequilibrios hormonales, obesidad y diabetes favorecen la aparición de problemas psiquiátricos. Mejorar estas áreas de tu vida puede, por tanto, beneficiar a tu salud mental. Cuida tu cerebro y cuidarás tu cuerpo. Y esto funciona en ambos sentidos.

PRÁCTICA DE HOY: *Busca las conexiones entre tu salud física y tu salud mental. Cuando experimentas ansiedad, estrés o depresión, ¿cómo cuidas tu cuerpo? Cuando tu salud física es buena, ¿cómo afecta esto a tu estado mental?*

Métodos naturales para combatir el TDA/TDAH

No me opongo a la medicación, pero nunca debería ser el primer o el único remedio para ayudar a alguien. Aquí tienes nueve estrategias que deberías considerar antes de medicarte si sufres TDA/TDAH (cuyos síntomas son falta de atención o concentración, desorganización, tendencia a procrastinar, impulsividad e inquietud).

1. Intenta seguir una dieta de «eliminación» de tres semanas: suprime el azúcar, el gluten, los lácteos, el maíz, la soja y los colorantes y edulcorantes artificiales. Luego, incorpóralos de uno en uno (excepto los colorantes y edulcorantes artificiales) y comprueba cómo te sientes. Si tu sensación es de culpabilidad, renuncia a la dieta.
2. Prueba una dieta con más proteínas y menos carbohidratos, como la cetogénica o la paleo, durante un mes, para ver si te ayuda a concentrarte.
3. Aumenta el ejercicio físico: camina como si llegaras tarde, 45 minutos, cuatro veces a la semana.
4. Aumenta las horas de sueño y respeta unos hábitos de sueño saludables.
5. Disminuye la cantidad de tiempo que pasas delante de las pantallas.
6. Consulta a un especialista en medicina integral para comprobar tus niveles de ferritina, vitamina D, magnesio, cinc y tiroides, y equilibrar los que no sean óptimos.
7. Ingiere 1000 mg de ácidos grasos omega-3 EPA+DHA al día.
8. Ingiere 200-300 mg de fosfatidilserina al día.
9. Ingiere 100-500 mg de glicinato, citrato o malato de magnesio al día.

Si alguien tiene TDA/TDAH, seguirá padeciéndolo unos meses después de la primera consulta, por lo que merece la pena invertir tiempo y dinero en mejorar la salud de tu cerebro antes de empezar a tomar medicación durante años o incluso décadas. Con frecuencia recomiendo nutracéuticos o medicamentos dirigidos a cada tipo específico de TDA/TDAH (consulta mi libro *Healing ADD*). Existe un prejuicio negativo contra la medicación para el TDA/TDAH que no siempre está justificado. Las historias de milagros y horrores sobre los estimulantes están a la orden del día. Una de mis hijas dejó de tener problemas con los estudios y empezó a sacar sobresalientes en cuanto empezó a tomar un fármaco estimulante. El día que la admitieron en una de las mejores facultades de veterinaria del mundo fue inolvidable. Por otro lado, me han derivado pacientes que padecían conductas suicidas por culpa de los estimulantes. Para empezar, su cerebro ya estaba hiperactivo, por lo que estimularlo aún más les provocaba mayor ansiedad y malestar. El problema es que los médicos asumen que todas las personas con TDA/TDAH son iguales, lo que provoca fracasos y frustraciones.

PRÁCTICA DE HOY: *Si padeces TDA/TDAH, elige uno de los consejos para ponerlo en práctica hoy mismo. Cúmplelo al menos treinta días y anota cómo te sientes.*

Métodos naturales para reducir la ansiedad

No empieces algo que quizá no puedas parar. Tras la pandemia, los trastornos de ansiedad se duplicaron en niños y adolescentes.[71] Las recetas de ansiolíticos, como las benzodiacepinas alprazolam (Xanax) y clonazepam (Klonopin), aumentaron de forma drástica. El problema es que son adictivos, y una vez empiezas a tomarlos es muy difícil prescindir de ellos. Aquí tienes once estrategias que deberías considerar antes de tomar ansiolíticos.

1. Comprueba si tienes hipoglucemia, anemia o hipertiroidismo.
2. Lleva a cabo una dieta de eliminación durante tres semanas. (Consulta el día 257 para más detalles).
3. Practica la meditación o la hipnosis a diario (las investigaciones demuestran que ambas pueden calmar el estrés y la ansiedad).
4. Intenta mejorar la variabilidad de tu frecuencia cardiaca (VFC). La ansiedad está relacionada con niveles bajos de VFC, pero puedes lograr una más saludable con aplicaciones de biorretroalimentación como Welltory. (Consulta el día 202 para más información).
5. Practica la respiración diafragmática —respiración profunda desde el vientre— cuando sientas ansiedad.
6. Elimina los PNA (pensamientos negativos automáticos). Consulta los días 22, 116 y 117.
7. Incorpora a tu rutina semanal un ejercicio de relajación, como el yoga o el *qi gong*.
8. Ingiere entre 200 y 400 mg de L-teanina al día.
9. Ingiere 500-1500 mg de GABA al día.
10. Ingiere 100-500 mg de glicinato, citrato o malato de magnesio con 30 mg de vitamina B6 al día.
11. Participa en sesiones de *neurofeedback* para reentrenar tu cerebro.

Los trastornos de ansiedad son muy desagradables, pero demasiado a menudo la gente recurre a la marihuana, el alcohol o las benzodiacepinas recetadas, que son sustancias que tal vez sean beneficiosas a corto plazo, pero que a largo plazo causan problemas de adicción y memoria. Si las medidas anteriores resultan ineficaces —o solo en parte efectivas— en mis pacientes, pruebo otros nutracéuticos o medicamentos dirigidos a un tipo específico de ansiedad (haz tu evaluación en brainhealthassessment.com).

PRÁCTICA DE HOY: *Elabora una lista de reproducción con siete de tus canciones favoritas, que te sirvan para serenarte el cerebro, y escúchala siempre que te dé ansiedad. Algunos estudios científicos aseguran que «Weightless», de Marconi Union, calma la ansiedad en un 65 %.[72]*

DÍA 80

Métodos naturales para combatir la depresión

La depresión no es una enfermedad. Como ocurrió con la ansiedad, la pandemia provocó un aumento del número de personas a las que se diagnosticaba depresión y se les administraron antidepresivos, sin someterlas nunca a una evaluación adecuada ni intentar primero soluciones sencillas. Aquí tienes nueve actividades que pongo en práctica con mis pacientes antes de recetarles antidepresivos.

1. Comprueba si hay anomalías en los niveles de las hormonas tiroideas y (si es necesario) busca un remedio.
2. Acude a un nutricionista para optimizar tus niveles de folato, vitamina B12, vitamina D, homocisteína y ácidos grasos omega-3. Si mis pacientes no abordan estos cambios, estoy convencido de que tienen menos probabilidades de responder a los medicamentos.
3. Prueba una dieta de eliminación durante tres semanas.
4. Añade frutas y verduras de colores a tu dieta.
5. Elimina los PNA. Consulta los días 22, 116 y 117.
6. Practica ejercicio: camina como si llegaras tarde, 45 minutos, cuatro veces por semana. Se ha comprobado que esto resulta tan eficaz como la medicación antidepresiva.[73]
7. Añade uno de los siguientes suplementos a tu dieta diaria: azafrán, 30 mg/día; curcumina; cinc, como citrato o glicinato, 30 mg (el nivel máximo tolerable es de 40 mg/día para adultos, 34 mg/día para adolescentes, menos para niños pequeños); o glicinato, citrato o malato de magnesio, 100-500 mg, con 30 mg de vitamina B6.
8. Consume probióticos a diario.
9. Prueba la terapia de luz brillante por la mañana con una lámpara terapéutica de 10.000 lux, de 20 a 30 minutos.

Si alguien acude a mí con depresión, siempre le pido un análisis, le enseño a no creerse todos los pensamientos negativos que tiene, le doy suplementos básicos (azafrán, cinc, curcuminas y omega-3) y le animo a hacer ejercicio. Muchas personas no necesitan medicarse nunca si siguen este programa. Y si las medidas anteriores no surten efecto, pruebo con otros nutracéuticos o con medicamentos dirigidos a su tipo específico de depresión (haz la evaluación en brainhealthassessment.com).

PRÁCTICA DE HOY: *Trata enseguida cualquier síntoma de depresión. El tratamiento precoz es clave para prevenir problemas de salud cerebral a largo plazo.*

¿Es el trastorno bipolar el nuevo diagnóstico de moda?

¿Se puede diagnosticar un trastorno crónico con una consulta médica de apenas diez minutos? En las dos últimas décadas se ha incrementado el número de personas diagnosticadas con trastorno bipolar. Hasta el año 2000, el trastorno bipolar (antes conocido como trastorno maniacodepresivo) solo afectaba más o menos a un 1 % de la población.[74] Ahora, esa cifra ha alcanzado el 5-7 %. Y este es el problema: muchos de los pacientes con este diagnóstico no padecen en realidad trastorno bipolar —que se asocia a cambios drásticos en el estado de ánimo, y niveles de energía e impulsividad que se repiten siguiendo un patrón cíclico—. Un estudio de 2010 descubrió que, de un grupo de personas diagnosticadas de trastorno bipolar entre 2001 y 2005, el 57 % había recibido un diagnóstico erróneo.[75]

Ese era el caso de Jessica, que llevaba tiempo con cambios de humor y periodos de depresión e irritabilidad. Tras una consulta de diez minutos con su médico de atención primaria, le diagnosticaron trastorno bipolar y le recetaron un estabilizador del estado de ánimo que le dijeron que debía tomar el resto de su vida. Sin embargo, la medicación no dio resultado. Por suerte, un escáner desveló que Jessica había sufrido múltiples conmociones cerebrales. Es decir, no padecía trastorno bipolar, sino algunas lesiones cerebrales que debían recibir atención. Con el tratamiento adecuado, su estado de ánimo mejoró y recuperó la energía de antes.

Las siguientes son cuatro enfermedades que suelen diagnosticarse de forma errónea como trastorno bipolar: (1) los traumatismos craneoencefálicos, que pueden causar inestabilidad emocional e irritabilidad; generan el diagnóstico erróneo más frecuente. (2) El TDA/TDAH presenta muchos síntomas parecidos, como impulsividad, pensamientos acelerados, inquietud, problemas de concentración e irritabilidad. (3) El trastorno por estrés postraumático provoca sentimientos de hipervigilancia, irritabilidad y problemas de sueño, y puede reproducir los síntomas de la manía. (4) Las infecciones, como la enfermedad de Lyme o las secuelas del COVID-19, pueden activar o inflamar las estructuras límbicas o emocionales del cerebro, provocando síntomas de inestabilidad emocional e irritabilidad.

El diagnóstico erróneo de trastorno bipolar es sumamente problemático, porque los tratamientos no funcionan y a menudo empeoran los síntomas. Algunas personas con un diagnóstico equivocado toman durante años una medicación tras otra sin hallar alivio. Y esto puede incrementar, además, el riesgo de caer en el abuso de alcohol y drogas. Además, también aumenta el riesgo de que surjan pensamientos y comportamientos suicidas.

PRÁCTICA DE HOY: *Si te han diagnosticado trastorno bipolar, pero el tratamiento no está dando resultado, considera la posibilidad de que te hayan dado un diagnóstico erróneo.*

Las estrategias del buen y el mal gobernante para fomentar o acabar con los trastornos mentales: la salud mental

La salud mental es un cerebro sano. Si no eliminamos o al menos disminuimos el estigma de estos problemas de salud cerebral, muchas personas sufrirán y morirán de forma innecesaria sin recibir la ayuda que necesitan. Si un gran número de personas recupera su salud mental, las generaciones futuras conocerán y protegerán con más ahínco su salud mental. No permitas que nadie te convenza para que ignores tus problemas de salud mental; son una señal de que tu cerebro necesita ayuda. Las estrategias de un gobernante malvado para dañar la salud de tu cerebro son sencillas: provocaría un estrés generalizado entre la población; fomentaría los confinamientos; haría que las drogas y el alcohol estuvieran al alcance de todo el mundo; promovería una dieta rica en azúcar, colorantes, glutamato monosódico y otros aditivos alimentarios; animaría a jugar a videojuegos horas y horas, y limitaría las oportunidades de hacer ejercicio.

En cambio, un buen gobernante haría de la salud mental su máxima prioridad. Aplicaría técnicas de gestión del estrés; fomentaría el sueño nocturno de siete a ocho horas; educaría a la población sobre los efectos negativos de las drogas y limitaría su acceso a ellas; promovería una dieta saludable para el cerebro; restringiría el uso de videojuegos; fomentaría el ejercicio, y enseñaría a la gente a acabar con los pensamientos negativos automáticos.

PRÁCTICA DE HOY: *Enumera los problemas de salud mental que te afectan a ti o a tu familia. ¿Qué te impide buscar ayuda?*

Factores de riesgo: inmunidad e infecciones

Mamá no estaba dispuesta a aceptar el diagnóstico por una muy buena razón. Los trastornos autoinmunes y las infecciones, como la enfermedad de Lyme o la COVID-19, pueden arrebatarte tu mente.

Cuando Adriana, una chica de 16 años, se fue de viaje con su familia a la montaña gozaba de buena salud y no tenía problemas cerebrales. Al llegar a la cabaña se toparon con unos ciervos, y la familia pensó que eran encantadores. Sin embargo, diez días más tarde Adriana pasó a estar muy irritable y empezó a padecer alucinaciones. Sus padres la llevaron a un hospital, donde le recetaron ansiolíticos. Por desgracia, la medicación no surtió efecto. A lo largo de tres meses consultaron con otros médicos y probaron todo tipo de tratamientos; se gastaron más de 90.000 dólares. Lo peor fue que un médico le dijo a la madre de Adriana, Deb, que tenía que aceptar que su hija padecía esquizofrenia y debería tomar medicación el resto de su vida. Pero Deb no estaba dispuesta a aceptar el diagnóstico y acudió a nuestra clínica.

El escáner SPECT de Adriana reveló áreas de actividad inusualmente alta, lo que nos hizo buscar nuevas causas para sus síntomas, como una infección. Y resultó que padecía la enfermedad de Lyme, una infección bacteriana transmitida por garrapatas de ciervo. Tras tomar antibióticos, recuperó su vida normal y hace poco obtuvo un título de máster en la Universidad de Londres. Desde hace diez años, todos los días a mediodía recibo un mensaje de Deb preguntando cómo puede agradecérmelo.

Si sufres problemas de memoria o humor, y no respondes bien a los tratamientos habituales, es posible que un médico deba valorar si padeces alguna enfermedad autoinmunitaria o infecciosas. Para reforzar tu sistema inmunitario, asegúrate de que tu nivel de vitamina D es óptimo; toma probióticos, porque la salud intestinal es fundamental para la inmunidad; y come alimentos como ajo, cebollas y setas.

PRÁCTICA DE HOY: *Prepara una comida que incluya ajo, cebolla y champiñones, como una tortilla o un salteado, para mejorar el funcionamiento del sistema inmunitario.*

La vitamina D: la vitamina del sol

En realidad, la vitamina D es una hormona. A menudo llamada «vitamina del sol», la vitamina D es una hormona que, debido a sus efectos positivos para el sistema inmunitario, también podría llamarse «vitamina de la inmunidad».[76] Además, juega un papel esencial en la salud cerebral, el estado de ánimo, la memoria, el peso y otros procesos corporales importantes. Un nivel bajo de vitamina D se ha asociado a unas doscientas afecciones, entre las que se incluyen problemas de salud cerebral (depresión, autismo y psicosis), enfermedades autoinmunes (esclerosis múltiple, artritis reumatoide y diabetes), o enfermedades cardiacas, cáncer y obesidad.[77] La relación entre la vitamina D y la salud mental es innegable, y más de la mitad de los pacientes psiquiátricos tienen déficit de esta vitamina.[78] Los niveles bajos también están relacionados con los problemas de memoria y la demencia;[79] estas personas tienen un mayor riesgo (¡hasta 25 veces más!) de padecer deterioro cognitivo leve que aquellas que tienen unos niveles más altos de dicha vitamina.[80]

En las Clínicas Amen analizamos los niveles de vitamina D de todos nuestros pacientes, y, de forma sorprendente, nos dimos cuenta de que muchos de ellos presentan niveles muy bajos. En este sentido, un informe que analizó los niveles de vitamina D de los estadounidenses en 1988-1994 en comparación con los del periodo 2001-2004 mostró que nuestros niveles cada vez son menores.[81] El porcentaje de personas con niveles de 30 ng/mL o más había descendido del 45 al 23 %. Esto significa que tres de cada cuatro estadounidenses tienen niveles bajos de esta importante vitamina. En parte, se debe al hecho de que pasamos más tiempo en interiores y usamos más protección solar al aire libre. Estos son los grupos que tienen más probabilidades de sufrir carencia de vitamina D:

- Personas mayores.
- Personas de piel más oscura (puesto que tienen menor capacidad para producir vitamina D a partir de la luz solar).
- Personas con poca exposición solar (es decir, que viven en latitudes septentrionales, con climas más fríos).
- Personas que toman determinados medicamentos, como antihipertensivos, antidiabéticos o benzodiacepinas.[82]
- Personas con síndrome de malabsorción intestinal, como enfermedades hepáticas, fibrosis quística y enfermedad de Crohn.
- Personas obesas o sometidas a cirugía de bypass gástrico.

PRÁCTICA DE HOY: *Hazte un análisis para conocer tus niveles de vitamina D y procura mejorarlos. La mayoría de mis pacientes toman entre 2000 y 5000 UI al día.*

El impacto de la COVID-19 en el cerebro

La COVID-19 no es inocua. Dos meses más tarde de superar esta enfermedad, una mujer de sesenta años seguía padeciendo fatiga y una depresión tan severa que llegó a pensar en el suicidio. Su médico le manifestó que estaba experimentando niebla mental, pero la mujer respondió: «La COVID ha acabado conmigo». En realidad, no le había quitado la vida, pero le había arrebatado la mente y la había dejado sin voluntad para seguir adelante. Muchas personas son conscientes de los problemas respiratorios que provoca este virus, pero la COVID presenta otro riesgo invisible que puede tener consecuencias atroces. Hay quien lo llama COVID persistente; nosotros lo llamamos COVID cerebral. Entre sus síntomas se incluyen niebla mental, dolores de cabeza, pérdida del olfato y el gusto, sensación de hormigueo, derrames cerebrales, afasia y convulsiones. En un estudio basado en 69 millones de historiales médicos, uno de cada cinco pacientes de COVID-19 sin antecedentes de enfermedad psiquiátrica desarrolló problemas de salud cerebral los primeros noventa días, sobre todo trastornos de ansiedad, insomnio y demencia.[83]

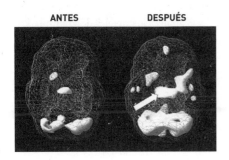

ANTES DESPUÉS

Las investigaciones sugieren que la COVID-19 puede atravesar la barrera hematoencefálica, un revestimiento que protege el cerebro de virus y otros agentes extraños.[84] Y, una vez dentro del cerebro, puede causar daños de distintas maneras, en especial a través de la inflamación, que he detectado una y otra vez en los escáneres de las personas afectadas. En las imágenes que aparecen arriba puede verse una activación drástica del sistema límbico o emocional de la paciente (zonas más blancas), pocos meses después de contraer la COVID. Por el momento, el legado de esta enfermedad es la disfunción cerebral, pero no tiene por qué ser así; trabajar para mantener el cerebro sano, fortaleciendo el sistema inmunitario y reduciendo la inflamación, es el primer paso para superar la COVID persistente. Mis colegas y yo llevamos tiempo utilizando corticoesteroides, fluvoxamina (si hay síntomas del estado de ánimo), curcuminas, ácidos grasos omega-3, vitamina C y vitamina D. Cualquier persona que haya sufrido COVID debe estar atenta a síntomas nuevos o agravados de depresión, ansiedad, TOC o TEPT, y someterse a una revisión por parte de un profesional de la salud mental bien informado sobre el cerebro. Teniendo en cuenta que la COVID-19 ataca al cerebro, es fundamental examinar este órgano como parte del proceso de detección.

PRÁCTICA DE HOY: *Si padeces COVID-19, empieza a tomar uno de los suplementos mencionados antes.*

Las estrategias del buen y el mal gobernante para fomentar o acabar con los trastornos mentales: inmunidad e infecciones

Las enfermedades infecciosas son una de las principales causas de los problemas psiquiátricos y cognitivos.[85] *Tu vulnerabilidad a las infecciones depende de muchos factores: la fortaleza de tu sistema inmunitario, tu nivel de exposición, el estrés y los hábitos que tengas.* Para dañar el sistema inmune de la población y promover las infecciones, un gobernante malvado prohibiría los cultivos de garganta para detectar estreptococos, o las pruebas de COVID en personas con dolor de garganta y fiebre; nunca permitiría que los profesionales de la salud analizaran los niveles de vitamina D de sus pacientes; fomentaría el consumo de alimentos con alérgenos comunes (como el gluten, los lácteos, el maíz y la soja) que pueden desencadenar respuestas autoinmunes; promovería el senderismo por parajes donde abundan las garrapatas del ciervo, y las relaciones sexuales sin protección.

Por el contrario, un buen gobernante advertiría a la gente sobre el riesgo de contraer infecciones y la ayudaría a fortalecer su sistema inmunitario. Recomendaría a las personas con dolor de garganta y fiebre que se hicieran un cultivo de garganta para detectar estreptococos, o una prueba COVID; animaría a los médicos a analizar de forma rutinaria los niveles de vitamina D; disuadiría a la gente de consumir potenciales alérgenos (gluten, soja, maíz, lácteos) que pueden desencadenar respuestas autoinmunes; animaría a los fabricantes de alimentos a reducir el uso de estas sustancias en los productos envasados; informaría a los excursionistas sobre dónde pueden encontrar garrapatas del ciervo; por último, informaría a la población sobre los riesgos de mantener relaciones sexuales sin protección.

PRÁCTICA DE HOY: *¿Sueles enfermar con frecuencia? ¿Aunque solo sea de resfriado? Eso es señal de que tu sistema inmunitario está bajo mínimos. Intenta reducir tus niveles de estrés para que tu cuerpo pueda descansar y recuperarse.*

Factores de riesgo: problemas hormonales

Las neurohormonas son como un «fertilizante» milagroso para el cerebro. Sin unas hormonas sanas, sentirás cansancio y confusión, y tu hipocampo (uno de los centros del estado de ánimo y la memoria del cerebro) disminuirá de tamaño y se debilitará.

- La testosterona te ayuda a estar feliz, fuerte y con motivación.
- La tiroides te proporciona energía y claridad mental. Mi amigo el doctor Richard Shames suele decir: «El hipotiroidismo no te mata, pero te hace desear la muerte».[86]
- La DHEA ayuda a combatir el envejecimiento.
- En las mujeres, el estrógeno y la progesterona estimulan el flujo sanguíneo y mantienen joven el cerebro.

Para asegurar un buen estado de salud hormonal, hazte una analítica cada año a partir de los 40, y evita los disruptores endocrinos —como los pesticidas, los ftalatos y los parabenos de los productos de uso personal—; asesórate siempre con tu médico.

Mercedes Maidana es una afamada surfista, conferenciante motivacional y coach personal. Hace un tiempo sufrió una grave conmoción cerebral en la costa de Oregón al surfear una ola de 9 metros. A partir de ese momento, empezó a sufrir ansiedad, depresión y problemas de memoria. Su escáner mostró baja actividad en el lado derecho del hipocampo. Mercedes también padecía problemas de tiroides, algo frecuente en personas que han sufrido traumatismos craneoencefálicos. Tras mejorar su función tiroidea, cambiar la dieta, tomar suplementos específicos y someterse a oxigenoterapia hiperbárica, ahora es más feliz y organiza retiros de salud para mujeres.

PRÁCTICA DE HOY: *Pide cita médica para analizar tus índices hormonales. Mejora tu salud hormonal de forma natural con ejercicio, entrenamiento de fuerza, un descanso adecuado, dieta sana y control del estrés.*

Los sorprendentes (y aterradores) efectos secundarios de la píldora

Entre el 16 y el 56 % de las mujeres que tomaban anticonceptivos sufrían episodios de depresión.[87] Millones de mujeres toman hormonas sintéticas en forma de píldoras anticonceptivas orales (PAO). Si tú o alguna mujer cercana estáis tomando este tipo de anticonceptivos, debéis tener en cuenta cómo afectan al sistema hormonal y los efectos secundarios que conllevan. Las PAO interfieren en los procesos hormonales cíclicos, y los sustituyen por un suministro constante pero reducido de estrógenos y progesterona sintéticos. Tal vez sepas que se ha demostrado que las PAO causan problemas de presión arterial y coagulación, y aumentan la incidencia de derrames cerebrales, en especial a personas fumadoras o con antecedentes de migrañas. Pero ¿sabías que las PAO también afectan al cerebro?

Las investigaciones recientes sugieren que tomar este tipo de anticonceptivos provoca cambios estructurales en el cerebro, altera la función de los neurotransmisores y afecta a la regulación del estado de ánimo. Según un estudio danés al respecto, las mujeres de entre 15 y 34 años que tomaban anticonceptivos orales tenían un 23 % más de probabilidades de empezar a tomar antidepresivos que las que no los tomaban.[88] También incrementan el riesgo de desarrollar enfermedades autoinmunes, elevan los niveles de cortisol y reducen los de testosterona (porque sí, las mujeres también producen y necesitan testosterona); además, estos niveles bajos de testosterona pueden perdurar incluso después de retirar los anticonceptivos orales, lo que aumenta el riesgo de sufrir problemas sexuales y de salud mental a largo plazo. Los anticonceptivos sintéticos también son capaces de alterar el microbioma intestinal e interferir en la absorción de vitaminas y minerales esenciales. Por eso, si tomas píldoras anticonceptivas es importante que complementes tu dieta con vitaminas del grupo B (folato, B6 y B12), vitamina E y magnesio. Si experimentas algún trastorno psiquiátrico, plantéate si se trata de un problema de salud mental o es culpa de las píldoras anticonceptivas.

Por otro lado, suspender el tratamiento anticonceptivo no es por fuerza la solución. Algunas mujeres experimentan ciertos síntomas en los meses posteriores, como cambios de humor, ansiedad y depresión. Algunos expertos han empezado a llamar a este efecto «síndrome pospíldora».

PRÁCTICA DE HOY: *Si estás tomando anticonceptivos orales, plantéate si es posible que pruebes un método alternativo, no hormonal.*

Cambia tus hormonas, cambia... a tu perro

Las hormonas determinan tu forma de demostrar cariño. Cuando conocí a mi mujer, Tana, era enfermera en una unidad de cuidados intensivos de neurocirugía. Los neurocirujanos son un gremio muy particular, así que ella había aprendido a no morderse la lengua. Le gustaba burlarse de sus jefes diciendo cosas como «¿Qué diferencia hay entre un neurocirujano y Dios? Que al menos Dios sabe que NO es neurocirujano». Tana también estaba entrenándose para sacarse el cinturón negro en taekwondo y kárate kenpo. Así que conmigo solía actuar más bien como un hombre: solo me abrazaba un rato y, cuando se hartaba, me decía que tenía que ir a hacer ejercicio. Al principio, también tenía problemas para establecer un compromiso, y en los primeros 18 meses de la relación tuvimos algunos altibajos. Ah, y le encantaban los perros, pero ese tema provocó nuestro primer desacuerdo: yo quería un dulce *cocker* inglés y ella un mastín.

Un día, a Tana le diagnosticaron el síndrome de ovario poliquístico (SOP), asociado a un exceso de testosterona y que puede provocar ansiedad y tendencias marcadamente masculinas en una relación. Tras seguir un tratamiento que le ayudó a equilibrar sus niveles de testosterona, se volvió mucho más relajada, cariñosa y comprometida. Al cabo de unos seis meses, me llamó al trabajo y me dijo que quería tener un caniche. Pensando que me estaba gastando una broma, le dije: «¿Quién me ha robado a mi mujer?». Al final, una pequeña caniche llamada Campanilla llegó a nuestras vidas.

¿Alguna vez has pensado que las hormonas puedan interferir en tus relaciones? Alterar tus hormonas puede provocar cambios en tu cerebro, e incluso modificar el tipo de perro que quieres tener. La testosterona baja tal vez sea culpable de la ansiedad, la depresión, la falta de motivación, la baja libido, los problemas para dormir, la fatiga, las dificultades de concentración, la baja densidad ósea, los sofocos y la caída del cabello. En cambio, un nivel alto de testosterona puede reducir tu empatía y provocar un deseo sexual demasiado alto, lo que también es problemático.

PRÁCTICA DE HOY: *Si presentas algunos síntomas de desequilibrio hormonal, hazte un chequeo. Mientras tanto, mantente a distancia de los disruptores endocrinos (pesticidas, plásticos, etc.). Consulta en los días 70 y 74 la información sobre los productos de cuidado personal y del hogar que pueden interferir con tus niveles hormonales.*

Las estrategias del buen y el mal gobernante para fomentar o acabar con los trastornos mentales: problemas hormonales

Las hormonas son los mensajeros químicos que controlan y regulan la actividad de determinadas células u órganos. Cuando sus niveles son correctos, la persona suele sentirse jovial y con energía. En cambio, cuando no están equilibradas, puedes sentirte mayor, experimentar problemas de salud mental y ser más susceptible a la ansiedad, la depresión e incluso la psicosis.

Un gobernante malvado dañaría las neurohormonas sometiendo a la gente a estrés crónico y obligándola a vivir en ciudades masificadas; alimentaría a sus ciudadanos a base de alimentos procesados, con alto contenido en azúcar, y fomentaría comportamientos de riesgo que pueden dañar la glándula pituitaria; inundaría el medioambiente y nuestros hogares con pesticidas, plásticos y otros productos que actúan como disruptores endocrinos; disuadiría a los servicios de salud de hacer pruebas de tiroides, cortisol, DHEA, estrógenos, progesterona, testosterona, hormona del crecimiento e insulina; y promovería políticas que permitieran a las compañías de seguros evitar el reembolso de estas pruebas a los pacientes y denegar las solicitudes de tratamiento hormonal.

Un buen gobernante, en cambio, fomentaría la producción natural de neurohormonas al procurar la reducción del estrés crónico, animando a las escuelas y a las cafeterías de los centros de trabajo a servir alimentos saludables para el cerebro y desalentando los comportamientos de alto riesgo; también limitaría el uso de pesticidas en los cultivos y prohibiría los más tóxicos, reduciría el uso de plásticos y recomendaría evitar el consumo de productos que son disruptores endocrinos; animaría a la comunidad médica a realizar pruebas de tiroides, cortisol, DHEA, estrógenos, progesterona, testosterona, hormona del crecimiento y niveles de insulina en cada revisión, y exigiría a las compañías de seguros que cubrieran también el coste de tales pruebas.

PRÁCTICA DE HOY: *Incluye entre las vitaminas que tomas la ashwagandha: se trata de un suplemento para reducir los niveles de cortisol que también favorece la función tiroidea.*

Factores de riesgo: diabesidad

A medida que aumenta tu peso, el tamaño de tu cerebro disminuye. La diabesidad es una amenaza doble para el cerebro. Implica prediabetes o diabetes, tener sobrepeso u obesidad, o ambas cosas. He publicado tres estudios científicos que demuestran que, a medida que aumentamos de peso, disminuye el tamaño físico y la funcionalidad del cerebro. Con el 50 % de la población estadounidense prediabética o diabética, más del 73 % con sobrepeso y más del 42 % con obesidad,[89] nos enfrentamos a la mayor «fuga de cerebros» de la historia del país. Y es que el exceso de grasa en el cuerpo no es en absoluto inocuo; de hecho, incrementa otros cinco factores de riesgo para la salud cerebral: el sobrepeso y la obesidad disminuyen el flujo sanguíneo que llega al cerebro, aceleran el envejecimiento, aumentan la inflamación, y generan acumulación de toxinas y alteraciones hormonales. Cuando se combinan con la prediabetes o la diabetes, el riesgo es aún mayor: los altos niveles de azúcar en sangre dañan los vasos sanguíneos y retrasan los procesos de curación.

Una vez di una conferencia en Nashville y esa noche quedé con un amigo para cenar. Parecía que había engordado desde la última vez que nos habíamos encontrado. Al verle sacar una pequeña jeringuilla y ponerse una inyección de insulina durante la cena supe que tenía diabetes. Así que me quedé estupefacto cuando pidió su cena: todo fritos y almidones. Me preocupaba la salud de mi amigo, así que le pregunté cuánto medía y pesaba, y determiné enseguida su IMC. Cuando le dije (de forma no demasiado sutil) que entraba en la categoría de obeso, se ofendió. Le advertí que estaba cavando su propia tumba demasiado pronto. Y lo cierto es que mi mensaje caló hondo: se propuso adelgazar y, en los dos años siguientes, perdió más de 20 kilos y redujo su insulina en un 50 %. La vida le iba mejor, me dijo; y, en comparación con lo que suponía tener diabetes, llevar un estilo de vida sano era fácil. Otra ventaja añadida, según me dijo guiñando un ojo, era que gozaba de una mejor vida sexual. Incluso me dio las gracias por preocuparme lo bastante por él como para ser sincero sobre su peso.

PRÁCTICA DE HOY: *Calcula tu IMC (usa cualquier calculadora de IMC online).*

Lo que aprendimos del peso de 20.000 pacientes

La dieta es tan importante para la psiquiatría como lo es para la cardiología, la endocrinología o la gastroenterología. Todo el mundo sabe que mantener un peso saludable puede ser beneficioso para la salud física, pero ¿qué tiene que ver el peso de tu cuerpo con la función cerebral y la salud mental? Analizamos los escáneres SPECT de 20.000 de nuestros pacientes para ver cómo afecta el índice de masa corporal (IMC) a la actividad cerebral, y los resultados fueron asombrosos: quedó claro que, a medida que aumentaba el peso de la persona, *todas* las regiones del cerebro veían disminuida su actividad y su flujo sanguíneo, en una correlación lineal. Este es solo un gráfico que muestra que el flujo sanguíneo y la actividad disminuían en el córtex prefrontal. 1 = Peso por debajo del apropiado; 2 = Peso normal; 3 = Sobrepeso; 4 = Obesidad; 5 = Obesidad mórbida.

Ten en cuenta que, aunque este gráfico muestra que la actividad era mayor en

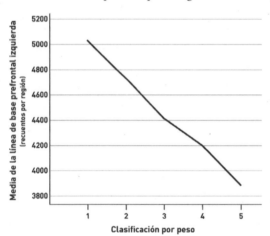

personas con un peso inferior al idóneo, esto no significa que estar en esa franja de peso sea saludable: tener un peso por debajo del adecuado está asociado a una serie de riesgos para la salud, entre ellos deficiencias nutricionales, reducción de la función inmunitaria, problemas de fertilidad o falta de reservas de proteínas (que necesitaríamos si tuviéramos un accidente). En otras palabras, pesar poco no es saludable, pero en apariencia no contrae el cerebro.

Tener poco flujo sanguíneo y escasa actividad en todo el cerebro es terrible para el bienestar psicológico, la claridad mental y la función cognitiva. Un cerebro de «baja actividad» se asocia a asumir mayores riesgos, tener peor juicio, actuar de manera impulsiva, tener menos motivación, unos procesos de pensamiento más lentos, dificultades para resolver problemas y con la memoria. Además, se convierte en un círculo vicioso: el exceso de peso genera problemas de juicio, lo que a su vez hace más difícil estar bien.

Por tanto, adoptar hábitos alimenticios saludables puede ayudarte a alcanzar y mantener un peso adecuado, y al mismo tiempo a estimular el funcionamiento de tu cerebro. Cuenta las calorías, come frutas y verduras de colores y ayuda a tu cuerpo, a tu cerebro y a tu mente a estar sanos.

PRÁCTICA DE HOY: *Si necesitas perder peso, empieza eliminando un hábito alimenticio no saludable.*

Media docena de formas de arruinarte la vida con los dónuts

Nadie le había explicado a Tami con detalles tan gráficos lo que aquellos dónuts cargados de azúcar le hacían a su cuerpo. Tami tenía diabetes y era adicta a los dónuts en el momento de apuntarse a unas clases de nutrición que daba mi mujer, Tana. Reconocía que le costaba hacerse a la idea de dejar esos «dulces caprichos». Pero es que empezar el día con bollería, cereales azucarados, tortitas, gofres o magdalenas eleva los niveles de insulina y provoca inflamación. Tana tuvo la sensación de que Tami necesitaba una motivación más emocional respecto a los dónuts, y le preparó una presentación de diapositivas con imágenes muy gráficas; su título era: «Media docena de formas de arruinarte la vida con los dónuts». Le enseñó que estos dulces están asociados con los siguientes resultados:

1. Nivel alto de azúcar en sangre de forma crónica, que conduce a diabetes tipo 2.
2. Nivel alto de azúcar en sangre, que también puede provocar ulceración cutánea y, en última instancia, amputación de algún miembro.
3. Diabetes, que puede provocar ceguera.
4. Alzhéimer, ahora denominada también diabetes tipo 3, que aumenta de forma significativa con la obesidad.[90]
5. Accidentes cerebrovasculares y daños cardíacos, debido al azúcar y a las grasas trans de los dónuts.
6. Altos niveles de insulina, vinculados a muchas formas de cáncer[91] (ya que el azúcar alimenta al cáncer).

Aquella presentación horrorizó a Tami. Nadie le había explicado con tanto detalle lo que aquellos dónuts cargados de azúcar le hacían a su cuerpo. El simple hecho de escuchar que debía mantener bajo control su nivel de azúcar en sangre no le generaba ningún impacto. Dos semanas después, Tami admitió que no había comido ni un solo dónut desde que había visto la presentación, y que creía que jamás podría ver la comida de la misma forma. Le contó radiante a Tana que, desde que le habían diagnosticado diabetes hacía seis años, su nivel de azúcar en sangre solía oscilar entre 150 y 160, pero que durante más de una semana había estado entre 89 y 95 de media. ¡Se trataba de un importante descenso hacia valores normales!

PRÁCTICA DE HOY: *Haz una lista con los alimentos que te cuesta dejar. ¿Cuántos de ellos son azucarados?*

Ama la comida que te ama

Tienes una relación con la comida. Tu cerebro consume hasta un 20 o un 30 % de tus calorías diarias, aunque solo constituya el 2 % de tu peso. Lo que comemos y bebemos supone una gran diferencia en cómo nos sentimos física, emocional y cognitivamente. Así que, en efecto, tienes una relación con la comida. ¿Has vivido alguna vez una relación complicada? Yo sí, y era muy estresante. No volveré a pasar por eso. Estoy casado con mi mejor amiga, lo cual contribuye a mi felicidad. Y es que enamorarse de alimentos que te hacen daño es como enamorarse de alguien que te maltrata. Demasiada gente me cuenta que «ama» el helado, los dónuts, las galletas, las patatas fritas, la pizza, la pasta y el alcohol. Yo los llamo «armas de destrucción masiva», porque son todos adictivos, aumentan el perímetro de tu cintura y reducen el de tu cerebro. Y el cerebro es uno de los pocos órganos en los que el tamaño SÍ importa. La mayoría de los alimentos de la dieta estadounidense estándar (*Standard American Diet*, SAD) son los culpables del exceso de inflamación, el aumento de peso, los problemas cardíacos, la depresión y el alzhéimer.

A continuación, te presento una lista para principiantes de alimentos que estimulan la función cerebral: frutas y verduras ecológicas de colores vivos, en especial aguacates y arándanos; chocolate negro (sin azúcar ni leche); remolacha (que aumenta el flujo sanguíneo hacia el cerebro); grasas saludables (entre ellas los aceites saludables, el pescado graso, como las sardinas o el salmón, los frutos secos y las semillas); y hierbas y especias, sobre todo el azafrán, la cúrcuma y la canela. Come, además, alimentos ricos en fibra, como los espárragos, los puerros o el ajo, y los que estimulen tu inmunidad, como las cebollas, los champiñones y también el ajo.

Ahora compara estos alimentos con los de la dieta SAD que hacen infeliz a la gente, entre los que están la mayoría de los productos horneados, los fritos, los alimentos ultraprocesados, los de alto índice glucémico (que elevan el nivel de azúcar en sangre) y los bajos en fibra que se convierten con rapidez en azúcar, como el mismo azúcar, el pan, la pasta, las patatas y el arroz blanco. Las personas que toman estos alimentos como base principal de su dieta tienen un riesgo casi un 400 % mayor de contraer alzhéimer.[92]

Me encanta lo que dijo Drew Carey cuando logró estar sano: «Comer comida basura no es una recompensa, es un castigo».[93] Esta es la mentalidad que debes tener para estar saludable y feliz, y para mantenerte así.

PRÁCTICA DE HOY: *Cada vez que comas o bebas, pregúntate: «Esta comida o bebida que amo, ¿me ama?».*

Nuestro guerrero del cerebro Carlos influyó en todas las personas a las que quería

121 kg

«No es difícil —dijo—. Ya tengo el programa grabado». Conocí a Carlos cuando él tenía 48 años. Era una persona que se preocupaba por todo y se obsesionaba con los pensamientos negativos. Estaba deprimido, enfadado y no podía concentrarse. Nadie había detectado su dislexia cuando era joven y había bebido mucho durante un tiempo. Tenía sobrepeso y su cerebro era un desastre, así que no era de extrañar que tuviera todos esos otros problemas. Más abajo podemos ver el escáner SPECT cerebral inicial de Carlos.

110 kg

Le dije a Carlos lo que tenía que hacer y preparé un programa para él. Le pareció que todo aquello tenía sentido y dijo que lo seguiría. En solo dos meses, perdió 11 kilos. Cuando terminó, había perdido un total de 23. Pero lo mejor era que se sentía fenomenal, y su concentración y memoria mejoraron a pasos agigantados. ¡Tenía el aspecto de alguien de 38 años, y se sentía como tal! El plan que le propusimos le ayudó a aprender a dejar de comer en exceso cuando se sentía triste o enfadado. En su lugar, planificar comidas saludables para el cerebro le ayudaba a evitar los bajones de energía y la susceptibilidad al estrés. Los cambios se percibían por fuera, pero también observamos cambios internos igual de drásticos: su SPECT de seguimiento mostró un aumento general de la actividad cerebral. Así, al amar y cuidar su cerebro, ¡Carlos cambió este órgano y también su vida!

98 kg

Lo que me encanta de la historia de Carlos es que la transformación no se detuvo en él: su esposa quedó tan impresionada por los cambios que empezó el mismo plan para tener un cerebro sano. Aunque ella no tenía sobrepeso, perdió casi 5 kilos. Luego su hija adolescente se subió al carro. Es decir, las mejoras de Carlos afectaron de manera positiva a su familia. Cuando lo volví a ver, dos años después, le pregunté qué tal iba por el buen camino. «No es difícil —dijo—. Ya tengo el programa grabado».

ANTES	DESPUÉS

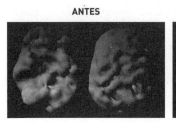
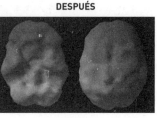

PRÁCTICA DE HOY: *piensa en dos personas que se beneficiarían si te esforzaras en mejorar de verdad tu salud.*

DÍA 96

Estrategias del buen gobernante y del gobernante malvado para crear o acabar con los trastornos mentales: la diabesidad

La grasa corporal excesiva no es tu amiga. La diabesidad destruye cerebros, mentes y cuerpos, y les roba el futuro a nuestros hijos y nietos. Un gobernante malvado gozaría con una epidemia de diabesidad; exigiría que se sirvieran postres muy azucarados en los menús escolares, como forma de estimular la falta de atención entre los niños, y animaría a las empresas a servir dónuts en las salas de espera y cuencos de caramelos, para aumentar el riesgo de diabesidad. Este gobernante también engañaría a la gente para que los postres dulces —que aumentan los niveles de azúcar en sangre y contribuyen a la ansiedad y otros síntomas psiquiátricos— se concibieran como una «recompensa» por buen comportamiento o por un trabajo bien hecho; y permitiría que los alimentos y bebidas poco saludables y con potenciadores del sabor artificiales se comercializaran de forma agresiva como deseables (piensa en el eslogan «Destapa la felicidad», de Coca-Cola). De hecho, ese malvado gobernante animaría a deportistas y entrenadores profesionales a beber durante los partidos refrescos como Coca-Cola, Pepsi o Gatorade (todos hasta arriba de azúcar, colorantes artificiales y conservantes) como forma de vender estos productos a niños y adolescentes. También le diría a la gente que la diabetes no es tan grave, y desalentaría los cambios de estilo de vida, porque al fin y al cabo existen tratamientos para cualquier afección. Al mismo tiempo, culparía a la genética de la pandemia de obesidad, afirmando que no se puede hacer nada al respecto.

En vez de todo eso, un buen gobernante limitaría la inclusión de postres y tentempiés cargados de azúcar en los menús escolares, para promover el logro de niveles estables de azúcar en sangre y un peso saludable; animaría a las empresas a servir tentempiés saludables para el cerebro a sus trabajadores, para prevenir la diabesidad; actuaría con sinceridad al admitir que beber y comer alimentos que engordan y provocan diabetes no es una forma inteligente de celebrar nada; evitaría que los fabricantes de alimentos y bebidas pudieran anunciar con facilidad productos que incrementan el riesgo de diabesidad; educaría a la gente sobre las consecuencias de la diabetes y alentaría los cambios de estilo de vida (ejercicio y dieta) para regular los niveles de azúcar en sangre; también informaría a la población sobre que su ADN no marca su destino. De hecho, nuestros hábitos diarios pueden afectar a nuestros genes, y está en tus manos controlar tu peso.

PRÁCTICA DE HOY: *¿Hasta qué punto te tomas en serio tu salud física? ¿Qué deberías cambiar?*

Factores de riesgo: el sueño

Cuando dormimos, el cerebro hace una especie de autolavado. Se calcula que entre 50 y 70 millones de estadounidenses tienen problemas relacionados con el sueño.[94] El insomnio crónico, las pastillas para dormir y la apnea del sueño incrementan de manera significativa los problemas de memoria. Más abajo se muestra el escáner de una persona con apnea del sueño. En estos escáneres solemos ver poca actividad en las áreas que mueren de forma temprana con el alzhéimer. Así que, si roncas y dejas de respirar por la noche, o alguien te dice que lo haces, hazte pruebas. Cuando dormimos, el cerebro hace una especie de autolavado o autoenjuague; de modo que, si el sueño se ve interrumpido, se acumula «suciedad» en el cerebro, y esto daña la memoria. De hecho, dormir menos de siete horas cada noche está asociado con problemas de peso, hipertensión, accidentes y conflictos de pareja (porque es más probable que digas algo que desearías no haber dicho). En un estudio reciente se descubrió que los soldados que dormían siete horas cada noche eran precisos en el 98 % de sus disparos; en aquellos que dormían seis horas, su precisión era del 50 %; en los que dormían cinco, del 28 %, y en los que dormían cuatro, solo del 15 %. De hecho, estos eran un peligro para los demás.

APNEA DEL SUEÑO

Puedes lograr que tu cabeza esté más lúcida mañana si duermes mejor hoy. Así que por la noche evita la cafeína, dormir en una habitación muy cálida, la luz y el sonido (en especial de tus dispositivos electrónicos), y también el alcohol. Sí, el alcohol te ayudará a conciliar el sueño, pero cuando ese efecto desaparezca tu cerebro restablecerá su actividad y te despertarás al cabo de poco rato.

Para dormir mejor, es importante que tu habitación esté más fresca, oscura y silenciosa. Apaga los dispositivos electrónicos para que no te molesten. Escuchar música con un ritmo determinado puede ayudar, igual que algunos suplementos; el magnesio y la melatonina suelen ser muy efectivos, igual que el 5-HTP, si tienes tendencia a preocuparte en exceso. Si has tenido malos pensamientos que te mantienen en vela, escribir un diario te ayudará a sacártelos de la cabeza.

PRÁCTICA DE HOY: *Esta noche vete a la cama 20 minutos antes de lo habitual y no mires ninguna pantalla en la última hora antes de acostarte. Observa cómo te sientes mañana.*

Formas naturales de mejorar el sueño

Si quieres mejorar tu memoria mañana, duerme mejor hoy. El sueño hace milagros: revitaliza cada célula del cuerpo, permite que el cerebro se cure y repare, elimina las toxinas que ingieres durante el día y estimula las neuronas para evitar la inactividad y el deterioro. Un buen descanso nocturno también es necesario para una piel sana, recuperar la energía, sentirte más feliz y mantenerte en tu peso. La mala noticia es que entre 50 y 70 millones de personas en los Estados Unidos no duermen bien, y los dispositivos electrónicos y los malos hábitos están empeorando esa situación. Por tanto, no te conviertas en parte de esa estadística y mejora tu sueño con las siguientes estrategias:

1. Preocúpate por tu sueño. Conviértelo en una prioridad.
2. Evita todo lo que perjudique el sueño, como la cafeína, la luz azul de los dispositivos electrónicos, dormir en una habitación excesivamente cálida, el ruido, el alcohol, el ejercicio nocturno, los pensamientos negativos y las preocupaciones.
3. Busca tratamiento para cualquier problema que te quite el sueño, como el síndrome de piernas inquietas, la apnea del sueño, el hipertiroidismo, un nivel bajo de progesterona o el dolor crónico.
4. Adopta hábitos positivos para el sueño, como usar bloqueadores de luz azul, apagar los dispositivos electrónicos, la hipnosis, la meditación, escuchar música relajante, tomar baños calientes, tener una habitación y una almohada frescas, cumplir un horario de sueño regular y la aromaterapia con lavanda.
5. Toma uno de los siguientes suplementos antes de acostarse: melatonina, 0,3-2 mg —aumentando la dosis de forma gradual hasta que te funcione—; glicinato, citrato o malato de magnesio, 100-500 mg; cinc, 15-30 mg; 5-HTP, 100-200 mg (si tiendes a preocuparte en exceso); GABA, 250-1000 mg.

Aún se recetan con demasiada frecuencia pastillas para dormir adictivas que pueden afectar la memoria, y esto se hace sin buscar la causa subyacente y sin probar antes las estrategias sencillas. Si las intervenciones que te sugerí más arriba son ineficaces, prueba medicamentos no adictivos que faciliten el sueño, como dosis bajas de trazodona, gabapentina o amitriptilina.

PRÁCTICA DE HOY: *¿Tienes algún problema que te quite el sueño? Acude al médico para que compruebe si sufres alteraciones hormonales o apnea del sueño. Y a partir de esta noche añade un hábito positivo para el sueño a tu rutina antes de acostarte.*

Comprender los sueños y las pesadillas

Nuestro pasado puede perseguirnos en el presente a través de los sueños y las pesadillas. Al analizar cualquier sueño, siempre busco: (1) un deseo o un miedo, (2) un aconte-cimiento actual y (3) algo del pasado. Comprender estos tres componentes ayuda a interpretar los sueños. En los comienzos de mi carrera profesional, atendí a un paciente llamado Jimmy que me envió esta nota: «He tenido pesadillas toda la noche. En una perdía a mi sobrina en una plaza y en la otra me apuñalaban en la cárcel». Cuando analizamos el primer sueño, resultó que tenía miedo de perder la conexión con su sobrina, y lo que lo desencadenó fue una noticia sobre un secuestro que vio antes de acostarse. Hacía tiempo, su hermana había perdido a su sobrina durante una hora en un centro comercial, cosa que le hizo entrar en pánico. El segundo sueño venía de un miedo de cuando era joven y visitaba a su padre en la cárcel; este le hacía visitar a otros reclusos, miembros de bandas, y a él le preocupaba que le apuñalaran. Este sueño fue desencadenado por una conversación que tuvo con su padre en prisión unos días antes.

Ese sueño en concreto, en el que lo apuñalaban en la cárcel, era recurrente; este tipo de pesadillas es habitual en personas que han sufrido algún trauma. Siempre que una pesadilla se te repita más de tres veces, anótala con tantos detalles como puedas y luego dale un final mejor. Jimmy, por ejemplo, escribió con minuciosidad el sueño en el que era apuñalado en la cárcel y luego planteó un final diferente en el que, llevaba un chaleco antibalas con una alarma atronadora que se disparaba al ser perforado. En la nueva versión del sueño, los guardias de la prisión estaban más atentos y le rescataban cuando el otro preso se ponía agresivo. Solo tuvo ese sueño dos veces más, luego cesó. Y es que al poner por escrito nuestras pesadillas y darles un final distinto dejamos de ser rehenes de nuestra mente inconsciente.

PRÁCTICA DE HOY: *Escribe tu último sueño con detalle, analízalo en función de los tres componentes mencionados arriba e inventa un final nuevo.*

Hipnosis para dormir

La hipnosis no es magia, es una forma natural de orientar la mente hacia la salud. Curiosamente, cuando era estudiante de Medicina cursé una asignatura optativa sobre la hipnosis. También tuve la oportunidad de poner en práctica esta técnica cuando era residente en un ajetreado hospital militar, en la capital de EE. UU. Con todo aquel ruido y alboroto, a los pacientes les resultaba difícil descansar bien y a menudo pedían medicación para dormir. Empecé a preguntarles si podíamos probar primero con la hipnosis. Si seguían sin poder dormir, aseguré, les recetaría somníferos. La gran mayoría aceptó probarla y en gran parte de los casos resultó de ayuda.

Una de las experiencias más impactantes que he vivido con la hipnosis médica fue con un veterano de la Segunda Guerra Mundial que había ayudado a muchos judíos a escapar de Alemania. Décadas más tarde le diagnosticaron párkinson. La mayoría de la gente relaciona esta enfermedad con solo uno de sus síntomas, los temblores, pero los problemas para dormir también son una consecuencia muy frecuente. Mientras estaba de guardia en el hospital, este veterano me pidió un somnífero. Como había hecho con tantos otros pacientes, le pregunté si podía probar primero con la hipnosis, y aceptó. Para mi sorpresa, una vez en estado de hipnosis, sus temblores remitieron. Con el párkinson, los temblores suelen detenerse mientras la persona duerme, pero los de este héroe de guerra desaparecieron incluso antes de que se durmiera. Estaba tan emocionado que le conté lo sucedido a nuestro supervisor; pero aquel neurólogo no compartió mi entusiasmo, de hecho, se me quedó mirando como si fuera estúpido. Estaba decidido a demostrarle que aquello era cierto, así que volví a sumir en trance a nuestro veterano; una vez más, los temblores cesaron a pesar de que no estaba dormido. Esta vez el médico quedó tan impresionado que repetimos el proceso con un electroencefalograma del paciente y lo filmamos todo. Más tarde preparamos juntos una investigación (la primera de mi vida) que me llevó a publicar más de 80 artículos científicos.

PRÁCTICA DE HOY: *Si estás teniendo problemas para dormir, prueba mi audio de hipnosis con la prueba gratuita de nuestra aplicación, que puedes descargarte en la App Store.*

Estrategias del buen gobernante y del gobernante malvado para crear o acabar con los trastornos mentales: el sueño

Gozar de pocas horas de sueño de calidad puede tener consecuencias catastróficas, lo cual haría feliz a un gobernante malvado. Este se aseguraría de perturbar el sueño de la gente haciéndola tan adicta a la tele y a las redes sociales que buscaría ver noticias estresantes antes de acostarse, leería el correo electrónico al final del día, respondería mensajes en mitad de la noche, y tuitearía mensajes ofensivos a todas horas. También animaría a la población a cruzar con frecuencia varios husos horarios por trabajo, lo que les provocaría *desfase horario*; se negaría a abandonar la anticuada práctica de perder horas de sueño con el cambio de hora; abogaría por el consumo de cafeína mañana, tarde y noche para interrumpir el sueño y crear así un círculo vicioso que predispondría a sufrir síntomas de trastorno mental, y propondría que el horario escolar se adelantara para disminuir el tiempo de sueño, lo que provocaría muchos problemas de salud cerebral y mental.

Sin embargo, un buen gobernante sería consciente de la importancia del sueño. Por tanto, limitaría el tiempo dedicado a las redes sociales y a la televisión, para que la población pudiera acostarse pronto y obtener el descanso necesario; evitaría los viajes innecesarios para reducir la incidencia del *desfase horario*; eliminaría el cambio de hora que se hace dos veces al año y que altera el sueño; animaría a la gente a adoptar un régimen de sueño saludable para el cerebro, que potenciase un sueño más reparador; obligaría a que el horario de los colegios empezara más tarde, para que los niños durmieran bien, y animaría a la ciudadanía a empezar el día haciendo ejercicio y a celebrar *walking meetings* (reuniones paseando) en el trabajo.

PRÁCTICA DE HOY: *¿Qué cambiaría en tu vida si adoptaras mejores estrategias para dormir?*

Pequeños hábitos contra los factores de riesgo para el cerebro

Aborda los once factores de riesgo para el cerebro de la forma más fácil posible. Aquí tienes una lista de once pequeños hábitos, uno para cada factor de riesgo que sufre el cerebro:

1. Después de usar el baño, beberé un vaso de agua (flujo sanguíneo).
2. Después de colgar las llaves del coche, aprenderé un acorde nuevo en mi instrumento (jubilación/nuevos aprendizajes).
3. Tras lavarme los dientes antes de acostarme, me pasaré el hilo dental (inflamación).
4. Cuando abra la nevera, tomaré un puñado de bayas ecológicas (genética).
5. Cuando baje las escaleras, me agarraré del pasamanos (traumatismo craneal).
6. Cuando eche gasolina, me alejaré de la boquilla para no inhalar los gases (toxinas).
7. Cuando me sienta triste, daré un paseo por el campo, la playa o un parque (salud mental).
8. Cuando prepare las verduras para la cena, les añadiré ajo o cebolla (inmunidad).
9. Cuando esté en un bufé de ensaladas, me serviré media taza de alubias o guisantes (neurohormonas).
10. Añadiré a mi cena alguna verdura colorida (diabesidad).
11. Cuando me meta en la cama pensaré en lo que ha ido bien durante el día (sueño).

PRÁCTICA DE HOY: *Adopta uno de los pequeños hábitos de la lista anterior (también puedes adoptar más de uno). Acuérdate de celebrarlo siempre que cumplas con un pequeño hábito.*

Obsesiones digitales

La tecnología nos conecta al mundo de la distracción. ¿Alguna vez te has fijado en cuántas personas están atrapadas en sus teléfonos o tabletas en los aeropuertos? ¿En alguna ocasión te ha arruinado una cena romántica esa persona con la que habías quedado y que no paraba de responder mensajes en el móvil en lugar de hablar contigo? Y bueno, sé que no hace falta que te pregunte cuántas veces has visto a gente conduciendo mientras utiliza el móvil.

Aunque la tecnología ha traído muchas ventajas a nuestro mundo, también plantea nuevos retos. Y el caso es que cada vez dependemos más de ella. De hecho, la neurociencia ha identificado nuevos trastornos cerebrales relacionados con la tecnología, como la ansiedad por separación (¡del teléfono!) o la percepción de timbres fantasma.[95] La necesidad compulsiva de conexión a todas horas se ha convertido en un tipo de adicción. ¿Cómo podemos evitarlo? Prueba alguna de las siguientes prácticas:

1. **Tómate un descanso digital.** Fija una hora para apagar todos los dispositivos electrónicos el resto de la noche. Puede que descubras que así pasas más tiempo de calidad con amistades y familiares, o que terminas esos proyectos caseros en los que llevas meses trabajando.
2. **Haz un ayuno de internet.** Reserva un día de la semana (para que el efecto sea máximo, elige un día en el que no trabajes) para desconectarte de internet.
3. **Saca las pantallas en tu dormitorio.** Quita televisores, ordenadores, teléfonos y tabletas del dormitorio. Esto te permitirá crear un entorno relajante para dormir mejor y reducir la cantidad de frecuencias electromagnéticas que absorbe tu cuerpo (que se sabe que dañan las células sanas).
4. **Usa tu cerebro.** Se le da muy bien recordar hechos y resolver problemas si lo dejas hacerlo. Así que en lugar de preguntar todo el tiempo a Google o a Siri, intenta averiguar las respuestas por tu cuenta.
5. **Nunca hables y escribas mensajes a la vez.** Cuando estés teniendo una conversación en directo con alguien, desconecta las notificaciones de tu teléfono y estate pendiente de la persona que tienes al lado. De manera general, trata de minimizar las conversaciones telefónicas o mediante mensajes cuando estés con otras personas.

En resumen, vive en armonía con la tecnología en lugar de que ella te controle.

PRÁCTICA DE HOY: *¿Hasta qué punto dejas que la tecnología acapare tu atención? ¿Con qué frecuencia apagas las notificaciones de tus dispositivos electrónicos? Elige uno de los hábitos de arriba para empezar a ponerlo en práctica hoy.*

Cuando la salud empieza con el amor

A veces, la motivación tiene que ver con el amor. Ray era jugador retirado de la NFL, y tenía sobrepeso y dificultades para concentrarse. Pero cuando acudió a nosotros no fue para tratar sus problemas: tenía la esperanza de que ayudásemos a su mujer, Nancy, de 56 años, a quien le habían diagnosticado demencia precoz. No tenía un buen pronóstico, y su médico les recomendó que ingresara en un centro de atención para la memoria. Le advirtió a su marido que era probable que un año más tarde ya no fuera capaz de reconocerle. Ray estaba destrozado y desesperado por ayudarla.

El escáner de Nancy mostraba una reducción drástica de la actividad en la parte frontal del cerebro, cosa que encajaba con un proceso de demencia. Tuve que decirle la verdad a su esposo: «No tenemos un remedio probado para esto». Enseguida añadí que, si fuera mi mujer, la animaría a poner en práctica todas las estrategias para combatir los once factores de riesgo para el cerebro, incluido el ejercicio, un cambio drástico de dieta, nada de alcohol, oxigenoterapia, suplementos específicos, nuevos aprendizajes y demás.

ANTES	10 SEMANAS DESPUÉS

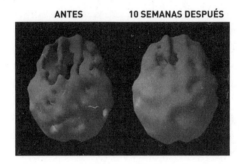

Al cabo de diez semanas, Nancy y su cerebro estaban considerablemente mejor. No habíamos ganado la guerra por su salud cerebral, pero aquello reforzó nuestras esperanzas. Incluso ante un diagnóstico tan claro como el suyo, es posible mejorar si se toma el rumbo correcto.

En el mismo periodo, Ray perdió más de 11 kilos y dijo estar más concentrado que nunca. Asombrado, le pregunté cómo lo había conseguido. Me confesó que su secreto para lograr que Nancy llevara un estilo de vida saludable para el cerebro había sido servirle de ejemplo. Sabía que, si él lo hacía, seguiría sus pasos. Y es que a veces la motivación para mejorar la salud tiene que ver con el amor, y Ray amaba profundamente a Nancy.

PRÁCTICA DE HOY: *¿Eres un ejemplo de salud o de enfermedad para tus seres queridos? ¿A quién podrías influir si estuvieras mejor de salud?*

Introducción a los tipos de cerebro

Todos los cerebros son distintos. Conocer tu tipo de cerebro puede ayudarte a entender qué te hace feliz o infeliz. Hace más de treinta años, los escáneres cerebrales SPECT que hacíamos en la clínica nos llevaron a plantearnos la existencia de distintos tipos de cerebro. Los habíamos estado utilizando para buscar patrones de actividad cerebral vinculados a una serie de problemas de salud cerebral/mental. Aprendimos que afecciones como la depresión o el TDA/TDAH seguían más de un patrón; patrones que requerían tratamientos diferentes. No estábamos ante un escenario único para todos. Ya lo sospechaba. Sabía que no todas las personas deprimidas o con TDA/TDAH son iguales. Sus síntomas pueden variar de forma drástica. Los escáneres cerebrales nos aportaron una base biológica para los matices de muchas cuestiones relacionadas con la salud mental, lo que nos permitió hallar la mejor solución para el cerebro de cada paciente, en lugar de limitarnos a abordar un conjunto de síntomas. Esto mejoró de forma notable nuestra capacidad para ayudar a la gente.

También nos dimos cuenta de que podíamos detectar rasgos de personalidad en los escáneres, y de este modo descubrimos los cinco tipos principales de cerebro:

1. **Equilibrado**: actividad saludable en su conjunto en personas que tienden al equilibrio emocional.
2. **Espontáneo**: bajo nivel de actividad en la parte frontal del cerebro, en personas que tienden a ser creativas, pero que también se distraen con facilidad y son impulsivas.
3. **Persistente**: nivel de actividad alto en la parte delantera; las personas con este tipo de cerebro tienden a ser obstinadas, rígidas y en cierto modo rencorosas.
4. **Sensible**: mayor actividad en los centros límbicos o emocionales; estas personas tienden a ser muy empáticas, pero también vulnerables a la depresión.
5. **Prudente**: mayor actividad en los centros del miedo (a menudo debido a traumas infantiles); estas personas tienden a estar preparadas, pero también son ansiosas y se sobresaltan con facilidad.

La tipificación cerebral explica muchas cosas: nos ayuda a comprender por qué hacemos lo que hacemos, por qué otros individuos hacen lo que hacen y qué es lo que hace feliz o infeliz a la gente.

Es habitual tener más de un tipo de cerebro, y tomando en cuenta todas las combinaciones posibles llegaríamos a 16. Las intervenciones para estos tipos de cerebro son una combinación de las adecuadas para los tipos del 2 al 5. En brainhealthassessment.com puedes averiguar cuál de los 16 tipos es más probable que tengas y obtener un informe detallado de cada uno. Si presentas síntomas de problemas de salud cerebral, estos informes pueden facilitarte la búsqueda de estrategias para minimizar tales síntomas y a la vez potenciar tu reserva cerebral.

PRÁCTICA DE HOY: *Si todavía no lo has hecho, sométete a mi evaluación de la salud cerebral para conocer tu tipo de cerebro en brainhealthassessment.com*

Cerebro equilibrado

El tipo de cerebro equilibrado es el que observo con mayor frecuencia en nuestros estudios de las Clínicas Amen. Estas personas están centradas, son concienzudas, flexibles, positivas, resilientes y emocionalmente estables, y tienen un buen control de sus impulsos.

Suelen puntuar bajo en los siguientes rasgos: intervalos cortos de atención, impulsividad, poca fiabilidad, preocupaciones, negatividad y ansiedad. Las personas con un cerebro equilibrado suelen vivir más que el resto, sobre todo por su nivel de diligencia: hacen lo que dicen que harán. Son puntuales y llevan a cabo las tareas que prometen. En general, no les gusta asumir grandes riesgos, no son usuarios pioneros y solían jugar en el arenero cuando eran niños. No es probable que se conviertan en emprendedores ni magnates empresariales. Les gustan las reglas y tienen tendencia a seguirlas.

Nuestro trabajo con las imágenes cerebrales demuestra que las personas con un cerebro equilibrado suelen presentar plena actividad en todo el cerebro, de forma uniforme y simétrica, con el mayor nivel de actividad en el cerebelo, que es uno de los principales centros de procesamiento.

Un cerebro equilibrado obtiene mejores resultados si la persona pone en marcha estrategias generales para mantenerse sana, como tomar complejos vitamínicos, ácidos grasos omega-3 y probióticos, y optimizar los niveles de vitamina D para favorecer la salud cerebral.

PRÁCTICA DE HOY: *Asegúrate de incluir un complejo multivitamínico, un suplemento de omega-3 y un probiótico en tu rutina diaria.*

Cerebro espontáneo

El tipo de cerebro espontáneo es muy común entre emprendedores, individuos que se dedican al entretenimiento, la política o el sector inmobiliario. Las personas con este tipo de cerebro tienden a ser espontáneas, asumir riesgos, ser creativas, tener ideas innovadoras, ser curiosas, interesarse por una gran variedad de asuntos, ser inquietas y distraerse con facilidad. Necesitan estar muy interesadas en algo para concentrarse, les cuesta organizarse, les gustan las sorpresas, llegan tarde o con prisas a las reuniones y tienden a ser diagnosticadas de TDA/TDAH.

Suelen puntuar bajo en los siguientes rasgos: odio a las sorpresas, aversión al riesgo, deseo de rutina y monotonía, respeto por las reglas, pragmatismo y atención al detalle. Nuestro trabajo con imágenes cerebrales ha demostrado que este tipo de cerebro muestra, por lo general, menos actividad en su parte frontal, en un área denominada córtex prefrontal (CPF), lo cual puede ser positivo o problemático.

Nuestro equipo de investigación ha publicado los resultados de varios estudios que demuestran que, cuando las personas con este tipo de cerebro intentan concentrarse, presentan de hecho menos actividad en el CPF. Esto hace que necesiten emoción o estimulación para lograrlo (pensemos en los bomberos o en los pilotos de coches de carreras). Las personas fumadoras y las que toman mucho café también encajan en este tipo de cerebro, ya que usan estas sustancias para activarlo.

La mejor forma de optimizar un cerebro espontáneo es aumentar los niveles de dopamina para fortalecer el CPF. Una dieta alta en proteína y baja en carbohidratos suele ayudar, igual que el ejercicio físico y determinados suplementos estimulantes, como el té verde, la rodiola o el ginseng.

PRÁCTICA DE HOY: *Si tienes un cerebro de tipo espontáneo, sigue una dieta alta en proteína y baja en carbohidratos para ayudar a aumentar el nivel de dopamina en tu cerebro.*

Cerebro persistente

El tipo de cerebro persistente es habitual entre jefes de operaciones, directores de proyectos o ingenieros web. Son personas que «hacen cosas»: tienden a ser persistentes y tenaces; les gusta la rutina, pueden quedarse «encalladas» en algún pensamiento, son rencorosas, tienden a ver los problemas, son opositoras/discutidoras y tienen tendencia a desarrollar TOC. Puntúan bajo en los siguientes rasgos: atracción por el cambio, timidez, espontaneidad, confianza, positivismo, perdón y cooperación.

Las personas con este tipo de cerebro suelen hacerse cargo de las cosas y no aceptan un no por respuesta. Tienden a ser obstinadas y testarudas. Además, tal vez se preocupen en exceso, les cueste dormir, sean discutidoras u opositoras y guarden rencor por asuntos del pasado. Nuestro trabajo con imágenes cerebrales demuestra que los cerebros persistentes suelen presentar más actividad en la parte frontal del cerebro, en un área llamada «giro cingulado anterior».

La mejor estrategia para equilibrar un cerebro de tipo persistente es dar con formas naturales de aumentar la serotonina, porque tiene un efecto calmante. El ejercicio físico aumenta la serotonina, y también ciertos suplementos como el 5-HTP y el azafrán. Los carbohidratos de alto índice glucémico se convierten con rapidez en azúcar y aumentan la serotonina, razón por la cual muchas personas se vuelven adictas a los carbohidratos simples, como el pan, la pasta y los dulces. Son «alimentos para el estado de ánimo», y a menudo se utilizan como automedicación para un problema subyacente del estado de ánimo. Mi recomendación es que evites la mala comida como solución rápida, porque puede causarte problemas a largo plazo.

PRÁCTICA DE HOY: *Si tienes un cerebro de tipo persistente, esfuérzate en compararte con los demás de forma positiva y añade más marisco a tu dieta, ya que contiene triptófano y grasas omega-3, que estimulan la producción de serotonina.*

Cerebro sensible

El tipo de cerebro sensible es común entre terapeutas, profesionales de la atención a la salud, trabajadores sociales y creativos. La gente con este tipo de cerebro tiende a ser sensible, a tener sentimientos profundos y a ser empática: sufren con sus estados de ánimo y su pesimismo, tienen muchos PNA (pensamientos negativos automáticos) y pueden tender a la depresión. Poseen, por otro lado, una capacidad innata para comprender las experiencias y sentimientos ajenos.

Suelen puntuar bajo en los siguientes rasgos: desapego emocional, superficialidad, felicidad constante, apatía y pensamientos positivos. Nuestro trabajo con imágenes cerebrales demuestra que los cerebros de tipo sensible presentan más actividad en las áreas límbicas o emocionales. Estas personas son más felices cuando pueden relajarse y pasar tiempo en silencio, o con un solo amigo o ser querido.

El ejercicio y determinados suplementos, como el azafrán, la s-adenosilmetionina (SAMe), la vitamina D y los ácidos grasos omega-3 son de ayuda para estos casos. Si alguien con este tipo de cerebro también encaja en el tipo persistente, los suplementos o medicamentos que estimulan la serotonina le ayudarán.

PRÁCTICA DE HOY: *Si tienes un cerebro de tipo sensible, da o recibe un masaje para estimular la producción de oxitocina y añade el yoga a tus rutinas de ejercicio semanales.*

Cerebro prudente

El tipo de cerebro prudente es habitual entre contables, investigadores y analistas de datos. Estas personas tienden a ser preparadas y prudentes, sentir aversión al riesgo, estar motivadas, llegar pronto a las citas y ser reservadas y temperamentales. Tienen la cabeza siempre ocupada, les cuesta relajarse y experimentan cierta tendencia a la ansiedad.

Suelen puntuar bajo en los siguientes rasgos: asunción de riesgos, calma, relajación, serenidad, seguridad e indiferencia respecto a la preparación. Tienen un alto nivel de exigencia (hacia sí y hacia los demás), analizan los problemas con gran detalle antes de actuar y son personas meticulosas y fiables. Digamos que hacen las cosas y las hacen bien. Alguien que esté en el extremo del tipo espontáneo y tenga TDA nunca podría lograr lo que una persona del tipo prudente puede hacer en la misma cantidad de tiempo.

En las imágenes SPECT de este perfil solemos ver un mayor nivel de actividad en los centros cerebrales de la ansiedad, como los ganglios basales, el córtex insular o la amígdala. A menudo, debido a sus bajos niveles del neurotransmisor GABA, las personas con este tipo de cerebro tienden a sufrir más por ansiedad, lo que les hace ser más prudentes y reservadas, pero por otro lado están más preparadas. La meditación y la hipnosis pueden ayudar a calmar este tipo de cerebros, al igual que una combinación de vitamina B6, magnesio y GABA.

PRÁCTICA DE HOY: *Si tienes un cerebro de tipo prudente, prueba con la hipnosis o el* tapping, *también conocido como «técnica de liberación emocional» (visita medicalnewstoday.com/articles/326434 para saber más), para equilibrar tus niveles de cortisol y mantener la calma ante el estrés.*

Tratamientos naturales siempre que sea posible

Cuando recomiendo algún tratamiento, lo primero que pienso es si se lo recetaría a mis padres, a mi esposa o a mis hijos. No me opongo al uso de medicamentos cuando son necesarios, pero también recomiendo beneficiarse de otras opciones, en especial si pueden dar resultados, son más económicas y no tienen tantos efectos secundarios. En concreto, el caso de una de mis pacientes más jóvenes despertó mi interés por los suplementos naturales: cursaba segundo de primaria y tenía problemas por sus ataques de ira y cambios de humor. Cuando los medicamentos estándar que le habían recetado no funcionaron, decidí probar con algunos suplementos naturales de probada eficacia. Al recibir una llamada de su madre un par de meses después, me alegró saber que la niña se mostraba más agradable, se sentía más tranquila y había obtenido mejores resultados académicos. Los nutracéuticos fueron beneficiosos en su caso, y lo mejor es que no tenían efectos secundarios. En mi consulta llegó un momento en que decidí empezar siempre primero con suplementos naturales y, si no funcionaban, probar con medicamentos. A continuación, expongo con brevedad las ventajas y desventajas de los nutracéuticos.

El aspecto positivo de los nutracéuticos es que son potencialmente beneficiosos, casi siempre son más asequibles y no conllevan una ristra de efectos secundarios, como sí ocurre con muchos medicamentos. Otra ventaja es que uno puede mantener su privacidad, ya que tener un historial de medicamentos psiquiátricos en la ficha médica puede limitar las posibilidades de obtener una póliza de seguro o incrementar su coste.

Sin embargo, también cuentan con algunos aspectos negativos. Teniendo en cuenta que los seguros médicos no cubren los suplementos nutricionales, los gastos que estos suponen pueden ser superiores a los de algunos medicamentos que sí están cubiertos. Además, ciertos suplementos naturales pueden tener efectos secundarios, por lo que hay que usarlos con prudencia. Tomemos como ejemplo el cinc: tomar demasiado en ayunas puede provocar malestar estomacal. Otro posible problema son las inconsistencias en los controles de calidad de algunas marcas más baratas. En general, es mejor elegir suplementos de uso clínico y libres de toxinas. Además, ten en cuenta que el personal de tu farmacia puede no contar con la formación adecuada para hacerte las mejores recomendaciones.

De todos modos, en muchos casos los beneficios de los nutracéuticos superan a sus inconvenientes. Asegúrate, en cualquier caso, de que te asesore un profesional sanitario cualificado para determinar qué opciones son las adecuadas según tus necesidades.

PRÁCTICA DE HOY: *Comprueba qué ingredientes llevan tus vitaminas y suplementos, y toma solo aquellos que hayan sido verificados. Si no es así, busca una alternativa.*

DÍA 112

Suplementos básicos para el cerebro

Los nutracéuticos son una opción económica a tener en cuenta.[96] *En las Clínicas Amen no nos oponemos a los medicamentos y los recetamos cuando son necesarios.* Pero sí estamos en contra de que la medicación sea la primera y única medida para ayudar a mejorar el estado del cerebro. Digamos que la revolución farmacéutica ha cautivado a la psiquiatría en los últimos cincuenta años, pero, por desgracia, la mejora en los resultados no ha estado a la altura de tal entusiasmo. Y una de las razones para ello es que muchos psiquiatras y médicos trabajan partiendo de un paradigma erróneo: hacen diagnósticos basados en grupos de síntomas, pero sin tener ninguna información biológica e ignorando la salud general del cerebro.

Empecé a interesarme por el uso de nutracéuticos tras observar algunos escáneres SPECT. Vi que ciertos medicamentos que me habían animado a recetar —en especial las benzodiacepinas para la ansiedad y los opiáceos para el dolor— se asociaban a escáneres de aspecto poco saludable. Pensando en el principio que se enseña a todos los médicos el primer año de la carrera, «*primum non nocere*», que en latín significa «en primer lugar, no hagas daño», empecé a buscar opciones menos tóxicas para nuestros pacientes y me sorprendió descubrir un corpus creciente de literatura académica que apoyaba el uso de suplementos para muchos de los problemas que yo trataba. También tengo en cuenta el dolor a corto plazo frente al beneficio a largo plazo, e intento no solucionar un problema causando otro. Por ejemplo, no quiero que mis pacientes empiecen a tomar algo que les va a costar mucho dejar (la retirada de muchos ansiolíticos o antidepresivos puede ser muy dura) solo por hacer frente a la ansiedad del momento.

BENZODIACEPINAS   OPIÁCEOS

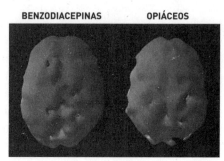

Yo recomiendo a todo el mundo un programa nutracéutico básico que incluya un suplemento multivitamínico/mineral de amplio espectro y uno de ácidos grasos omega-3 con EPA y DHA, de aceite de pescado o de una fuente vegana (de algas). Todos ellos son fundamentales para que funcione el sistema enzimático. Los estudios de los Centers for Disease Control and Prevention (CDC) muestran que muchas personas tienen deficiencias en uno o varios de estos nutracéuticos esenciales debido a una dieta de mala calidad o a que los eliminamos del organismo por el estrés o los efectos de ciertos medicamentos.[97]

PRÁCTICA DE HOY: *Toma un suplemento multivitamínico/mineral.*

Proteger los cerebros adolescentes

Desde el punto de vista neurocientífico, un individuo no es del todo adulto hasta más o menos los 25 años. Damos por hecho que cuando los jóvenes cumplen 18 (o 21) se convierten en adultos, pero no es cierto; siguen creciendo, en particular su cerebro. De hecho, el córtex prefrontal (CPF) —que se ocupa de la planificación, el juicio, el control de los impulsos, la toma de decisiones y la empatía (necesarios para la madurez)— sigue desarrollándose hasta los 25 años. Las compañías de seguros de coches lo saben desde hace tiempo, por eso sus precios son más altos para los conductores adolescentes y jóvenes. Las tarifas descienden a partir de los 25 años porque es cuando empezamos a ser más conscientes como conductores y tenemos menos probabilidades de sufrir accidentes. Parte del desarrollo del cerebro consiste en lo que se conoce como mielinización: las neuronas se recubren de una sustancia protectora (mielina), que facilita que funcionen con mayor eficacia. El proceso comienza en la parte posterior del cerebro y avanza hacia el CPF, que es la última zona en obtener esta cubierta protectora.

Esto es relevante, porque implica que los padres deben prestar atención para proteger a sus hijos e hijas adolescentes y jóvenes, sobre todo mientras siguen viviendo en casa. Lo habitual es dejar que los hijos tengan cada vez más libertad a medida que crecen: madres y padres dejan de supervisar sus comidas, cómo duermen y su nivel de estrés. También es fácil permitirles que empiecen a tomar decisiones, incluso respecto a deportes de alto riesgo, fumar o vapear. De hecho, deberíamos tratar de evitar que nuestros jóvenes se vayan demasiado pronto a la universidad, donde es fácil adoptar comportamientos que dañan el cerebro sin el beneficio de un CPF fuerte: el consumo de alcohol, el exceso de juegos online, las apuestas, las noches en vela y el porno son buenos ejemplos.

Los progenitores tienen, desde luego, buenas intenciones, y muchas veces llegan a gastar miles de dólares en preparar a sus criaturas para el éxito con actividades extracurriculares, tutores privados y la última tecnología. Pero, con demasiada frecuencia, se deja de lado el órgano más importante: el cerebro es el que le dice al cuerpo cómo lanzar a canasta, reproducir una pieza de música clásica, bordar un examen o mantener el equilibrio en puntas al hacer ballet. En resumen, invertir en salud cerebral es la mejor decisión para el futuro de cualquier niña o niño.

PRÁCTICA DE HOY: *Compara la capacidad que tenías para tomar decisiones a los 18 años con la que tenías a los 25.*

Nuestra guerrera del cerebro Alicia gana a su marido al ping-pong

La mejor forma de incrementar tu rendimiento en el deporte es cuidar tu cerebro. Cuando Alicia, de 53 años, vino a vernos por primera vez, sufría niebla mental y tenía problemas de memoria y ansiedad, así como síntomas de TDAH/TDA (intervalos cortos de atención, distracciones constantes, desorganización e impulsividad). Su escáner SPECT mostraba poca actividad en general y, sobre todo, en el córtex prefrontal (observa las imágenes de abajo). Cuando atacamos cada uno de sus once factores de riesgo y utilizamos nutracéuticos —como ácidos grasos omega-3, multivitaminas, ginkgo, huperzina A y fosfatidilserina—, la niebla mental desapareció, y su memoria y concentración mejoraron. Además, cambió otra cosa que era muy importante para ella: su desempeño en el ping-pong mejoró de forma espectacular.

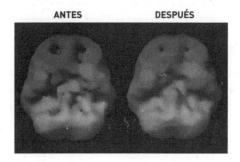

ANTES   DESPUÉS

Alicia llevaba meses jugando al ping-pong para estimular el cerebro, pero al principio siempre perdía contra su marido, porque no lograba concentrarse. Él incluso jugaba con la mano izquierda para darle ventaja. Bien, pues ella nos contó que, una vez que empezó a tomar nutracéuticos, «ganaba a mi marido al ping-pong en cada partida, y ocurrió de la noche a la mañana. [...] Mi marido se enfadó mucho, porque le estaba ganando». Alicia contrató entonces a un entrenador de ping-pong, con la firme intención de seguir ganando a su marido. También nos dijo sobre su trabajo: «Hago muchas más cosas y estoy más contenta». Su escáner de seguimiento salió mucho mejor. Para no ser menos, su marido empezó a tomar nutracéuticos; como resultado, perdió casi 14 kilos y se tomó por fin en serio su salud cerebral. Además, sus hijos —ya eran adultos—, que notaron los beneficios en su madre, empezaron a comer mejor, a hacer ejercicio y a tomar nutracéuticos también.

PRÁCTICA DE HOY: *Practica un ejercicio de coordinación como baile, golf o taichí, aunque solo sea unos minutos. Yo jugaré al ping-pong.*

Disciplina tu mente

Lo que te hace sufrir no son los pensamientos que tienes, sino aquellos a los que te aferras.
La forma en que nos sentimos se relaciona muchas veces con la calidad de nuestros pensamientos: si son sobre todo negativos, te sentirás mal; si son sobre todo positivos, te sentirás bien. Cada uno de tus pensamientos desencadena la liberación de determinadas sustancias químicas que te hacen sentirte bien o mal. Es un hecho comprobado que los pensamientos negativos liberan sustancias químicas que nos afectan de forma negativa, mientras que los positivos, edificantes o alegres nos hacen soltar sustancias químicas que nos afectan de forma positiva. Ahora bien, la cuestión es que los pensamientos se producen de forma automática: simplemente «los tenemos»: por eso es importante darse cuenta de si nos mienten o nos dicen la verdad.

El pensamiento indisciplinado o negativo es algo así como un mal hábito: cuanto más lo practiques, con más facilidad te atacarán los pensamientos negativos automáticos (PNA) y se apoderarán de tu mente. Estos malos hábitos de pensamiento se forman a través de un proceso denominado «potenciación a largo plazo». Cuando las neuronas se activan juntas, se conectan, y los pensamientos negativos se convierten en una parte arraigada de tu vida. Los PNA se vinculan entre sí y se refuerzan mutuamente; un PNA atrae a otros y te atacan juntos. A los PNA les gusta hacer eso por ejemplo cuando nos cansamos, cuando hemos tenido una bajada de azúcar en la sangre, en los días grises de invierno, ante el síndrome premenstrual en el caso de las mujeres, cuando sufrimos estrés o cuando perdemos a un ser querido. Sin ir más lejos, la pandemia del coronavirus provocó una plaga de PNA nunca vista.

Que quede muy claro: no soy fan del pensamiento positivo. Se trata de una corriente que afirma cosas como que puedes tomarte el tercer trozo de tarta de queso o el tercer vaso de vino y no te hará daño. Yo soy fan más bien del pensamiento veraz: siempre quiero que te digas la verdad. El pensamiento veraz conduce a una mejor salud mental, a tener menos malos hábitos y una vida más feliz, mientras que ese no es el caso del pensamiento positivo desbocado.

PRÁCTICA DE HOY: *Siempre que sientas tristeza, enfado, nervios o pérdida de control, escribe tus pensamientos automáticos y pregúntate si son ciertos.*

Conoce los nueve tipos de PNA

Hay formas de distorsionar la verdad. No todas las mentiras son iguales. A lo largo de mi carrera he observado que existen básicamente nueve tipos de PNA que nos roban la felicidad. He aquí un pequeño resumen de los mismos:

Tipos de PNA

1. **PNA de «todo o nada»**: consiste en pensar que las cosas son buenas o malas en términos absolutos.
2. **PNA de «menos que»**: en los que te comparas y te ves peor que los demás.
3. **PNA de «solo lo malo»**: consiste en ver solo lo negativo de una situación.
4. **PNA de culpa**: se trata de pensar en términos de *debería, debo, tendría que* o *tengo que.*
5. **PNA de poner etiquetas**: consiste en poner etiquetas negativas, a ti o a otra persona.
6. **PNA de predicción del futuro**: consiste en esperar el peor resultado posible de una situación, con poca o nula evidencia que lo respalde.
7. **PNA de «leer el pensamiento»**: se trata de creer que sabes lo que piensan los demás, aunque no te lo hayan dicho.
8. **PNA de «si hubiera» o «estaré feliz cuando»**: discutes con el pasado y anhelas el futuro.
9. **PNA de echar la culpa**: consiste en responsabilizar a otras personas de tus problemas.

PRÁCTICA DE HOY: *Observa qué tipo de PNA es más habitual en tu cabeza.*

Cómo acabar con los PNA

No tienes que creerte todos tus pensamientos. Si quieres libertad emocional, has de convertirte en especialista en acabar con los PNA. Te presento a continuación uno de los ejercicios más potentes entre los que pongo en práctica con mis pacientes. Siempre que sientas tristeza, enfado, nervios o notes que estás fuera de control, escribe tus PNA, identifica de qué tipo son y luego hazte estas cinco sencillas preguntas que yo aprendí de mi amiga Byron Katie.[98] Recuerda: no hay respuestas correctas ni incorrectas. Reflexiona sobre cada respuesta que des para ver cómo te hace sentir.

PNA/Tipo de PNA[99]:

> **Pregunta 1. ¿Es cierto?** A veces esta primera pregunta detendrá el PNA, en cuanto te des cuenta de que el pensamiento no es cierto. Y a veces tu respuesta será: «No lo sé».
>
> **Pregunta 2. ¿Es del todo cierto? ¿Lo sabes con absoluta certeza?** A menudo, esto abre una grieta en el pensamiento.
>
> **Pregunta 3. ¿Cómo me siento cuando me creo este pensamiento? ¿Cómo actúo a partir de este pensamiento? ¿Cuál es el resultado de tener este pensamiento?**
>
> **Pregunta 4. ¿Cómo me sentiría y actuaría, y cuál sería el resultado, si pudiera no tener este pensamiento?**
>
> **Pregunta 5. Dale la vuelta al pensamiento hasta convertirlo en su opuesto. A continuación, pregúntate si lo contrario es cierto o incluso más cierto que el pensamiento original.**

Veamos ahora un ejemplo. Una de mis pacientes me llamó, presa del pánico porque había perdido su trabajo, y me dijo: «Nunca podré volver a trabajar». Entonces la guie a través de las cinco preguntas para trabajar ese pensamiento.

PNA: «Nunca podré volver a trabajar». **Tipo de PNA:** predicción del futuro.

> **Pregunta 1. ¿Es cierto?** Sí.
>
> **Pregunta 2. ¿Es del todo cierto? ¿Lo sabes con absoluta certeza?** No, ya tengo un trabajo a tiempo parcial esperándome.
>
> **Pregunta 3. ¿Cómo me siento y actúo con este pensamiento y cuál es el resultado?** Me siento atrapada, victimizada y desamparada. Luego me aíslo. El resultado es una espiral negativa.
>
> **Pregunta 4. ¿Cómo me sentiría y actuaría, y cuál sería el resultado, si pudiera no tener este pensamiento?** Me sentiría aliviada, feliz, alegre, libre. Actuaría buscando un nuevo trabajo. El resultado sería mi progreso personal.
>
> **Pregunta 5. Dale la vuelta al pensamiento hasta convertirlo en su opuesto.** Puedo volver a encontrar trabajo. Ya tengo trabajo a tiempo parcial.

PRÁCTICA DE HOY: *Anota cinco de tus peores pensamientos y haz el ejercicio para acabar con los PNA.*

Cinco formas de incrementar tu fuerza de voluntad

Ya sea a la hora de seguir una dieta, de ahorrar para la jubilación o de ser fiel a tu pareja, la fuerza de voluntad puede ayudarte a tener un cerebro hermoso, mientras que no tenerla tal vez te arruine la vida. Aquí tienes cinco estrategias para incrementar tu fuerza de voluntad y tu autocontrol:

1. **No dejes que te baje demasiado el nivel de azúcar en sangre.** Los niveles bajos de azúcar en sangre están asociados a un mal control de los impulsos. Si pretendes tener más fuerza de voluntad, haz comidas más pequeñas y frecuentes que contengan al menos algo de proteína y grasa saludable.
2. **Duerme lo suficiente.** Dormir menos de siete horas cada noche está asociado a una menor actividad cerebral global y a una menor fuerza de voluntad.
3. **Escribe en un papel los objetivos específicos que tengas para tu vida, tus relaciones, el trabajo, el dinero y la salud.** Luego pregúntate todos los días: *¿Mi comportamiento me está dando lo que quiero?* Céntrate y piensa en lo que quieres en realidad. Tu mente es poderosa y es capaz de hacer realidad lo que ve.
4. **Tienes que ejercitar la fuerza de voluntad**, que es como un músculo: cuanto más la usas, más fuerte es. Por eso una buena educación es esencial para ayudar a los niños a desarrollar su autocontrol. Si yo hubiera cedido cada vez que mis hijos querían algo, habría dado lugar a adultos malcriados y exigentes. Al decirles que no, les enseñé a autodecirse que no. Para desarrollar la fuerza de voluntad, tienes que hacer lo mismo contigo. Practica diciendo «no» a lo que no te conviene y verás que, con el tiempo, te resulta más fácil.
5. **Equilibra la química de tu cerebro.** Problemas como el TDA/TDAH, la ansiedad, la depresión y antiguos traumatismos debilitan la fuerza de voluntad. Por tanto, obtener ayuda para esos problemas resulta esencial si quieres tomar el control de tu vida.

PRÁCTICA DE HOY: *¿En qué te cuesta más tener fuerza de voluntad en relación con tu salud? Practica la estrategia número 3 descrita arriba, pensando en tu salud.*

Muestra curiosidad, no furia

Anticipa los problemas de forma realista y no te llevarás una sorpresa. En mis viajes, siempre espero que salgan mal diez cosas, así que no me enfado hasta que ocurre la undécima. Ante recaídas o traspiés, muestra curiosidad, no furia. Si se pretende cambiar hay que prepararse para los inevitables obstáculos y contratiempos. Es fundamental identificar tus momentos más vulnerables y tener un plan para superarlos. ¡El cambio es un proceso! Si prestas atención, los momentos difíciles pueden ser incluso más instructivos y útiles que los buenos. Aprovecha, pues, los días malos y conviértelos en grandes fuentes de información.

En la pizarra que tengo en mis consultas dibujo a menudo el siguiente diagrama.

Lo normal es que cuando la gente viene a verme no se sienta demasiado bien. Pero con el tiempo, si cooperan, mejoran. Aunque nadie mejora de forma lineal; digamos que mejoran, luego hay un retroceso, luego mejoran otro poco, después puede haber otro retroceso y más tarde siguen mejorando. Con el tiempo, alcanzan una nueva situación de estabilidad en la que no dejan de mejorar. En este sentido, los traspiés son relevantes si les prestamos atención.

¿Cómo respondes cuando fracasas? Bien, todo depende de tu cerebro. En algunas personas el fracaso activa los centros de *motivación*, lo que supone que suelen ser capaces de aprender de tal fracaso y crecer. Su cerebro les motiva para superar las dificultades. En otras personas, en cambio, el fracaso conecta los centros del *dolor* en el cerebro (literalmente les duele), lo que implica que harán todo lo posible por ignorar y olvidar lo sucedido. El problema es que su cerebro les ha condenado a sufrir más fracasos, porque no han aprendido la lección. Esto explica por qué tanta gente repite sus errores. Pero cuando eliges aprender de tus fracasos pueden convertirse en pasos hacia el éxito.

PRÁCTICA DE HOY: *Piensa en diferentes momentos en los que sueles cometer errores, como durante un viaje, los fines de semana o tras un día duro. ¿Aprendes de tus fracasos o los ignoras?*

Sentirse mejor ahora y en el futuro, o ahora, pero no en el futuro

Algunas cosas nos ayudan a sentirnos bien ahora y en el futuro, mientras que otras nos ayudan a sentirnos bien ahora, pero no en el futuro. Casi todo el mundo se ha sentido ansioso, deprimido, traumatizado, afligido o desesperanzado en algún momento de su vida. Es normal pasar por momentos difíciles o experimentar periodos en los que sentimos terror o cierta desorientación. La forma en que cada cual responde a estas dificultades marca la diferencia en cuanto a cómo te sientes, y no solo de forma inmediata, sino también a largo plazo.

Todo el mundo quiere calmar su dolor enseguida. Por desgracia, muchas personas se «automedican» a base de bebidas energéticas, exceso de comida, alcohol, drogas, conductas sexuales de riesgo, ataques de ira o perdiendo el tiempo con la televisión, los videojuegos o las compras irracionales. Y, aunque estas sustancias y comportamientos pueden aliviar de forma temporal el malestar, lo normal es que solo prolonguen y agraven los problemas, o incluso que causan otros más graves, como bajones de energía, obesidad, adicciones, infecciones de transmisión sexual, infelicidad, problemas de pareja o ruina económica.

Ahora quiero que pienses en qué hábitos, alimentos y relaciones son beneficiosos para tu salud a largo plazo, no solo de forma momentánea. Sabes que hay muchas cosas que pueden ayudarte a corto plazo, pero que te harán sentir peor (o te causarán más problemas) a largo plazo.

PRÁCTICA DE HOY: *Haz una lista con las cinco cosas que sabes que te ayudarán a sentirte bien ahora y en el futuro. Luego haz otra con las cinco cosas que te ayudan a sentirte bien ahora, pero no en el futuro.*

Sé una buena madre (o un buen padre) para ti

Firmeza y bondad. Son dos de las palabras que hay que recordar cuando tratamos con otras personas y nos autotratamos. ¿Estás dejando que tu «mocoso malcriado» interior dirija tu vida? Si tienes hijos, seguro que jamás les dejarías salirse con la suya con cosas como las que hace ese niño malcriado que llevas dentro. He oído a muchos pacientes decir: «Quiero lo que quiero y cuando lo quiero. No quiero privarme de nada». Y, aunque desean obtener ayuda para sus preocupaciones de salud, suelen agarrar una rabieta cuando oyen la solución; porque desean algo fácil, una solución milagrosa en lugar de una respuesta que requiera disciplina y trabajo duro. Si este es tu caso, es hora de que seas una mejor madre (o un mejor padre) para ti.

Cuando hago formaciones para padres, a menudo les explico que los mejores progenitores son quienes saben actuar con firmeza y bondad. ¿Por qué? Porque los niños y niñas necesitan una orientación y unos límites claros dentro de un entorno de bondad amorosa. En realidad, todo el mundo los necesita. Así que no ignores al mocoso malcriado que llevas dentro, pero reconócelo con bondad, deja claro que eres tú quien manda y no cedas ante su mal comportamiento, aunque empiece a lloriquear. La rabieta pasará si respondes a ella con una autoridad firme y bondadosa.

Recuerdo a un paciente al que le costaba mucho perder peso. Seguía cediendo a sus antojos porque no podía resistirse a ellos. Yo sabía que uno de sus hijos adolescentes tenía problemas de conducta, así que le pregunté si ceder siempre a los arrebatos de ira de su hijo le ayudaría. De inmediato, respondió: «Al revés, ¡empeoraría!». Y, de repente, se le encendió la bombilla.

Si no actúas de manera firme y bondadosa con las rabietas, los antojos y las exigencias de tu niño interior, lo único que conseguirás será generar más problemas que destruirán tu salud y te matarán antes de tiempo. De modo que empieza a «educarte» de forma eficaz en lugar de permitir que tu niño interior lleve la voz cantante.

PRÁCTICA DE HOY: *Menciona una o dos áreas en las que podrías ser más firme contigo.*

Una sola cosa

Lograr una buena salud consiste en centrarse en la abundancia y privarse de la enferme-dad. Muchas personas fracasan porque se centran en lo que no pueden tener, en lugar de en lo que sí pueden tener. Esa es una mentalidad basada en la carencia. Una de mis películas favoritas es *Cowboys de ciudad*; en ella, Billy Crystal interpreta a Mitch, un neoyorquino en plena crisis de la mediana edad que busca su propósito vital po-niéndose a pastorear ganado. Mitch monta a caballo junto a Curly, un rudo vaquero interpretado por Jack Palance, el cual le revela que el secreto de la vida se reduce a una sola cosa. Cuando Mitch le pregunta cuál es ese secreto, Curly repone que tiene que descubrirlo por sí mismo. Poco después, Curly sufre un infarto fulminante y Mitch se siente angustiado por no haber aprendido qué era esa única cosa.

El personaje me recordaba a un paciente al que le costaba mantener sus nuevos hábitos saludables. Cada vez que pensaba en algo que le apetecía (comida poco sana o alcohol) no quería privarse de ello. Le pregunté qué deseaba más: ¿alcohol y dulces o un cerebro y una vida mejores? Me aseguró que su máxima prioridad era un cerebro más sano.

En ese momento le hablé de Curly y de esa «única cosa». Aunque yo, de hecho, le revelé el secreto: cuando tratas a tu cerebro y a tu cuerpo con respeto, la sensación de privación desaparece. La privación es lo que ocurre cuando te desvías del camino: cuando bebes y comes alimentos azucarados que te privan de tu objetivo principal en la vida, que es tener vitalidad física, una mente clara y una vida con propósito.

PRÁCTICA DE HOY: *Menciona cuatro formas en las que tu vida mejorará si te mantienes en la senda de la salud cerebral. Cuando te apetezca hacer trampas, recuérdate a qué estás renunciando por aquello que quieres en realidad.*

El lugar donde pones tu atención determina cómo te sientes

Conviértete en la persona que diseña tu vida, tu estado de ánimo y tu actitud. Es posible entrenar la mente. Cuelga la siguiente frase donde puedas verla todos los días:

Dónde pongas tu atención determinará cómo te sientes

Si te centras en la pérdida, sentirás duelo.

Si te centras en el miedo, sentirás temor.

Si te centras en que te subestiman, te sentirás inferior.

Si te centras en quienes te han hecho daño, sentirás enfado.

Si te centras en la tristeza, la negatividad y el miedo, te deprimirás y verás las cosas con miedo y de forma negativa.

Pero lo contrario también es cierto.

Si te centras en la gratitud, sentirás agradecimiento.

Si te centras en las personas que te quieren, sentirás cariño y amor.

Si te centras en las personas a las que quieres, sentirás que amas.

Si te centras en los momentos en los que has experimentado alegría, te sentirás alegre.

Si te centras en los momentos felices, en la positividad y en lo que anhelas, te sentirás feliz, con mayor positividad e ilusión.

Dicho de otro modo: si entrenas tu mente, puedes elegir cómo te sientes.

Así que entrena tu mente para que te ayude en lugar de hacerte daño. Por desgracia, muchas personas se centran en sus preocupaciones y miedos, lo que hace que se sientan siempre muy mal. Los pensamientos negativos elevan el cortisol, lo que provoca sensación de ansiedad y depresión. En cambio, los positivos incrementan la producción de dopamina y serotonina, que nos ayudan a sentirnos mejor. Por tanto, una vez que tengas un cerebro sano, programa tu mente. Pero por ahora recuerda que aquel lugar donde pongas tu atención determinará cómo te sientes.

PRÁCTICA DE HOY: *Escribe tres cosas positivas que te hayan sucedido hoy, con independencia de lo relevantes que sean.*

Acaba con las pequeñas mentiras que hacen que sigas con sobrepeso, depresión y niebla mental

Si repites una mentira lo suficiente, te la acabarás creyendo y vivirás como si fuera cierta. Las «pequeñas mentiras» que nos autorrepetimos son muchas veces la puerta de entrada a la niebla mental, la demencia, la obesidad y, en general, la enfermedad. Estas son algunas de las más comunes que oigo en mi consulta:

Pequeña mentira #1: todo con moderación. «Un poquito no me hará daño». A esta la llamo «la puerta de entrada a la enfermedad», porque no es más que una excusa para hacer trampas.

Pequeña mentira #2: me falla la memoria, pero es normal. Muchas personas empiezan a tener problemas de memoria en la treintena o la cuarentena por culpa de sus hábitos poco saludables. Nunca es «normal» tener mala memoria; es señal de que tu cerebro necesita ayuda.

Pequeña mentira #3: lograr una buena salud requiere mucho esfuerzo. La enfermedad es mucho más dura, te lo puedo asegurar.

Pequeña mentira #4: no he nacido para privarme de cosas. Comer alimentos sanos tiene que ver con la abundancia y con nutrir el cerebro y el cuerpo para tener una vida mejor. Consumir comida mala es en realidad lo que te priva de cumplir tus principales objetivos de salud: gozar de energía física, claridad mental y un estado de ánimo positivo.

Pequeña mentira #5: es imposible comer bien cuando viajas. Sí, es cierto, aeropuertos y hoteles están llenos de comida muy calórica, repleta de azúcar y ultraprocesada. Pero con un poco de planificación previa podemos sortear estas trampas y comer sano cuando salimos de viaje.

Pequeña mentira #6: todos mis familiares están gordos (o son adictos, sufren depresión, tienen ansiedad, etc.), o sea, que es genético. Noticia de última hora: la genética juega un papel menos importante en la salud (se calcula que solo entre un 20 y un 30 %) que los hábitos.[100] Es decir, lo que lleva a una inmensa mayoría de problemas de salud son las malas decisiones.

Pequeña mentira #7: los buenos alimentos son caros. Lo que de verdad resulta costoso es enfermar (como tener una patología cardíaca, depresión o diabetes).

Pequeña mentira #8: las vacaciones, los aniversarios o los fines de semana son para celebrar. ¿Por qué quieres festejar con algo que daña tu cuerpo y tu cerebro?

Pequeña mentira #9: mañana empiezo con mis nuevos hábitos. Esta forma de procrastinar puede llevarte a una vida llena de «mañanas».

PRÁCTICA DE HOY: *Menciona entre una y tres pequeñas mentiras que te suelas decir y luego háblale a una amiga o amigo sobre una de ellas. Esto te ayudará a asumir la responsabilidad de acabar con esa mentira.*

Fija normas para los momentos vulnerables

Todo el mundo cae; el fracaso solo se da cuando dejas de levantarte. A muchos de mis pacientes les resulta útil ponerse normas sencillas para los momentos vulnerables. Por ejemplo:

1. Empieza tu comida con alimentos saludables, como verduras, para que quede menos espacio para los no saludables.
2. Pártete los entrantes.
3. No vayas a un partido o a un concierto con hambre: te hace vulnerable a la tentación de la comida mala, como el algodón de azúcar o los perritos calientes. Come con antelación.
4. Cambia los platos llanos por platos de ensalada para forzarte a comer raciones más pequeñas.
5. Si quieres hacer «trampas» en tu alimentación, llama antes a una persona cercana; esto te distraerá, retrasará el antojo y además obtendrás apoyo.
6. Ten un plan para cuando experimentes un antojo o te sientas fuera de control: sal a pasear, bebe un vaso de agua (es posible que tengas sed, pero que lo interpretes de manera errónea como hambre) o juega al Tetris unos minutos (de verdad que disminuye los antojos, te lo aseguro) hasta que el impulso desaparezca.[101]

Si vas a cambiar en serio, tienes que cambiar lo que te da placer. Descubre qué tipo de comida nutritiva te gusta y qué tipo de ejercicio te atrae. Un amigo mío odia salir a correr, pero le encanta jugar al ping-pong. Conecta con la persona en la que te estás convirtiendo y piensa ya como alguien sano. ¿Qué pediría una persona sana en esta comida? El simple hecho de verte como un «guerrero del cerebro», como alguien que es un ejemplo de conducta saludable para los demás, puede ser suficiente para cambiar tu forma de percibirte y tu comportamiento.

PRÁCTICA DE HOY: *¿Cuál de las reglas anteriores puedes adoptar para tus momentos vulnerables? Escríbela y cuélgala donde puedas verla.*

La guerrera del cerebro Sherry y el análisis de las recaídas

Para prevenir las recaídas, ¡detente! Evita llegar a una situación de demasiada hambre, enfado, soledad o cansancio. Sherry visitó nuestra clínica por problemas de ansiedad y atracones de comida, y lo cierto es que empezó a mejorar con rapidez. Luego tuvo una recaída. Aquel día entró en mi consulta con cara de vergüenza y me dijo: «Sé que te voy a decepcionar». Luego procedió a contarme que había tenido un día estresante y que le había angustiado saber que iba a tener que hacer una presentación ante toda su empresa. Estaba tan nerviosa que se había saltado la comida y, de camino a casa, paró a tomarse una copa de vino (y luego una segunda copa) para tranquilizarse. El alcohol disminuyó su actividad cerebral y su fuerza de voluntad, así que cuando volvía a casa tenía tanta hambre que no pudo resistirse a pasar por el autoservicio de su restaurante de comida rápida favorito. Pidió hamburguesas con queso, patatas fritas untadas con queso y dos batidos, y se lo comió todo. Después, se sintió horrible y derrotada.

Yo, en lugar de menear la cabeza con condescendencia o transmitirle decepción, animé a Sherry a que fuera curiosa y analizara lo que había ido mal. Estas son las cuatro cosas clave que aprendió aquel día:

1. Cuando sienta ansiedad, tengo que comer un tentempié saludable, porque el hambre puede hacer bajar mis niveles de azúcar en sangre, y esto a su vez aumenta la ansiedad.
2. Obtendría mayores beneficios poniendo en marcha estrategias de reducción del estrés como la respiración diafragmática que mediante la ingesta de alcohol.
3. Si voy a tomar una copa de vino, tengo que haber hecho una comida sana antes, para que el alcohol no ejerza un efecto tan potente sobre mi función cerebral.
4. Cuando me sienta vulnerable debo vigilar los estímulos ambientales (como ese restaurante de comida rápida) y evitarlos.

A continuación, para ayudar a Sherry a evitar futuras recaídas, repasamos las cuatro señales de alarma:

- Hambre: reduce el azúcar en sangre.
- Enfado/ansiedad: disminuye el flujo sanguíneo cerebral.
- Soledad: nos hace más propensos a recurrir a la comida u otras sustancias para calmar las emociones.
- Cansancio: disminuye el flujo sanguíneo en el córtex prefrontal.

Al analizar este incidente, Sherry aprendió algunos aspectos fundamentales que le ayudaron a partir de entonces a gestionar su ansiedad y a frenar sus atracones de comida.

PRÁCTICA DE HOY: *¿Cuál fue la última vez que te sentiste con hambre, enfado, soledad o cansancio? ¿Cómo influyó esto en tus decisiones?*

La familia y los amigos son contagiosos (y tú también)

Cada día de tu vida eres ejemplo de salud o de enfermedad. Tú eliges de cuál de las dos.
La gente que tenemos cerca puede influir en cuántos años vivimos y en lo felices que somos. Por tanto, es crucial actuar de forma selectiva en nuestras relaciones, porque de verdad que influyen en el cerebro, el estado de ánimo y la salud física. Existe una enorme cantidad de estudios que indican que estar cerca de personas con un estilo de vida poco saludable aumenta nuestra probabilidad de adquirir sus malos hábitos. En uno de ellos, investigadores de Harvard hicieron seguimiento a 12.067 personas a lo largo de 32 años, y descubrieron que la propagación de la obesidad estaba vinculada en gran medida a los amigos y familiares de cada persona. En este estudio, tener un amigo obeso aumentaba las propias probabilidades de padecer obesidad en un 57 %. Y si esa persona era el «mejor amigo» del sujeto, la probabilidad subía en un 171 %. Por otro lado, la familia también es importante: tener un hermano obeso aumentaba la probabilidad de obesidad de sus hermanos en un 40 %. Y si un cónyuge entraba en la categoría de IMC elevado, aumentaba el riesgo de su pareja en un 37 %.[102]

¿Qué podemos aprender de este estudio? Está claro: que nuestra red social puede ejercer una gran influencia en nuestros hábitos de salud. Del mismo modo, tú puedes convertirte en un muy buen ejemplo a seguir para tus amigos y familiares. Cuando empiezas a ser referente de salud cerebral con tus pensamientos y acciones, esto se vuelve «contagioso», en el buen sentido. Puedes empezar a difundir hábitos beneficiosos no solo entre tus familiares y amistades, sino también en otros círculos sociales más amplios. Utiliza tus relaciones para fomentar la salud. La gente puede interrelacionarse para mejorar su vida a través de grupos de senderismo, de cocina saludable, de meditación, de nuevos aprendizajes, etc. Cuando pasas tiempo con personas centradas en su salud, es mucho más probable que tú hagas lo mismo.

PRÁCTICA DE HOY: *¿Cuáles son tus cinco personas más cercanas? ¿Son una buena o una mala influencia para tu salud? Y tú para ellas, ¿eres un ejemplo de salud o de enfermedad?*

Ahora es el único momento en el que lograrás una buena salud

He descubierto que, cuando te comprometes AHORA (en vez de en algún momento inde-terminado del futuro) a desterrar los comportamientos que conducen a la enfermedad, eres capaz de cambiar tu vida de forma asombrosa. Esta sencilla elección nos permite dejar de tomar atajos e inventar excusas que nos mantienen en una situación de estanca-miento. Es el primer paso hacia una salud duradera. A partir de ahí, debes integrar con firmeza el programa en tu vida cotidiana, poco a poco y con intencionalidad, al menos por un año. Los programas que prometen grandes cambios en cuestión de días o semanas pueden ser seductores, pero rara vez generan efectos duraderos.

El siguiente es uno de mis ejemplos favoritos sobre los efectos negativos del pensamiento a corto plazo: trabajando en un programa de la televisión pública, me fijé en que uno de los presentadores, al que conocía, tenía un aspecto fantástico en comparación con la última vez que le había visto. Le pregunté con curiosidad cómo había perdido peso. Me dijo que seguía la dieta de la hormona gonadotropina corió-nica humana (HCG), que le obligaba a inyectarse con regularidad una hormona del embarazo (HCG) y a comer solo 500 calorías al día, en ciclos de 26 días. Su pérdida de peso de casi 14 kilos fue impresionante. Pero entonces añadió que, como acababa de terminar el último ciclo, lo iba a celebrar pidiendo dos pizzas de masa gruesa a su restaurante italiano favorito de Chicago. Evidentemente, mi expresión de horror ante lo que acababa de decir no le pasó desapercibida. «¿Qué?», inquirió.

Yo le dije: «¡Eso es como si fueras un alcohólico que acaba de pasar un mes en un centro de desintoxicación y ahora sale a celebrarlo con unas copas!».

Como era de esperar, cuando volví a verle había recuperado los 14 kilos. Por fortuna, muchos años después tomó una decisión de las de «para toda la vida» y ha logrado mantener su peso a raya. Ahora tiene un aspecto increíble.

PRÁCTICA DE HOY: *Busca ejemplos de mentalidad a corto plazo o insensatez en tu comportamiento. ¿Qué compromiso puedes asumir hoy para ayudar a acabar con una mentalidad o un comportamiento que te conduce irremisiblemente a la enfermedad?*

No soy yo, es lo que me ha sucedido

Una persona sola puede marcar una gran diferencia en el mundo. Yuk-Lynn vivía en Hong Kong. Solía sentirse fatigada y tenía problemas matrimoniales, además de un hijo adolescente, Jonathan, con dificultades en la escuela y algunos problemas emocionales. Tras leer mi libro *Cambia tu cerebro, cambia tu vida*, supo que en nuestra clínica podríamos ayudarles. En un primer momento, Jonathan y el marido de Yuk-Lynn, Roy, vinieron a hacerse una valoración, y eso supuso un cambio increíble en la vida de ambos. Jonathan había vivido un parto difícil y su escáner cerebral mostraba indicios de traumatismo físico. El escáner le ayudó a ver por qué tenía tantas dificultades y a comprender que el problema no estaba en él, sino que lo que le había generado tantas dificultades era lo que le había ocurrido al nacer. Esto le animó a cumplir el tratamiento, que a su vez le ayudó de forma significativa. Roy también mostró una mayor implicación y esto fortaleció su matrimonio. Yuk-Lynn, por su parte, nos pidió ayuda asimismo, igual que sus padres, sus hermanos y muchos otros familiares y amigos. De manera que después de esto tuvo un impacto muy positivo en su comunidad al aportar nociones de salud cerebral a las personas que quería y apreciaba.

Gracias al cambio que había supuesto en su vida, esta familia quiso ayudarme a llevar la tecnología SPECT a China y a que lograra una mayor aceptación en todo el mundo. Su fundación donó una buena cantidad de dinero a la nuestra, Change Your Brain, Change Your Life, para que pudiéramos introducir los escáneres y datos anónimos de nuestros pacientes en una base de datos consultable y realizar investigaciones a gran escala. Gracias a ellos, hemos publicado los más amplios estudios basados en imágenes cerebrales jamás realizados sobre el trastorno de estrés postraumático frente a lesiones cerebrales (basados en unas 21.000 exploraciones); también sobre el peso y la obesidad (33.000 exploraciones), y sobre el envejecimiento (62.000 exploraciones).[103] Por tanto, estaré siempre agradecido a Yuk-Lynn y a Roy.

PRÁCTICA DE HOY: *Piensa en una persona que te importe y que necesite mejorar su salud. Plantéate algo que puedas hacer para influirle de manera positiva.*

Es más caro no obtener ayuda

¿Cuál es el coste de sufrir problemas psiquiátricos tratados de forma ineficaz o de tener un cerebro que no funciona a pleno rendimiento? ¿Y el coste del fracaso escolar o laboral, de los resultados mediocres, el divorcio, la bancarrota, el abuso, el encarcelamiento, los programas de tratamiento de adicciones o las pruebas fallidas con medicamentos? Cuando Edward acudió a las Clínicas Amen se ganaba la vida como camionero. Acababa de separarse de su segunda mujer y se sentía triste, estaba muy angustiado y tenía pensamientos suicidas. A menudo le entraban ganas de tirarse con su camión por un puente o un precipicio. Cuando entré en la sala de espera a saludar a Edward por primera vez, le vi dibujando en un cuaderno. Al preguntarle, me enseñó, vacilante, su dibujo. Era asombroso. Pensé que debía de ser un artista de formación profesional, pero eso no se mencionaba en su ficha de paciente. La valoración clínica y los escáneres cerebrales de Edward revelaron que sufría depresión, ansiedad y TDA/TDAH. Durante toda su edad adulta le había costado mantener los trabajos y había sido una fuente incesante de frustración para sus parejas sentimentales. Estaba harto de sentirse mal y ahora contaba con la motivación suficiente para buscar ayuda.

Con el tratamiento —que consistió en una combinación de cambios en la dieta, ejercicio, suplementos nutricionales, medicación y estrategias para controlar la mente— empezó a curarse. Resultó que Edward siempre había querido ser artista. De hecho, sus profesores le decían que tenía talento desde que estaba en primaria. Sin embargo, nunca fue capaz de terminar los proyectos que empezaba. Cuando el tratamiento empezó a surtir efecto, se puso a la tarea de culminar sus obras de arte y vendió varios cuadros en una galería local. Al año siguiente, aumentó la demanda de sus obras y pudo dejar de trabajar de camionero para dedicarse al arte a tiempo completo. Tres años después de conocer a Edward, este vendió un cuadro por más de cien mil dólares. Muchas personas creen que no pueden permitirse obtener ayuda. Pero vivir con una enfermedad psiquiátrica sin tratar o con un tratamiento erróneo es mucho más caro que gastarte el dinero en buscar la ayuda que necesitas.

PRÁCTICA DE HOY: *Nombra dos o tres cosas que supongan un coste en tu vida por no tener un cerebro que funcione a pleno rendimiento.*

La comida es medicina o veneno

Comer bien no es solo recomendable para los seres humanos. El de la foto de la izquierda es Aslan, nuestro pastor blanco. Es un perro de lo más dulce, pero desde el mismo día que lo adoptamos tuvo diarrea crónica, infecciones de oído y ansiedad. Una vez llegamos a casa y estaba sangrando y llorando en un rincón. Parecía que le hubiera atacado otro animal: tenía el pelaje apelmazado y no me dejaba tocarlo. Nos quedamos horrorizados y acabamos gastando miles de dólares hasta descubrir que tenía una severa alergia alimentaria a la comida para perros de «gama alta» que le dábamos.

El veterinario nos sugirió someterlo a una «dieta de eliminación». Es curioso, porque esa también es una estrategia que solemos usar con nuestros pacientes. Así, su nueva comida solo contenía cinco ingredientes: cordero o pato, boniatos, arándanos rojos, arándanos azules y col *kale*. ¿No te recuerda a la típica dieta saludable para el cerebro? En apenas una semana, su piel se recuperó, su pelo se volvió brillante y estaba más feliz, tranquilo y juguetón.

Mucha gente cree que la comida buena es cara, pero insisto: enfermar siempre es más caro y doloroso.

La comida es medicina... o veneno.

PRÁCTICA DE HOY: *Si tienes animales, ¿los alimentas de una forma saludable para el cerebro?*

No se trata de ti, sino de las generaciones que dependen de ti

Enamorarte de tu cerebro puede transformar la vida de tus seres queridos. Fátima trabajaba conmigo para ayudarme a trasladar mi labor a las empresas. En aquella época, ella estaba intentando animar a su marido para que llevara una vida sana, pero Rob no le hacía caso. El hombre tenía problemas de espalda, artritis en las rodillas, insomnio y le flojeaba la memoria. Tras operarse la rodilla, su médico le dijo que no podría volver a correr. Su padre había tenido el primer ataque al corazón a los 40 años, y murió a los 58. Además, sus dos hijos de diez y trece años tenían dificultades en la escuela. Cuando Fátima empezó a ver los vídeos de mi programa, Rob y los chicos decidieron acompañarla. A medida que veían los programas, una especie de «envidia cerebral» se extendió por su casa, y la familia cambió por completo, desde la dieta o la cantidad de actividad física que practicaban hasta una toma de decisiones más inteligente.

Esto es lo que me escribió Fátima:

«Después de ver tu programa, en casa nos enamoramos de nuestros cerebros, en especial Rob. Siguió una dieta saludable para el cerebro ¡y perdió casi 18 kilos! También empezó a tomar aceite de pescado, vitamina D, un multivitamínico de calidad todos los días y suplementos para el cerebro. Dice que le ha mejorado la memoria, el funcionamiento cerebral, la creatividad y el estado de ánimo. Ahora toma decisiones pensando en cuál es «la mejor inversión» para sus calorías. Le ha desaparecido el dolor y acaba de terminar su segundo triatlón del año. En el trabajo, fue capaz hace poco, durante una reunión, de recordar el nombre de un cliente al que no habían visto desde hacía doce años. En cuanto a los niños, les va mucho mejor: Kaden, de trece años, tenía dificultades en la escuela, pero después de un mes con el programa su profesor nos dijo que había experimentado una «mejora impresionante» y que «sea lo que sea que estáis haciendo diferente, seguid con ello, por favor». Y Sage, de diez años, también ha mejorado y en casa está más comunicativa. Además, gracias a la enorme mejora de Rob, sus padres y hermanos también se han apuntado al programa. Y como consecuencia de estos cambios en casa yo también estoy menos estresada y más contenta. ¡Nuestra familia se ha beneficiado mucho de tus programas!

PRÁCTICA DE HOY: *Cuéntales a dos o tres personas a las que quieras por qué deseas tener un cerebro más sano y por qué te gustaría que te acompañasen en el proceso.*

Ponle nombre a tu mente

Toma distancia psicológica con el ruido de tu cabeza. Ciertos estudios han demostrado que distanciarse psicológicamente del ruido mental puede conducir a experimentar emociones más positivas, mejor autocontrol e incluso más sentido común.[104] Una técnica de distanciamiento psicológico que me encanta es la de «ponerle nombre a tu mente».[105] Esto te permitirá decidir si la escuchas o no, igual que decides escuchar o no a tu cónyuge o a cualquier otra persona. Cuando aprendí esta técnica del doctor Steven Hayes supe casi al instante que a mi mente la llamaría Hermie, como el mapache que tenía de mascota a los 16 años. Me encantaba Hermie, pero, al igual que mi mente, era bastante alocado y se metía en muchos líos. Una vez esparció todo el papel higiénico por el baño de mi madre y, cuando mi padre llegó a casa, mamá le dijo: «Louie, ¡el mapache o yo!». A mi padre nadie le decía lo que tenía que hacer, así que le dijo a mi madre que tuviera cuidado con la puerta al salir. Aquel fue un mal día. Unos meses después, Hermie se comió todos los peces del acuario de mi hermana (otro mal día). Además, cada cierto tiempo dejaba sus deposiciones en mis zapatos como ofrenda de amor.

Muchas veces me imagino a Hermie sosteniendo carteles en mi cabeza con pensamientos negativos aleatorios, como *eres idiota, eres un fracasado* o *eres tonto*. Por supuesto, en la mayoría de los casos nada de eso es cierto. Sabiendo que yo no soy mis pensamientos, puedo elegir ignorar a Hermie, metiéndola metafóricamente «en su jaula». Del mismo modo, si le das un nombre a tu mente no tendrás que tomarte tan en serio; serás capaz de ganar distancia psicológica y ser, en general, más feliz.

Michelle, que hizo nuestro «Reto de la felicidad en 30 días» (amenuniversity. com/happy), llamó a su mente Mickey. Y nos contó lo siguiente: «Me divierte gritarle cuando intenta hacerme creer que la comida basura es buena». Troy, un agente de policía que sufría TEPT, llamó a su mente Andy por el loro que tenía cuando era niño y que solo decía ocho palabras. Él mismo se dio cuenta de que su mente no hacía más que repetir las mismas tonterías negativas que quedaban atrapadas en su cabeza.

PRÁCTICA DE HOY: *¿Qué nombre le pondrás a tu mente? ¿Por qué?*

Si supieras que un tren está a punto de pasarte por encima, ¿intentarías por lo menos salirte de la vía?

Hay mucha gente que no busca ayuda porque piensa (de forma errónea) que no hay nada que pueda hacer respecto a sus problemas. Hace algunos años, dos mujeres salieron en las noticias porque habían quedado atrapadas en un puente ferroviario en Indiana, a más de 20 m de altura, mientras un tren de mercancías se dirigía hacia ellas. ¡No tenían escapatoria! Al final, sobrevivieron tumbándose en medio de las vías y dejando que el tren les pasara por encima. Pero ¿qué hacían subidas a un puente ferroviario sin salida?[106]

Esta historia me recuerda a la ceguera que muestra la mayoría de gente ante su salud cerebral. Si supieras que te acechan los problemas cerebrales, ¿podrías, al menos, empezar a tomar mejores decisiones hoy para salirte de la vía? Mucha gente no quiere ser consciente de su estado de salud cerebral porque piensa que no puede hacer nada para mejorarla. He observado esta mentalidad en muchos exjugadores de la NFL: no buscan ayuda porque creen que su situación es irremediable, debido a los miles de golpes que han sufrido en la cabeza. Les preocupa tener ETC (encefalopatía traumática crónica) y que su destino sea una cita ineludible con la demencia y la depresión. Esta mentalidad también es común entre las personas con problemas de memoria, o las que tienen familiares con alzhéimer u otras formas de demencia: no albergan esperanzas de que se pueda hacer nada al respecto.

Pero la cuestión es que todas esas personas se equivocan. En las Clínicas Amen hemos comprobado que el cerebro puede mejorar, incluso aunque no lo hayamos tratado como se merece. De hecho, a raíz de nuestro gran estudio sobre la NFL —en el que escaneamos el cerebro de más de 300 jugadores en activo y retirados, y luego les pusimos un tratamiento— observamos altos niveles de deterioro, pero el 80 % de nuestros jugadores mostraron mejoría en tan solo unos meses.[107] Y rehabilitamos esos cerebros con técnicas como la dieta, los suplementos naturales y la oxigenoterapia hiperbárica.

Así que piénsalo: no tienes que conformarte con el cerebro que tienes; puedes mejorarlo y puedo demostrártelo.

PRÁCTICA DE HOY: *Si no has ido al médico porque temes que tu salud mental no pueda mejorar, reconsidera tu postura y pide cita hoy mismo.*

Nuestra guerrera del cerebro Judy cambió a su familia

Yo seguiré sana mucho tiempo después de tu muerte. El Plan Daniel fue un programa que creamos el doctor Mark Hyman y yo junto a Rick Warren, el pastor de la iglesia Saddleback. Nuestro objetivo era utilizar las organizaciones religiosas como vehículo para contribuir a mejorar la salud de la gente por todo el mundo.

Unos doce meses después de poner en marcha este programa, una mujer llamada Judy se acercó a mi esposa, Tana, y a mí al salir de misa, y nos explicó que el Plan Daniel no solo la había ayudado a ella, sino también a toda su familia. A la propia Judy le enseñó lo perjudicial que era su dieta cargada de azúcares y comida basura. Pero también nos dijo que, en cuanto supo qué era la epigenética, se dio cuenta de que las poco saludables decisiones dietéticas que estaban tomando no solo afectaban a largo plazo a la salud de sus hijos, ¡sino que también podían afectar de manera negativa a sus nietos!

Aunque Judy se subió enseguida al carro de nuestro programa, su marido, que pesaba 136 kilos, se mostró reticente en un principio; él pensaba que el Plan Daniel era una estupidez. Por suerte, Judy recordó que habíamos animado a nuestros participantes a predicar con el ejemplo en lugar de intentar obligar a los demás a unirse a ellos. Así se le limitó a hacerle un comentario en broma: «Yo seré feliz mucho tiempo después de tu muerte».

Judy había elegido tomarse en serio su salud y el programa, así que la consecuencia fue que perdió 20 kilos y se empezó a sentir con más energía. Al final, sus logros inspiraron a su marido, que también quería volver a sentirse bien. Cuando Tana y yo charlamos con ella, él ya había perdido 34 kilos y había mejorado de un modo notable su forma física.

Por si fuera poco, todos sus hijos también siguieron el programa, y no solo se volvieron más activos, sino que también mejoraron desde el punto de vista académico. Así que, junta en este viaje, la familia entera se apoyaba mutuamente.

Lo que me encanta de la historia de Judy es que ella y su marido terminaron dándose cuenta de que iban a dejar una herencia de salud a sus descendientes en lugar de una de enfermedades perfectamente evitables.

PRÁCTICA DE HOY: *Identifica el cambio más relevante que necesitas hacer ahora mismo para mejorar tu salud.*

Tres pasos para crecer con las crisis

Desarrolla la mentalidad TLC. ¿Cómo es posible ser feliz mientras el mundo se derrumba? Las personas resilientes se diferencian de las que no lo son en que tienen una mentalidad TLC: ven lo que pasa como algo temporal, local y hasta cierto punto controlable. La gente que se viene abajo en los momentos difíciles tiende a ver las situaciones como permanentes (las cosas nunca cambiarán) y globales (pasa en todos lados), y además siente que no tiene ningún control sobre las circunstancias (son personas que se sienten víctimas). Así usé yo la mentalidad TLC durante la pandemia de la COVID-19:

Temporal: la pandemia no durará para siempre. Pensemos en todas las pandemias del pasado: la gripe española, la peste bubónica o el cólera, por ejemplo. Todas acabaron resolviéndose. Esto también pasará.

Local: aunque fue una pandemia mundial, no afectó a todas las calles de todas las ciudades del mundo. Aunque murió demasiada gente, la gran mayoría de las personas que contrajeron el virus sobrevivieron. Aunque mi padre murió poco después de contraer el virus, mi madre y otras personas cercanas superaron la enfermedad.

Controlable: ¿qué puedo «controlar» y qué no en los momentos difíciles? Durante la pandemia mantuve una buena higiene, llevé mascarilla donde fuera apropiado y reforcé mi sistema inmunitario con vitaminas D y C, cinc y extractos de hongos. También me puse una de las vacunas disponibles, porque por mi experiencia con mis pacientes sabía que las personas que se vacunaban experimentaban síntomas menos graves.

Para ayudarme con el control de la mentalidad TLC, suelo pronunciar la «oración de la serenidad», que viene a representar la esencia de la salud mental: *Señor, concédeme serenidad para aceptar todo aquello que no puedo cambiar, valor para cambiar lo que soy capaz de cambiar y sabiduría para entender la diferencia.* Así es como vive una persona feliz. Practicar la mentalidad TLC reforzará tu resiliencia para superar cualquier problema grave de la vida.

PRÁCTICA DE HOY: *Recita la oración de la serenidad tres veces a lo largo del día.*

Desconectar los puentes emocionales del pasado

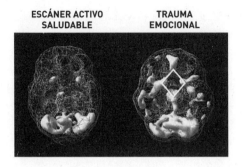

ESCÁNER ACTIVO
SALUDABLE

TRAUMA
EMOCIONAL

No dejes que el pasado se vuelva en contra del presente. Sharon vino a verme porque tenía ansiedad y sobrepeso. Su escáner SPECT mostraba un patrón de trauma emocional. Lo llamamos el «patrón diamante» porque la parte emocional hiperactiva del cerebro tiene la forma de esa piedra preciosa. La primera vez que le pregunté si había sufrido algún trauma, lo negó. Luego le pregunté por qué comía en exceso. «No lo sé —replicó—. A veces simplemente estoy muy nerviosa y la comida me hace sentir mejor». Entonces, usamos una herramienta que me encanta y es muy eficaz; la llamamos «desconectar los puentes emocionales del pasado» y consta de cuatro pasos:

1. ¿Cuál fue la última vez que tuviste problemas con este comportamiento?
2. ¿En qué pensabas o qué sentías en ese momento?
3. Vuelve a la situación en que tuviste ese pensamiento o sentimiento por primera vez, y pregúntate si puede haber una conexión.
4. Si hallas el origen de esos sentimientos, desconéctalos reprocesándolos a través de una mentalidad adulta. Es decir, desconecta de forma consciente el puente emocional con el pasado, con la idea de que lo que ocurrió entonces pertenece al pasado, y que lo que importa es lo que ocurre ahora. Si te resulta demasiado complicado o perturbador, un terapeuta especializado en traumas puede ayudarte con esa desconexión del pasado.

En el caso de Sharon, cada vez que se ponía ansiosa le costaba respirar. Cuando le pregunté qué sentía, me dijo que, literalmente, era como si se asfixiara. Le pedí que regresara mentalmente a la primera vez en su vida que tuvo problemas para respirar. De inmediato se acordó de que, a los cuatro años, una vez se le quedó un trozo de carne atascado en la garganta y pensó que iba a morir. Alguien le hizo la maniobra de Heimlich y le sacó el trozo de carne. Pero ella quedó tan afectada que no podía parar de llorar. Sus padres le dieron pastel y helado para calmarla. Una vez que comprendió el puente emocional fue capaz de desconectar su ansiedad de aquel acontecimiento, y a lo largo del año siguiente logró significativos avances respecto a su peso.

PRÁCTICA DE HOY: *Recuerda una ocasión reciente en la que te alterases o sintieses cierto disgusto por algo, y sigue los cuatro pasos que hemos visto para desconectar del pasado.*

Formas saludables de gestionar el dolor

El dolor y la depresión van de la mano. El dolor es uno de los síntomas más aterradores que podemos sufrir. Cuando se convierte en crónico influye en todo de forma negativa: en el sueño, el estado de ánimo, la memoria o la concentración. Los escáneres SPECT me han enseñado que el uso de medicamentos para el dolor crónico, como la hidrocodona o la oxicodona, pueden ser dañinos para la función cerebral. La administración prolongada de estos fármacos transforma el cerebro en uno similar al de alguien que bebe demasiado. No te confundas, no estoy sugiriendo que tires a la basura tus medicamentos para el dolor. Yo mismo, ante el dolor, soy como un bebé, y también conozco a algunas personas que preferirían morir antes que vivir con dolor. Pero lo que he visto en los escáneres me ha despertado el interés por los tratamientos alternativos para el dolor. Existen evidencias científicas de que el aceite de pescado, la acupuntura, la musicoterapia y la hipnosis pueden resultar útiles.[108]

Como psiquiatra, también he aprendido que el dolor y la depresión suelen ir de la mano, y que para ciertas personas tomar suplementos naturales como SAMe o curcumina, o el antidepresivo Cymbalta, puede ser útil en el tratamiento de ambos problemas. Y es que hay muchas formas naturales de ayudar al cerebro. Es evidente que tienes que consultarlo con tu especialista. Si en su caso no está al día sobre suplementos naturales (a muchos de nosotros no nos formaron sobre ello en la universidad) a veces puede ser interesante recurrir a un naturópata o un profesional de la medicina integrativa o funcional.

Te daré otra sugerencia sobre el dolor: intenta deshacerte de todos los edulcorantes artificiales de tu dieta. Cuando yo tenía 37 años, sufría artritis. Me costaba incluso levantarme del suelo después de jugar con mis hijos. Así que, como parte del proceso de llevar una vida sana para el cerebro, renuncié a los refrescos light. Al cabo de un mes, el dolor desapareció. Por supuesto, no creo que los edulcorantes artificiales tengan el mismo efecto en todo el mundo, pero, si sufres dolor, desde luego que es algo a tener en cuenta.

PRÁCTICA DE HOY: *Si sufres dolor de forma habitual, adopta una o dos estrategias naturales que puedan ayudarte a tratar esos síntomas.*

¿El colorante rojo 40 (o E-129) puede causarte problemas?

¿Sabes qué tienen en común los siguientes alimentos: caramelos de frutas Froot Loops, cereales de colores Lucky Charms, té helado Brisk Raspberry o sirope (¿de chocolate?) Hershey's Lite Syrup? Todos contienen el colorante rojo 40. La industria alimentaria pone unos 7 millones de kilos de colorantes artificiales en nuestra comida cada año, y más del 40 % de ellos son de rojo 40, una sustancia derivada de los hidrocarburos.[109] El rojo 40 es el colorante alimentario número uno en EE. UU.: lo contiene la mayoría de los alimentos de color rojo no natural. Aunque existen alternativas de color seguras y naturales, para los fabricantes esos colorantes artificiales son una forma barata de hacer que los alimentos procesados resulten más llamativos y atractivos cuando los vemos en un estante de la tienda de comestibles. Si bien el colorante rojo 40 ha sido aprobado por la FDA para su uso en productos alimentarios y debe figurar como ingrediente en las etiquetas, también es cierto que ha sido prohibido en algún momento en Australia y la mayor parte de Europa por motivos de salud pública.

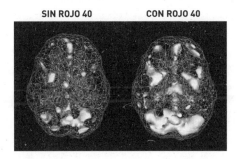

SIN ROJO 40   CON ROJO 40

Cuando Trey tenía siete años, sus padres se dieron cuenta de que cada vez que comía algo de color rojo vivo o bebía un Slurpee rojo empezaba a tener varios tics y a sufrir extrañas afecciones neurológicas; además, su comportamiento se volvía agresivo y hostil: lloraba con facilidad, se ponía hecho una furia o tiraba cosas al suelo. Su madre intentó minimizar estos alimentos en su dieta, pero muchas veces se hacía con ellos en la escuela: Cheetos, Doritos, ponche de frutas, regalices rojos, piruletas, etc. Tampoco se daban cuenta de que muchos de los alimentos «sanos» que le daban en casa (yogur de fresa, barritas integrales de fresa e incluso la salsa enlatada para pasta y el kétchup) contenían también rojo 40. Cuando Trey tenía catorce años, le hicimos un escáner con y sin el colorante. Su SPECT cerebral mostró un aumento general de actividad con la exposición al rojo 40. Al suprimir su ingesta, el estado de ánimo de Trey se estabilizó y volvió a ser el adolescente amable, dulce y servicial que siempre había querido ser.

PRÁCTICA DE HOY: *Lee las etiquetas para ver si algo de lo que comes, o de lo que come tu familia, contiene rojo 40 (o cualquier otro colorante o sabor artificial). Si es así, elimina ese alimento de la dieta.*

¿Puede la salud cerebral hacer de ti una persona más guapa?

«¿Dime la verdad, Joni, te has hecho un pequeño lifting facial?». Joni empezó a participar en uno de los grupos de las Clínicas Amen para estar más saludables, tanto física como emocionalmente. Tras unas diez semanas (y casi 5 kilos menos), me contó que había salido a desayunar con su hermana gemela y esta le dijo: «Vale, Joni, dime la verdad, ¿te has hecho un *pequeño lifting* facial?».

Joni se mostró sorprendida y halagada.

—¡No, te prometo que no!

—¿En serio? —respondió su gemela—. ¡Hasta mis hijos pensaban que te habías hecho algún retoque!

Todo lo que había hecho Joni era seguir la dieta, hacer ejercicio, empezar a tomar algunos suplementos alimenticios de calidad y estar más atenta a su salud.

En el proceso de escaneo de su cerebro, Joni descubrió que tenía TDA/TDAH, que se manifiesta por una baja actividad en la parte frontal del cerebro. Los síntomas del TDA/TDAH incluyen intervalos cortos de atención, distraimiento, desorganización, desasosiego y problemas para controlar los impulsos. Esto le explicaba muchas cosas, incluido su problema con las facturas de las tarjetas de crédito, que utilizaba de forma bastante impulsiva. La única cirugía plástica que se había hecho, le dijo a su hermana, era cortar en pedazos todas sus tarjetas de crédito.

El consejo de Joni, pues, es que, si te estás planteando someterte a cirugía plástica para parecer más joven, mejor espera seis meses, pon en forma tu cerebro y entonces decide si aún quieres hacerlo. Resulta que lo que mantiene joven el cerebro también rejuvenece la piel. Y, aunque no haya concursos de belleza para el cerebro, sin uno sano nunca lucirás tu mejor aspecto; porque la ira, la depresión, la ansiedad y la niebla mental se reflejan en el rostro. En definitiva, sanar tu cerebro también te ayudará a tener una piel más joven y bonita.

PRÁCTICA DE HOY: *Plantéate dedicar la misma cantidad de tiempo y dinero a tu cerebro que al cuidado de tu piel y tu cabello.*

DÍA 141

Nunca dejes que la pena sea una excusa para hacerte daño

Darse la excusa de comer mal, beber alcohol o fumar hierba para gestionar el dolor no hace más que prolongarlo. Las investigaciones sobre la longevidad han hecho un descubrimiento clave: las personas que reaccionan ante una pérdida o una enfermedad con depresión, ansiedad o ingesta de alcohol mueren antes que las demás, mientras que las que se mantienen sanas tras un periodo de aflicción refuerzan su resiliencia y viven cinco años más que la media.[110]

Conocí a Chris en una de mis conferencias, donde me dijo que hacía dos años que había perdido a su hija de doce, Sammie, por un cáncer de huesos. Chris no se imaginaba lo mucho que le afectaría la pérdida de Sammie. Cuando se acostaba, la enfermedad y muerte de la pequeña se repetían una y otra vez en su cabeza. Chris empezó a comer mal y a beber alcohol para sobrellevarlo. La mayoría de los días se despertaba presa del pánico. Se sentía tan inútil y deprimida que planeó en secreto suicidarse en el segundo aniversario de la muerte de Sammie. Pero entonces Chris conoció a alguien que le habló de mi trabajo. Le pareció que lo que yo contaba tenía sentido y renunció al alcohol, dejó de comer alimentos procesados y empezó a tomar aceite de pescado y vitamina D. El cambio fue inmediato: en solo ocho días se sintió libre de la depresión y se le quitaron las ansias de comer mal y beber alcohol. Durmió toda la noche por primera vez en años y no se despertó con ansiedad. Al cabo de diez semanas había perdido 11 kilos y salía a correr cuatro días a la semana. A los cinco meses había perdido 16 kilos y 20 cm de cintura.

Por supuesto, nunca olvidará a su hija. Pero Sammie no habría querido que su madre sufriera tanto. El mejor momento para empezar a curar una crisis es antes de que empiece. Argumentar que la comida basura, el alcohol o fumar hierba sirve para gestionar el dolor no hace más que prolongarlo. Chris me pidió que dijera a mis pacientes: «Nunca dejes que una crisis sea tu excusa para hacerte daño».

PRÁCTICA DE HOY: *Reflexiona sobre cómo sueles afrontar el estrés y la pena. ¿Esas estrategias contribuyen a tu salud o te la quitan?*

El cambio global es posible

Dejemos de mandar a la gente al cielo demasiado pronto. El siguiente es el ejemplo que Tana y yo compartimos con los lectores de *The Brain Warrior's Way*.[111]

En agosto de 2010, una mañana de domingo, fuimos a una iglesia cerca de nuestra casa. Daniel le dijo a Tana que guardaría un sitio mientras ella dejaba a Chloe en la iglesia infantil. Mientras Daniel caminaba hacia el templo, pasó por delante de un puesto donde estaban a la venta cientos de dónuts con fines benéficos, cosa que le irritó muchísimo. […] Luego pasó junto una parrilla donde se cocinaban panceta y salchichas; eso le irritó aún más. Entonces, justo antes de entrar en el templo, pasó frente a cientos de perritos calientes que se estaban asando para confraternizar después de misa. Sintió que el calor le subía por la nuca. Cuando se sentó, oyó al pastor hablar del festival de helados de la noche anterior.

Daniel se sentía tan frustrado que, cuando Tana lo volvió a ver dentro de la iglesia estaba tecleando en su teléfono, cosa que ella detesta. Daniel le mostró lo que estaba escribiendo:

> *Ir a la iglesia… comer dónuts… panceta…salchichas… perritos calientes… helado.*
> *¡No tienen ni idea de que están mandando a la gente*
> *al cielo DEMASIADO PRONTO!*
> *Salvarlos para luego matarlos. ¡Ese no es el plan!*

Durante aquella misa, Daniel rezó para que Dios nos utilizara para ayudar a cambiar el tipo de comida que se ofrecía en los centros de culto. Dos semanas después, el pastor Rick Warren lo llamó. Rick es el pastor titular de la iglesia Saddleback, una de las más grandes de Estados Unidos. […] Le dijo a Daniel: «El domingo pasado bauticé a unas 800 personas y cuando estaba en plena faena me di cuenta de que todo el mundo estaba gordo. Luego, me percaté de que yo mismo estaba gordo y era un terrible ejemplo para mi congregación. ¿Nos ayudarás?»

Con su oración todavía fresca en la cabeza, Daniel dijo: «Me tenías convencido desde el minuto uno». De modo que, junto con Rick y nuestro amigo el doctor Mark Hyman, creamos el Plan Daniel, un programa de cinco pasos (fe, alimentación, forma física, focalización y amigos) para llegar a tener un mundo sano a través de las iglesias. La primera semana se apuntaron al programa 15.000 personas, que en el primer año perdieron *más de 113.000 kg.*

El plan se ha seguido en miles de iglesias en todo el mundo, usando muchos de los principios que explicamos en *Mejora tu cerebro cada día*. Oración y trabajo… con intención.

PRÁCTICA DE HOY: *¿Qué te apasiona? ¿Cómo puedes generar impacto en el mundo? Plásmalo en forma de ferviente oración o intención.*

La señal de alarma de un cerebro con problemas: una mala memoria

Si tuvieras un caballo de carreras de un millón de dólares, ¿le darías alguna vez comida basura? Una de las principales preguntas que puedes hacerte para detectar a tiempo problemas cerebrales es si tu memoria es peor que hace diez años. Cuando entrevisté a Todd, director de recursos humanos en Franklin Covey, me dijo que, a sus 53 años, su memoria era terrible.

—Estoy seguro de que es solo por la edad, me estoy haciendo mayor —confesó—. Muchas veces no tengo ni idea de dónde he puesto las llaves, y a veces las encuentro en la nevera, junto a los huevos.

—Definitivamente no es normal —le respondí—. Yo tengo 67, y mi memoria está igual de bien que siempre. Háblame de tu dieta y del ejercicio que haces.

Cuando Todd me oyó hablar de ejercicio, se animó.

—Hago ejercicio cinco veces a la semana. Corro largas distancias y estoy en plena forma.

Algo no encajaba.

—¿Y tu dieta? —insistí.

Bajó la mirada.

—No es muy buena. Todas las mañanas me tomo una Coca-Cola light y Pop-Tarts en el coche de camino al trabajo. Y el resto del día no es mucho mejor.

Hay que tener claro que poner combustible tóxico al cuerpo disminuirá su rendimiento y dañará el cerebro, con independencia del ejercicio que hagamos.

—Si tuvieras un caballo de carreras de un millón de dólares —le pregunté—, ¿le darías alguna vez comida basura?

—Por supuesto que no —replicó.

—Bien, pues tú vales mucho más que un caballo de carreras. Es hora de que te trates con un poco de amor y respeto —le dije para animarle.

Al cabo de tres meses, Todd me contó que su memoria había mejorado de forma notable. También me dijo que se acuerda de mí en todas las comidas. Recuerda: no ignores tus problemas de memoria.

PRÁCTICA DE HOY: *Responde a esta pregunta: ¿te tratas tan bien como el propietario de un caballo de un millón de dólares trataría a su animal? Si la respuesta es no, ¿por qué no lo haces?*

Nueve sorprendentes signos tempranos de demencia

El alzhéimer puede empezar décadas antes de tener algún síntoma. Conoce las primeras señales de alarma. Aquí tienes nueve para tomar en cuenta:

1. **Incumplir la ley.** Los ciudadanos respetuosos con la ley que de repente empiezan a robar, asaltar propiedades privadas o conducir de forma temeraria pueden estar mostrando signos tempranos de demencia. Si esto le ocurre a alguien que conoces, debe acudir a un médico.

2. **Comer cosas extrañas.** Los cambios en el apetito y en los alimentos que nos apetecen son signos tempranos de demencia, ya que esta puede atacar zonas del cerebro que regulan el hambre y el funcionamiento de las papilas gustativas.

3. **Caerse más a menudo.** Las caídas, así como cambios en la forma de caminar, pueden preceder a cualquier síntoma cognitivo.

4. **Gingivitis.** Se calcula que la boca alberga unas 700 especies diferentes de bacterias. Las que provocan gingivitis también están relacionadas con el desarrollo de la demencia.[112] Utiliza hilo dental a diario.

5. **Incapacidad para captar el sarcasmo.** Si los comentarios irónicos te pasan desapercibidos o empiezas a no entenderlos, esto puede significar que tus lóbulos frontales se están volviendo menos activos.

6. **Tener comportamientos compulsivos.** Igual que la acumulación de cosas, puede ser una señal de que hay algún problema.

7. **Perder el olfato.** Ser incapaz de distinguir olores como el de la canela, el talco para bebés o la gasolina podría ser un signo temprano de alzhéimer, ya que la parte del cerebro que distingue los olores está junto a los centros de memoria.

8. **Depresión.** Duplica el riesgo de deterioro cognitivo en las mujeres y lo cuadruplica en los hombres, en especial la depresión de nueva aparición en personas mayores.[113]

9. **TDA/TDAH sin tratar.** Triplica el riesgo de demencia.[114] Ten en cuenta que el tratamiento de muchos trastornos psiquiátricos puede salvar tu memoria.

PRÁCTICA DE HOY: *¿Cuántos de estos problemas tienes? Da el primer paso para ayudar a disminuir tu riesgo.*

Relaciones: responsabilidad, parte 1

Ser responsable implica tener la capacidad de responder de forma útil y positiva. En los próximos días te hablaré sobre el cerebro y las relaciones. Empecemos con la responsabilidad, que es el primer paso para forjar relaciones profundas; no tiene que ver con la culpa, sino con la capacidad para responder. Aquí tienes algunos ejemplos:

¿Qué puedo hacer para mejorar esta relación?
¿Cómo puedo mejorar nuestra comunicación?
¿Trato a los demás como querría que me trataran?

A las personas que asumen la responsabilidad de su propia conducta les va mejor en sus relaciones. En cambio, quienes culpan a los demás se exponen a una vida llena de problemas. La cuestión es que culpar es rápido, fácil, e incluso parece que lo tengamos programado en el cerebro. Puede que sea una estrategia de autoprotección contra la agresión, pero también es el sello distintivo inicial de un comportamiento contraproducente. Cuando culpas a otra persona te conviertes en víctima y actúas sin poder para cambiar nada. Desviar la responsabilidad te servirá para sentirte mejor de forma temporal, pero también reforzará la idea de que tu vida está fuera de tu control, de que son otros quienes pueden determinar tu futuro.

En todos los cursos en los que hablo sobre la responsabilidad, siempre hay alguien que me dice que su problema es que se culpa demasiado, en vez de responsabilizar a los demás. Pero desviar la responsabilidad y autoculparse no son actitudes excluyentes. Una buena declaración de «responsabilidad personal» sería algo así: «Me han pasado cosas malas en la vida, en algunas de las cuales he tenido algo que ver y en otras no. En cualquier caso, tengo que aprender a responder de un modo eficaz ante cualquier situación».

PRÁCTICA DE HOY: *¿Qué puedes hacer hoy para mejorar tus relaciones?*

Relaciones: responsabilidad, parte 2

¿Quieres un 50 % de responsabilidad sobre tu vida o el 100 %? Deja que te explique por qué la palabra *responsabilidad* es una de mis favoritas: es la que lo cambia todo para mis pacientes y amigos. Cuando Tana tenía veintitantos años y se estaba recuperando de un cáncer y una depresión, asistió a un seminario motivacional que daba su tío Bob. Él había sido heroinómano, y cuando ella era niña la aterrorizaba. Había estado metido en un asunto de drogas que salió mal y en el que fue asesinado su hermano mayor, Ray. Destrozado por la culpa tras la muerte de Ray, Bob intentó suicidarse con una sobredosis de heroína, pero por suerte fracasó. Después de un gran esfuerzo logró dar un giro a su vida.

En el seminario, cuando Bob se percató de la autocompasión que mostraba Tana, le preguntó:

—¿Cuánta responsabilidad estás dispuesta a asumir?

—No puedo asumir la responsabilidad del cáncer —replicó Tana, atónita.

—No te he pedido que asumas la culpa —le contestó él—. Responsabilidad no es lo mismo que culpa. Es la capacidad para responder. ¿Quieres el 50 % de responsabilidad? Entonces tienes un 50 % de probabilidades de cambiar el resultado. ¿O quieres toda la responsabilidad? Si no tienes el 100 % de responsabilidad, otra persona o cosa que no eres tú es la que tiene el control.

—Quiero el 100 % de capacidad para responder —afirmó Tana.

Ese fue el momento en el que se le encendió la bombilla: de inmediato empezó a responsabilizarse de su comportamiento y cambió su vida para siempre.

Ahora tienes ante ti la misma elección: ¿quieres un 50 % de responsabilidad sobre tu vida o prefieres tenerla toda? ¿Cuánto poder y control deseas tener sobre el resultado?

PRÁCTICA DE HOY: *Haz inventario para ver si hay áreas de tu vida en las que tiendes a culpar a los demás. Pregúntate qué puedes hacer en esas situaciones para responsabilizarte más acerca de cómo respondes y actúas.*

Relaciones: empatía

La capacidad para ponerse en el lugar del otro es una función cerebral. La empatía nos ayuda a navegar por nuestro entorno y a responder preguntas como «¿Esta persona me alimentará? ¿Me amará? ¿Me atacará? ¿Se desmayará? ¿Saldrá corriendo? ¿Llorará?». Cuanto más precisa sea nuestra capacidad para predecir las acciones y necesidades de los demás, mejor nos irá. La aptitud de «sintonizar» y empatizar con los demás es un requisito para la comprensión, el apego, el vínculo y el amor, todos ellos aspectos importantes para la supervivencia. En varios estudios sobre por qué fracasan los ejecutivos, la «insensibilidad hacia los demás» o la falta de empatía se citan como razón de los malos resultados, más que ningún otro defecto.[115]

Así que, ¿qué tal andas tú de empatía? ¿Eres capaz de sentir lo que sienten otras personas? ¿Saboteas tus relaciones por culpa de tu insensibilidad? ¿Te tomas el comportamiento de los demás de forma demasiado personal? Cuando alguien es grosero contigo, ¿te preguntas qué le puede estar pasando para actuar de esa forma? Por supuesto, puedes llevar esta última pregunta al extremo y atribuir cualquier crítica negativa hacia ti al problema de otra persona. El equilibrio es la clave en estos casos.

Cuando te enfrentes a un comportamiento negativo, plantéate dos cosas: (1) «¿He hecho algo para provocarlo?»; y (2) «¿Qué le pasa a la otra persona?». Estas dos preguntas te ayudarán a ser más sensible hacia los demás y a mejorar tus relaciones, cosa que te hará sentirte mejor en general (en ese momento y también a largo plazo).

Desarrollar la empatía implica una serie de habilidades; por ejemplo, la capacidad para abandonar la propia posición o para tratar a los demás como nos gustaría que nos trataran.

PRÁCTICA DE HOY: *Las dos próximas ocasiones en las que tengas un desencuentro con alguien, intenta ponerte de su parte; al menos verbalmente, empieza a estar de acuerdo con su punto de vista: defiéndelo, compréndelo. Este ejercicio te dará grandes resultados si lo utilizas para aprender a entender mejor a los demás.*

Relaciones: escucha, parte 1

Repite lo que has oído y luego quédate en silencio el tiempo necesario para que la otra persona te diga lo que en realidad piensa. En las relaciones, con demasiada frecuencia, tenemos expectativas y esperanzas que nunca comunicamos con claridad a nuestros amigos, familiares o colegas; damos por hecho que deberían saber lo que necesitamos y nos decepcionamos cuando no nos leen la mente. Pero no funciona así: la comunicación clara es esencial para que las relaciones sean satisfactorias. Te ofrezco ahora seis claves para una comunicación eficaz en las relaciones:

1. **Ten una buena actitud y da por hecho que la otra persona quiere que la relación funcione tanto como tú.** A esto lo llamo tener *suposiciones básicas positivas* sobre la relación.
2. **Expresa lo que necesitas de forma clara y positiva.** La mayoría de la gente está demasiado ensimismada como para pensar en lo que te pasa a ti. En la mayoría de las situaciones, lo mejor es actuar de forma directa.
3. **Reduce las distracciones y asegúrate de contar con la atención de la otra persona.** Busca un momento en el que no esté ocupada ni tenga prisa por ir a ningún sitio.
4. **Pídele a la otra persona que te diga lo que piensa para asegurarte de que te ha entendido bien.** La comunicación clara es una vía de doble sentido, y resulta crucial saber si tu mensaje ha llegado de forma correcta. Muchas veces, no hace falta más que un simple «Dime qué has entendido de lo que he dicho».
5. **Practica la escucha activa.** Antes de responder a lo que te dicen los demás, repite lo que crees que han dicho para asegurarte de que has oído bien. Frases como «Entiendo que dices…» o «Quieres decir…» son la regla de oro de la buena comunicación. Esto te permitirá cerciorarte de lo que has entendido antes de responder.
6. **Presta atención y haz seguimiento de tu comunicación.** Muchas veces hay que insistir para obtener lo que uno necesita. Es muy importante no tirar la toalla.

PRÁCTICA DE HOY: *En tu próxima conversación, practica la escucha activa, permitiendo que la otra persona termine su mensaje y repitiendo luego lo que haya dicho antes de hacer tu aportación. Este es el ingrediente secreto para conseguir que los demás hablen contigo, en especial los adolescentes.*

Relaciones: escucha, parte 2

Todo el mundo quiere gustar a los demás. Queremos que nos valoren, que nos respeten. Pero muchas personas lo intentan de forma equivocada. Al conocer gente nueva, interactuar con colegas o superiores en el trabajo, o incluso al usar aplicaciones de citas en internet, la mayoría tiende a centrarse en parecer interesante. ¿Es tu caso? ¿Te esfuerzas por ganarte a los demás hablando de ti? ¿Saturas a las personas con las que te relacionas con detalles sobre tus logros? ¿Las entretienes con historias sobre lo que te hace tan especial? Bien, tengo una mala noticia para ti: esa estrategia no es la idónea para hacer amigos. De hecho, deberías hacer justo lo contrario.

Deja de intentar ser interesante. En lugar de eso, interésate por los demás.

Descubre sus pasiones. Muestra curiosidad por sus logros. Pregúntale qué le hace especial. Y asegúrate de escuchar sus respuestas. Una investigación de la Universidad de Harvard en la que se usaron imágenes cerebrales descubrió que las regiones del cerebro relacionadas con la motivación y la recompensa se activaban cuando los participantes compartían información con los demás sobre sí mismos.[116]

Tener interés por otras personas y escuchar de verdad lo que dicen es la forma más rápida de gustar o incluso de enamorar. Y si quieres escuchar bien es fundamental que no interrumpas a los demás cuando hablen; repíteles lo que dicen para hacerles saber que has entendido, y no los juzgues. Estas sencillas tácticas harán de ti una persona más atractiva.

PRÁCTICA DE HOY: *En una de las interacciones que tengas con alguien, deja que hable la otra persona. Hazle preguntas y escucha de verdad lo que tiene que decir.*

Relaciones: asertividad

Lo que permitimos en nuestra vida es lo que enseña a los demás cómo tienen que tratarnos. Hay que decir lo que se quiere decir. De este modo, la asertividad y la comunicación van de la mano. Actuar con asertividad significa expresar tus pensamientos y sentimientos de forma firme pero razonable, no permitir que los demás te atropellen emocionalmente ni decir que sí cuando no es lo que quieres decir. La asertividad nunca es sinónimo de mezquindad o agresividad. Aquí te presento cinco sencillas reglas que te ayudarán a reafirmarte de forma sana:

1. **No cedas ante la ira de los demás solo porque te provoque incomodidad.** Las personas con ansiedad lo hacen mucho. La misma ansiedad las lleva a decir que están de acuerdo con el otro para evitar la tensión. Por desgracia, lo que esto le enseña a la otra persona es a abusar de ti para obtener lo que quiere.
2. **Di lo que quieres decir y defiende lo que crees que es correcto.** Así te respetarán más. Y es que a la gente le gustan las personas auténticas que dicen lo que piensan con tacto.
3. **Mantén el autocontrol.** Enfadarse o actuar de forma mezquina o agresiva no es ser asertivo. Compórtate de forma tranquila y clara.
4. **Sé firme y amable, si es posible.** Pero, por encima de todo, sé firme en tu postura. Cada cual enseña a los demás cómo tienen que tratarle. Al ceder a sus rabietas en realidad les estamos mostrando la manera de controlarnos. En cambio, cuando nos hacemos valer de forma firme pero amable, los demás nos respetan más y nos tratan en consecuencia. Y, al final, tú también te respetarás más.
5. **Actúa de forma asertiva solo cuando sea necesario.** Si te mantienes siempre firme en asuntos poco importantes, los demás te verán como una persona controladora, lo cual invita a la oposición. Hazte valer solo cuando sea fundamental.

PRÁCTICA DE HOY: *Sé valiente y defiende tu postura de esta nueva forma al menos una vez esta semana.*

Relaciones: tiempo

Los momentos especiales son mágicos para las relaciones. Al principio de mi carrera, descubrí una forma de ayudar a los niños a adoptar los valores de sus padres: crear vínculos con ellos. Los niños y niñas que gozan de vínculos con sus progenitores tienden a elegir sus valores, mientras que quienes tienen una relación neutra o negativa con sus padres tienden a elegir los valores opuestos, aunque solo sea para irritarles. Pero para tener estos vínculos hacen falta dos cosas: escucha (ver los días 148 y 149) y dedicación. En esta época de desplazamientos al trabajo, hogares en los que trabajan ambos progenitores, correo electrónico, internet, televisión y videojuegos, hay tantas distracciones que hemos reducido de forma considerable el tiempo que dedicamos a las personas de nuestra vida. No tiene por qué ser mucho tiempo, pero el que dediquemos debe centrarse en la relación.

Tengo un ejercicio en mi curso para padres que llamo «momento especial». Consiste en dedicar 20 minutos al día a hacer algo con tu hijo que él o ella quiera hacer. Es útil para cualquier otra relación importante. 20 minutos no es demasiado, pero este ejercicio marca una gran diferencia en la calidad de nuestras relaciones. Y suelo fijar una regla para este intervalo de tiempo: nada de órdenes, preguntas o indicaciones; no es un momento para intentar resolver problemas, solo para estar juntos y hacer algo que la otra persona quiera hacer, ya sea jugar o dar un paseo. La diferencia que esta actividad marca en las relaciones entre padres e hijos en mis cursos ha sido mucho más espectacular que cualquier otra cosa que haya hecho por ellos, incluso que la medicación. Así que saca tiempo para dedicarlo a las relaciones que son relevantes para ti, y piensa en ese tiempo como en una inversión en la salud de la relación.

Del mismo modo, mantente presente cuando pases tiempo con otras personas en el trabajo o en casa. Hay tantas distracciones alrededor que rara vez estamos presentes, dondequiera que nos encontremos.

PRÁCTICA DE HOY: *Elige una de tus relaciones más importantes y busca la forma de pasar 20 minutos con esa persona haciendo algo que ella quiera hacer.*

DÍA 152

Relaciones: indagar

Cuando tus PNA se cruzan con los de la otra persona, crean PNA «mutantes» que infestan la relación. Ya hemos hablado de acabar con los pensamientos negativos automáticos que nos invaden la mente. Cuando estás sufriendo en una relación, es clave indagar en los pensamientos que te hacen sufrir. Si estás discutiendo con tu pareja, por ejemplo, y piensas: «Nunca me escucha», escríbelo, y luego pregúntate si es verdad. Las pequeñas mentiras que nos decimos sobre los demás a menudo crean brechas innecesarias en la relación. Y las relaciones requieren pensar con rigor para prosperar. De modo que siempre que experimentes tristeza, enfado o un estado de nervios en una relación, revisa tus pensamientos: si detectas PNA o mentiras, elimínalos. Ahora te propondré cómo hacerlo. De manera que, la próxima vez que tengas pensamientos infelices sobre tu relación o te sientas mal por algo que haya dicho tu pareja, empieza a indagar.

1. Escribe tu pensamiento negativo.
2. Pregúntate si es cierto.
3. Pregúntale a la otra persona qué quería decir (usa la escucha activa para ayudarte a evitar los malentendidos).
4. Hazle saber cómo habías interpretado su comentario en principio.
5. Trabajad de forma conjunta para hallar una solución y evitar estos errores en el futuro.

PRÁCTICA DE HOY: *Anota los pensamientos negativos que tengas sobre tus relaciones importantes. Comprueba la validez de tus creencias anotando también las ocasiones en las que esos pensamientos negativos no son aplicables.*

Relaciones: fijarnos más en lo que nos gusta que en lo que no nos gusta

Dónde pones tu atención sobre los demás determina su comportamiento. ¿Qué haces cuando las personas importantes de tu vida no hacen lo que quieres que hagan? ¿Acaso las criticas o haces comentarios hirientes? ¿O más bien te detienes y decides fijarte más en lo que te gusta que en lo que no te gusta? Esta es una cuestión crítica e importante para cambiar los comportamientos: céntrate en los que te gustan más que en los que no. También es uno de los secretos para tener buenas relaciones. Porque fijarte en lo que te gusta fomenta ese tipo de comportamientos. Y resulta que hay una explicación científica para todo esto.

De hecho, una pareja con cinco veces más comentarios positivos que negativos tiene muchas menos probabilidades de separarse; un equipo de trabajo con cinco veces más comentarios positivos que negativos tiene muchas más probabilidades de ganar dinero; los estudiantes universitarios con tres veces más comentarios positivos que negativos tienen muchas más probabilidades de gozar de una buena salud mental.[117]

La cantidad de positividad en un sistema, dividida por la cantidad de negatividad, se conoce como la *ratio Gottman* —por el terapeuta conyugal John Gottman, que descubrió que el número de comentarios positivos en comparación con los negativos podía predecir en gran medida la satisfacción en una pareja y las probabilidades de seguir juntos en lugar de divorciarse—.[118] Ahora bien, ten siempre presente que el equilibrio es clave: cuando los comentarios son demasiado positivos, pierden su efecto.

PRÁCTICA DE HOY: *Elige a dos personas, fíjate en lo que te gusta de ellas y díselo.*

Relaciones: gracia y perdón

Guardar rencor es como beber veneno y esperar que se mueran los demás. La ciencia ha descubierto que la falta de perdón está asociada a relaciones de peor calidad y mayor estrés.[119] Por el contrario, aprender a ser benevolentes y perdonar juega un papel fundamental en el crecimiento de una relación, e incluso puede ser muy curativo. Las investigaciones en este campo relacionan el perdón con la disminución de la depresión y la ansiedad, con menos problemas de salud física y tasas más bajas de mortalidad.[120] Cada vez que les hablo a mis pacientes de este tema tan importante, les explico el «método del perdón» desarrollado por el psicólogo Everett Worthington, de la Virginia Commonwealth University.[121] Este método consiste en lo siguiente:

Recordar la herida. Intenta pensar en lo que te ha hecho daño sin sentirte una víctima ni guardar rencor.

Empatizar. Trata de ponerte en el lugar de quien te ha hecho daño y de contemplar la situación desde su punto de vista. ¿Puedes empatizar con sus posibles sentimientos?

Usar el altruismo como regalo. Ofrece tu perdón a la persona que te ha causado dolor. Si este paso te cuesta, piensa en alguien que alguna vez te haya perdonado por algo que hiciste y recuerda lo bien que te hizo sentir.

Comprometerse con el perdón. En lugar de pensar simplemente en perdonar a alguien, materialízalo escribiéndolo o haciendo una declaración pública al respecto.

Aferrarse al perdón. Si vuelves a tener contacto con la persona que te hizo daño, es posible que experimentes una reacción visceral (de ansiedad, ira o miedo, por ejemplo) y que pienses que esto indica que te retractas de tu perdón. Pero no es así, es solo la forma que tiene tu cuerpo de advertirte.

Para ayudarte a seguir este método, ten esto siempre presente: el perdón es un proceso. No significa que tengas que volver a relacionarte con la persona que te hizo daño. Es un acto de fortaleza, no de debilidad. Como dice mi amiga Byron Katie, «el perdón es solo otra forma de llamar a la libertad».[122]

PRÁCTICA DE HOY: *Piensa en alguien que te haya hecho daño y usa este método para ver si te ayuda.*

Pequeños hábitos en las relaciones

Los pequeños detalles de una relación son lo que hace que esta crezca o se haga pedazos. Cada uno de estos hábitos requiere tan solo unos minutos. Están vinculados a cosas que haces (o piensas, o sientes), para que se conviertan en automáticos con mayor facilidad.

1. Después de una pelea con un ser querido, asumiré mi parte de responsabilidad y me disculparé (responsabilidad).
2. Cuando alguien tenga una actitud negativa hacia mí, me preguntaré: «¿He hecho algo para provocar la situación? ¿Qué le pasa a esta persona?» (empatía).
3. Cuando tenga una conversación con alguien, antes de darle mi aportación le trasladaré lo que he entendido de lo que me ha dicho (escucha).
4. Cuando alguien me rete o se comporte de forma abusiva conmigo, defenderé lo que creo con tranquilidad y claridad (asertividad).
5. Cuando reserve tiempo para estar con mi hija o hijo o con mi pareja, dedicaré 20 minutos a hacer lo que él/ella quiera sin ningún plan (tiempo).
6. Cuando tenga un pensamiento negativo sobre mi pareja, como «Nunca me escucha», lo escribiré y me preguntaré: «¿Es cierto?». Si no lo es, trataré de acallar ese pensamiento (indagar).
7. Cuando un amigo o amiga haga algo que me moleste, dirigiré mi atención hacia las cosas que me gustan de esa persona en lugar de obcecarme con ello (fijarme en lo que me gusta).
8. Cuando alguien me haga algo mezquino o hiriente, le pediré a Dios la gracia de poder perdonarle (gracia y perdón).

Hábito extra: cuando mi pareja esté sufriendo, le tomaré la mano y me centraré en sentir empatía por su malestar.

PRÁCTICA DE HOY: *Elige uno de los pequeños hábitos descritos arriba y empieza a practicarlo.*

La sinceridad sin tapujos puede hacer más mal que bien

Muchos de mis pacientes me dicen: «Yo no tengo pelos en la lengua». Presumen de esta cualidad como si fuera una medalla, pero yo, para mis adentros, me digo que no es algo útil. Y es que las relaciones requieren tacto. En las conferencias suelo preguntar al público: «¿Cuántas personas de las aquí presentes están casadas?». Alrededor de la mitad levanta la mano. Entonces pregunto: «¿Les ayuda decir todo lo que piensan en su matrimonio?». El público se ríe y dice a coro: «¡No!». Sin embargo, mucha gente lo hace igualmente.

A mis pacientes les suelo explicar que hay formas y formas de decir las cosas. Jenny, por ejemplo, vino a verme porque se sentía impotente en su relación con su marido, un coronel de las fuerzas aéreas. Aunque ella le gritaba, ya no tenía voz ni voto en la relación. Le pedí que me explicara lo que le preocupaba.

—Nunca me escucha —se quejó.

—¿Qué quieres decir?

—Llega a casa y se esconde detrás del periódico. No me habla.

—¿Cómo intentas comunicarte con él?

—Mediante las emociones —expuso—. Me pongo delante de su cara y le grito que quiero el divorcio y que ojalá nunca me hubiera casado con él.

Quedé sorprendido por sus comentarios y me reí entre dientes. Ella me lanzó una mirada hostil.

—¿Te parece gracioso?

—No, pero tampoco demasiado efectivo. ¿Cómo te sentirías si alguien te hablara así? Yo me asustaría.

Al principio, Jenny estaba a la defensiva y me hablaba una y otra vez sobre todo el daño que su marido le había hecho a lo largo de los años. Pero con el tiempo aprendió a comunicarse mejor. Unas semanas después de empezar la terapia, volvió a casa decidida a ser más eficaz en la comunicación con su marido.

Él estaba sentado en su butaca, leyendo el periódico, y ella empezó: «Hoy te he echado de menos. ¿Cuándo tendrás un momento para hablar conmigo esta noche?».

Sorprendido, su marido levantó la vista y dijo: «Cuando quieras, cielo. ¿Estoy metido en algún lío?».

En aquel momento, Jenny se dio cuenta de hasta qué punto su propio comportamiento había contribuido al declive de su relación, y gracias a eso supo que podía mejorarla. Tenía más voz de la que creía. Pero es muy difícil que los demás te oigan cuando gritas.

PRÁCTICA DE HOY: *¿En qué situaciones tiendes a actuar con total sinceridad? ¿Cuál sería una forma más eficaz de comunicar tus pensamientos?*

Estrategias de crianza efectivas basadas en el cerebro

Todo, desde la forma en que nos fijamos objetivos o nos vinculamos con nuestros hijos hasta nuestra vida interior o el estilo de vida que elegimos, contribuye a desarrollar las redes neuronales que determinarán el éxito vital de nuestros descendientes. He hecho formaciones para padres durante muchos años, en especial para quienes tienen dificultades con sus retoños. A continuación te presento un resumen con algunas de las conclusiones más destacadas de estas formaciones:

1. **Marca objetivos claros para ti y para tu hija o hijo**; luego actúa de forma coherente con esos objetivos.
2. **La relación es la clave.** Con una buena relación entre padre o madre e hijo o hija, casi cualquier forma de disciplina funcionará. En cambio, si la relación es mala, cualquier forma de disciplina probablemente fracasará. Y las relaciones necesitan dos cosas: (1) tiempo (aunque solo sean 15 o 20 minutos al día) y (2) escucha (averigua lo que piensa antes de decirle lo que piensas tú).
3. **Las expectativas deben ser claras.** Establece normas como decir la verdad o tratarnos con respeto.
4. **Cuando tu hijo o hija cumpla las reglas y las expectativas, reconóceselo.** Agradece y felicita los comportamientos que te gustan y habrá mayor probabilidad de que se repitan.
5. **¡Espera que los niños obedezcan a la primera!** Fija consecuencias claras, rápidas y no emocionales si no lo hacen. Nunca impongas castigos cuando estés fuera de control; úsalos para enseñar y no para penalizar. Las reprimendas y los gritos son destructivos e ineficaces, y tienden a crear adicción en niños y niñas con TDA/TDAH.
6. **Ofrécele opciones en lugar de dictarle lo que tiene que hacer, comer o llevar.** Si tú tomas todas las decisiones por él o ella, solo generarás dependencia y resentimiento.
7. **Ambos progenitores deben mantenerse unidos y apoyarse mutuamente.** Cuando a los niños se les permite dividir la autoridad parental empiezan a gozar de mucho más poder del que les conviene. Porque cuando somos pequeños aprendemos de las relaciones observando cómo se relacionan nuestros padres entre sí. Así que piénsalo: ¿estás dando un buen ejemplo?
8. **En lo referente a la crianza, recuerda siempre las palabras *firmeza* y *bondad*.** Busca el equilibrio entre ambas en cada momento.

PRÁCTICA DE HOY: *¿Cuál de estos consejos puedes poner hoy en práctica?*

Diez cosas que los padres nunca deberían hacer

Es habitual que los padres se centren en lo que tienen que hacer para criar a vástagos sanos, pero muchas veces pasan por alto lo que NO deberían hacer. La mayoría quiere ayudar a sus retoños a convertirse en adultos estables, reflexivos, productivos y afectuosos. Por eso hay diez cosas que deberías evitar:

1. **Ignorar su cerebro.** Si quieres que tu hija o hijo alcance su máximo potencial, debes enseñarle a cuidar su cerebro.
2. **Pasar poco tiempo de calidad con ellos.** Hay estudios que demuestran que, si los padres están siempre distraídos con sus dispositivos electrónicos, los peques pueden llegar a montar escenas o portarse mal solo para captar su atención.[123]
3. **No escuchar.** Cuando intenten hablar contigo, no les interrumpas ni termines sus frases; aprende a escuchar de forma activa.
4. **Emplear términos ofensivos.** Si lo haces los interiorizarán y empezarán a creérselos, lo que puede afectar de forma negativa a su autoestima.
5. **Dejarte llevar por la permisividad.** Permitir que tus hijos hagan lo que les dé la gana puede que les haga «felices» en el momento, pero será perjudicial a largo plazo. Los niños necesitan límites claros para ayudarles a entender lo que está bien y lo que no.
6. **No vigilarles.** Tienes que hacer de «lóbulos frontales» de tus retoños hasta que se desarrollen los suyos.
7. **Haz lo que digo, no lo que hago.** Si no predicas con el ejemplo, se darán cuenta y te imitarán.
8. **Fijarte solo en lo que hacen mal.** Es mejor sorprenderlos cuando están haciendo lo correcto.
9. **Ignorar sus problemas de salud mental.** Por término medio, transcurren once años desde el momento en que una niña o un niño empieza a presentar síntomas de trastorno mental hasta que se le somete a la primera evaluación psiquiátrica. Búscales ayuda cuando la necesiten, no más tarde.
10. **Ignorar tu propia salud mental.** Si padeces algún problema de salud cerebral o mental, esto puede ser devastador para tus retoños. Debes cuidarte y ser tu mejor versión para poder ser también el mejor padre o la mejor madre posible.

PRÁCTICA DE HOY: *¿Cuál de estas conductas muestras cuando tratas con tus hijos? Traza un plan para abandonar esos comportamientos dañinos e ir adoptando los del día 157.*

Los cerebros masculino y femenino son muy distintos

Los cerebros de las mujeres son más activos que los de los hombres. En 2017, mi equipo publicó un estudio con imágenes sobre el funcionamiento del cerebro en el que comparamos 46.034 escáneres SPECT de nueve clínicas distintas. Gracias a sus resultados descubrimos que las diferencias entre el cerebro de hombres y mujeres eran significativas.[124] Este estudio fue muy importante para comprender las diferencias cerebrales en función del sexo. Las diferencias cuantificables que identificamos entre hombres y mujeres son importantes para comprender los distintos riesgos de padecer trastornos cerebrales como la depresión, la ansiedad o el alzhéimer.

Lo que vimos, a grandes rasgos, fue que los cerebros de mujeres eran significativamente más activos que los de los hombres en muchas áreas, sobre todo en el córtex prefrontal (CPF, relacionado con la concentración y el control de los impulsos) y las áreas límbicas o emocionales del cerebro (vinculadas con el estado de ánimo y la ansiedad). En cambio, los centros visuales y de coordinación eran más activos en los cerebros masculinos. Entre los participantes había 119 voluntarios sanos y 26.683 pacientes con diversos trastornos psiquiátricos, como traumatismos cerebrales, trastorno bipolar, trastornos del estado de ánimo, esquizofrenia/trastornos psicóticos y TDA/TDAH. Analizamos un total de 128 regiones cerebrales al inicio del estudio y también mientras los participantes abordaban una tarea de concentración.

Comprender estas diferencias es importante porque los trastornos cerebrales afectan de forma diferente a hombres y mujeres. Estas tienen tasas significativamente más altas de alzhéimer, depresión (que es, en sí misma, un factor de riesgo del alzhéimer) y trastornos de ansiedad, mientras que los hombres presentan tasas más altas de TDA/TDAH, problemas relacionados con la conducta y un riesgo de acabar en la cárcel catorce veces mayor.

Un mayor flujo sanguíneo en el CPF de las mujeres en comparación con los hombres (según los hallazgos del estudio) puede explicar por qué ellas suelen mostrar mayores capacidades en las áreas de la empatía, la intuición, la colaboración y el autocontrol. El estudio también reveló que existía un mayor flujo sanguíneo en las áreas límbicas (centro emocional) del cerebro femenino, lo que también podría explicar en parte por qué las mujeres son más vulnerables a la ansiedad y la depresión.

PRÁCTICA DE HOY: *Piensa en alguien del sexo opuesto a quien conozcas desde hace tiempo. Según la información anterior, identifica tres formas en las que hayas visto que su cerebro funciona diferente que el tuyo.*

Fortalezas y vulnerabilidades del cerebro femenino

He estado rodeado de mujeres poderosas toda mi vida. Desde siempre, las mujeres han sido una parte muy importante de mi trayectoria vital. Mi madre, campeona de golf, era una mujer muy fuerte que nos crio a mis hermanos y a mí en compañía de nuestras cinco exitosas hermanas. En mi propia familia tengo tres hijas, dos nietas y dos sobrinas adoptadas. Todas ellas me han ayudado a comprender algunas de las principales diferencias entre los cerebros femeninos y masculinos, pero aún me quedaba mucho por descubrir.

En un estudio que publicamos hace algunos años se comparaban los escáneres cerebrales de más de 25.000 hombres y mujeres. Los resultados revelaron que los cerebros femeninos eran mucho más activos en 70 de las 80 áreas que analizamos.[125] Estas variaciones son importantes para comprender las fortalezas y vulnerabilidades del cerebro femenino, y además proporcionan información crucial sobre cómo mejorar sus funciones.

Como aprendimos ayer, las mujeres presentan más actividad en el córtex prefrontal (CPF), lo que significa que también suelen gozar de un mayor autocontrol y un grado más adecuado de preocupación. Por lo tanto, si eres una mujer que se siente atraída por los «chicos malos» (ya sabes, esos que asumen muchos riesgos físicos y renuncian a cualquier precaución), debes saber que un amplio estudio de investigación descubrió que las personas con una filosofía de vida del tipo «no te preocupes, sé feliz» mueren antes por accidentes o enfermedades evitables.[126]

Este nivel de actividad más alto del cerebro femenino también tiene un lado negativo: genera una mayor vulnerabilidad ante problemas de salud mental y trastornos alimenticios, así como dificultades para dormir o calmar la mente, o una mayor sensibilidad al dolor.

Si eres una mujer, aprende más sobre cómo funciona tu cerebro, conoce la mejor forma de cuidar de él y hazlo con amor y los hábitos correctos. ¡Serás imparable!

PRÁCTICA DE HOY: *Si padeces alguno de estos problemas, pide cita para recibir tratamiento y devolverle el equilibrio a tu cerebro.*

Materia gris frente a materia blanca

Nunca dejes que una niña golpee una pelota de fútbol con la cabeza. Si comparamos los cerebros femenino y masculino, vemos que existe otra diferencia importante: la cantidad de materia gris y materia blanca que hay en cada uno. ¿Qué es la materia gris? Se compone sobre todo de cuerpos celulares neuronales. ¿Y la blanca? Es el «cableado» que conecta esas células para que puedan comunicarse de un modo eficaz y aumentar la velocidad de procesamiento. La materia blanca debe su nombre a las altas concentraciones de una membrana protectora de ese color, llamada mielina, que aísla las células.

En general, los hombres tienen más materia blanca cerebral y las mujeres más materia gris, si bien esto no es cierto en todas las partes del cerebro. En las áreas relacionadas con la inteligencia general ocurre lo contrario: los hombres cuentan con 6,5 veces más de materia gris que las mujeres, mientras que estas tienen 10 veces más materia blanca que sus homólogos masculinos.[127] Esto indica que es probable que las mujeres empleen varias regiones cerebrales a la vez cuando resuelven problemas o abordan tareas complejas, mientras que los hombres tienden a confiar en un enfoque más centrado; lo cual no significa que una cosa sea mejor que la otra, ya que la investigación ha observado estas diferencias también entre hombres y mujeres con el mismo nivel de inteligencia.[128] Pensemos en la materia gris como la parte del cerebro que se ocupa de razonar, y en la blanca como la que conecta varias regiones del cerebro para mejorar ese proceso de razonamiento.

En los hombres, las áreas relacionadas con la inteligencia están repartidas por todo el cerebro. En las mujeres, sin embargo, el 85 % se sitúa en los lóbulos frontales, responsables de las funciones ejecutivas, como la concentración, la previsión, la planificación, la empatía, el juicio, la preocupación y el control de los impulsos, entre otras. Esta es una de las razones por las que debemos proteger siempre los lóbulos frontales de las mujeres.

PRÁCTICA DE HOY: *No dejes que tus hijos (niños y niñas) jueguen al fútbol con la cabeza, y ayúdales a proteger su cerebro llevando un casco en las actividades que así lo aconsejen.*

DÍA 162
Más diferencias entre hombres y mujeres

Aunque cada persona es única, las diferencias entre los cerebros masculinos y femeninos son interesantes porque nos ayudan a entendernos mejor entre nosotros. Como expliqué en el día 159, nuestro gran estudio con imágenes SPECT demostró que los hombres presentan algo menos de actividad en el córtex prefrontal (CPF), la parte del cerebro que actúa como una especie de CEO; entre otras funciones, está implicado en la previsión, la planificación, el control de los impulsos, el juicio, el entendimiento y la empatía. Este es el motivo por el que hemos visto que los hombres pueden sentirse más cómodos con actividades arriesgadas o siendo espontáneos, en comparación con las mujeres. Y, aunque tal cosa supone algunas ventajas en los ámbitos social y laboral, el aspecto negativo es que resulta más probable que los hombres se expongan a situaciones que pueden provocar un traumatismo craneal, cosa que disminuiría aún más su actividad en el CPF.

Otra diferencia interesante es que los hombres suelen producir cantidades mayores de serotonina (hasta un 52 % más que las mujeres).[129] Este neurotransmisor regula muchas funciones en el cuerpo y en el cerebro, y juega un papel determinante en el estado de ánimo, el dolor, el sueño, la ira y la tendencia a obsesionarse. Los niveles más altos de serotonina en los hombres ayudan a explicar por qué estos suelen padecer menos la depresión que las mujeres. Además de los problemas de estado de ánimo, sabemos que hay otras afecciones en las que también se observan niveles más bajos de serotonina, como la ansiedad, el dolor crónico o los trastornos del espectro obsesivo-compulsivo; estos últimos afectan a una zona del cerebro llamada «giro cingulado anterior» (GCA). El GCA es como el «cambio de marchas» del cerebro: cuando funciona con normalidad, nos ayuda a pasar de un pensamiento a otro o de una actividad a otra. Nuestras investigaciones revelaron que, en comparación con los hombres, las mujeres tienen más probabilidades de poseer un GCA que trabaja demasiado; esta hiperactividad puede hacer que ellas sean más proclives a quedarse atrapadas en los pensamientos y las conductas negativas o las preocupaciones. Y, aunque los hombres también tienen preocupaciones, las procesan de forma distinta.

Comprender las características singulares de los cerebros masculino y femenino nos brinda la oportunidad de descubrir nuevas formas de superar las dificultades personales en función de esas diferencias.

PRÁCTICA DE HOY: *Identifica algo en tu forma de pensar que sea diferente a la de tu pareja o de alguien cercano del sexo opuesto.*

Deja de decir: «Te quiero con todo mi corazón»

Sustitúyelo por: «Te quiero con todo mi cerebro». Porque el cerebro es el auténtico órgano del amor, aunque expresemos nuestros sentimientos con símbolos en forma de corazón. En realidad, el órgano que habita en el cráneo lo es todo: lo que pensamos, sentimos y hacemos. Cualquier expresión amorosa (decir «te quiero» o «me duele el corazón») ocurre gracias a la comunicación instantánea que tiene lugar en el cerebro. Es cierto que no resulta muy romántico decir «te quiero con todo mi cerebro», pero eso es lo que hacemos en realidad. Y, puesto que el cerebro es el órgano del amor y del sexo, es imperativo cuidarlo bien y no dejar que se encoja por culpa de los malos hábitos. Recuerda: en lo que respecta al cerebro, a diferencia de otros órganos, el tamaño SÍ importa.

Ejercí de psiquiatra casi una década antes de empezar a observar cerebros. Me encantaba dedicarme a ello, pero a menudo me frustraba, porque disponíamos de muy poca información objetivamente útil para ayudar a nuestros pacientes, sobre todo en el caso de relaciones de pareja difíciles: cuando veía a alguna con conflictos, era difícil saber a ciencia cierta si ella controlaba demasiado o él se comportaba como un imbécil; si ella hablaba en exceso o él no era capaz de prestar atención; si ella era muy reservada o él demasiado exigente. Todo el proceso parecía débil, arbitrario, y yo tenía que confiar en lo que me decían las propias parejas (así como en mi intuición clínica) más que en cualquier información biológica sólida.

Por eso decidí escanear los cerebros. Esto me ayudó a llegar a la raíz de algunos de los problemas de estas parejas. En casi todos los casos, ambos necesitaban «rehabilitar» su cerebro si querían mejorar su relación. Así que ya lo sabes: mejora la salud de tu cerebro y es probable que tus relaciones se beneficien mucho de ello.

PRÁCTICA DE HOY: *¿Cuáles son los problemas más persistentes en tus relaciones más importantes? ¿Es posible que tu salud cerebral sea un factor que influya en esos problemas?*

Cuando tus relaciones pasen por dificultades, piensa en el cerebro

¿Es imbécil o es que su cerebro tiene algún problema? Me gustaría hablarte de Dave y Bonnie, una pareja que fracasó en la terapia conyugal. Después de tres años yendo a terapia y de haber gastado más de 25.000 dólares, la terapeuta les aconsejó el divorcio. Ante las protestas de la pareja, les dijo que conocía a un médico que se ocupaba de casos complejos y los derivó a mi consulta. El escáner de la mujer mostró un cerebro sano, pero el del marido tenía un aspecto similar al de los drogodependientes. Sin embargo, me aseguró que no bebía y que nunca había consumido drogas. Le pregunté a su mujer si era verdad y me dijo: "Sí, doctor, no bebe ni se droga. Solo es un imbécil". Me reí entre dientes, pero me pregunté por qué su escáner tenía tan mal aspecto. Entre las posibles causas figuraban infecciones cerebrales, haber estado a punto de ahogarse, hipotiroidismo o intoxicación ambiental. Entonces le pregunté al marido dónde trabajaba, y me contestó que en una fábrica de muebles, en los acabados.

¡Bueno, entonces sí se drogaba! De hecho, con una de las peores drogas para el cerebro: la inhalación de disolventes orgánicos.[130] Mi siguiente pregunta fue para la mujer:

—¿Cuándo se convirtió en un imbécil?

—¿Qué quiere decir? —replicó.

—¿Cuando se casó con él ya era así? ¿Tiene algún asunto pendiente con su padre?

—No. Al principio, después de casarnos, era genial. No empezamos a tener problemas hasta hace cinco años.

Entonces se tapó la boca con la mano y añadió:

—Dios mío, eso fue más o menos cuando empezó con este trabajo. ¿Cree que su cambio de personalidad puede deberse a eso?

—Sí. Algo está dañando su cerebro.

ANTES   **DESPUÉS**

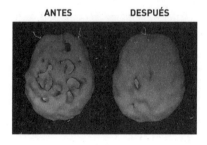

La primera intervención fue poner fin a las inhalaciones tóxicas: le hice solicitar el traslado a otro departamento en el que no estuviera expuesto a disolventes, y le hice entrar en un programa de salud cerebral. Con el tratamiento adecuado, su comportamiento mejoró, y también su matrimonio. Me pregunto cuántas parejas deben de estar sufriendo porque uno de sus miembros tiene un problema cerebral que nadie ha detectado. ¿Cómo se puede hacer terapia conyugal con un cerebro con problemas? Jamás funcionará, a menos que ese cerebro cambie.

PRÁCTICA DE HOY: *Si conoces a alguien que tiene problemas en su relación de pareja, explícale que las toxinas pueden dañar el cerebro y dar lugar a un comportamiento anormal. Sugiérele que se haga una valoración.*

La neurociencia puede traernos más amor

Si la otra persona se queda atascada en el «no». Cuando doy conferencias, muchas veces la gente se me acerca y me cuenta que mi trabajo le ha cambiado la vida. Uno de los comentarios más memorables que jamás he escuchado fue el de un médico que me dijo que su matrimonio iba mejor que nunca. Al preguntarle por qué, me explicó que lo que provocó el cambio fue informarse sobre el giro cingulado anterior (GCA). Yo lo llamo, como dije antes, el «cambio de marchas» del cerebro. Cuando hay hiperactividad en esta zona, la gente puede quedarse atrapada en un bucle de pensamientos negativos y tiene tendencia a ser reaccionaria; «no» suele ser la primera palabra que sale de su boca. Este médico me dijo que su mujer tenía «un cingulado infernal»: al parecer, respondía «no» a cualquier cosa que él propusiera.

Gracias a mi trabajo, aprendió que formular preguntas de forma opuesta puede ayudar, de modo que empezó a decir cosas como «Dudo que quieras salir a pasear al parque conmigo, así que nos vemos dentro de una hora». Por supuesto, ella le contestaba que estaba equivocado y que le encantaría ir al parque con él. «Funcionó —dijo el médico—. Ahora nuestra relación es mejor».

A mí me encantan estas historias, y le di las gracias por compartir la suya conmigo. Pero entonces se me acercó y me susurró que seguía teniendo problemas a la hora de implementar la estrategia en un ámbito: el dormitorio. «Me parece extraño preguntarle: lo más seguro es que no te apetezca tener sexo esta noche, ¿verdad? ¿Y qué otra cosa puedo hacer?».

En ese momento le proporcioné un poco de neurociencia práctica: le sugerí que empezara la noche con una pequeña ración de espaguetis para cenar. Los alimentos ricos en carbohidratos, como la pasta, incrementan el nivel de serotonina en el cerebro, lo cual sube el ánimo y estimula el pensamiento flexible. Luego estaría bien que dieran un paseo después de cenar, porque la actividad física también hace subir los niveles de serotonina. Como postre, le recomendé un trozo de chocolate negro, porque contiene feniletilamina, una sustancia química que hace que el tronco encefálico indique que algo divertido está a punto de suceder. Y le dije que el siguiente paso en esta «guía neurocientífica del romance» consistía en rociarse el cuello con talco para bebés. Me miró extrañado. Entonces le expliqué que, para las mujeres, este aroma tan común es un poderoso afrodisíaco. «¿Y luego?», insistió. «Dale un masaje en el cuello o en los hombros», le dije, añadiendo enseguida que no mencionara ni una palabra sobre sexo. «Tendrás muchas más probabilidades de tener suerte», concluí.

Unas semanas después de aquel encuentro, en la bandeja de entrada de mi correo electrónico había un mensaje de aquel médico. Estaba lleno de cientos de frases de agradecimiento. Y es que utilizar la neurociencia de forma práctica puede mejorar todos los aspectos de tu vida, incluidos los amorosos.

PRÁCTICA DE HOY: *¿Conoces a alguien que tenga tendencia a decir que no como primera respuesta? Intenta formular tus preguntas al revés para ver si obtienes mejores resultados.*

Mejorar las relaciones a través de la bioquímica

Guardar rencor o actuar de forma impulsiva en una relación puede deberse a una disfunción cerebral. Bob y Betsy vinieron a verme para hacer terapia de pareja. Yo era el quinto terapeuta de este tipo al que acudían. Mi experiencia en el trabajo con parejas me dice que, cuando vienen a la consulta y se sientan lo más lejos posible el uno del otro, es una muy mala señal. Y eso fue justo lo que hicieron. Betsy era una auténtica profesional de guardar rencor; seguía resentida por cosas que habían pasado hacía quince años. Bob, por su lado, era como un francotirador: sabía el tipo de cosas desagradables que tenía que decir para volver a disgustarla cada vez que ella se calmaba. Parecía querer provocarla todo el tiempo.

Era una pareja tan difícil que, tras seis meses intentando ayudarles, llegó a estresarme trabajar con ellos. Después de nueve meses, me sentía fracasado y estaba a punto de decirles que se divorciaran y en paz. Pero en la clínica habíamos empezado a escanear cerebros y, en lugar de rendirme, decidí someterles a ese examen. Sus SPECT cerebrales revelaron algunas de las causas subyacentes de sus problemas. El de Betsy, un exceso de actividad en el giro cingulado anterior, algo que a menudo hace que las personas se queden atascadas en pensamientos negativos, sean tercas y discutidoras, y guarden rencor. La noche anterior había leído un artículo que decía que ciertos antidepresivos calman esta parte del cerebro, así que le receté uno a Betsy. Bob, en cambio, tenía poca actividad en el córtex prefrontal (lo cual es común entre personas con TDA/TDAH y que buscan el conflicto con su comportamiento), así que le receté un estimulante. Les dije que los medicamentos tardarían un tiempo en hacer efecto y que no quería volver a verlos hasta pasados treinta días.

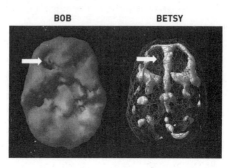

Cuando regresaron a mi consulta al cabo de un mes, se sentaron más cerca el uno del otro. Fue una primera señal positiva desde el punto de vista de la terapia. Hace 32 años desde la primera vez que los vi, y siguen juntos. En su caso, su matrimonio ha mejorado gracias a la bioquímica.

PRÁCTICA DE HOY: *Si tú y tu pareja tenéis conflictos, identifica una cosa que haces que contribuya al problema y algo que puedas hacer para cambiarlo.*

Un nuevo amor es una droga

Un nuevo amor es como una adicción para el cerebro. ¿Sabías que el amor es una de las drogas más potentes del mundo? En particular, enamorarse es como tomar cocaína. ¿Recuerdas la última vez que te ocurrió? ¿Cómo te sentías? Si eres como la mayoría de la gente, estupendamente, pero al mismo tiempo seguro que te comían los nervios. El corazón te latía más rápido y no podías dejar de pensar en esa persona. En algunas investigaciones se han hecho escáneres cerebrales a personas que acababan de enamorarse; lo que se ha descubierto con ello es que la misma parte del cerebro se activa al consumir cocaína y al enamorarse.[131] Pero, al igual que ocurre con la droga, el subidón no suele durar.

De hecho, algunas personas se convierten en adictas a esa sensación de un nuevo amor y tienen tendencia a romper y enamorarse muchas veces. ¿Conoces a alguien así? Hoy en día, las aplicaciones y webs de citas han fomentado más que nunca esta adicción. Pero hay que tener cuidado con estas herramientas. A veces, cuando hay problemas en una relación, la gente se limita a meterse en internet y buscar «un repuesto» en lugar de trabajar en ella.

Entre las personas que siguen juntas de forma sana, la química cerebral del amor duradero pasa de parecerse a la provocada por la cocaína a unas sustancias químicas naturales, similares a las endorfinas o la morfina, y entonces la relación aporta una sensación de calidez, paz y placer. Porque el amor duradero no se basa en el subidón, sino que potencia la sustancia química cerebral más importante en relación con este sentimiento: la oxitocina, que fomenta el vínculo y la confianza en las relaciones. Este potente neurotransmisor tiene fama de hacer de Cupido, porque se libera cuando nos acurrucamos, cuando tenemos relaciones sexuales o al establecer vínculos sociales con amistades. Al estar con tu pareja, la oxitocina estimula una sensación de satisfacción, reduce la ansiedad y provoca calma y seguridad, elementos clave en las relaciones sanas.

Cuando sentimos apego hacia otras personas, estas llegan a «vivir» en las redes de neuronas, razón por la cual las tenemos en mente cuando no están cerca y las echamos tanto de menos cuando se van.

PRÁCTICA DE HOY: *Piensa en la última vez que te enamoraste. ¿Cómo reaccionó tu cerebro al principio? ¿Cómo cambió esa reacción más adelante en la relación?*

Tener un cerebro más sano es más sexi

Haz que la salud cerebral sea fundamental en tus relaciones. El principal secreto para lograr que el amor dure es gozar de un cerebro sano. Si haces todo lo posible por mejorar tu cerebro y el de tu pareja, es mucho más probable que la relación vaya viento en popa. Como muchos de los hombres que acuden a mi consulta por problemas de pareja, Andy desconocía por completo cuál era su responsabilidad en la falta de armonía de su matrimonio. Creía que su mujer era demasiado estricta y que lo que tenía que hacer era aceptarlo tal cual era. Sin embargo, el escáner cerebral de Andy me contó una historia diferente: aunque solo tenía 56 años, su cerebro parecía el de una persona de 80. Cuando le pregunté qué podía estar haciendo que dañara su cerebro, me dijo que no hacía nada malo. Así que le pregunté, en concreto, cuánto alcohol bebía de forma habitual. Me contestó: «No mucho».

ANTES   11 AÑOS DESPUÉS

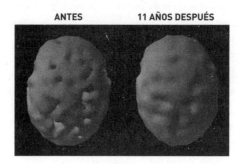

Como psiquiatra, sé que el concepto «no mucho» es distinto para cada paciente, así que le pedí que especificara qué significaba eso para él. Y añadió: «Me tomo entre tres y cuatro copas al día, pero no me emborracho, no es un problema grave».

Pero su cerebro me decía que era un problema gravísimo. El resultado de su escáner le asustó, así que siguió mis instrucciones y se mantuvo alejado del alcohol. Además, tuvo cierta envidia cerebral, así que inició nuestro programa de salud cerebral. Once años después le hice un escáner de seguimiento: había mejorado de manera notable y me dijo que también se llevaba mucho mejor con su mujer y que se sentía como si tuviera treinta años menos. Tú también puedes tener un cerebro mejor y una vida amorosa más plena a partir de ahora. Las decisiones que tomas a diario afectan a la salud de tu cerebro. Cuidarlo te ayudará a cuidar también de tus seres queridos.

PRÁCTICA DE HOY: *Piensa tres formas en las que mejorarán tus relaciones si te tomas en serio tu salud cerebral.*

Incrústate en el cerebro de tu pareja

Hazte inolvidable para el cerebro de tu pareja. Amamos a las personas por los recuerdos que tenemos sobre ellas, o bien las odiamos… justo por la misma razón. Si quieres que el amor dure y que además sea inolvidable, tienes que «incrustarte» en el cerebro de tu pareja con amor. Las tarjetas, las flores, los masajes en los pies, el afecto físico, las experiencias emocionantes y el buen chocolate ayudan en este proceso, pero la forma más eficaz de hacerlo es hallar maneras de dejar sin aliento a tu pareja.

Un buen amigo mío estaba empezando a salir con una chica. El día de su cumpleaños, su novia le regaló tarjetas firmadas por sus cuatro hermanos y sus diez primos. Él se quedó pasmado con el detalle. No solo era algo único, sino que demostraba que había pensado en él y planeado algo especial con semanas de antelación. Aquella consideración le quedó grabada en la mente. En mi caso, una vez le regalé a mi mujer un precioso ramo de flores blancas. Sabía que le resultaría especial, porque cinco mujeres que vieron el arreglo en la tienda dijeron que querían tener un novio como yo. En realidad, las flores son uno de los mejores regalos para el cerebro: su aroma ayuda a calmar y activar el cerebro emocional. Mi mujer fue feliz durante semanas con aquello, lo que, por supuesto, también supuso mi propia felicidad.

Haz pequeñas cosas memorables con regularidad y busca siempre formas de dejar a tu pareja sin aliento. Además, las mujeres tienen un cerebro límbico (relacionado con el apego) más grande, así que si haces algo de verdad especial por alguien a quien ella quiere, serás un héroe en su cerebro mucho tiempo.

PRÁCTICA DE HOY: *Haz algo especial por alguien a quien quieras para «incrustarte» en su cerebro.*

Las respuestas sencillas no son suficientes

El precio que pagamos (y que pagan nuestros seres queridos) por tener problemas cerebrales sin detectar es muy alto. Will, mi mejor amigo, se crio en un hogar repleto de traumas. Su padre tenía terribles problemas de ira que se agravaban cada vez que se emborrachaba. Se sabía que pegaba a su esposa cuando tenía uno de sus ataques de furia.

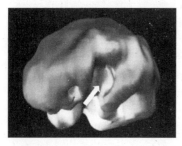

Además, ella se aferraba a sus heridas emocionales del pasado. Claro que todos los miembros de la familia se vieron afectados por aquella disfunción y por la violencia doméstica. El propio Will faltaba a menudo al colegio por los terribles dolores de cabeza que sufría. No es de extrañar que al hacerse mayor tuviera problemas de confianza y dificultades en sus relaciones íntimas. Años más tarde, el padre de Will se volvió psicótico tras haberse sometido a una operación a corazón abierto. Mi amigo se puso entonces en contacto conmigo para que le hiciera una valoración a su padre, cosa que hice. Las imágenes SPECT de su cerebro revelaron una amplia zona de bajo flujo sanguíneo en el lóbulo temporal izquierdo. Este tipo de hallazgos son frecuentes en personas violentas, cosa que concordaba con su historial.

Sospeché que aquel defecto en el lóbulo temporal podía estar relacionado con alguna lesión cerebral, así que le pregunté si había sufrido alguna. Y me dijo que sí, que cuando tenía veinte años iba conduciendo un camión de transporte de leche que había perdido el espejo retrovisor del lado del conductor. Así que para girar tenía que sacar la cabeza por la ventanilla y así poder ver detrás de él. Un día, al hacerlo, chocó con un poste de madera y perdió el conocimiento. Tras ese suceso, su temperamento empeoró, al igual que su memoria. Cuando Will y su familia vieron las imágenes del escáner, sintieron que les ayudaba a comprender que el daño en el cerebro de su padre era la causa subyacente de su terrible comportamiento. Y empezaron a verle de otra forma, sobre todo porque su temperamento y comportamiento mejoraron mucho con el tratamiento.

Antes de hacerle el escáner, al padre de Will se le juzgaba siempre de forma negativa; era el tipo de persona que cualquiera calificaría de «mala». Pero aquellas imágenes cambiaron la percepción ajena y ayudaron a su familia a ser más comprensiva, lo que allanó el camino para perdonarle por lo que había hecho en el pasado. Siempre recordaré el momento en el que Will lloró de alivio al liberarse por fin del odio que había albergado tanto tiempo hacia su padre y ser capaz de llenar su corazón de amor hacia él.

PRÁCTICA DE HOY: *¿Alguien en tu familia ha tenido un comportamiento muy problemático que te haya hecho daño emocional o físico? ¿Es posible que sufra alguna disfunción cerebral?*

DÍA 171

Las cosas más extrañas pueden dañar tu cerebro y arruinar tus relaciones

Los más locos del plató son los pintores. Gracias a miles de escáneres cerebrales, he aprendido que hay muchas cosas que dañan el cerebro y las relaciones. Aunque no hace falta un escáner cerebral para saber que el abuso de drogas y los traumatismos craneoencefálicos causan daños cerebrales, he visto causas menos obvias (el colorante rojo, el glutamato monosódico o inhalar pintura) que hacen estragos en el cerebro de algunas personas y sus familias. Un productor de Hollywood me dijo una vez que se había percatado de que los más locos del plató eran los pintores, que se metían en peleas a menudo, con independencia de su sexo. También he escaneado el cerebro de pacientes antes y después de que ingirieran alimentos o bebidas con colorante rojo, y siempre aparecen cambios negativos en el cerebro.

Uno de mis pacientes, Mark, acudió a mi consulta porque tenía «mal genio», pero me dijo que solo le ocurría de forma ocasional. Tras mi evaluación, me pidió que le escaneara el cerebro una vez más después de haber tomado glutamato monosódico. Y es que, según me dijo, había notado un patrón en su comportamiento después de ingerirlo: se volvía violento. Así pues, para el escáner, Mark tomó comida china que contenía este ingrediente. Las imágenes del escáner revelaron problemas en su lóbulo temporal izquierdo, que es un área del cerebro asociada con la violencia.

SIN GLUTAMATO MONOSÓDICO **CON GLUTAMATO MONOSÓDICO**

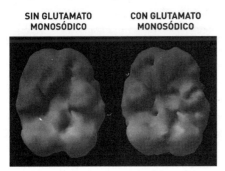

Le di a Mark las dos opciones: tomar medicación para ayudar a su lóbulo temporal a recuperarse o dejar de consumir glutamato monosódico. Él optó por la medicación. Me sorprendió un poco, pero su explicación tenía sentido: sabía que el glutamato está «oculto» en muchos productos y le preocupaba que volver a perder los estribos acabara en divorcio. Y es cierto: este ingrediente se esconde a menudo bajo veinte nombres distintos en las etiquetas; por ejemplo, proteína texturizada, condimentos naturales o extracto de levadura autolisada. Así que, si tienes problemas con tu temperamento, deshazte de los alimentos que contengan glutamato monosódico y piensa en otras toxinas ambientales que también podrían estar arruinando tu vida sentimental.

PRÁCTICA DE HOY: *Haz de detective. Cuando sientas que no controlas tu comportamiento, piensa en posibles desencadenantes, como ciertos ingredientes artificiales que se encuentren en la comida, o la falta de sueño.*

Utiliza tu cerebro antes de entregar tu corazón, parte 1

Detecta las señales de alarma en el oasis del amor. El amor puede llevarnos a hacer disparates. Y la neurociencia nos ayuda a comprender mejor las decisiones que tomamos por amor. Este puede traernos, sin duda, cambios positivos, como una vida más larga, ya que las parejas sólidas suelen vivir más que las demás. También puede allanar el camino a terribles decisiones que dejan a la gente sin dinero, emocionalmente destrozada o inmersa en una espiral de violencia. En otras palabras, el amor puede tener consecuencias vitales o mortales. Pero no siempre lo vemos venir. Eso se debe a lo que yo llamo «el efecto oasis».

Pensemos en la soltería como en un vasto desierto en el que tenemos ansias de contacto humano. Encontrar el amor es como toparse, en medio de ese desierto, con un oasis en el que puedes beber hasta decir basta. Esta deliciosa experiencia es emocionante, maravillosa y absorbente. Enamorarse desencadena un torrente de oxitocina, un neuroquímico que aumenta el vínculo y la confianza hasta tal punto que puede impedirnos ver los problemas que surgen en el horizonte. La persona está tan centrada en su nuevo amor que no se da cuenta de las señales de peligro; por ejemplo, si hay animales enfermos, moribundos o muertos en las afueras del oasis, criaturas que bebieron de sus aguas y luego cayeron enfermas o murieron. Son señales de peligro ante las que debes tener precaución antes de beber a placer. De forma similar, las sustancias químicas del cerebro que entran en juego en esos días de felicidad que proporciona un nuevo amor pueden generar puntos ciegos que te impidan ver los posibles problemas (esos «cadáveres figurados» que rodean el oasis) y te lleven a sumergirte demasiado en él.

PRÁCTICA DE HOY: *Si alguna vez te has enamorado de la persona equivocada, ¿cómo te avisó tu instinto de que había algo malo en esa relación?*

DÍA 173

Utiliza tu cerebro antes de entregar tu corazón, parte 2

A mi sobrina de 16 años le di una vez el siguiente consejo: «Nunca te enamores de alguien a quien no contratarías para trabajar». Y es que la química que puedas tener con una persona a veces es engañosa, por lo que es muy importante que uses el cerebro antes de dejar que alguien se adueñe de tu corazón. Si bien es cierto que nadie es perfecto, debes prestar atención a cualquier presentimiento que te advierta de problemas futuros. Algunas personas son tóxicas, pero puede que sus manifestaciones en este sentido sean sutiles. El pasado de un individuo puede afectar de forma significativa a su capacidad para mantener una relación sana. Estas son algunas señales de advertencia a tener en cuenta al embarcarte en una nueva relación:

- Hay algo de la otra persona que te hace sentir cierta incomodidad, aunque no seas capaz de identificarlo.
- Tu nuevo amor suele actuar como si lo hubieras decepcionado.
- Va muy rápido en la relación.
- A tu familia y amigos les preocupa tu relación con esa persona.
- Las relaciones no le duran demasiado.
- Tiene un comportamiento errático.
- No asume la responsabilidad de sus propios problemas o errores.
- Miente (mucho).
- Nunca dice «lo siento».
- Sus hijos, si los tiene, te hablan mal de él o ella.
- A tus propios hijos les da malas vibraciones.
- Consume drogas ilegales.
- Defrauda al fisco o al menos comete ciertas irregularidades.
- Tiene problemas para controlar su ira, y un carácter explosivo.
- Te habla con condescendencia.
- Te preocupa su consumo de alcohol.
- Cuando estás con esta persona, sientes que dejas de ser tú.
- Intentas cambiar para gustarle más.
- Su interés en ti parece que va y viene.

PRÁCTICA DE HOY: *Comparte esta lista con cualquier persona que conozcas y que pretenda iniciar una relación sentimental.*

DÍA 174

¿Alguna vez has sufrido *mobbing*? Yo sí

El mobbing *suele dirigirse contra personas a las que se considera «diferentes» o una amenaza para el* statu quo. ¿Alguna vez has sentido que eras el blanco de un grupo de personas en el trabajo, la escuela, las redes sociales o incluso en tu parroquia? ¿Han difundido mentiras sobre ti, te han acosado o te han intentado echar del grupo o la comunidad? Pues justo eso es el *mobbing*, un término que surgió para explicar el modo en que algunos individuos desarrollan una mentalidad «de grupo» para meterse de forma implacable con otra persona. Este proceso puede incluir acoso psicológico abierto o encubierto, hostilidad no violenta, cotilleos, desprestigio y falsas acusaciones. Es el esfuerzo sistemático de un grupo para minimizar el valor, las contribuciones o la credibilidad de alguien, con el objetivo principal de aislar a esa persona.

Por desgracia, tengo experiencia con el *mobbing*. No he dejado de sufrirlo desde principios de los noventa, cuando empecé a hablar con mis colegas sobre nuestro trabajo con imágenes cerebrales. En lugar de mostrar curiosidad y una mentalidad abierta, otros psiquiatras me menospreciaron, criticaron, aislaron y subestimaron. Ha sido decepcionante y doloroso, pero entonces fue cuando me di cuenta de que cualquiera que desafíe el *statu quo* debe prepararse para librar la batalla de su vida. Poner en duda un paradigma es una invitación directa a la crítica cruel y amarga. Ya en el siglo XV, el político italiano Nicolás Maquiavelo explicaba lo siguiente: «Debe recordarse que no hay nada más difícil de emprender, ni más incierto en su éxito, ni más peligroso de administrar que un nuevo sistema, pues su impulsor tropieza con la hostilidad de todos quienes se benefician de la preservación de la vieja institución».[132] El caso es que nuestro trabajo con imágenes cerebrales ha ayudado a decenas de miles de pacientes, y sus historias de transformación han hecho bastante más tolerables las críticas.

Pero volviendo al tema del que hablaba, la salud mental y física de muchas personas se ve afectada de manera negativa por las consecuencias del *mobbing*. Yo mismo estuve angustiado y enfadado por ello durante años. Ciertos estudios han revelado que el 71 % de quienes habían sufrido *mobbing* en su lugar de trabajo desarrollaron síntomas de TEPT, el 78 % depresión grave y el 57 % tuvo un mayor riesgo de padecer enfermedades cardiovasculares.[133] Si alguna vez has sido objeto de *mobbing* (o conoces a alguien que lo haya padecido) pide ayuda enseguida al departamento de recursos humanos, a tu orientador escolar o a un profesional de la salud mental. No estás solo o sola.

PRÁCTICA DE HOY: *Si alguna vez se han metido contigo o te han acosado, intenta sacar un aprendizaje de la experiencia.*

Hora de la función ejecutiva: te presento a tu CPF

El CPF es como el jefe de tu cabeza. El córtex prefrontal, que constituye el tercio anterior del cerebro, nos ayuda a decidir entre lo que está bien y lo que está mal, o si una acción es útil o no; también orienta la conducta hacia nuestros objetivos y frena los comportamientos poco saludables. Podría decirse que es la parte más importante del cerebro a la hora de tomar decisiones que influyen en la salud y el éxito. El CPF recibe asimismo el nombre de «región ejecutiva», porque funciona como el CEO de nuestra propia vida.

Cuando está sano, ese CEO de la cabeza es un jefe enfocado en objetivos, centrado, organizado, reflexivo y orientado simultáneamente al presente y al futuro; muestra buen juicio, aprende de los errores y es capaz de controlar nuestros impulsos. Por el contrario, cuando está herido, por la razón que sea, es como si ese gerente de tu cabeza se hubiera ido de vacaciones (*cuando el gato no está, los ratones bailan*) y es más probable que actúes de forma impulsiva, ineficaz, irresponsable o abusiva. Y esto no solo te perjudica a ti, sino también a las personas de tu entorno.

Una analogía útil para entender el CPF es imaginarnos en la parte más alta de una carretera de montaña, en invierno y con un coche deportivo de alto rendimiento. ¿El objetivo? Llegar abajo de forma segura. Para conducir por una carretera así, llena de curvas, es imprescindible contar con unos buenos frenos; tenerlos dañados o gastados incrementa el riesgo de accidente. Y es que los frenos ayudan al coche a adaptarse a cualquier situación, ya sea que haya lluvia, nieve, hielo o ciertos conductores que actúen de forma temeraria. De un modo similar, un CPF sano nos ayuda a «conducir» por la vida en cualquier situación. Cuando está dañado o presenta un nivel demasiado bajo de actividad, nuestros frenos son débiles y surgen los problemas: es más probable derrapar y «salirse» de la carretera. Asimismo, cuando el CPF trabaja demasiado, como suele suceder con un TOC, los frenos están siempre puestos, lo cual impide cualquier avance en el descenso de la montaña y en tu vida.

PRÁCTICA DE HOY: *Hazte esta pregunta: ¿en qué momento de tu vida empezaste a tomar mejores decisiones para ti? ¿Cuándo te cuesta más tomar decisiones?*

Controlar a tu niño interior y a un padre interior demasiado severo

Necesitamos unos frenos sanos en la cabeza. Un nivel de actividad demasiado bajo en el CPF implica impulsividad; uno demasiado alto supone no poder ir a ninguna parte. Una de las ideas más útiles de Sigmund Freud fue su afirmación de que la personalidad humana está formada por el ello, el ego y el superego. Estos tres aspectos también reflejan etapas del desarrollo del cerebro.

El «ello» es nuestra mente infantil, que quiere lo que quiere cuando lo quiere. Es el componente más primitivo, y tiene que ver con nuestras necesidades e impulsos básicos, así como con el principio del placer. Resulta bastante evidente en el comportamiento de los bebés y las personas en su primera infancia. A esa edad, el córtex prefrontal está desconectado.

El «ego» es la mente adulta sana, y gestiona los deseos incesantes y egoístas del ello y la severidad del superego. Utiliza la razón y se basa en la realidad; refleja, en definitiva, el desarrollo y la fortaleza del CPF. En cuanto al «superego», es el padre que tenemos en la cabeza y que nos dice lo que deberíamos hacer y lo que no. Es muy moralista y está implicado en el castigo, la recompensa y la autocrítica.

Una buena analogía sobre cómo el ello, el ego y el superego se manifiestan en la etapa adulta la tenemos en los jefes. Los CEO eficaces tienen un ego saludable; su CPF está involucrado en los procesos de toma de decisiones, incluidas las que tienen que ver con la forma de tratar a los trabajadores. Si un CEO tiene un superego demasiado fuerte, es probable que sea un superior punitivo, con excesivo control sobre los detalles. En cambio, si su ello toma el control (es decir, si su CPF tiene un nivel bajo de actividad), es posible que se comporte de forma inapropiada en la oficina.

PRÁCTICA DE HOY: *Haz un repaso de tu vida y plantéate cuándo sueles tomar malas decisiones. ¿Existe algún patrón que implique un nivel alto o bajo de funcionamiento de tu CPF?*

Las tres palabras más importantes para la salud cerebral: ¿y luego qué?

Piensa en el futuro. Conocí a José en un programa de *Dr. Phil* sobre adúlteros compulsivos. José había engañado a su mujer ocho veces en los cuatro años que llevaban juntos. En cuanto a ella, bueno, se había hecho con una pistola para resolver la situación, razón por la cual terminaron en *Dr. Phil*. Mi misión era hacerle un escáner a José para ver si había algún problema que estuviera contribuyendo a su comportamiento. Había jugado al fútbol americano en el instituto, había practicado boxeo y solía romper botellas de cerveza con el cráneo. Así que, como puedes imaginar, tenía un CPF con un nivel de funcionamiento bastante bajo.

Visité a José durante casi una década después de aquel programa. Con el tiempo, al optimizar su cerebro, mejoró de manera notable y abandonó su comportamiento adúltero. Las tres palabras que ambos repetíamos una y otra vez eran: «¿Y luego qué? Y si hago esto… ¿luego qué ocurrirá? Y si digo/escribo/miro/como esto… ¿luego qué ocurrirá?». Le hice colgar un papel con la frase «¿Y LUEGO QUÉ?» en un lugar visible de su casa y del coche. Aquello supuso un gran cambio para José y su familia. Incluso me regaló una placa con la frase «¿Y LUEGO QUÉ?» grabada —que sigo teniendo en mi mesa de trabajo— y me mandó la letra de la canción de Clay Walkers *Then what*, que trata sobre un amigo que se planteaba engañar a su mujer.

El CPF nos ayuda a seguir en la senda de nuestros objetivos. José no quería que sus niñas crecieran en un hogar roto, igual que él. Y reparar y activar su CPF le ayudó a ser mejor padre.

PRÁCTICA DE HOY: *Ponte la canción* Then what? *de Clay Walker y pega un papel con las palabras «¿Y LUEGO QUÉ?» donde puedas verlo todos los días.*

Domina las dos fuerzas opuestas que hay en tu cerebro: el elefante y el jinete

Gana control sobre tu cerebro emocional reforzando el reflexivo. Me gusta utilizar la metáfora del elefante y el jinete para poner imagen a las dos fuerzas opuestas del cerebro. El córtex prefrontal es el jinete, la parte reflexiva del cerebro, que intenta dirigir la vida; el cerebro límbico o emocional es el elefante. Es la zona emocional y poderosa, la que dirige nuestros impulsos y deseos. Siempre que el elefante quiera ir hacia donde lo dirige el jinete, las cosas funcionan bien. Pero cuando aquel quiere «de verdad, con locura, profundamente» ir a algún sitio al que el jinete prefiere que no vaya, ¿quién ganará el tira y afloja? Las apuestas están con el elefante.

Los antojos (elefante) suelen controlarse desde el CPF (jinete) cuando las cosas van bien. Pero si el elefante se asusta, se pone nervioso o tiene miedo, puede echar a correr sin control. ¿Cómo integramos, entonces, al jinete y al elefante para que el CPF y el cerebro límbico —objetivos y deseos, pensamientos y comportamientos— estén más sincronizados? Lo hacemos a través del entrenamiento continuo, del mismo modo que los domadores de animales entrenan a los poderosos elefantes. Por tanto, «domamos» a nuestro elefante interior con objetivos claros, sin PNA, con un patrón de sueño saludable, un nivel de azúcar en sangre estable y protegiendo siempre el CPF, que se daña con facilidad por las lesiones cerebrales.

Piensa en la siguiente situación: el elefante que llevas dentro tiene muchas ganas de comerse un gran bollo y te empuja hacia ese subidón de azúcar. Pero, como persona reflexiva y consciente que ama su cerebro (eso es lo que eres), has entrenado a tu CPF para que se detenga y piense en las consecuencias del bollo: fatiga, niebla mental, diabetes y sobrepeso. Quieres un resultado más positivo, así que tomas una decisión diferente; por ejemplo, cortar una manzana y ponerle un poco de crema de almendras para comerte un tentempié saludable que satisfará tus antojos y hará que el elefante se calme. Fíjate siempre en qué te distrae más de tus objetivos, para aprender a evitarlo.

PRÁCTICA DE HOY: *Anota dos situaciones en las que tu cerebro emocional tenga tendencia a secuestrar al reflexivo. ¿Qué estrategias puedes utilizar para recuperar el control?*

La neurociencia que explica por qué pierdes en Las Vegas

Las mujeres bonitas hacen que los hombres se vuelvan estúpidos. ¿La mera presencia de una mujer atractiva puede hacer que un hombre haga cosas estúpidas? Según una investigación realizada en Canadá, la respuesta es un rotundo ¡sí! En ese estudio, los hombres jugaron a los dados mientras veían imágenes de mujeres, algunas muy atractivas y otras no tanto. Los participantes masculinos del estudio que veían mujeres guapas mostraron una mayor impulsividad y acabaron con mayores pérdidas monetarias. Los autores del estudio explicaron que la visión de una mujer hermosa puede hacer que los hombres descarten el futuro, al ignorar las repercusiones duraderas de sus acciones. Es curioso: cuando los investigadores pusieron a las participantes femeninas imágenes de hombres mientras jugaban al mismo juego de dados, el aspecto de estos no influyó en sus acciones.[134] Otra investigación, esta en los Países Bajos, reveló que, tras socializar con mujeres, la función cognitiva de los hombres disminuía.[135]

Los propietarios de los casinos de Las Vegas (y los de otras partes del mundo) lo saben muy bien. Esos «palacios del juego» están repletos de atractivas empleadas que visten escuetos uniformes. Si a esto se añaden los cócteles gratuitos y el entretenimiento nocturno que quita el sueño a los clientes, se produce una «fuga de cerebros» que reduce el control de los impulsos y perjudica el juicio. No es de extrañar que la banca lleve siempre las de ganar. Ya sabes, si quieres recuperar tu ventaja y hacerte con su dinero, duerme bien la noche anterior, concéntrate en tus cartas (no en la camarera guapa), pasa del alcohol y bebe agua.

PRÁCTICA DE HOY: *Identifica las veces en las que has tomado decisiones impulsivas o alguna de la que te hayas arrepentido. ¿Qué factores derivados de tu estilo de vida pueden haber jugado un papel en esas situaciones?*

Crimen, tratamiento y castigo

No, es indicativo de una mala planificación. Peter, de 62 años, acababa de perder una batalla legal de doce años con sus vecinos por los árboles de una servidumbre. A lo largo de ese periodo, había sufrido dos lesiones cerebrales (una por una caída y otra por un ictus) y había empezado a comportarse de forma errática. A la mañana siguiente de perder el juicio, oyó el inconfundible ruido de una motosierra. Entonces se imaginó a sus vecinos talando sus árboles y eso le enfureció. Llamó al teléfono de emergencias y le dijo a la operadora que iba a matar a sus vecinos y que enviaran a alguien cuanto antes. Luego agarró su pistola y les disparó. Cuando escaneé el cerebro de Peter a petición de su abogado, observé un nivel de actividad muy fuera de lo normal en el córtex prefrontal (que, como ya he dicho, es la parte del cerebro implicada en la planificación, el control de los impulsos y el juicio) y en los lóbulos temporales (que tienen que ver con la memoria, el control del temperamento y la estabilidad del estado de ánimo). Presentar un escáner de este tipo en un juicio permite ver al jurado que el criterio de esa persona estaba comprometido, pero no basta para dejar en libertad a un acusado de dos asesinatos.

DESDE ARRIBA **DESDE ABAJO**

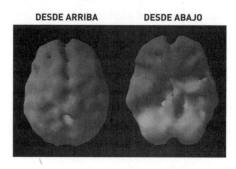

Cuando testifiqué en aquel juicio —en el que se pedía la pena de muerte—, el fiscal cuestionó mis conclusiones sobre la falta de planificación y de criterio de Peter, vinculadas a una deficiencia en su CPF. Él sugirió que el hecho de que Peter llamara al teléfono de emergencias antes del tiroteo era en sí un signo de planificación. Le respondí que aquello indicaba una planificación muy deficiente, y que no tenía sentido llamar a emergencias antes de cometer un asesinato. Sí, mucha gente piensa en hacer daño a otras personas, pero se abstienen de poner en práctica su plan; llevan a cabo una anticipación sana pensando en las posibles consecuencias de sus actos y dan con formas menos violentas de gestionar su ira. Al final, Peter fue declarado culpable de asesinato en segundo grado, y logró evitar la pena de muerte, pero lo condenaron a 80 años de prisión, todo el resto de su vida.[136]

PRÁCTICA DE HOY: *Lee las noticias, a ver si puedes detectar un comportamiento malvado en algún suceso. Piensa qué tipo de problema cerebral puede haber contribuido a tales hechos.*

Seis aprendizajes a partir de los escáneres de asesinos

Fue considerado como la persona con más probabilidades de empezar la Tercera Guerra Mundial. El 20 de mayo de 1998 sorprendieron a Kip Kinkel, de quince años, con una pistola robada y lo expulsaron del colegio. Después de asesinar a sus padres aquella noche, a la mañana siguiente fue al instituto Thurston, mató a dos estudiantes e hirió a dos docenas más. Lo condenaron a 112 años de cárcel. En una ocasión, Kip había sido calificado como «la persona con más probabilidades de empezar la Tercera Guerra Mundial». Antes de la masacre, escribió: «Mi cabeza no funciona bien. Malditas sean esas voces dentro de mi cabeza [...] Tengo que matar a gente. No sé por qué [...] No tengo elección». En las Clínicas Amen hemos escaneado el cerebro de más de mil delincuentes convictos y más de cien asesinos. Y ¿qué nos han revelado esos escáneres? Nos han permitido sacar las siguientes seis conclusiones:

1. **La gente que hace cosas malas suele tener un cerebro problemático.** El propio Kip presentaba uno de los escáneres cerebrales más dañados que jamás he visto en alguien de su edad.
2. **El asesinato no siempre se ve igual en el cerebro.** Algunos de los escáneres muestran impulsividad; otros, compulsividad; otros (como el de Kip), toxicidad, y otros, daños por una lesión cerebral traumática (LCT).
3. **Las LCT son una de las causas principales de trastorno psiquiátrico y violencia.** Aun así, poca gente lo sabe, porque la mayoría de psiquiatras y psicólogos no observan el cerebro.
4. **El sistema tradicional de atención a la salud mental está fallando.** Muchos responsables de masacres, como Kip, habían visitado a psiquiatras u otros profesionales de la salud mental antes de cometer sus crímenes.
5. **No puede disculparse un comportamiento homicida por problemas cerebrales.** Las personas que cometen atrocidades no deben ser perdonadas ni exoneradas por el hecho de tener un cerebro dañado. Muchas otras que lo tienen nunca hacen nada malo.
6. **El cerebro puede rehabilitarse.** ¿Qué pasaría si nuestra sociedad analizara y tratara los cerebros problemáticos en lugar de limitarse a almacenarlos en un entorno tóxico y estresante? Con una mejor salud cerebral, es más probable que los reclusos que salen en libertad puedan trabajar, mantenerse y, qué sé yo, pagar impuestos. El escritor ruso Dostoyevski escribió una vez: «Una sociedad debería ser juzgada no por cómo trata a sus ciudadanos ejemplares, sino por cómo trata a sus criminales».[137] Así pues, en lugar de pensar solo en «crimen y castigo», deberíamos pensar en «crimen, evaluación y tratamiento».

PRÁCTICA DE HOY: *Si tú o alguien a quien quieres hace cosas malas, plantéate si es posible que el origen del problema sea un cerebro enfermo.*

El guerrero del cerebro Michael Peterson: los buenos hábitos son la clave de los éxitos

¿Has dicho que rompías ladrillos con la cabeza? El cantante de country Michael Peterson es uno de mis guerreros del cerebro favoritos. Pero no siempre fue así. Michael saltó al estrellato en 1997, cuando su álbum de debut produjo el número uno *From here to eternity* y otros éxitos como *Drink, swear, steal & lie*. Estaba feliz con su vida, pero, tras más de doce años de gira, se sentía muy fatigado, tenía dolores constantes y había engordado mucho. Después de casarse, él y su mujer decidieron regalarse salud cerebral y visitaron una de nuestras clínicas.

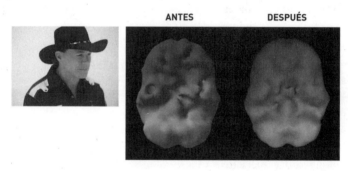

ANTES   DESPUÉS

Los escáneres de Michael revelaron un cerebro dañado y le pregunté si había sufrido algún traumatismo craneal. Me confesó que había jugado al fútbol americano en la universidad, pero me quedé boquiabierto cuando añadió que había batido un récord rompiendo ladrillos con la frente. Al ver mi cara de horror, me explicó que después de la universidad se unió a una troupe circense que hacía acrobacias y otros números espectaculares para estudiantes de secundaria. Él era capaz de partir en dos una matrícula de coche con las manos, pero su especialidad era reventar ladrillos con el cráneo. Ver su cerebro dañado en los escáneres le generó un nivel bastante saludable de ansiedad, e hizo grandes cambios en su estilo de vida: entre otras cosas, adoptó una dieta saludable para el cerebro y empezó a tomar nutracéuticos. En su visita de seguimiento, el escáner de su cerebro tenía un aspecto significativamente mejor, su memoria había mejorado y se sentía más enérgico. Gracias a lo que había aprendido, empezó a compartir los beneficios de la salud cerebral con adolescentes de todo el país. Ver cómo Michael fue capaz de mejorar el estado de su cerebro después de años de reventar ladrillos demuestra que podemos lograrlo aunque nos hayamos portado mal con él. La clave es alcanzar un nivel saludable… de ansiedad.

Michael suele citar a Og Mandino, que dijo que «la única diferencia entre las personas que fracasan y las que tienen éxito se basa en sus hábitos. Los buenos hábitos son la clave de todos los éxitos. Los malos son una puerta abierta al fracaso».[138]

PRÁCTICA DE HOY: *¿Qué es lo peor que le has hecho a tu cerebro? Anótalo y compártelo con alguien a quien le importe (si te atreves).*

Tratar con personas que buscan el conflicto

Mucha gente con menos flujo sanguíneo de lo normal en su córtex prefrontal usa la búsqueda de conflictos para estimular esa parte de su cerebro. Y, por muy irritante y molesto que resulte, es importante que no siempre «muerdas el anzuelo». En otras palabras, hay que hacer todo lo posible por mantener la calma. Nadie duda de que puede resultar engorroso estar cerca de gente que intenta provocarnos todo el tiempo, ya sea nuestra pareja, uno de nuestros hijos o un colega del trabajo. Pero, por desgracia, si respondemos de la misma manera —enfadándonos o gritando con frustración—, esto reforzará su comportamiento conflictivo. Desde luego, es difícil porque, al mantener la tranquilidad, lo más probable es que esa persona se esfuerce aún más por sacarnos de quicio. No obstante, si seguimos firmes dejará de hacerlo.

Los individuos con tendencia a buscar el conflicto saben muy bien qué teclas tocar; de hecho, son expertos en ello. Es probable que hayas jugado a este juego con esas personas mucho tiempo. Pero puedes modificar el patrón negándoles la reacción que desea su cerebro para activar el CPF (un chute de adrenalina). Sin embargo, como ocurre con cualquier mal hábito o patrón de comportamiento, al poner en práctica esta nueva estrategia es posible que pasen por un periodo de retraimiento e intensifiquen su comportamiento provocador. Aguanta, porque con estos consejos podrás cambiar la forma en que interactuáis y convertirla en una relación más sana.

Las siguientes son algunas de las maneras más adecuadas de interactuar con quienes buscan el conflicto:

- Mantén la voz firme y calmada, en un tono inversamente proporcional al de la otra persona.
- Haz una pausa si la situación es incómoda o parece descontrolarse.
- Intenta hacer una broma para relajar el ambiente.
- Escucha lo que dice la otra persona y fíjate en la emoción que hay tras el contenido.
- Haz saber a la otra persona que, cuando logre mantener la calma y la concentración, te encantará seguir hablando del tema.

PRÁCTICA DE HOY: *Identifica a alguien de tu entorno con tendencia a buscar el conflicto y usa estas técnicas la próxima vez que intente provocarte.*

Tu cerebro hace que ocurra lo que visualiza

Entrena tu mente para visualizar el éxito. Jenny, de 32 años, era conductora de autobús. Vino a mi consulta vestida con su uniforme, y se la veía triste. Parecía embarazada de ocho meses. Le corrían las lágrimas por el rostro mientras me contaba que su familia y su novio acababan de repudiarla, y que se sentía sola y confusa.

«¿Cómo es posible? —empezó—. ¿Cómo puedo parecer y sentirme embarazada, sin estarlo? ¿Cómo puede ser que haya aumentado el tamaño de mis pechos? ¿Que no tenga la regla? ¿Tener esta barriga? —Levantó la voz y se puso la mano en el abdomen hinchado—. ¿Cómo es posible? ¿Estoy loca?».

Lo que Jenny padecía es un trastorno conocido como pseudociesis o falso embarazo. Como creía estar embarazada, su cerebro enviaba señales al resto del cuerpo para que así fuera. La pseudociesis se conoce desde la antigüedad. Ya Hipócrates escribió sobre doce mujeres que «creían estar embarazadas» en el año 300 a. C. Cuando le expliqué su trastorno, Jenny empezó a comprender el poder de su cerebro. Tras una reunión familiar y varias sesiones con su novio, recuperó la relación con las personas a las que quería.

Ya hemos visto que el cerebro humano es muy poderoso. Si solo ves peligros incluso donde no los hay, quizá sientas tanto pánico que acabes en urgencias. Pensar para tus adentros que tu pareja pude abandonarte te provocará inseguridad, dependencia y que te enganches a esa persona. En definitiva, los pensamientos negativos *pueden hacer* que ocurran cosas negativas, mientras que los positivos *pueden ayudarte* a alcanzar tus objetivos.

Dile a tu cerebro lo que quieres y adapta tu comportamiento para conseguirlo. La mente capta lo que visualiza y hace que ocurra, así que es fundamental imaginar lo que queremos y luego cambiar nuestro comportamiento. Muchas personas se dejan llevar por los vaivenes del día a día en lugar de utilizar su córtex prefrontal para planificar su vida y cumplir sus objetivos.

PRÁCTICA DE HOY: *¿Qué es lo que quieres? Visualiza tu éxito y anota tres pasos que podrías dar para alcanzarlo.*

Un milagro en una página (MUP)

Dile a tu cerebro lo que quieres de forma clara. Uno de los ejercicios que utilizo con todos mis pacientes es el «milagro en una página» (MUP).[139] Si quieres tener éxito en cualquier ámbito, has de decirle a tu cerebro lo que deseas una y otra vez, y a continuación preguntarte si tu forma de actuar te está ayudando a conseguirlo. ¿Se ajusta a tus objetivos? Haz el siguiente ejercicio y cuelga la hoja donde puedas verla todos los días.

Instrucciones: en una hoja de papel o en tu ordenador, anota lo que quieres en las principales áreas de tu vida. Utiliza los títulos y subtítulos que aparecen a continuación. Junto a cada subtítulo, indica de forma breve tus objetivos principales en cada área. Asegúrate de enfocarte en lo que quieres, no en lo que no quieres. Una vez completado tu MUP, míralo cada día y pregúntate si tu conducta te está ayudando a lograr lo que deseas. Si quieres ir más lejos, anota cinco cosas que puedes hacer para cumplir tus objetivos, y otras cinco que haces y que podrían impedírtelo.

MI MILAGRO EN UNA PÁGINA

Relaciones
Cónyuge/pareja
Hijos
Familia extensa/Amigos

Trabajo

Dinero

Yo
Salud física
Salud emocional
Salud espiritual

PRÁCTICA DE HOY: *Completa tu milagro en una página. Cuélgalo donde puedas verlo a diario. Pregúntate todos los días: «¿Mi comportamiento se ajusta a lo que quiero?».*

DÍA 186

Usa tu cerebro para invocar tu destino

La idea de «invocar» suena esotérica, pero en realidad tiene una base neurocientífica.
Si visualizas y te enfocas en lo que quieres, es mucho más probable que lo consigas.
Invocar significa pensar e imaginar el futuro deseado, y también los pasos para hacerlo
realidad. La invocación desencadena actividad en todo el cerebro, en especial en el
córtex prefrontal, que está implicado en el establecimiento de objetivos, la planificación, la previsión, el juicio, la conclusión de tareas y el aprendizaje a partir de los
errores; justo las habilidades necesarias para convertir nuestros sueños en realidad.
Si le decimos al CPF lo que queremos, este nos ayudará a adecuar el comportamiento para conseguirlo. Porque el cerebro hace realidad aquello que visualiza. Muchos
coaches recomiendan a sus clientes crear un tablero de visualización detallado con el
tipo de relaciones, trabajos, situación económica, salud y logros que desean. Dado que
el 30 % del cerebro está dedicado a la visión, dichos tableros pueden ser de gran ayuda
para alcanzar nuestros objetivos. Una vez que sepas los tuyos, plantéate si tu comportamiento se ajusta a las metas vitales que te has fijado.

Invocar también implica cambiar patrones de pensamiento, la mentalidad y e
incluso el sistema de creencias sobre ti; descartar pensamientos y creencias negativas
que te frenan; y cambiar a una perspectiva más positiva que te infunda la confianza
necesaria para pasar a la acción. El primer paso es darle a tu cerebro una dirección clara escribiendo tus objetivos con el ejercicio del milagro en una página (ver día 185).
Si añades a esto un plan de acción con los pasos a dar para alcanzar esos objetivos, au-
mentarás el poder de la invocación. Saber lo que quieres, planificar cómo alcanzar tus
objetivos y emprender acciones diarias al respecto son tácticas que activan tu cerebro
para ayudarte a hacer realidad tus sueños. Estas son las claves para invocar tu destino.

PRÁCTICA DE HOY: *Crea un tablero de visualización y define los pasos que darás para
que tus sueños se hagan realidad.*

Coordina mente y cuerpo: te presento al cerebelo

El cerebelo es la parte Rodney Dangerfield del cerebro. No recibe ningún respeto. Situado en la parte inferior posterior del cerebro, el cerebelo contiene el 50 % de sus neuronas, pero solo ocupa el 10 % de su volumen. A veces se le llama «el pequeño cerebro». Interviene en un amplio abanico de funciones, como la coordinación motora (cuando los movimientos requieren la intervención de dos o más partes del cuerpo), la postura, la marcha o la velocidad a la que se procesa la información. El cerebelo es fundamental para la coordinación del pensamiento, que refleja la rapidez de adaptación cognitiva o emocional a estímulos o situaciones ya existentes o nuevas. Pero también ayuda a hacer ajustes físicos rápidos, como los necesarios para practicar deportes u otras actividades físicas. Cuando el cerebelo no funciona bien, la coordinación física se vuelve más difícil, lo que provoca torpeza y propensión a los accidentes. Los datos de nuestros escáneres SPECT cerebrales también muestran que un nivel bajo de actividad en el cerebelo se asocia a confusión, desorganización y mala escritura. Hemos observado que las personas que padecen TDA/TDAH, problemas de aprendizaje o TEA suelen tener un menor flujo sanguíneo en esta parte del cerebro.

Debido a su papel como principal centro de coordinación del cerebro, las actividades físicas y mentales que implican coordinación —como practicar deportes o tocar instrumentos musicales— pueden ayudar al cerebro a funcionar de forma óptima.

PRÁCTICA DE HOY: *Practica un deporte o baila para ejercitar tu cerebro.*

La hora de la flexibilidad: te presento a tu GCA

¿Quién sobrevive a una pandemia? Las personas flexibles. Existe una zona en lo más profundo de los lóbulos frontales llamada «giro cingulado anterior» (GCA); ya hemos hablado de ella: nos permite ser flexibles, cambiar el centro de atención, ir de pensamiento en pensamiento, contemplar opciones, fluir y cooperar (salir de nuestra zona de confort para ayudar a los demás). Pero además el GCA participa en la detección de errores. Por ejemplo, si llegas a casa y ves la puerta abierta de par en par, aunque sepas que la cerraste con llave, en tu mente se activará la precaución adecuada.

Cuando el GCA está sano, las personas suelen ser flexibles, adaptables y cooperativas, aprenden de sus errores y se dan cuenta cuando las cosas van mal. Por el contrario, cuando está poco activo —muchas veces debido a un traumatismo craneal o a la exposición a toxinas—, tienden a ser calladas y retraídas. Y cuando está hiperactivo —a menudo debido a niveles bajos de serotonina (el neurotransmisor calmante)— la gente tiende a quedarse atrapada en pensamientos (obsesiones) o comportamientos (compulsiones o adicciones) de carácter negativo, y a no cooperar. Durante décadas, se han empleado estrategias para incrementar los niveles de serotonina (por ejemplo, tomar suplementos como el 5-HTP o el azafrán, y medicamentos inhibidores selectivos de la recaptación de serotonina, ISRS) y así tratar la ansiedad, la depresión y el trastorno obsesivo-compulsivo.[140]

«Quedarse atrapado» puede significar muchas cosas: por ejemplo, preocuparse, guardar rencor o enfadarse si las cosas no salen como uno quiere. A primera vista, las personas con un nivel de actividad elevado en su GCA pueden parecer egoístas («o se hace a mi manera o no se hace»); pero desde el punto de vista de la neurociencia no son sino rígidas. La inflexibilidad los lleva a decir de forma automática que no, incluso cuando decir que sí puede ser mejor opción. Esos individuos tienen dificultades para contemplar las distintas opciones, y suelen ser discutidores y «opositores». Además, tienden a fijarse demasiado en los errores, tanto en los propios como en los de su pareja, familiares, colegas del trabajo o, más allá, organizaciones como escuelas, gobiernos o iglesias.

Al bucear en nuestra extensa base de datos de imágenes cerebrales e historias clínicas, descubrimos que los pacientes con TOC o TEPT muestran un nivel alto de actividad en el GCA. En ambos trastornos, la persona se queda atrapada en sentimientos, pensamientos o conductas de corte negativo.

PRÁCTICA DE HOY: *Enumera dos o tres situaciones en las que tengas tendencia a quedarte atrapado o atrapada en pensamientos o conductas negativas.*

Qué hacer cuando nos sentimos atrapados

Que Dios me conceda serenidad. Si los pensamientos suelen quedarse presos en tu cabeza, lo mejor que puedes hacer es escribirlos. Al leer lo que te ha estado obsesionando es bastante probable que cambie tu perspectiva y seas más racional, lo que te ayudará a abordar tus pensamientos con mayor eficacia. Esto es sobre todo útil en el momento en que te metes en la cama, cierras los ojos… y tu mente no se apaga.

Para ayudarte a controlar esta situación, ten siempre un bloc y un bolígrafo en la mesilla de noche, y úsalos para escribir los pensamientos que no te dejan dormir. Para cada uno, anota lo que puedes controlar y lo que no. He aquí un ejemplo: acabas de optar a un puesto de trabajo en una empresa en la que llevas tiempo queriendo entrar. Ayer, el responsable de selección de personal te citó para una entrevista dentro de unos días. Desde que te llamó, tu cabeza no ha parado de dar vueltas por culpa de la ansiedad.

1. Identifica tu mayor preocupación (por ejemplo: «Pensarán que soy peor que los demás candidatos»).
2. A continuación, escribe afirmaciones que puedan contrarrestar esta preocupación. Por ejemplo: «Trabajo mucho, y en mi puesto actual me respetan. Se me da muy bien trabajar en equipo. Soy fiable e inteligente. Practicaré para la entrevista hablando de mi experiencia y cualificaciones».
3. Luego escribe las cosas que están fuera de tu control; por ejemplo: «Haré lo que pueda, pero la decisión no depende de mí. Tal vez no sea la persona más adecuada para el puesto. Puede que necesiten a alguien más cualificado que yo».

Poner en práctica esta rápida y sencilla actividad te ayudará a dormir mejor.

PRÁCTICA DE HOY: *Cada vez que notes que un pensamiento te atrapa, escríbelo; apunta también lo que puedes y no puedes hacer al respecto.*

DÍA 190

Si alguien está atrapado en sus pensamientos, no intentes convencerle

Déjalo y prueba más adelante. Cuando estás discutiendo con alguien que se niega a ceder, puede ser útil tomarse un tiempo. Ya sea cuestión de minutos, horas o días, un respiro puede ser una forma eficaz de obtener claridad sobre lo que, de otro modo, podría ser una situación irresoluble y agotadora. Cuando una persona está atrapada en un pensamiento o en su propia postura, es difícil razonar con ella. He descubierto que la distracción es una de las estrategias más eficaces a la hora de ayudar a alguien que tiende a quedarse «enquistado»; puede ser muy sencilla, como por ejemplo cambiar de tema. Desviar su atención de este modo dará tiempo a su subconsciente para procesar lo que se le ha dicho sin tener que discutir sobre ello. No es raro que la persona obstinada tenga la mente más abierta sobre el asunto cuando lo retome.

Mi paciente Jackie solía aferrarse a sus pensamientos. Como era de esperar, tenía problemas con su marido. Él la acusaba de atrincherarse y no ser capaz de escuchar lo que le decía. A su vez, ella le criticaba por no prestarle atención. No pude evitar señalar que tal vez era porque ella no escuchaba su opinión. No estuvo de acuerdo conmigo. Como no quería activar su tendencia a la oposición, dejé el tema y cambié el rumbo de la conversación. La siguiente vez que acudieron a mi consulta, Jackie me dijo que había escuchado más a su marido. Me alegró saber que su subconsciente había oído lo que yo le decía, aunque en apariencia lo hubiera desestimado.

Si tienes una relación con alguien con tendencia a estancarse y dar vueltas a lo mismo cuando discute, te ofrezco una de mis estrategias favoritas: cuando la conversación se ponga tensa, di que necesitas ir al baño; nadie discute eso y es una forma fácil de generar distracción y tomarse un respiro, lo que puede mejorar la situación.

PRÁCTICA DE HOY: *La próxima vez que te enquistes en una riña o discusión, haz una pausa para ir al baño y tómate el tiempo que necesites para salir de ese bucle.*

Pide lo contrario de lo que quieres

La psicología inversa no funciona con todo el mundo, pero sí con este tipo de personas. La psicología inversa suele ser útil con individuos cuyos lóbulos frontales (sobre todo el giro cingulado anterior) trabajan demasiado. Los expertos lo llaman «autoanticonformismo estratégico», y funciona del siguiente modo: si quieres que tu hijo de seis años con tendencia a llevarte la contraria colabore a la hora de la cena, prueba a decirle: «Seguro que no quieres ayudarme a poner la mesa». Estará deseando ponerse manos a la obra con los cubiertos.

Los terapeutas de pareja a veces usan este método con las que se niegan a seguir sus recomendaciones. Supongamos que una pareja tiene problemas para comunicarse o para sacar tiempo de intimidad física; su terapeuta puede recomendarles que eviten hablarse o se abstengan de ponerse en plan romántico. En concreto, para las parejas que se resisten a la terapia esto se convierte muchas veces en una puerta de entrada a una mejor comunicación y a renovar el interés por hacer el amor.

En entornos terapéuticos, la psicología inversa también se denomina «terapia de intención paradójica», y puede ayudar a quienes sufren ansiedad, miedos o fobias. Veamos como ejemplo un estudio en el que los participantes eran hombres que sentían tanta ansiedad al orinar en baños públicos que no podían hacerlo. El equipo de investigación les dio instrucciones para que entraran a esos baños y simularan el proceso de orinar, pero sin hacerlo de verdad. Tras varias de estas visitas, aquellos hombres superaron la ansiedad que les provocaban los baños públicos.[141]

La psicología inversa puede funcionarte tanto en tu trabajo como en casa. En el trabajo, si necesitas que alguien termine un proyecto antes de final de semana, prueba a decirle: «Dudo que puedas acabar esto el viernes». En casa, si tienes un hijo o hija que tiende a enfadarse y discutir siempre que le pides que haga algo, prueba a decirle: «No creo que seas capaz de hacer esto sin una rabieta, ¿verdad?».

PRÁCTICA DE HOY: *Identifica a alguien de tu entorno con tendencia a oponerse a las cosas y usa la psicología inversa sutil, a ver si puede ayudar.*

DÍA 192

Formas naturales de estimular la serotonina

Estimula la serotonina y tu predisposición al cambio. Cuando los niveles de serotonina son bajos, el GCA tiende a estar más activo, lo que puede inhibir la capacidad para cambiar, contribuir a la inflexibilidad y hacer que nos enquistemos en pensamientos o comportamientos negativos. Por tanto, aumentar los niveles de serotonina ayudará a calmar estas zonas del cerebro. Esto puede lograrse con tres estrategias sencillas:

1. El ejercicio físico hace que el triptófano (un aminoácido que ayuda a producir serotonina) entre en el cerebro con mayor facilidad. Caminar, correr, nadar o jugar al ping-pong te hará sentirte más feliz y ser más flexible. Se ha comprobado que el ejercicio por sí solo puede ayudar en el tratamiento de la depresión, con una eficacia similar a la de un antidepresivo inhibidor de la recaptación de serotonina (ISRS).[142] Así que, siempre que te sientas preso de tu rutina, ponte en marcha.

2. Se ha demostrado que la exposición a la luz intensa aumenta los niveles de serotonina y es un tratamiento natural para la depresión estacional, el síndrome premenstrual y la depresión en mujeres embarazadas.[143] Tanto la depresión como la inflexibilidad son más habituales en invierno y en lugares con menos luz solar. Para mejorar tu estado de ánimo y aumentar tu flexibilidad cognitiva y tu capacidad de aprendizaje, toma más el sol o usa la terapia LED de luz intensa, un tratamiento útil para la depresión estacional.

3. Combina alimentos que contengan triptófano (como huevos, pavo, pescado o marisco, garbanzos, frutos secos o semillas) con carbohidratos saludables como los boniatos o la quínoa. Así, siempre que tu rutina te atrape provocarás una respuesta insulínica a corto plazo que llevará triptófano al cerebro. El chocolate negro también incrementa la serotonina.

PRÁCTICA DE HOY: *Añade el pescado a tus menús semanales. Visita tanaamen.com/blog/category/recipes/seafood-recipe para obtener ideas de recetas.*

Si te quedas en bucle, distráete y vuelve al problema más adelante

Sé consciente de cuándo empiezas a entrar en bucle. Tener un GCA hiperactivo incrementa nuestras probabilidades de quedarnos atrapados en los pensamientos negativos. Una de las mejores formas de salir de ahí es tomar conciencia y distraernos a propósito. Sin ir más lejos, le funcionó de maravilla a mi paciente Maurie.

Maurie era un ambicioso treintañero muy centrado en su carrera. Acudió a las Clínicas Amen para que le ayudáramos con su tendencia a la preocupación, tan severa que le provocaba fuertes dolores de cabeza, tensión muscular y mal genio. Su principal inquietud tenía que ver con el trabajo, ya que estaba convencido de que su supervisor le odiaba, a pesar de que sus evaluaciones anuales eran siempre positivas. Los pensamientos angustiosos se le repetían una y otra vez en la cabeza y no podía detenerlos.

En mi sesión con Maurie, le pedí que llevara un registro de los momentos en los que empezaba a preocuparse por el trabajo, cosa que ocurría varias veces al día. Luego le pregunté qué canciones le gustaban. Me miró extrañado y me dijo: «Vengo a que me ayudes con mis preocupaciones. ¿Por qué me preguntas qué música me gusta?». Sonreí y le expliqué que cada vez que se diera cuenta de que estaba atrapado en un bucle negativo de preocupación tendría que cantar una de esas canciones como estrategia de distracción. Aceptó intentarlo. Eligió algunas de sus canciones favoritas y, cada vez que se sentía abrumado por la preocupación, se ponía a cantar una de ellas. ¡Y funcionó! Cantar le ayudaba a «expulsar» los pensamientos negativos.

La distracción puede ser una técnica muy poderosa para personas con un GCA activo. Suelo recomendar elaborar una lista de actividades que se puedan usar como distracción; por ejemplo:

- Cantar una canción alegre.
- Poner música que te guste.
- Dar un paseo.
- Hacer alguna tarea doméstica.
- Jugar a un juego que requiera concentración.
- Rezar o meditar.
- Repetir una palabra en tu mente. Para bloquear los demás pensamientos, imagínate una escoba que los barre.

Al utilizar de forma deliberada la distracción podrás escapar de las garras de los pensamientos en bucle y, con el tiempo, controlar mejor tu mente.

PRÁCTICA DE HOY: *Elabora una breve lista de actividades que podrías poner en práctica la próxima vez que tu cerebro se quede en bucle.*

Discutir con la realidad es una puerta al infierno

Un rasgo psicológico que puede arruinar tu vida es el pensamiento rígido. Hoy en día, todo el mundo experimenta dificultades, pero ¿sabes quién lo tiene peor? Las personas con tendencia al pensamiento rígido, esos «animales de costumbres» que no pueden soportar que sus rutinas se vean alteradas. Este rasgo se conoce en neurociencia como «inflexibilidad cognitiva», y puede arruinarte la vida. Se trata de la incapacidad para afrontar los altibajos cotidianos, por no hablar de una pandemia. Si eres una de estas personas, tal vez te resulte casi imposible hacer frente a la incertidumbre y a los cambios constantes que hemos tenido que soportar, y que esto se traduzca en un aumento de la sensación de ansiedad, mal humor, frustración e irritabilidad. Bien, pues tengo novedades para ti: *si discutes con la realidad, entras en el infierno.* Una vez le oí decir esto a mi amiga Byron Katie, y desde entonces lo comparto con mis pacientes y pienso en ello casi todos los días.

La flexibilidad cognitiva define la capacidad de una persona para fluir, adaptarse al cambio y afrontar con éxito problemas nuevos. Durante la pandemia, todo el mundo tuvo que hacer cambios en su rutina en el trabajo, el colegio o el hogar. Por ejemplo, es posible que hayas tenido que reorientarte en varias áreas de tu trabajo (hacerte con una nueva base de clientes, idear formas innovadoras de prestar tus servicios o utilizar diferentes tecnologías colaborativas). Las personas con demasiada actividad en el giro cingulado anterior suelen quedar atrapadas en un bucle de pensamientos negativos del tipo: «Yo no puedo trabajar así», «Todo es un asco» o «Las cosas no deberían ser así». Para poner remedio a esto, además de estimular la producción de serotonina (ver el día 192), pide consejo a otras personas cuando te veas en esta situación; con frecuencia el mero hecho de explicar que nos sentimos así abre nuevas posibilidades.

PRÁCTICA DE HOY: *¿En qué situaciones tienes tendencia a discutir con la realidad? Anótalas, y también qué puedes hacer al respecto y qué no.*

Pequeños hábitos para ser más flexible

Haz pequeñas cosas que te saquen del atasco. Cada hábito te tomará solo unos minutos. Están vinculados a algo que hacemos (o pensamos o sentimos) para que se conviertan con mayor probabilidad en automáticos.

1. Cuando conteste al teléfono, me levantaré y caminaré mientras hablo.
2. Cuando empiece a discutir, me preguntaré: *¿Mi comportamiento me está dando lo que quiero?*
3. Cuando me levante de la cama por la mañana, abriré las cortinas o subiré las persianas para dejar que entre la luz de sol.
4. Cuando sienta ansiedad, tomaré un carbohidrato complejo, como boniato o quínoa, para estimular la producción de serotonina.
5. Cuando tenga una recaída o cometa un error respecto a mi salud, me preguntaré: *¿Qué puedo aprender de esto?*
6. Cuando sienta la tentación de comer alimentos poco saludables, primero me comeré los saludables que tenga en el plato.
7. Cuando esté tratando con alguien que se encuentre atrapado en un pensamiento negativo o en una discusión, le pediré que dé un paseo conmigo y no sacaré ningún tema que genere tensión durante al menos diez minutos.
8. Cuando quiera salir a comer fuera, le pediré a la persona más sana que conozca que me acompañe.
9. Cuando tenga pensamientos rondándome la cabeza una y otra vez, los escribiré y esto me ayudará a deshacerme de ellos.

PRÁCTICA DE HOY: *Elige uno de los pequeños hábitos descritos arriba y ponlo en práctica.*

Hora de relajarse: te presento a tus ganglios basales

Cuando el sistema nervioso está demasiado acelerado, podemos sentirnos ansiedad, tensión o nervios. Los ganglios basales (GB), que rodean el sistema límbico, tienen muchas funciones, entre ellas las siguientes:

Coordinan las emociones, los pensamientos y las acciones: cuando su nivel de actividad está equilibrado, nos ayuda a pensar y reaccionar de forma tranquila ante cualquier situación. Si existe un nivel alto de actividad en esta área, es más probable bloquearse ante una emergencia, temblar al asustarse o quedarse sin habla por los nervios.

Suavizan las funciones de control motor: intervienen en la coordinación motora y son fundamentales para la escritura a mano. Una mayor actividad en esta zona está relacionada con mayor destreza y una habilidad especial para el trabajo manual que exige un gran nivel de detalle.

Eliminan los movimientos motores involuntarios: las deficiencias en los GB están asociadas a la enfermedad de Parkinson y al síndrome de Tourette. Estas enfermedades implican falta de control sobre los movimientos.

Juegan un papel clave en el equilibrio de los ajustes internos de ansiedad: sentir relajación y despreocupación, o bien tensión y nervios depende de los niveles de actividad en los GB. Un aumento de actividad en esta zona nos da mayor propensión a la ansiedad, el miedo, los estados de alerta y la tensión.

Ayudan en la generación de comportamientos repetitivos: los GB son decisivos en la formación de hábitos, saludables o no. Las personas con exceso de actividad en esta zona pueden ser propensas a morderse las uñas, rechinar los dientes o rascarse en exceso.

Modulan la ambición y la iniciativa: en algunos casos, una mayor actividad en los GB puede generar motivación, lo que contribuye a que nos esforcemos más, aumentemos nuestra productividad y tengamos energía para abordar una larga lista de tareas pendientes.

Influyen en el placer y la euforia: cuando hay poca actividad en los GB, se suelen tener dificultades para sentir placer.

Si los GB trabajan demasiado, se tiende a sufrir ansiedad, nerviosismo, sensaciones físicas ligadas a ello, tendencia a ponerse en lo peor, evitación de conflictos, ansiedad social, aversión al riesgo, tensión muscular y sensibilidad al rechazo.

PRÁCTICA DE HOY: *En una escala de 1 a 10, puntúa tu nivel de ansiedad de base. ¿Cuándo empeora? ¿Cuándo mejora?*

Un poco de ansiedad es necesaria

Tener niveles bajos de ansiedad hace que las personas mueran antes de tiempo. Esto es algo que no escucharás todos los días de boca de profesionales de la salud, pero es muy cierto: el pensamiento positivo mata a muchísima gente. Y dos de las actitudes más peligrosas relacionadas con él son la negación sistemática y tener un nivel de ansiedad demasiado bajo.

La negación sistemática impide hacer algo respecto a los propios problemas de salud. No hay otra forma de decirlo cuando el 50 % de los adultos estadounidenses sufre prediabetes o diabetes, y el 73 % tiene sobrepeso u obesidad.[144] Quiero que conozcas la verdad sobre la salud de tu cerebro y tu cuerpo, y que hagas algo al respecto si tienes problemas o vas a tenerlos.

En la misma línea, cierto grado de ansiedad es fundamental para gozar de buena salud y tener éxito. Unos niveles de ansiedad demasiado bajos se asocian a la infravaloración de los riesgos, a una actitud displicente hacia la salud y a una mala toma de decisiones. Imaginemos a un batallón del ejército que no estuviera alerta, incluso teniendo al enemigo cerca. ¿Qué podría ocurrir? Lo más probable sería una derrota y la muerte temprana para la mayoría del pelotón. Bien, pues el mismo principio se aplica a la salud. Según uno de los estudios sobre la longevidad más largos jamás publicados, las personas con una mentalidad del tipo «no te preocupes, sé feliz» mueren antes por accidentes o enfermedades evitables.[145]

Muchos de mis pacientes se sorprenden cuando les digo que tener un poquito de ansiedad es bueno. Y es que mucha gente tiene la falsa impresión de que eliminar por completo la ansiedad es el gran objetivo de su vida. Pues no, no lo es. Un nivel adecuado de ansiedad ayuda a tomar mejores decisiones y evita que nos metamos en problemas. Nos impide correr hacia la calle cuando somos pequeños, arriesgándonos a rompernos la crisma, y también a meternos de cabeza en relaciones tóxicas de adultos, arriesgándonos a que nos rompan el corazón.

PRÁCTICA DE HOY: *¿En qué ámbito de tu vida te iría bien un poco más de ansiedad? ¿Dónde te iría mejor tener un poco menos?*

Protege tus centros del placer

La evolución de la tecnología en nuestra sociedad está desgastando los centros del placer del cerebro. Con la avalancha de videojuegos, comunicación por mensajería instantánea, Facebook, TikTok, apps de citas, pornografía y juegos de azar, nuestros centros del placer, que han evolucionado a lo largo de millones de años, se están desgastando, y muy pronto no seremos capaces de sentir nada en absoluto. Estos centros del placer funcionan a base de dopamina, la misma sustancia química cuya producción estimula la cocaína, y una de las principales implicadas en el proceso de enamoramiento. Cada vez que se libera un poco de dopamina, sentimos placer. Pero si se libera con demasiada frecuencia o intensidad, nos insensibilizamos y necesitamos cada vez más excitación para obtener la misma respuesta, igual que con la cocaína. Así que trabaja para mantener sanos tus centros del placer.

Te presento a Christina y a Harold. Se separaron porque Harold estaba obsesionado con los videojuegos. Christina intentaba que dejara los mandos para poder pasar tiempo juntos, pero aquello era una obsesión. Sus intentos para que dejara de jugar se enfrentaban todo el tiempo a comentarios del tipo «No seas tan pesada». Al final, Christina le dejó. Fue entonces cuando Harold cayó en una depresión y se dio cuenta de que necesitaba ayuda. Al hablar con él, vi que la pareja estaba atrapada en un patrón malsano, habitual cuando uno de los dos tiene una adicción. Christina quería a Harold, pero ya no podía vivir con las consecuencias de su adicción.

Nuestra sociedad ha sufrido una transformación monumental debido a la introducción de las nuevas tecnologías, pero no se ha investigado lo suficiente para comprender cómo estas afectan al cerebro y a las relaciones humanas. Y los resultados de las investigaciones existentes son preocupantes: en un estudio reciente se demostró que las personas que se distraen con el móvil y o el correo electrónico mientras resuelven problemas pierden —de forma temporal— diez puntos de cociente intelectual.[146] Así que no hay duda de que hemos de ser más prudentes. ¿A ti también te pone de los nervios esa gente que escribe mensajes en el móvil mientras se supone que está hablando contigo, o solo me pasa a mí? Estimula tu cerebro y mejora tus relaciones reduciendo el tiempo innecesario de atención a las pantallas.

PRÁCTICA DE HOY: *Lleva un registro del tiempo que pasas frente a una pantalla y trata de rebajarlo un 25 % esta semana.*

No tengo ni idea de por qué tengo ansiedad

¿Es posible que tu ansiedad no sea tuya, sino de otra generación? ¿Alguna vez tienes miedo de algo sin razón aparente? Podría ser un rasgo heredado. Eso es lo que les ocurrió a varias generaciones de ratones en un fascinante experimento con animales publicado en *Nature Neuroscience*. Los investigadores emplearon una técnica clásica de condicionamiento del miedo para que los ratones temieran a las flores de cerezo. Básicamente, daban a los roedores una ligera descarga cada vez que se exponían al aroma de aquellas pequeñas flores rosas.[147] Este resultado era de esperar, pero lo sorprendente fue que las dos generaciones siguientes de crías también temían la fragancia de los cerezos en flor, a pesar de no haber estado expuestas a ningún condicionamiento. Las descargas habían modificado la expresión génica (la forma en que funcionan los genes) en los ratones del estudio, y luego esto se transmitió a las dos generaciones siguientes. Es lo que se conoce como epigenética, el estudio de los efectos de un determinado estilo de vida en el ADN.

Este estudio es importante por dos razones. En primer lugar, supone que nuestros miedos, preocupaciones, ansiedad y prejuicios inexplicables pueden tener sus raíces en el árbol genealógico. Los traumas ancestrales se han relacionado con ataques de pánico, depresión, insomnio, comportamientos molestos o agresivos, problemas de memoria y otras cosas.[148] Pero, por otro lado, los traumas de la historia familiar pueden ser beneficiosos. Por ejemplo, otras investigaciones con animales apuntan a un aumento de la resiliencia como resultado del estrés ancestral.[149] Los expertos sugieren que la epigenética puede ser la forma que tiene el organismo de preparar a las generaciones futuras para que manejen mejor las adversidades experimentadas por sus antepasados.

En segundo lugar, el estudio indica que las experiencias vitales, el entorno y el propio comportamiento pueden influir mucho en los descendientes de una persona (hijos y nietos), de forma positiva o negativa. Esta es otra razón por la que debes tomarte en serio la salud de tu cerebro.

PRÁCTICA DE HOY: *Revisa tu historia familiar para ver si has heredado algún tipo de ansiedad o estrés.*

Respiración diafragmática

Esta es una de las mejores técnicas para reducir con rapidez la ansiedad. La respiración es vital: hace entrar el oxígeno en los pulmones, donde el torrente sanguíneo lo toma y lo lleva a todas las células del cuerpo para que funcionen de forma correcta. La respiración también permite eliminar productos de desecho, como el dióxido de carbono. Por tanto, pequeños cambios en la cantidad de oxígeno o de dióxido de carbono pueden alterar cómo nos sentimos y comportamos.

Cuando una persona se altera, se enfada o siente ansiedad, su respiración se vuelve superficial y rápida. Esto provoca un cambio en los niveles de oxígeno y dióxido de carbono en su sangre, lo que a su vez genera más ansiedad. Es decir, se convierte en un círculo vicioso que causa irritabilidad, impulsividad, confusión y una mala toma de decisiones. Aprender a dirigir y controlar la respiración tiene beneficios inmediatos: calma la amígdala (el centro de alarma del cerebro), contrarresta la reacción de lucha o huida del cuerpo, relaja los músculos, calienta las manos y regula el ritmo cardíaco.

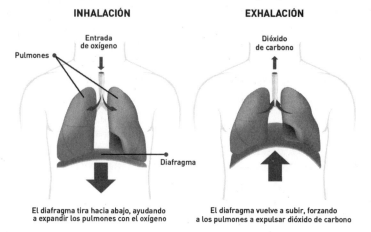

INHALACIÓN

Entrada de oxígeno

Pulmones

Diafragma

El diafragma tira hacia abajo, ayudando a expandir los pulmones con el oxígeno

EXHALACIÓN

Dióxido de carbono

El diafragma vuelve a subir, forzando a los pulmones a expulsar dióxido de carbono

A mis pacientes les suelo enseñar a respirar lenta y profundamente de forma experta, usando sobre todo el abdomen. Si ves respirar a un bebé o a un cachorro te darás cuenta de que lo hacen casi en exclusiva con el vientre, que es la forma más eficaz. Expandir el vientre al inspirar aumenta la cantidad de aire disponible para los pulmones y el resto del cuerpo. Al exhalar, el diafragma empuja el aire hacia fuera de los pulmones, lo que permite que la exhalación sea más completa.

Para calmarte, debes respirar siguiendo un patrón muy concreto: inhala por la nariz 4 segundos, aguanta la respiración un segundo, exhala por la boca 8 segundos (el doble que la inhalación), aguanta la respiración un segundo y luego repite toda la secuencia diez veces. Esto te llevará unos 2 minutos y para la mayoría de gente es muy relajante.

PRÁCTICA DE HOY: *Practica la respiración diafragmática según la pauta anterior durante 4 minutos y apunta cómo te sientes. Si te relaja, dedícale de 2 a 4 minutos cada día.*

Meditación de la bondad amorosa

Convertirse en una persona bondadosa es un hábito. Algunas investigaciones han demostrado los beneficios de una forma especial de meditación llamada «meditación de la bondad amorosa» (MBA), que se centra en desarrollar sentimientos de buena voluntad, bondad y calidez hacia los demás. La MBA refuerza los buenos sentimientos y estimula las neuronas, a la vez que mejora la conectividad, reduce el dolor y los síntomas de traumatismos.[150] Intenta practicar una MBA sencilla buscando un lugar tranquilo donde puedas cerrar los ojos unos minutos. Inspira hondo y luego espira despacio. Concéntrate en el espacio del corazón, en el centro del pecho, mientras haces algunas respiraciones profundas más. Para empezar, medita con pensamientos de amor y bondad hacia ti, porque solo cuando te amas puedes dar amor a los demás. Sigue respirando hondo mientras pronuncias o piensas en las siguientes frases:

«Que esté a salvo; que esté bien de cuerpo y mente; que esté satisfecho o satisfecha y en paz».

Deja que estas frases se conviertan en tus intenciones. Repítelas varias veces y permítete empezar a sentir seguridad, bienestar, satisfacción y paz. A continuación, desplaza el foco hacia otra persona: evoca a alguien hacia quien sientas agradecimiento y repite las frases:

«Que estés a salvo; que estés bien de cuerpo y mente; que estés satisfecho o satisfecha y en paz».

A continuación, piensa en alguien por quien no tengas fuertes sentimientos en ningún sentido; por ejemplo, un vecino a quien apenas conozcas o alguien con quien te cruzaste por la calle, y repite las frases con esta persona en la cabeza.

Por último, evoca a una persona que suponga un reto para ti o que te genere sentimientos negativos, y dedícale tu meditación de la bondad amorosa. Muchas veces se siente empoderamiento al enviar amor a quienes te hacen la vida difícil.

PRÁCTICA DE HOY: *Practica la MBA 5 minutos.*

Entrenar la variabilidad de la frecuencia cardíaca

Tu cerebro y tu salud están conectados de forma estrecha. Entrenar la variabilidad de la frecuencia cardíaca (VFC) es una forma sencilla de reducir el estrés y favorecer la conciencia plena. Aunque tenemos un número medio de pulsaciones por minuto, el intervalo entre latido y latido no es siempre el mismo, sino que nuestro ritmo cardíaco presenta ligeras variaciones. Esto es señal de que se tiene un corazón sano. De hecho, cuanta más variabilidad haya entre latidos, mejor será la salud cardiaca y cerebral, mientras que una menor variación es indicio de enfermedad.

La VFC es uno de los principales marcadores utilizados para controlar a los recién nacidos. Los médicos emplean monitores para evaluar la VFC del bebé antes de su nacimiento: observan si hay variaciones perceptibles entre latidos. Si el ritmo es demasiado constante, saben que algo va mal. Una VFC baja indica sufrimiento a cualquier edad, y puede informar a los médicos de la probabilidad de que un paciente sobreviva tras un infarto o de su riesgo de muerte, aunque no haya cardiopatía. Sabiendo lo que sabes ahora sobre la relación entre el cerebro y la salud física, puede que no te sorprenda enterarte de que también hay estudios que muestran una relación entre altos niveles de ansiedad y enfermedades cardiacas.[151] Las investigaciones revelan una correlación entre las emociones negativas y una VFC baja.[152]

La buena noticia es que podemos entrenar con facilidad la VFC. Los sentimientos positivos, la gratitud, el perdón, la música relajante, la lavanda, el ejercicio y la ingesta de vegetales ayudan a aumentar la variación latido a latido de nuestra frecuencia cardiaca. También suelo recomendar acudir a entrenadores de VFC como los de heartmath.com. Muchos atletas profesionales son capaces de evitar lesiones e incrementar su rendimiento mediante el entrenamiento de su VFC. Así que practica la actividad que sea de forma más inteligente, no más intensa, y aprende cuándo toca descansar.

PRÁCTICA DE HOY: *Descárgate una aplicación de VFC como Welltory, y mide tu VFC.*

Hipnosis para disciplinar la mente

Los médicos con experiencia saben que la hipnosis puede ayudar en muchas patologías médicas y psiquiátricas. Existen múltiples mitos y conceptos erróneos sobre la hipnosis, como que hace perder el control o abrir la mente a «fuerzas oscuras». Pero todo eso no es más que ficción hollywoodiense; la investigación demuestra que el uso de la hipnosis médica, las imágenes guiadas o la relajación muscular progresiva (RMP) puede ayudar en una amplia variedad de afecciones como la ansiedad, la depresión, el estrés, el dolor crónico o las migrañas y cefaleas tensionales.[153] Hay muchos recursos en Internet que pueden guiarte en este ámbito. Nosotros tenemos varios en nuestra aplicación, que está disponible en la App Store. La hipnosis sigue cinco sencillos pasos:

1. **Concentración**: elige un punto en la pared que quede un poco por encima del nivel de tus ojos. Céntrate en él y cuenta despacio hasta 20. Luego cierra los ojos. Estás centrando tu atención en algo exterior para luego llevarla a tu interior.
2. **Respiración**: haz tres respiraciones lentas y profundas, tardando el doble en espirar que en inspirar. Imagina que inspiras relajación y expulsas todas tus tensiones.
3. **RMP**: a continuación, con los ojos cerrados, aprieta con fuerza los músculos de los ojos, aguanta un segundo y luego relaja despacio. Imagina que esta relajación se extiende poco a poco, como un aceite caliente y penetrante, desde los pequeños músculos que rodean tus ojos hasta la parte superior de la cabeza y hacia abajo, hasta la planta de los pies.
4. **Profundización**: cuando todo tu cuerpo esté relajado, imagínate en lo alto de una escalera mecánica y baja mientras cuentas hacia atrás desde diez. Cuando llegues abajo, es probable que experimentes una gran relajación.
5. **Lugar seguro**: a continuación, visualiza un lugar especial en el que sientas mucho relax. Imagina este lugar especial con los cinco sentidos. Disfruta de esa tranquilidad todo el tiempo que quieras. A continuación, vuelve a subir por la escalera mecánica, contando hasta diez a medida que avanzas. Cuando llegues a diez, abre los ojos: sentirás una gran relajación y tu cuerpo renovado y totalmente despierto.

Cuando lo hagas las primeras veces, tómate tu tiempo. Algunas personas se relajan tanto que se quedan dormidas varios minutos. Si eso ocurre, no te preocupes, es buena señal, ¡significa que te has relajado de verdad!

PRÁCTICA DE HOY: *Prueba este ejercicio o mira mi vídeo* «How to Learn Self-Hypnosis to Calm Your Anxiety» *en https://www.youtube.com/watch?v=4VpqDYHTp_w*

DÍA 204

La hipnosis también puede ayudar a los niños

La capacidad para ser hipnotizado alcanza su máximo a los once años. Tal vez pienses que la hipnosis es solo para adultos, pero en los niños puede hacer maravillas. Yo la he usado con mi propia hija. Un año, en la fiesta del 4 de Julio, mi mujer había hecho un nuevo postre con mantequilla de frutos secos. Nuestra hija Chloe decidió calentarlo en el fuego y, cuando pensó que ya estaba listo, lo probó metiendo un dedo en la crema y… «¡Ay!», la oímos gritar. La crema estaba muy caliente y pegajosa, y le cubrió por completo el dedo. Probamos con agua fría, gel de aloe y cubitos de hielo, pero el dolor era demasiado intenso. «Soy muy tonta. ¿Por qué lo he hecho?», gritaba mientras los PNA inundaban su mente. Tana intentó calmarla y rezó con ella, pero nada parecía ayudar; el dolor había superado a Chloe. Entonces Tana me dijo: «Necesitamos tu ayuda».

Me senté con Chloe y analicé lo que estaba pasando. Sabía que en un momento así la hipnosis podía ayudar. Usé un ejercicio sencillo que había practicado con muchos de mis pacientes. Primero, le dije que se concentrara en un punto de la pared, que dejara que su cuerpo se soltara y respirara muy despacio. Luego le pedí que cerrara los ojos e imaginara que bajaba unas escaleras. Mientras lo hacía, conté del diez al uno. A continuación, le dije que pensara en un parque bonito donde pudiera ver, oler y oír cosas maravillosas. Ahí estaba segura, con la familia y los amigos. Y que pensara en meterse en una piscina caliente con superpoderes para curar y aliviar su dedo. Flotar en la piscina también traería paz a su mente y a su cuerpo. Solo había cometido un error, no tenía por qué fustigarse. Vi que su cuerpo se relajaba y se acabó durmiendo. Cuando se despertó al día siguiente, tenía una pequeña ampolla, pero ya no le dolía nada y se encontraba bien. «Todo el mundo comete errores —dijo—. Ese fue uno de los míos».

Como ves, la hipnosis es una forma muy eficaz de tranquilizar a los niños (y a los adultos).

PRÁCTICA DE HOY: *Si tienes hijos, prueba esta sencilla técnica a la hora de ir a la cama. Si son bebés, léeles mi libro* Time for bed, sleepyhead *(Zonderkidz, 2016); es un cuento hipnótico que les ayuda a dormir.*

Calentar las manos

Calentar las manos con el cerebro puede tener un efecto inmediato de relajación. Céntrate en tus manos por un momento; siente su energía y su temperatura. Si aprendes a calentarte las manos pensando en imágenes de calor que te resulten familiares, como sostener una taza de té caliente, tu cuerpo se relajará. Algunos estudios han descubierto que esta estrategia reduce la ansiedad y la presión arterial, alivia las migrañas en niños y adultos, e incluso es útil en ciertos casos de síndrome del colon irritable.[154] La ciencia también ha demostrado que aferrarse a algo cálido, como un cachorro, puede ayudarnos a sentir más confianza, generosidad y conexión con otras personas.[155] En cambio, las manos frías generan lo contrario. He enseñado a muchos pacientes a utilizar sus pensamientos para calentarse las manos, ya que esto puede reducir su estrés y ansiedad de un modo tan eficaz como la medicación.

Puedes aprender tú también esta técnica usando la respiración diafragmática mientras piensas en imágenes de calor. Aquí te presento doce posibles imágenes para calentarte las manos:

1. Tomar la mano de otra persona o tocar su piel cálida.
2. Hundir la mano en la arena caliente de la playa.
3. Darte un baño o una ducha calientes.
4. Sentarte en una sauna.
5. Tener a un bebé en brazos.
6. Tener a un cachorro o un gatito cálido y peludo en brazos.
7. Tomar entre las manos una taza caliente de té o de cacao sin azúcar.
8. Juntar las manos frente al fuego.
9. Llevar guantes cálidos.
10. Envolverte en una toalla caliente.
11. Que te den un masaje con aceite caliente.
12. Agarrar una patata caliente con guantes.

Busca imágenes que te funcionen para calentarte las manos y úsalas para restablecer tu sistema nervioso, relajarte y contrarrestar tu reacción de estrés. Se pueden comprar sensores de temperatura en internet (de las marcas Biodots, Stress Cards o Stress Sheets) para obtener información sobre tus progresos. También puedes meter las manos en agua caliente para calmarte.

PRÁCTICA DE HOY: *Prueba tres de las imágenes de arriba, 2 minutos cada una, para ver cuál ejerce un efecto más relajante en ti.*

Recuerda la regla 18-40-60

Deja de preocuparte por lo que los demás piensan de ti, porque lo más probable es que no piensen en ti en absoluto. A todos mis pacientes les enseño la regla 18-40-60: cuando tienes 18 años, te preocupa lo que todo el mundo piensa de ti; cuando tienes 40, te preocupa que la gente no piense en ti; y cuando tienes 60 te das cuenta de que nadie ha estado pensando en ti. La gente se pasa la vida preocupándose y pensando en sí misma, no en ti.

«Con la edad, te percatas de que la vida es demasiado corta como para perder tiempo planteándote qué piensan los demás sobre ti». Esto es lo que declaró la superestrella ganadora de varios premios Grammy Christina Aguilera a la revista *Health*, cuando le preguntaron qué suponía para ella cumplir cuarenta años.[156] Y no es la única que lo piensa: una encuesta administrada en 2021 a 2000 adultos reveló que el 72 % de ellos se sentían más satisfechos y cómodos en su propia piel al llegar a los 40, y dejaron de preocuparse por lo que los demás pensaban de ellos.[157] Puede que estas personas no fueran conscientes, pero son excelentes ejemplos de la regla que más te cambiará la vida y que nadie hasta ahora te ha enseñado.

Este sencillo descubrimiento sobre la naturaleza humana es tan poderoso que puede cambiar literalmente tu vida, reduciendo tu negatividad, ansiedad y nivel de preocupación y aumentando tu autoestima, alegría y felicidad en general. Es una pena que no se enseñe en las escuelas. Piensa si podrías haber sido una persona más feliz y menos estresada de haberlo sabido antes.

PRÁCTICA DE HOY: *Cuando veas que te preocupas por lo que los demás piensan de ti, recuerda que están pensando en ellos mismos, no en ti.*

Controlar la ira al volante

Sé amable al volante, hay muchas personas con un cerebro problemático conduciendo a tu lado. La ira conduciendo un automóvil puede ser mortal. En 2021, una joven madre llevaba a su hijo de seis años al colegio en el sur de California cuando un sedán blanco le cortó bruscamente el paso en el carril de vehículos compartidos. Ella le hizo un mal gesto con el dedo al otro conductor mientras se apartaba del carril. Entonces oyó un estruendo y a su hijo decir: «¡Ah!». Al detener el coche, vio que habían disparado al pequeño. Llamó a emergencias y fue trasladado al hospital, pero, por desgracia, no pudieron salvarlo.[158] La madre de aquel niño no volverá a ser la misma. Los malos conductores, los atascos, el exceso de tráfico en las carreteras, los desvíos y otros retrasos pueden incrementar la ansiedad, el enfado, la frustración y el estrés de cualquiera. Pero ¿qué ocurre en el cerebro para que algunos conductores se enfurezcan hasta el punto de perder el control?

La ira al volante es más habitual de lo que te imaginas: causa uno de cada tres accidentes de tráfico y provoca la increíble cifra de 30 asesinatos al año en Estados Unidos.[159] Más o menos la mitad de los conductores que son víctimas de una muestra de ira al volante responden de forma agresiva, haciendo un gesto grosero, gritando o encendiendo las luces. En algunos casos, como en el trágico incidente que acabo de relatar, esto conduce a una escalada de violencia terrible.

El trabajo que hacemos en las Clínicas Amen con imágenes cerebrales revela tres patrones en los casos de ira al volante: bajo nivel de actividad en el córtex prefrontal (impulsividad), alto nivel de actividad en el giro cingulado anterior (bucle de pensamientos negativos o faltas de respeto) y bajo nivel de actividad en los lóbulos temporales (irritación y mayor agresividad potencial). En resumen, una mala combinación.

De modo que ten cuidado cuando notes que otro conductor (o incluso tú) se llena de furia al volante, porque la situación puede descontrolarse con rapidez. En cuanto empiece el incidente, recuérdate que eres responsable de tus actos y toma medidas para calmar la situación. Si te estás enfadando o notas que aumenta tu agresividad, detente, respira hondo y deja que la otra persona se vaya. Puede que acabes de salvar tu vida o la de un ser querido.

PRÁCTICA DE HOY: *La próxima vez que vayas en coche, piensa en el cerebro de los demás conductores y actúa incluso con más precaución y amabilidad de lo normal.*

Cuatro pasos para frenar un ataque de pánico

Sentía tanta ansiedad que quería salir corriendo del estudio. Hace muchos años, publiqué un artículo en la revista *Parade* titulado «Cómo apartarte de tu propio camino». A raíz de ello, más de 10.000 personas escribieron a las Clínicas Amen para que les ayudáramos con sus conductas autodestructivas. Estaba claro que había metido el dedo en la llaga: aquel era un problema bastante común. Alguien de la CNN se enteró de la popularidad de aquel artículo y me invitó a un programa para hacerme una entrevista. Nunca había salido en televisión. Cuando estaba entre bastidores esperando para entrar al plató, la ansiedad se apoderó de mí; sentía que no podía respirar, mi ritmo cardíaco se puso por las nubes y me encontraba tan mal que no deseaba otra cosa que salir corriendo. Por suerte, oí una vocecita interior que se reía de mí: «Tú ayudas a la gente que sufre ansiedad y ataques de pánico. ¿Qué les dirías ahora mismo?».

Bien, pues estos son los cuatro pasos que yo seguí para frenar mi ataque de pánico. Estoy seguro de que a ti también te pueden ayudar. Con mucha frecuencia los anoto a modo de receta para mis pacientes:

1. No huyas. Si abandonas una situación que en realidad no es peligrosa por culpa de tu ansiedad, te estará controlando el miedo y quizá nunca puedas volver atrás. Yo me quedé e hice la entrevista.
2. Respira lenta y profundamente, sobre todo al exhalar. Tomar aire así, de forma consciente, y luego espirar en el doble de tiempo ayuda a recuperar el control. Yo lo hice y empecé a sentirme más tranquilo.
3. Detecta cualquier pensamiento negativo automático que tengas y pregúntate si es cierto y si te está ayudando o haciendo daño. En mi caso, yo respondí a mis PNA de esta manera: PNA #1: «Me olvidaré incluso de mi nombre». Aquello era absurdo. ¿Acaso me había olvidado de mi nombre alguna vez? PNA #2: «Voy a tartamudear». Tal vez tartamudeara o tal vez no. ¿Qué importancia tenía eso? PNA #3: «Millones de espectadores pensarán que soy idiota». Conocía bien el tema y sabía que podía ayudar a la gente. Así que con que una sola persona se beneficiara de ese programa ya habría valido la pena.
4. Si los tres primeros pasos no son suficientes para mitigar la ansiedad, entonces te recomiendo suplementos sencillos, como teanina, magnesio o GABA, que te ayudarán a tranquilizarte.

PRÁCTICA DE HOY: *Cuando experimentes ansiedad, hoy o cualquier otro día, sigue estos cuatro pasos.*

Cómo hacer que tu hijo/a sea demócrata, republicano/a... o lo que tú quieras

Es imposible influir si no hay conexión. Si establecemos un buen vínculo con nuestros retoños, seguro que elegirán nuestros valores. En cambio, si el vínculo es débil, neutro o negativo, los hijos tienen tendencia a elegir los valores opuestos, aunque solo sea para rebelarse. Así que, si eres una persona conservadora y quieres que tus hijos compartan tus mismas ideas, asegúrate de dedicarles mucho tiempo de calidad, de prestarles atención cuando hablan, de usar palabras amables y de amarles sin condiciones. Pero si prefieres que sean progresistas (es decir, lo opuesto a ti), entonces ignórales, interrúmpeles cuando hablen y haz caso omiso de sus sentimientos. Si les criticas o te enfadas a menudo, no tardarán en adoptar valores contrarios a los tuyos. Los adolescentes que se sienten queridos y tienen fuertes vínculos con sus padres presentan menos probabilidades de consumir drogas, participar en actos violentos o incluso plantearse el suicidio.[160]

Según un estudio reciente, el tiempo de calidad que las familias pasan juntas es de tan solo 37 minutos al día por término medio.[161] Me asusta pensar en todas las horas que los niños pasan frente a las pantallas. Hay mucha competencia por su atención. ¿Y quién gana? Está claro: la persona o cosa que consiga la mayor parte de su tiempo. Porque cuanto mayor es la exposición, más mensajes recibe el cerebro. Y, con el tiempo suficiente, tales mensajes se quedan grabados. Considéralo un condicionamiento «accidental». Uno se acostumbra a lo que ve, ya sean imágenes violentas o representaciones poco realistas de la belleza. Así que puede que les digas a tus hijos una cosa, pero lo que ven u oyen en la pantalla les dice otra muy distinta.

El otro principio esencial para ayudar a tus vástagos a desarrollar un buen carácter procede de una crianza firme. El cerebro necesita orientación, normas, recompensas y consecuencias en un entorno de cariño y apoyo. El cerebro, a cualquier edad, aprende mejor así. Los estudios sobre la crianza exitosa llegan siempre a la misma conclusión: los padres que actúan con firmeza y bondad crían a niños y niñas más sanos. En cambio, la permisividad (ser incapaz de imponer disciplina y mantener las normas) perjudica a los niños. Los padres permisivos en exceso acaban teniendo hijas e hijos con problemas relacionales y de aprendizaje. Así que lo mejor que puedes hacer es fijar expectativas claras sobre el comportamiento de tus pequeños y utilizar el refuerzo positivo y las consecuencias para defenderlas. A la larga, a tus hijos les irá mejor.

PRÁCTICA DE HOY: *Si tienes hijos, dedica hoy un tiempo extra a centrarte en sus rasgos positivos.*

Ocho consejos para controlar la ansiedad antes de una intervención en público

Rebautiza la ansiedad como «excitación»

1. **Considérala como un problema a resolver más que como un defecto de carácter.** Tú eres una especie de «solucionador de problemas creativo».
2. **Rebautiza la ansiedad como excitación.** La adrenalina —sustancia química del estrés— desencadena una respuesta del sistema nervioso simpático (aceleración del ritmo cardiaco, respiración alterada, náuseas, sensación de piernas de gelatina) que engaña al cuerpo para que piense que algo va mal, cuando de hecho lo que sentimos es excitación. Un estudio de la Universidad de Harvard demostró que rebautizar la «ansiedad» como «excitación» mejoraba el rendimiento en las actividades que inducían ansiedad, como hablar en público, hacer un examen de matemáticas o cantar en un karaoke. Antes de estas actividades se pedía a los participantes que dijeran cosas como «Estoy excitado» o «Estoy tranquila». Quienes dijeron lo primero dieron discursos más persuasivos, los resultados de sus exámenes fueron un 8 % mejores y cantaron mejor en el karaoke.[162]
3. **La respiración diafragmática** desencadena una respuesta parasimpática que te tranquilizará (ver día 200).
4. **Haz una lista de las cosas que rebajan tu ansiedad** antes de una actuación y otra con las que la empeoran. Y ten curiosidad al respecto, no te enfurezcas cuando suceda.
5. **Limita o elimina la ingesta de cafeína y azúcar** el día de la actuación.
6. **Una hora antes de la actuación, cómete un plátano acompañado de algo de proteína.**
7. **Deja de centrarte en ti y en tu miedo y pasa a hacerlo en la explosión de entusiasmo que vas a proporcionar a tu público.** Cierra los ojos e imagina a la audiencia riendo, aplaudiendo y casi celebrando una fiesta. Anima también y da las gracias a quienes te hayan ayudado.
8. **Céntrate en lo que saldrá bien** en lugar de en lo que saldrá mal.

PRÁCTICA DE HOY: *La próxima vez que tengas una presentación, una charla o una actuación, elige una de estas estrategias para convertir la ansiedad en excitación.*

Hora de sentirse bien: te presento a tu sistema límbico profundo

Pon tu cerebro emocional en modo felicidad. El sistema límbico es una de las partes más fascinantes y esenciales del ser humano, y viene con una batería extra de funciones, todas ellas vitales para el comportamiento y la supervivencia. Entre las principales figuran las siguientes:

Filtrar los pensamientos a través de una óptica emocional. Podemos verlo como el filtro que se pone en el objetivo de una cámara, y que puede hacer que todo parezca un poco más luminoso o más oscuro. Niveles bajos de actividad en el sistema límbico se asocian a una sensación de positividad. En cambio, cuando está hiperactivo es más probable que interpretemos los sucesos de forma negativa.

Conservar como recuerdos los mejores y peores momentos, como el día de tu graduación universitaria, tu boda o el nacimiento de tu primer hijo, así como un terrible accidente de tráfico o la muerte de un ser querido.

Regular el apetito y el ritmo circadiano (ciclos de sueño-vigilia).

Cultivar los vínculos relacionales. Cuando gozamos de relaciones sociales sólidas, el sistema límbico eleva nuestro estado de ánimo y añade positividad a la vida.

Procesar fragancias y olores. Esto ayuda a explicar por qué los olores pueden tener una influencia tan potente sobre el estado de ánimo y las emociones.

Regular la vida sexual, razón por la cual la depresión disminuye el interés sexual.

En general, un nivel más bajo de actividad en el sistema límbico implica tener un estado de ánimo más positivo. En cambio, que trabaje demasiado suele relacionarse con la tristeza, los malos pensamientos, una percepción pesimista de los acontecimientos, un torrente de emociones negativas (desesperanza, impotencia o culpabilidad), problemas de apetito y sueño, disminución de la respuesta sexual, aislamiento social y dolor.

PRÁCTICA DE HOY: *En una escala de 1 a 10, puntúa tu estado de ánimo de los últimos cinco días. En los próximos días trabajaremos para optimizarlo.*

Siéntete bien en cualquier momento y lugar

Ancla la felicidad a tu cerebro. Dónde pones tu atención determina cómo te sientes. Por desgracia, muchas personas se centran en sus preocupaciones y miedos, y esto les hace sentir mal. Y es que los pensamientos negativos activan la producción de sustancias químicas en el cerebro que generan ansiedad y depresión, mientras que los positivos liberan sustancias que ayudan a sentirse bien.

Te propongo el siguiente ejercicio: pon por escrito algunos de los mejores recuerdos de tu vida y vincúlalos a lugares concretos de tu casa, usando todos tus sentidos. Luego, cada vez que sientas cierto disgusto, imagina que paseas por tu casa y revives tus recuerdos más felices. Con un poco de práctica, puedes entrenar a tu cerebro para que se sienta bien casi en un instante. Empieza escribiendo cinco de tus mejores recuerdos. Te enseñaré cómo lo hago yo.

En mi cabeza, empiezo así:

1. En la entrada, donde recuerdo haber llevado a Tana en brazos para cruzar el umbral. Ella es lo mejor que me ha pasado nunca.
2. En la sala de estar veo a uno de mis colaboradores científicos entregándome una copia enmarcada de una de nuestras investigaciones, que la revista *Discover* incluyó entre las cien mejores publicaciones científicas.
3. En la cocina, donde huele increíble, veo a mi madre haciendo la cena y deseando escuchar cómo me ha ido el día. Siempre ha sido así, y sé lo afortunado que soy de tenerla todavía conmigo.
4. En los fogones me veo a mí mismo de niño, de pie en un taburete junto a mi abuelo, que está haciendo dulce de azúcar. Él era fabricante de dulces, además de mi mejor amigo en la infancia. Pero ahora haremos una versión sin azúcar.
5. En el piso de arriba veo a mi hija Chloe cuando era pequeña, con su sudadera de cebra con capucha, sentada en mis hombros y diciéndome que me quiere.

¿Qué recuerdos felices quieres anclar? Con un poco de práctica, este ejercicio te ayudará a sentirte genial en cualquier momento y lugar.

PRÁCTICA DE HOY: *Haz este ejercicio sobre tus mejores recuerdos.*

Aromas curativos

Inunda tus sentidos con felicidad para sentirte mejor de forma rápida. No sé si lo sabes, pero el sistema olfativo está conectado con el límbico o «cerebro emocional», y ahí es donde se procesan los olores. Por eso nos atraen los olores agradables, como los de las flores, y en cambio el de las mofetas nos parece tan ofensivo. Un artículo de investigación sobre la aromaterapia publicado en la revista médica *The Lancet* revelaba los beneficios del aceite de lavanda. Sus resultados demostraron que mejora el sueño, levanta el ánimo y reduce la sensación de estrés.[163] Y resulta que la aromaterapia es muy accesible y fácil de usar: puedes añadir unas gotas de esencia en la bañera o sobre las sábanas, o usar un difusor para llenar una habitación con tu aroma favorito. Usando los adecuados ayudarás a calmar las emociones, y además actúan como antiinflamatorio natural. Por ejemplo, el aroma a jazmín levanta el ánimo, el del ylang-ylang ayuda a reducir el estrés, y el de la menta sube la energía. En definitiva, llenar tu entorno con cualquier olor que te resulte agradable puede tener un impacto positivo en tu cerebro.

Mi familia es de origen libanés, una cultura en la que se suele usar mucho la canela. Mi madre la ponía con frecuencia en sus platos y a mí me sigue encantando su olor y sabor. Cuando hace poco le comenté que el olor a canela cocinada se considera un afrodisíaco natural para los hombres, se puso la mano en la frente y dijo: «Vaya, por eso tengo siete hijos, tu padre nunca me dejaba en paz».

PRÁCTICA DE HOY: *Prueba tres aromas distintos para ver cuál te ayuda a experimentar más tranquilidad y cuál más energía.*

Rodéate de personas con las que tengas un vínculo positivo

La gente es contagiosa. ¿Alguna vez te ha arruinado un picnic una invasión de hormigas? Seguro que estabas de muy buen humor hasta que encontraste un montón de hormigas paseándose por tu comida y se te amargó el día. Bien, pues lo mismo puede ocurrir con las personas negativas: tal vez entres en una habitación de muy buen humor y te ataquen sus PNA, enseguida «infestarán» tu mente y echarán por tierra tu estado de ánimo. Por supuesto, la gente que te rodea influye en cómo te sientes, así que es importante estar en compañía de personas positivas.

Haz un rápido análisis de tu red social (familia, amistades, colegas de trabajo, etc.). ¿Son personas positivas, de esas que te apoyan y te dan confianza? ¿O se centran en lo malo y te hacen sentir que no eres lo bastante buena o bueno? Haz un esfuerzo para pasar más tiempo con la gente que te anima y dedica menos a quienes te hagan sentir mal.

En mi segundo año del instituto, decidí que quería estudiar Medicina. Yo formaba parte del equipo de debate, y le expliqué mis intenciones a nuestra profesora. Ella replicó que su hermano no había entrado en la facultad de Medicina, «y era mucho más listo que tú».

Desmoralizado, le conté aquello a mi padre. Él sacudió la cabeza y me dijo: «Escucha, puedes hacer lo que te propongas. Y si fuera tú no pasaría mucho tiempo con esa profesora».

PRÁCTICA DE HOY: *Anota el nombre de las cinco personas con quienes sueles pasar más tiempo. En una escala de 1 a 10, puntúa lo positivas o negativas que son (siendo 1 «muy negativa»). Luego suma esas puntuaciones y divídelas entre 5. Observa si esta cifra coincide con tu estado de ánimo si lo puntuaras del 1 al 10.*

Sé consciente de la importancia del contacto físico

El contacto físico es esencial para la vida misma. El emperador germánico Federico II, que gobernó en el s. XIII, tenía curiosidad por saber de dónde procede el lenguaje y qué hablarían los niños si crecían sin oír jamás una palabra. Así que decidió poner en marcha un experimento del todo inhumano. Un monje escribió que el emperador había separado a un grupo de bebés de sus padres y los había asignado a unas cuidadoras para que se ocuparan de ellos sin tener interacción alguna, excepto la imprescindible para alimentarlos y limpiarlos. No recibieron, pues, contacto físico ni palabras de ningún tipo. Aquellos recién nacidos nunca aprendieron a hablar…, porque murieron todos.[164] A principios de este siglo se abordó un estudio más moderno (y humano) con huérfanos de Rumanía a los que se había privado de contacto y relaciones durante años. Se escaneó su cerebro y se observó una disminución general de la actividad cerebral.[165]

La conexión entre padres y bebés creada a través del contacto físico al tomarlos en brazos, abrazarlos y arrullarlos es necesaria para establecer lazos afectivos y desarrollar el cerebro. Toda esta interacción física proporciona placer, amor, confianza y seguridad para que el bebé forme vías límbicas (emocionales) sanas. Estas contribuyen a estrechar aún más el vínculo maternofilial y paternofilial. En cambio, sin afecto físico un bebé se siente solo e inseguro, y se vuelve irritable e indolente. Además, su centro emocional no puede desarrollarse de forma sana, lo que le impide confiar en y conectar con los demás.

Las personas adultas, por supuesto, también necesitamos afecto. Para crear un vínculo estrecho las parejas deben mantener contacto visual con regularidad y tocarse de forma cariñosa (mediante abrazos, besos, etc.). Y ambas partes deben implicarse; el vínculo no se formará si solo uno de los miembros de la pareja da afecto, esas expresiones físicas de amor deben ser recíprocas. De lo contrario, la persona que sí es cariñosa se sentirá herida y rechazada, lo que debilitará la conexión de la pareja. Y es que el contacto saludable forma parte de nuestra humanidad. No permitas que la imperante cultura del distanciamiento y el agotamiento pandémico te impida acercarte a tus seres queridos. Abraza con frecuencia a tus hijos, a tu pareja y a las personas a las que aprecias. Su cerebro emocional te lo agradecerá.

PRÁCTICA DE HOY: *¿Con qué frecuencia tocas a las personas que te rodean? Aumenta hoy tu nivel de contacto de forma sana. Si te cuesta, apúntate a un masaje.*

Elabora una lista de reproducción de «rescate emocional»

La música puede tranquilizar, inspirar, mejorar el estado de ánimo y facilitar la concentración. La música es importante en todas las culturas conocidas de la Tierra, con unas raíces ancestrales que se remontan a 250.000 años atrás o incluso más. Una investigación al respecto descubrió, tras evaluar a más de 800 personas, que la gente escucha música para regular su energía y estado de ánimo, para adquirir autoconciencia y para mejorar sus vínculos sociales.[166] En su libro *The secret language of the heart* (*El lenguaje secreto del corazón*), Barry Goldstein explica cómo afecta la música al cerebro:

> La música estimula las emociones a través de circuitos cerebrales específicos […] [y] esto puede liberar […] oxitocina, la «hormona del abrazo» [que mejora los vínculos, la confianza y las relaciones] […] Escuchar música puede crear picos de emoción, que incrementan la cantidad de dopamina, un neurotransmisor específico que se produce en el cerebro y ayuda a controlar sus centros de recompensa y placer […] La música se ha utilizado para ayudar a pacientes con lesiones cerebrales graves a recuperar recuerdos personales. La música ayudó a esos pacientes a reconectar con recuerdos a los que antes no podían acceder.[167]

Sobre la base del concepto de «sincronización» (que significa que tu cerebro capta el ritmo del entorno) puedes manipular tu mente con la música que elijas. Así que crea tu propia lista de reproducción de «rescate emocional» para mejorar tu estado de ánimo con rapidez. Hay investigaciones que demuestran que puede ser muy efectivo empezar con piezas musicales que te gusten. Pero aquí tienes diez sugerencias basadas en la evidencia empírica:

Sonata para dos pianos en D mayor (K. 448), Mozart
Clair de lune, Debussy
Adagio para cuerdas, Samuel Barber
Sonata para piano n.º 17 en D menor (La tempestad), Beethoven
Weightless, Marconi Union
Good Vibrations, The Beach Boys
Don't Stop Me Now, Queen
Uptown Girl, Billy Joel
Dancing Queen, Abba
Walking on Sunshine, Katrina and the Waves

PRÁCTICA DE HOY: *Crea tu propia lista de reproducción de rescate emocional.*

Las imágenes como anclaje

El 30 % del cerebro está dedicado a la visión. Por tanto, la mejor forma de continuar teniendo «envidia cerebral» y mantenernos en la senda de un cerebro saludable es poner imágenes y recordatorios donde podamos verlos. Yo lo hago: cuelgo fotos de la gente a la que más quiero (Tana, mis hijos y mis nietos), que me recuerdan cada día cuál es mi principal motivación para tener un buen cerebro. Determinadas imágenes de «anclaje» evocan al instante mi gran *porqué* en cuanto a mejorar el estado de mi cerebro.

Una de esas imágenes es de mi nieta Emmy. Ella nació con un síndrome extraño y le faltan algunas partes de los cromosomas. Esto le provoca graves convulsiones y cardiopatías, e inhibe su desarrollo cerebral. Cuando era todavía un bebé, sufrió 160 convulsiones en un solo día. En mi caso, mantener mi propio cerebro sano me permite estar disponible para ayudar a Emmy y a mi hija Breanne todo lo posible. Si descuido mi salud ya no podré darles lo mejor de mí a mis seres queridos. Mi objetivo es abrir camino a mi familia durante muchos años más para que nunca (o lo más tarde posible) tengan que cuidar de mí. Y un buen cerebro lo hace posible. Así que contemplo los recordatorios visuales de mi familia una y otra vez para asegurarme de que no olvido que necesito protegerla a toda costa. Y aconsejo a todo el mundo que haga lo mismo.

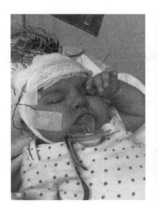 

PRÁCTICA DE HOY: *¿Qué imagen te serviría de anclaje para motivarte? Cuélgala en un lugar visible para recordarte por qué necesitas mantener una buena salud.*

Hora de entrenar el sesgo de positividad

Del trastorno mental a la salud mental. El «padre» de la psicología positiva, el doctor Martin Seligman, ha sido una importante influencia para mí a lo largo de los años. Al ser elegido presidente de la American Psychological Association en 1996 reunió a una docena de psicólogos del más alto nivel y les pidió que le ayudaran a elaborar un plan para que toda la disciplina dejara de centrarse en el tratamiento de los trastornos mentales y se focalizara en la prosperidad humana. Durante muchos años, la psicología había trabajado basándose en el modelo de la enfermedad, y tratando a las personas con problemas mentales y psicopatológicos. Y así, con la urgencia de hacer algo para reparar una salud mental dañada, a los psicólogos nunca se les había ocurrido desarrollar intervenciones positivas que simplemente hicieran más felices a las personas. Ese fue el impulso que llevó al doctor Seligman y a otros colegas de primera línea a adoptar una estrategia que denominaron «psicología positiva», y que trasladaba el centro de atención de las intervenciones para que pasara de los problemas a las soluciones.

Estos expertos determinaron que la psicología positiva constaba de cinco aspectos clave:

1. Nos ayuda a ver la vida con optimismo.
2. Nos permite apreciar el presente.
3. Nos permite aceptar y hacer las paces con el pasado.
4. Nos ayuda a agradecer y perdonar más.
5. Nos ayuda a ver más allá de los placeres y dolores momentáneos de la vida.[168]

Se ha demostrado que la práctica de la psicología positiva ofrece múltiples beneficios, como el aumento de la autoestima, la mejora en las relaciones y una actitud más positiva frente a la vida. En los próximos días hablaremos de algunas de mis técnicas de psicología positiva favoritas.

PRÁCTICA DE HOY: *¿Cómo cambiaría tu vida si actuaras de un modo más positivo?*

Empieza todos los días diciendo: «Hoy va a ser un gran día»

Los hábitos son importantes. A fin de cuentas, son lo que controla nuestra vida. Crea el hábito de empezar cada mañana diciendo: «Hoy va a ser un gran día». Dónde pones tu atención determina cómo te sientes. Por tanto, si deseas ser más feliz, empieza el día dirigiendo tu atención hacia lo que te hace ilusión, lo que te gusta, lo que quieres, lo que esperas y lo que te hace feliz, en lugar de hacia lo negativo. Yo recomiendo a las familias que lo hagan juntas por la mañana, al despertar a sus hijos, o en la mesa mientras desayunan. Me gusta tanto este ejercicio que es lo primero que aparece en mi lista de cosas que hacer cada mañana, por si acaso se me olvida decirlo.

«Hoy va a ser un gran día» tal vez suene un poco, digamos, naíf; sobre todo en momentos como los que ocurrieron durante la pandemia, cuando morían miles de personas de COVID-19 y los propietarios de bares y restaurantes se vieron obligados a cerrar sus negocios. Mi corazón sufría por las familias afectadas por el coronavirus (incluida la mía), por supuesto, pero ser negativo no ayuda a nadie. En las Clínicas Amen tuvimos mucho trabajo ayudando a miles de personas que sufrían cada vez más ansiedad, depresión y pensamientos suicidas.

Al decir «hoy va a ser un gran día» estarás protegiendo y guiando tu mente para que vea lo bueno y no solo lo malo, que es lo fácil. Esto me ayudó a hacer cientos de chats en directo en las redes sociales durante la pandemia, animando a nuestros pacientes y seguidores.

Otra razón por la que recomiendo esta práctica es que planta la semilla del optimismo en la tierra de la vida cotidiana. Las personas sanas buscan lo bueno que puede salir de una situación, no solo lo que puede ir mal. Uno de mis dichos favoritos, que suele atribuirse por error a Winston Churchill (el primer ministro de Gran Bretaña durante la Segunda Guerra Mundial), es el siguiente: «Un pesimista ve la dificultad en cada oportunidad; un optimista ve la oportunidad en cada dificultad».

PRÁCTICA DE HOY: *Empieza cada día del próximo año (y quizá de tu vida) con el siguiente pensamiento: «¡Hoy va a ser un gran día!». Cuelga un cartelito con esta frase en el espejo del baño para recordártelo.*

Termina todos los días preguntándote: «¿Qué ha ido bien hoy?»

Acuéstate cada noche con una intención positiva. Al final del día, escribe o medita a partir de la pregunta: «¿Qué ha ido bien hoy?». Al hacerlo, tus sueños serán más positivos y dormirás mejor. Un reciente estudio demostró que las personas que hacían este ejercicio eran más felices y estaban menos deprimidas al hacerles seguimiento al cabo de un mes y de seis meses.[169] Se ha demostrado también que este sencillo ejercicio ayuda a quienes tienen trabajos estresantes a generar emociones más positivas.

Me gusta mucho hacer este ejercicio cada noche, porque me ayuda a recordar momentos maravillosos que pueden haber quedado olvidados en medio de mi ajetreada vida. Lo hice incluso la noche que murió mi padre y, sorprendentemente, habían ido bien muchas cosas ese día: recibí muchos mensajes afectuosos; mis hermanos y yo nos juntamos para acompañar a nuestra madre, y mi mujer, Tana, estuvo conmigo en todo momento para apoyarme. Terminar el día pensando en esas cosas me animó y me ayudó a conciliar el sueño.

Piensa en este ejercicio nocturno como si fuera tu particular vídeo de momentos destacados, similar a los resúmenes deportivos diarios de la tele. Plantéate incluso anotar tus momentos destacados en un cuaderno (a modo de diario de agradecimiento); léelo al final de cada mes y vuélvelo a leer al terminar el año. Reflexionar sobre todas las cosas increíbles que han ocurrido en tu vida puede tener un poderoso efecto positivo en tu autoconfianza, tu actitud y tu sensación de logro.

PRÁCTICA DE HOY: *Esta noche (y tal vez el resto de tu vida), cuando te vayas a la cama, pregúntate: «¿Qué ha ido bien hoy?». Cuelga una hoja con esa pregunta escrita al lado de la cama, a modo de recordatorio.*

Busca micromomentos de felicidad

La felicidad que importa proviene a menudo de los pequeños momentos. No tiene por qué surgir de algo «importante» o «extraordinario». De hecho, la felicidad de los pequeños momentos puede ser más valiosa que la obtenemos de hitos relevantes, como nuestro cumpleaños, una ceremonia de graduación o una fiesta. Acostúmbrate a buscar y encontrar los pequeñísimos, diminutos micromomentos de felicidad a lo largo del día. Así entrenarás a tu cerebro para que tenga un sesgo de positividad. Lleva también un diario escrito o utiliza la aplicación de notas de tu móvil para anotarlos a lo largo del día. Al llegar la noche, repásalos para que no se te escapen las pequeñas cosas que te ayudan a ser feliz. Prestar atención a estos micromomentos puede ejercer un gran impacto en las sustancias químicas de la felicidad y la positividad. «Buscad y encontraréis» (Mateo 7:7).

Estos son algunos ejemplos de micromomentos que mis pacientes han compartido conmigo:

Ver sonreír a mi bebé.
Darme cuenta de que las hojas están cambiando de color.
Escuchar la primera nota de mi canción favorita en la radio.
El momento en el que chapoteo bajo el agua en la piscina.
Los olores cuando empiezo a cocinar.
El sonido de la música en directo al comenzar un concierto.
Caminar por la pasarela de embarque al inicio de las vacaciones.
Llevar un paraguas durante una tormenta.
Terminar un rompecabezas.
Poner mi serie favorita en la tele.
Escuchar un pódcast que merezca la pena.
Darle al botón «comprar» al elegir billetes de avión para mis próximas vacaciones.
Acariciar a mi perro. Me mira con unos ojos…
Localizar a la lechuza que visita mi jardín.
Tomar la mano de mi pareja.
Escuchar reír a alguien.
Recibir un «¡Buen trabajo!» de mi jefe.
Ver a mis amigos al llegar a la pista de tenis.
Conducir hasta un lugar con buenas vistas para contemplar la puesta de sol.

PRÁCTICA DE HOY: *Apunta cinco micromomentos de felicidad que hayas vivido hoy.*

Interrumpe los momentos infelices innecesarios

Sientes lo que piensas. Haces lo que sientes. Tienes lo que haces. Aprendí esta estrategia de mi amigo Joseph McClendon III, un orador fascinante que da clases en los seminarios de Tony Robbins. Joseph dice que cuando surgen momentos de infelicidad innecesarios él sigue un sencillo proceso de cuatro pasos para volver a su estado anterior:

1. **Siéntete mal a propósito.** Dedica unos segundos a sentirte mal. Adéntrate en la oscuridad. Deja que la sensación desagradable te invada. Parece una locura, ¿verdad? Pero estos segundos pueden empoderarte, porque si sabes cómo hacerte sentir mal también puedes decidir interrumpir esa sensación.

2. **Interrumpe la dinámica.** Si este sentimiento desagradable es innecesario o inútil, como suele ocurrir, interrúmpelo. Después de haber practicado el sentirte mal, di «basta», ponte de pie y respira hondo tres veces. El acto físico de ponerse de pie, creando así una distracción física, y centrarse de forma deliberada en la respiración detiene la dinámica de sentirse mal.

3. **Céntrate en recuerdos felices.** Llena el vacío con recuerdos felices para sentirte bien a propósito. Les pido a todos mis pacientes que escriban de diez a veinte recuerdos de entre los más felices de su vida. Céntrate en uno de ellos hasta que te sientas alegre. Piensa en ello con todos tus sentidos: observa lo que hay, escucha los sonidos, nota las sensaciones y huele o siente el sabor de lo que hay en el aire. Hazlo unos minutos, hasta que puedas sentir el recuerdo en el alma.

4. **Celébralo.** Por último, graba estas buenas sensaciones en tu sistema nervioso, celebrando tu capacidad para interrumpir los momentos infelices innecesarios. A McClendon le gusta apretar el puño, sonreír y decir: «¡Sí!». Yo prefiero levantar los brazos, como hizo Kobe Bryant al final de un partido de los Lakers en el que marcó el triple de la victoria. Celebrarlo es esencial para que los nuevos hábitos se consoliden.

Ya sabes: si te sientes mal, sigue este sencillo proceso y empieza a tomar las riendas de tu felicidad.

PRÁCTICA DE HOY: *Interrumpe un momento de infelicidad innecesaria siguiendo estos cuatro pasos.*

Gratitud y aprecio

Dirige tu atención hacia aquello por lo que sientes agradecimiento y tu cerebro funcionará mejor. Trabajé durante un tiempo con la psicóloga Noelle Nelson para estudiar los efectos de la gratitud y el aprecio en el cerebro. Como parte del proceso de redacción de *El poder del aprecio*, se sometió a dos escáneres cerebrales. Antes del primer SPECT, dedicó media hora a pensar en todas las cosas de su vida por las que estaba agradecida. Ella lo llamó «meditación de aprecio». Este escáner tenía un aspecto sano, con un nivel homogéneo de actividad en todo el cerebro. Para el segundo, dedicó un tiempo a pensar en todo lo malo que temía que pasara o que podía pasar. No se contuvo, pensó cosas como «Si mi perro enfermara, no podría ir a trabajar, tendría que quedarme en casa para cuidarlo. Y si no fuera a trabajar perdería mi empleo. Si me quedara en paro no tendría suficiente dinero para llevar a mi perro al veterinario, y lo más probable es que muriera. Si eso sucediera, me deprimiría tanto que seguiría sin poder volver a trabajar. Entonces perdería mi casa y me quedaría sin hogar».

AGRADECIDA   TEMEROSA

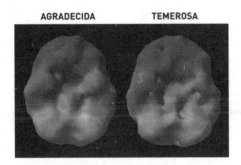

Después de haber estado pensando en sus mayores temores, el escáner mostró algunas áreas con poca actividad: en concreto, el cerebelo (que coordina los pensamientos con las habilidades motoras), los lóbulos temporales (que almacenan los recuerdos y las imágenes) y el córtex prefrontal (que ayuda en la toma de decisiones y el autocontrol).

Está muy claro, pues: los pensamientos negativos modifican el cerebro a peor. En cambio, concentrarse en el agradecimiento nos hace literalmente sentirnos mejor por el cerebro que tenemos. He utilizado esta «meditación de aprecio» con pacientes deprimidos para ayudarles a mejorar con mayor rapidez. Varios estudios han probado que cualquier persona que exprese agradecimiento y aprecio con frecuencia estará más sana y será más optimista, tendrá éxito en sus objetivos, se sentirá mejor y se volverá más útil. También los médicos que se esfuerzan por mostrar agradecimiento efectúan diagnósticos correctos con mayor frecuencia.[170]

PRÁCTICA DE HOY: *Enumera cinco cosas por las que quieras dar las gracias. Luego añade otras cinco. Ponerlo por escrito te ayudará a grabarlo en el cerebro.*

Actos aleatorios de amabilidad

La amabilidad ayuda al cerebro a trabajar mejor. ¿Es cierto que ayudar a los demás puede suponer una importante diferencia en nuestro nivel de felicidad? La psicóloga Sonja Lyubomirsky, de la Universidad de California-Riverside, decidió poner a prueba esta cuestión con un estudio experimental en el que se pedía a un grupo de estudiantes cinco actos de amabilidad aleatorios de su elección a la semana, desde comprarle comida a una persona sin hogar hasta ayudar a un hermano menor con las tareas escolares. Los participantes declararon experimentar niveles de felicidad superiores a los del grupo de control, y quienes llevaron a cabo los cinco actos de amabilidad en un mismo día eran los que mejor se sentían al final de las seis semanas que duró el estudio. Antes de esto, otras investigaciones habían constatado que las personas altruistas tienden a ser felices, pero la doctora Lyubomirsky estableció que las buenas acciones son en realidad una causa directa del aumento del bienestar y que pueden incluso disminuir los síntomas depresivos.[171]

En otro estudio, investigadores de la Universidad de Wisconsin-Madison descubrieron que la amabilidad humana se puede enseñar y es capaz de modificar el funcionamiento del cerebro en el proceso. Helen Weng y sus colegas enseñaron a adultos jóvenes a practicar una «meditación de la compasión» para aumentar los sentimientos de empatía y solidaridad hacia las personas que están estresadas y sufren. Los participantes se centraron en un momento en el que otra persona había sufrido, y luego recitaron una especie de oración para que se aliviara su sufrimiento: repitieron frases que les ayudaban a centrarse en sentimientos solidarios, como «Que quedes libre de todo sufrimiento». Los participantes en el estudio eligieron primero a una persona con la que les resultara fácil practicar la compasión, como un familiar o un amigo. Luego probaron a extender sus sentimientos solidarios hacia un extraño e incluso hacia sí mismos. Por último, se les entrenó para extender esos sentimientos hacia alguna «persona difícil» con la que tuvieran trato.

La doctora Weng afirmó: «Es como hacer pesas. Utilizando este enfoque sistemático, descubrimos que las personas pueden desarrollar su *músculo* de la solidaridad y responder al sufrimiento ajeno con afecto y deseo de ayudar». Adicionalmente, los estudios con imágenes cerebrales revelaron que entrenar la compasión potenciaba el funcionamiento de varias áreas del cerebro; por ejemplo, el córtex prefrontal, que está relacionado con la empatía.[172]

PRÁCTICA DE HOY: *¿Con cuántas personas puedes tener a lo largo del día un pequeño gesto de amabilidad?*

DÍA 225

Gracias, siguiente

Agradecer el pasado y mirar hacia el futuro. La primera vez que escuché la canción *Thank U, Next* (*Gracias, siguiente*), de Ariana Grande, le mandé un mensaje. Habíamos trabajado juntos en un proyecto muy especial.

—Tengo una historia divertida sobre *Thank U, Next,* para cuando tengas tiempo.

—¡No puedo esperar a oírla! —exclamó.

—«Gracias, siguiente» es un gran concepto de salud mental. Se lo he explicado hoy a mi equipo. De hecho, ES salud mental en solo dos palabras. Porque decir «gracias» implica mirar al pasado con agradecimiento, aunque las cosas no salieran como queríamos.

La canción habla de relaciones previas que no resultaron demasiado bien.

—En cuanto a «siguiente», supone mirar hacia adelante y pensar en lo que queremos para el futuro, en lugar de quedarnos anclados en el pasado con arrepentimiento. Hay que estar agradecido por las experiencias vividas y luego pasar página. Les ha encantado.

—Es un honor —respondió—. Y es verdad: no podemos ser presos de nuestro pasado. Hay que trabajar duro.

Ariana había trabajado mucho sobre esta idea. Como todo el mundo sabe, el 22 de mayo de 2017 un terrorista suicida detonó una bomba casera cargada de metralla cuando el público abandonaba un estadio de Manchester, en Inglaterra, tras uno de sus conciertos. Murieron 23 personas, incluido el atacante, y 1017 resultaron heridas, algunas de ellas niños. Aquel atentado le rompió el corazón y le causó un gran trauma emocional. A las pocas horas, publicó el siguiente mensaje: «Destrozada. Desde el fondo de mi corazón, lo siento muchísimo. No tengo palabras».[173] El 26 de mayo anunció la celebración de un concierto benéfico que se emitiría en directo en BBC One, con la intervención de Miley Cyrus, Justin Bieber, Katy Perry, Chris Martin y Pharrell Williams, entre otros, a beneficio de las víctimas y la Cruz Roja; tuvo lugar el 4 de junio, solo trece días después del atentado.

Desde entonces soy admirador suyo.

PRÁCTICA DE HOY: *Elige un evento del pasado que te haya resultado difícil y que ahora puedas recordar con gratitud, y algo del futuro que esperes con ilusión.*

Céntrate en tus puntos fuertes y tus logros

Una virtud esencial de las intervenciones psicológicas positivas es centrarse en lo que está bien y no en lo que está mal. Una vez atendí en mi consulta a una artista que había vendido más de 400 millones de discos. Estaba pasando por un periodo de depresión y se focalizaba en todas las cosas malas de su vida, entre las cuales figuraba un artículo (publicado hacía cuarenta años en una revista de rock & roll) en el que se criticaba su estilo musical. Ya ves, pese a todo su dinero y su fama, no era capaz de controlar su mente. Le puse como deberes irse a casa y hacer una lista de sus logros y puntos fuertes. Aquella lista nos hizo sonreír a ambos y la ayudó a recuperarse.

En 2005, el doctor Seligman participó en un estudio cuyos resultados demostraron que las intervenciones basadas en los puntos fuertes de las personas incrementaban la felicidad y reducían los síntomas depresivos al cabo de tan solo un mes.[174] ¿Puedes decir cinco cosas que se te den bien? Si no lo sabes seguro, di al menos qué cinco cosas haces bien según tus amigos. Cuando hayas escrito algunas de ellas, piensa en formas de utilizar esas cualidades en tu vida cotidiana. Por ejemplo, puede que te hayas criado en una familia bilingüe y domines dos idiomas. ¿Podrías aprovechar mejor esta habilidad en tu carrera profesional? Lo mismo ocurre con los conocimientos informáticos, las habilidades culinarias o la capacidad para dirigir equipos: tus habilidades personales pueden convertirse en tus puntos fuertes distintivos.

Haz lo mismo centrándote en tus logros. ¿Qué has conseguido hasta ahora? Cuando le hice esta pregunta a uno de mis pacientes, me contestó: «No soy capaz de mantener una relación». Se había casado once veces. Así que, para entrenar su sesgo de positividad, replanteamos la situación para que viera que era muy bueno iniciando relaciones y haciendo que las mujeres se enamoraran de él. Ya trabajaríamos para lograr que sus relaciones duraran. Por el momento nos fijamos en lo que estaba bien y luego pasamos a centramos en lo que podía mejorar.

PRÁCTICA DE HOY: *¿Qué has conseguido hasta ahora? Escríbelo. Léelo. Guardo en el móvil un archivo con «eventos geniales» en los que he participado o de los que he sido anfitrión, y lo miro siempre que me siento decaído.*

Una meditación sencilla de 12 minutos para cambiar tu cerebro

Tan sencilla y a la vez tan poderosa. Las investigaciones demuestran que meditar y rezar reducen el estrés y mejoran la función cerebral. Clínicas Amen realizó un estudio SPECT sobre meditación, patrocinado por la Alzheimer's Research and Prevention Foundation. Usamos la meditación *kirtan kriya*, del yoga *kundalini*. Hicimos

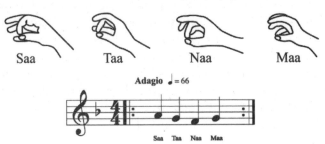

escáneres en dos días distintos: el primer día permitimos a los participantes pensar en cualquier cosa, y el segundo les pedimos participar en una sesión de meditación.[175] En ella, recitaban los cuatro sonidos primarios: saa, taa, naa, maa (el «aa» con que finaliza cada sonido es considerado el quinto). A la vez, coordinaban cada sonido con movimientos específicos de los dedos de ambas manos. Funciona así: cantan el sonido «saa» mientras se tocan el pulgar y el índice; luego el sonido «taa» mientras se tocan el pulgar y el corazón; cuando se canta «naa», se tocan el pulgar y el anular; y el pulgar y el meñique al cantar «maa». Repitieron los cánticos y movimientos 2 minutos susurrando, 4 en silencio, 2 susurrando y 2 en voz alta.

Los escáneres SPECT tomados después de la meditación revelaron un nivel más bajo de actividad en el lóbulo parietal izquierdo, que se ocupa de los sentidos, la percepción y la dirección. Hay quien cree que este resultado indica una menor conciencia del tiempo y el espacio. En cambio, el flujo sanguíneo en el córtex prefrontal era significativamente mayor que en los escáneres iniciales, lo que indica que la meditación activó esta parte del cerebro. Los resultados también mostraron un elevado flujo sanguíneo en una zona asociada a la espiritualidad: el lóbulo temporal derecho.

En general, la mayor parte de los estudios ha demostrado que la meditación también mejora la atención y la planificación, reduce la depresión y la ansiedad, disminuye la somnolencia y protege el cerebro del deterioro cognitivo asociado al envejecimiento normal. En un estudio de la UCLA se descubrió que el hipocampo era significativamente de mayor tamaño en personas que meditan con regularidad.[176] Las investigaciones también apuntan a un mayor grosor del córtex prefrontal, así como de otras regiones cerebrales. Asimismo, se ha descubierto que la meditación ayuda a perder peso, disminuye la tensión muscular y reafirma la piel.

PRÁCTICA DE HOY: *Dedica entre 10 y 15 minutos a meditar o rezar.*

Pequeños hábitos para los traumas y la tristeza

Desarrolla hábitos que te ayuden a sentirte mejor de forma rápida y duradera. Cada uno te tomará solo unos minutos. Están vinculados a cosas que hacemos, pensamos o sentimos para poder automatizarlos con mayor facilidad.

1. Cuando algo me altere, cruzaré los brazos y, durante un minuto, me acariciaré desde los hombros hasta la parte inferior de los antebrazos (esto estimula ambos lados del cerebro y ayuda a calmar la mente).

2. Cuando note que me llega una oleada de recuerdos traumáticos o tristes, me observaré, tomaré nota de los pensamientos negativos que me vienen a la cabeza y los cuestionaré.

3. Cuando los recuerdos dolorosos del pasado se queden atrapados en mi cerebro, los escribiré desde una perspectiva adulta, ya que esto puede hacer que los pensamientos dejen de dar vueltas en mi cabeza.

4. Cuando tenga ansiedad, haré cinco respiraciones diafragmáticas para tranquilizarme.

5. Cuando afloren recuerdos de un acontecimiento traumático, me preguntaré qué estoy pensando o sintiendo. Luego volveré al primer momento de mi vida en el que recuerde haber tenido esos pensamientos o sentimientos, para ver si mi pasado está contaminando el presente. Si es así, me diré: «Eso era antes y esto es ahora».

6. Cuando llegue el cumpleaños (o algún otro aniversario) de un ser querido fallecido, dedicaré un tiempo a recordar momentos felices y agradecer el tiempo que pasamos juntos.

7. Cuando esté disgustada o me sienta solo, llamaré a un amigo y le pediré su apoyo.

PRÁCTICA DE HOY: *Elige uno o varios pequeños hábitos para introducirlos en tu vida cuando te enfrentes a la tristeza o a algún trauma.*

Nuestra guerrera del cerebro Tina: un cerebro mejor, un negocio mejor

Cuando mejora tu cerebro, también lo hacen tus negocios. Aunque sea por mera intuición, la mayoría sabemos que los malos hábitos nos hacen envejecer más deprisa. Lo vemos en la piel de los fumadores, en el aspecto de un adicto a la metanfetamina o en la disminución del funcionamiento cognitivo de los alcohólicos. Por desgracia, según mi experiencia, la mayoría de la gente no tiene ni idea de cómo afecta su estado físico a su salud cognitiva y mental. Podemos ver un ejemplo de ello en un proyecto fascinante que llevé a cabo con un grupo de mujeres empresarias. Una de ellas, Tina, sufría depresión, obesidad y una diabetes descontrolada. Su escáner SPECT cerebral tenía un aspecto horrible.

Tina me contó que le habían diagnosticado diabetes hacía varios años, pero que no había hallado el tiempo para ocuparse de verdad de su salud. Pensaba que algún día lo lograría. Tina, como la mayoría de la gente, no sabía que la diabetes causa daños cerebrales, porque perjudica a los vasos sanguíneos, incluidos los del cerebro, y duplica el riesgo de padecer alzhéimer. La obesidad por sí sola también es un factor de riesgo respecto a al menos treinta enfermedades. Y la depresión puede estar causada por la obesidad y la diabetes no controlada.

ANTES   DESPUÉS

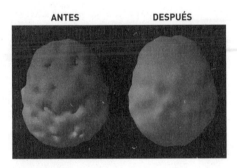

Me quedé mirando a Tina y le dije: «No te funcionará nada en la vida, en especial tu negocio, si tu cerebro no está bien. Tus problemas de salud física son una emergencia cerebral. Es fundamental que controles tu peso y tu diabetes. Además, una vez que lo hagas, tu estado de ánimo también mejorará». Desde que empezamos a trabajar juntos, Tina ha perdido 18 kilos, su diabetes está bajo control, su estado de ánimo ha mejorado, y se ve y se siente mucho más joven. Además, su negocio va muchísimo mejor, porque está más concentrada y tiene más energía y mejor criterio.

PRÁCTICA DE HOY: *Averigua si tienes algún problema de salud que esté dañando tu cerebro. Si es así, pasa a la acción para resolver el o los problemas lo antes posible.*

¿Pasas tiempo con amigos o con cómplices?

La forma más rápida de gozar de buena salud es buscar a las personas más sanas que puedas y pasar el mayor tiempo posible con ellas. Porque la salud es un deporte de equipo. Puede que sientas que nadie más te puede acompañar en el proceso, pero no es verdad: las personas que te rodean juegan un papel crucial en tu capacidad para alcanzar tus objetivos, aunque no te des cuenta. A mis pacientes les digo que se planteen si en su entorno tienen amigos o cómplices.

Los amigos son los animadores, entrenadores o modelos a seguir que fomentan tus hábitos saludables y te ayudan a mantener el rumbo. Pasa el mayor tiempo posible con estas personas. Gozar de este tipo de contactos aumenta tus probabilidades de éxito hasta en un 40 %, sobre todo en lo que respecta a la pérdida de peso y la forma física.[177]

El llamado «guardián nutricional» de tu vida debe convertirse en tu amigo y apoyarte para que alcances tus objetivos. Es tu razón para dejar de gastar dinero en comida nociva para tu familia o tus colegas del trabajo, ya que eso les expone al fracaso y limita sus posibilidades de éxito. Es una cuestión de integridad.

En cuanto a los cómplices, son los detractores, las personas que te desaniman a la hora de tener una conducta saludable, los malos ejemplos a seguir con sus hábitos perniciosos, o los colaboradores necesarios que aprueban tus comportamientos negativos. De modo que, para efectuar cambios duraderos en tu vida, necesitas menos cómplices y más amigos. No obstante, antes de deshacerte de esos cómplices, intenta mantener una conversación sincera con ellos para ver si pueden convertirse en amigos. Explícales algunas formas de ayudarte y también lo que podrían dejar de hacer. Si logras que se suban al carro no solo te estarás ayudando a ti, sino también a ellos. Esto es lo que yo llamo un *win-win*: todo el mundo gana.

PRÁCTICA DE HOY: *Menciona a las cinco personas con quienes pasas más tiempo. ¿Consideras que son amigos o cómplices? Procura pasar más tiempo con las personas que te ayuden a mantener una conducta saludable.*

El ejercicio de la bifurcación

Crea un futuro de placer y dolor. Las imágenes guiadas son una herramienta muy potente que puede ayudar a hallar la motivación para mejorar la propia salud. Un ejercicio bastante efectivo es el que yo llamo el de «la bifurcación en la carretera»; consiste en viajar con la mente hasta una bifurcación: el camino de la izquierda es el de las malas decisiones y el de la derecha, el de las buenas.

Primero hay que tomar el camino de la izquierda; allí podrás comer todo lo que quieras, olvidarte de hacer ejercicio, usar la cafeína para despertarte por las mañanas y confiar en el alcohol para conciliar el sueño. Vas engordando y cada vez tienes que comprar ropa más grande. Visualiza entonces cómo será tu vida dentro de seis meses, de cinco años y de veinte. ¿Cómo te encuentras? ¿Qué tal tus rodillas? ¿Y la memoria? ¿Cómo te sientes en tu pellejo? Uno de mis pacientes, que había ido engordando medio kilo al año en los últimos veinte años, vio empeorar su nivel de energía, su memoria y su tensión arterial, y quiso tomar un camino distinto.

Cuando tengas una imagen clara de hacia dónde te lleva el camino de las malas decisiones, vuelve a la bifurcación y elige el camino correcto, donde tus elecciones serán mucho mejores: buena comida, sueño saludable, ejercicio, nuevos aprendizajes y suplementos nutricionales. ¿Cómo será tu vida dentro de seis meses, de cinco años y de veinte? Te sentirás una persona fuerte, dinámica, enérgica, más delgada, más feliz e inteligente. Y el año que viene te sentirás más joven en lugar de más vieja y cansada.

¿Qué futuro quieres para ti? ¿Qué camino tomarás?

PRÁCTICA DE HOY: *Visualiza ambos caminos en el ejercicio de la bifurcación.*

Dejemos de culpar a las madres

Después de unas semanas de tratamiento, Kris era un niño distinto. Cuando Kris tenía doce años, atacó a otro niño de su escuela con un cuchillo. Pero sus problemas habían empezado mucho antes: había sido impulsivo, agresivo e hiperactivo desde pequeño. La medicación estimulante que le habían recetado a los seis años le producía alucinaciones y empeoraba su agresividad. Cuando tenía ocho, le recetaron medicamentos antidepresivos que no ayudaban en absoluto con sus problemas de comportamiento, igual que no ayudaron los años de terapia familiar que siguieron. De hecho, el terapeuta culpó a la madre de Kris de sus problemas.

Por suerte, tras el incidente con el cuchillo me trajeron a Kris para que lo evaluara. Su escáner SPECT reveló una actividad reducida en el córtex prefrontal, algo habitual cuando existe impulsividad. También había poco flujo sanguíneo en su lóbulo temporal izquierdo, lo cual suele estar asociado a comportamientos violentos. Este patrón es consistente con un subtipo de TDA/TDAH denominado «TDA del lóbulo temporal». Tras saber lo que ocurría en realidad en su cerebro, pude tratarlo con un plan personalizado que le ayudó de forma significativa en unas pocas semanas: desapareció la agresividad, se concentraba más en el colegio y parecía un niño más feliz en general. Estos cambios dejaron claro a todo el mundo que el problema no era su madre.

De no haber recibido nunca un tratamiento adecuado para su TDA, lo más probable es que Kris hubiera pasado por numerosas hospitalizaciones psiquiátricas (en vano), que hubiera sido encarcelado o incluso que hubiera acabado muerto antes de cumplir 18 años. En cambio, cuando seis años más tarde nos encontramos en un instituto donde yo impartía una conferencia, corrió a abrazarme y me presentó a su grupo de amigos. La guinda del pastel fue que su madre había podido librarse de la humillación que tuvo que soportar por ser la acusación de ser la causante de sus problemas. Esto nos enseña algo clave: dejemos de culpar a los padres y busquemos las causas biológicas subyacentes de los problemas.

PRÁCTICA DE HOY: *Si conoces a un adolescente con mal comportamiento, insiste para que se someta a una evaluación del cerebro, a ver si existe algún problema subyacente.*

DÍA 233

Si no admites que tienes un problema, no puedes hacer nada para resolverlo

Los jugadores de la NFL con daños cerebrales se quedaban sin ayuda ni esperanza. Hemos visto en miles de casos que es posible mejorar la función cerebral, aunque el individuo haya «tratado mal» a su cerebro. Como ya he mencionado, mis colegas y yo llevamos a cabo el primer y más amplio estudio de carácter mundial con imágenes cerebrales de jugadores de la NFL, en activo y retirados. Comenzamos en 2008, cuando la NFL casi negaba que tuviera un problema. Pese a haber formado un comité sobre los traumatismos craneoencefálicos en 1994, nunca llegaron a financiar ningún estudio con imágenes cerebrales de sus jugadores; se limitaron a estudiar los efectos sobre las ratas. Pero si uno no admite que tiene un problema, no puede hacer nada para resolverlo, y los jugadores con daños cerebrales se quedaban, pues, sin ayuda ni esperanza.

En los SPECT observamos altos niveles de deterioro, pero también posibilidad de recuperación en el 80 % de los jugadores, si se sometían a un programa adecuado.

Cuando yo estudiaba Medicina nos decían que el cerebro no se cura. Pero ahora sabemos que aquello no era cierto: con un entorno adecuado, muchas veces mejora (y mucho), pero hace falta previsión y un gran plan de recuperación. Y no solo para los jugadores de fútbol americano; hemos visto una mejora de la función cerebral en adictos, en personas con TDA/TDAH o incluso con demencia.

En las Clínicas Amen no somos los únicos en demostrar el increíble poder de curación del cerebro. Dale Bredsen, médico del Alzheimer's Research Center de UCLA, incluyó a diez de sus pacientes en un programa de rehabilitación cerebral; sufrían, o bien deterioro cognitivo (precursor de la demencia) o bien alzhéimer. La estrategia de tratamiento fue similar a la que usamos en nuestra clínica. Tras seguir el protocolo del doctor Bredsen, todos los pacientes salvo uno mejoraron, y seis de ellos alcanzaron un funcionamiento lo bastante adecuado como para volver a trabajar.[178] Como vemos, haciendo lo correcto el cerebro y la mente pueden progresar de forma espectacular. Pero cuando hay un problema es fundamental admitirlo.[179]

PRÁCTICA DE HOY: *¿Qué problemas has estado posponiendo o ignorando? Es hora de buscar ayuda.*

DÍA 234

Comida con alma para tu cerebro

La atención a la comida es importante para la salud del cuerpo. Seguir una dieta saludable no solo nutre cuerpo y cerebro, también es un apoyo para el «alma», el núcleo del círculo espiritual que alimenta el sentido, el propósito y la pasión de la vida. Nuestra espiritualidad es fundamental para conectar con Dios, con la salud del planeta, con las generaciones que nos han precedido y las que vendrán. Por tanto, es importante tener presente el sentido y el propósito que hay tras la comida que eliges para ti y tu familia. ¿Comes solo para alimentarte o es porque te gusta la comida? ¿Comes para disfrutar de la compañía de otras personas? ¿O hay algo incluso más profundo para ti respecto a la comida, como su capacidad para alimentarte y así poder alcanzar tu propósito en la vida?

Puedes empezar a comer con un mayor sentido espiritual siguiendo estas cuatro pautas:

Sostenible: halla formas de cultivar alimentos de forma cíclica sin dañar a la Madre Tierra.
Ecológico: elige alimentos producidos sin toxinas dañinas como los pesticidas.
Sin adulterar: come alimentos, en la medida de lo posible, frescos y enteros, sin aditivos, colorantes ni edulcorantes; cuanto menos procesados, mejor.
De proximidad: busca alimentos de origen local. Esto no solo servirá para apoyar a tu comunidad, sino que aumenta las probabilidades de que la comida sea más fresca que la producida de forma industrial.

Piensa en cómo se ha producido la comida que ingieres desde el punto de vista espiritual. Plantéate también cómo se ha tratado y criado a esos animales. ¿Han recibido un trato humano? ¿Te horrorizaría descubrir que no ha sido así? Estas preguntas son esenciales. Los animales, igual que los seres humanos, liberan distintas sustancias químicas en el cuerpo en función de si están relajados o estresados, felices o deprimidos, receptivos o enfadados. Si viven y los sacrifican en un entorno tóxico y confinado, al final consumiremos las sustancias químicas que liberaron cuando estaban estresados, enfadados y deprimidos. Piensa en el acto de comer también como en una «disciplina espiritual» en la que agradeces la comida que tienes y adoptas un enfoque mucho más reflexivo sobre la forma en que se produce y consume.

PRÁCTICA DE HOY: *Dedica unos minutos a analizar la comida que tienes en la nevera. ¿Cuántos de esos alimentos cumplirían los criterios de arriba?*

Calorías de alta calidad... y no demasiadas

Piensa en las calorías como en el dinero. Las calorías cuentan, pero no necesariamente como te imaginas. Las calorías que consumimos son algo así como una inversión económica. Si inviertes en bonos basura es posible que no obtengas beneficios; en cambio, si haces inversiones sabias obtendrás suculentos dividendos. Así que sé inteligente y haz una previsión del gasto en calorías que maximice los beneficios físicos, cognitivos y de salud mental para ti. Olvídate de la comida basura e invierte en calorías de alta calidad que te levanten el ánimo, reduzcan la ansiedad y potencien la claridad mental.

Un cubo grande de palomitas en el cine puede «costarte» más de 800 calorías, y además fulminará tu energía y entorpecerá tu razonamiento. En cambio, un delicioso salteado casero con salmón (que estimula el cerebro), setas (que fortalecen el sistema inmune), espárragos (ricos en antioxidantes) y quínoa (repleta de fibra) puede suponerte un coste de menos de 500 calorías.

¿Sabes cuántas calorías ingieres a diario? La mayoría de la gente no es consciente de ello. Yo mismo me quedé estupefacto al empezar a tomar nota de las calorías de los alimentos que comía; y descubrí que consumía muchas más de las que pensaba. Esto también lo veo en mis pacientes. Por ejemplo, uno de nuestros jugadores de la NFL nos dijo que contar las calorías le permitió darse cuenta de que los hábitos alimenticios poco saludables son en realidad una forma de autolesionarse. Así que, igual que llevas un control de tus gastos, vigila tu ingesta de calorías. Comer en exceso es como derrochar el dinero; cuando comes demasiado, el cerebro y el cuerpo entran en bancarrota.

Por el contrario, reducir las calorías puede beneficiarte en muchos sentidos. Esto es lo que se descubrió en un famoso estudio en el que participaron dos grupos de macacos *rhesus*. El grupo de primates que ingirió un 30 % menos de calorías que el otro presentó una probabilidad tres veces menor de desarrollar cardiopatías, cáncer o diabetes. Por su lado, los macacos que ingirieron más calorías experimentaron una constricción significativa de las áreas del cerebro importantes para la toma de decisiones.[180]

Come alimentos de la mayor calidad posible, y que además sea inteligente comerlos desde el punto de vista calórico.

Evita o limita alimentos de baja calidad que incrementen tu riesgo de padecer problemas de salud cerebral o mental.

PRÁCTICA DE HOY: *Cuenta las calorías que ingieras a lo largo del día, para tener una perspectiva realista al respecto. Si, como yo, hay problemas con el peso en tu familia, es posible que tengas que convertir esto en un hábito a partir de ahora.*

Simula la restricción de calorías sin sus efectos secundarios

Se reduce a cinco sencillas estrategias. Existen excelentes investigaciones que relacionan la restricción de calorías con la salud y la longevidad en numerosas especies animales. Sin ir más lejos, hacerlo estimula la reparación del ADN, estabiliza el azúcar en sangre, ralentiza el envejecimiento y disminuye la inflamación. Pero te contaré un secreto: lo que no es muy conocido es que es posible «simular» la restricción de calorías y obtener estos mismos beneficios, mediante cinco sencillas acciones. La mayoría de las personas no pueden ingerir 800 calorías al día durante mucho tiempo sin sufrir, como consecuencia, un humor terrible, aparte de que la restricción de calorías tiene una serie de efectos secundarios a largo plazo: disminuye el nivel de testosterona, reduce el apetito sexual y nos hace más irritables, lo cual supone que vivir más tiempo sea menos deseable de lo que podría ser.

Las siguientes son las cinco sencillas estrategias para simular la restricción de calorías: (1) ejercicio, (2) dormir siete horas cada noche, (3) controlar el estrés con la meditación, (4) seguir una dieta saludable para el cerebro y antiinflamatoria, a base de aceites saludables, frutos secos, semillas, frutas y verduras de colores vivos, y (5) tomar suplementos nutricionales específicos.

A la mayoría de gente le recomiendo cinco suplementos que incluyan un complejo multivitamínico/mineral de alta calidad, ácidos grasos omega-3, vitamina D, magnesio y un probiótico. Y aclaro que es mejor obtener los omega-3 para el cerebro y el corazón a partir del pescado o de suplementos con aceite de pescado, más que de fuentes vegetales como las semillas de lino, porque a las plantas les faltan los omega-3 EPA y DHA, que son esenciales para la salud cerebral. No obstante, también existen fuentes veganas de EPA y DHA, a base de algas.

PRÁCTICA DE HOY: *¿Cuántas estrategias de estas cinco ya has incorporado a tu rutina? Si te faltan una o más de una, añade otra hoy. Así favorecerás tu salud en vez de dañarla.*

Magia calórica

Haz la suma. David, de 70 años, era un ejecutivo que vino a mi consulta porque se le olvidaban las cosas en las reuniones y se sentía más deprimido e incompetente de lo que recordaba haber estado jamás. Cada vez se cansaba, le costaba dormir y tenía una niebla mental permanente. Además, sufría sobrepeso y tenía un nivel elevado de azúcar en sangre. Su escáner tenía un aspecto horrible, presentaba daños significativos en toda la superficie del cerebro. Cuando le pregunté cuánto bebía, me dijo:

—Me tomo tres chupitos de vodka por la noche, para rebajar la tensión.

Era un ritual que había practicado a lo largo de muchos años.

—¿Todas las noches? —insistí.

—Sí.

En nuestra primera sesión le calculé el coste de lo que se bebía cada noche, en términos de energía:

- Chupito normal de vodka, 100 calorías; tres chupitos cada noche, más o menos 300 calorías.
- 300 calorías x 365 días = 109.500 calorías al año en vodka.
- Para engordar 1 kg, la mayoría de especialistas afirma que hay que consumir unas 7800 calorías más de las que quemamos.
- Si dividimos 109.500 calorías entre 7800 = David estaba acumulando unos 14 kg de grasa extra en su cuerpo al año... solo por el vodka.

ANTES   **6 MESES DESPUÉS**

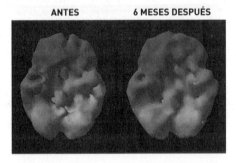

Cuando David vio los cálculos y el aspecto de su cerebro, la realidad lo dejó estupefacto. Estaba claro que, si no empezaba a cuidar su cerebro, muy pronto no tendría ningún cerebro que cuidar. Al presentar, además, antecedentes de alzhéimer en su familia, se puso serio: dejó de beber y empezó a tomar suplementos como el azafrán, que ayuda a mejorar el estado de ánimo y la memoria. En los seis meses siguientes perdió 18 kilos y llegó a sentirse más despierto de lo que había estado en décadas. Su cerebro también tenía mucho mejor aspecto.

PRÁCTICA DE HOY: *Calcula las calorías de un alimento o bebida que consumas con regularidad, para ver si puede estar contribuyendo a un aumento de peso poco saludable.*

Bebe mucha agua y pocas calorías

Riega tu cerebro. ¿Sabías que el 80 % del cerebro es agua? Cualquier cosa que te deshidrate, aunque solo sea un poquito —como la cafeína o el alcohol—, puede, entre otras cosas, alterar tu estado de ánimo (generando depresión, ansiedad, tensión, enfado u hostilidad), además de mermar tu energía, incrementar el dolor y disminuir tu capacidad de concentración. Por tanto, asegúrate de beber mucha agua, entre ocho y diez vasos al día.

También puedes aumentar tu ingesta saludable de líquidos bebiendo agua con gas, agua mineral con rodajas de frutas, agua de coco, infusiones, y verduras y frutas ricas en agua, como pepino, lechuga, apio, rábanos, calabacín, tomate, pimiento, fresas, melón, frambuesas o arándanos.

En una ocasión, durante un viaje de negocios, me topé con un cartel que decía: «¿Te estás echando kilos en el vaso?... No engordes bebiendo». Qué mensaje tan importante. Y es que la población estadounidense «bebe» demasiadas calorías. Un estudio determinó que, por término medio, un 22 % de las calorías que ingerimos al día proceden de las bebidas.[181] Otros han mostrado que, en comparación con lo que sucedía hace treinta años, ahora consumimos al día el doble de calorías procedentes de las bebidas.[182] Es fácil de imaginar si observamos la ascendente popularidad de las bebidas gigantes a base de café y cargadas de sirope, nata montada y azúcar; o de los sofisticados cócteles; o de los packs de doce latas de refresco que llenan las estanterías del supermercado. Llevar la cuenta de las calorías que bebes y sustituir la mayor parte de esas bebidas por agua puede ser una estrategia muy eficaz para alcanzar (y mantener) un peso saludable.

Bebe agua, agua con gas sin sabor, agua mineral con trozos de fruta, agua con estevia de sabores de SweetLeaf, agua de coco, té verde, té negro y otras infusiones.

Evita o reduce al máximo las bebidas cargadas de calorías, los cócteles, las bebidas energéticas, los refrescos y las bebidas light; todas ellas aumentan el riesgo de padecer problemas de salud cerebral o mental.

PRÁCTICA DE HOY: *Bebe entre ocho y diez vasos de agua al día y procura no consumir calorías líquidas.*

La proteína de calidad evita los antojos

Los músculos son nuestra reserva de proteínas. La proteína nos ayuda a equilibrar el nivel de azúcar en sangre, nos sacia y proporciona los componentes básicos para muchos neurotransmisores (que son las sustancias químicas del cerebro); en definitiva, juega un papel fundamental en el crecimiento saludable y el funcionamiento celular, de los tejidos y órganos. Y, después del agua, es la sustancia más abundante del cuerpo. En mi opinión, la proteína es como una medicina que debería tomarse en pequeñas dosis en cada comida y tentempié, como mínimo cada 4 o 5 horas, para ayudar a equilibrar el nivel de azúcar en sangre y reducir los antojos. La proteína ayuda a sentir saciedad durante más tiempo, y a quemar más calorías que los alimentos ricos en carbohidratos y azúcar. Además, el cuerpo puede producir algunos de los aminoácidos que necesita, pero no todos, y esos hay que obtenerlos de la comida; son lo que se conoce como «aminoácidos esenciales». Es crucial incluirlos en la dieta de forma habitual, porque el cuerpo es incapaz de almacenarlos para usarlos en el futuro. Ciertos vegetales como los frutos secos, las semillas, las legumbres y unos cuantos cereales y verduras contienen solo *algunos* de los veinte aminoácidos que necesitamos. En cambio, el pescado, las aves y la mayoría de las carnes los contienen *todos*.

Ingerir pequeñas cantidades de proteína de alta calidad es esencial para tener buena salud. Pero «más» no siempre significa «mejor». El cuerpo no está diseñado para procesar de forma eficaz grandes cantidades de proteína de golpe; de hecho, comer demasiada genera estrés e inflamación. Esto contribuye a la aceleración del envejecimiento y al riesgo de enfermedades, y puede ser perjudicial para los riñones y el hígado. Por tanto, ten en cuenta que la calidad es más importante que la cantidad: la proteína animal de alta calidad es la que está libre de hormonas y antibióticos, y procede de ejemplares criados en libertad y alimentados con pasto. Por supuesto, es más cara que la de animales criados en granjas industriales, pero supone una buena inversión en salud. En comparación con la carne de pasto, la producida de forma industrial tiene un 30 % más de grasas no saludables, asociadas a enfermedades cardiovasculares.[183]

Come: entre las fuentes de proteína saludable podemos mencionar el pescado, el cordero, el pavo, el pollo, la ternera, el cerdo, las alubias y otras legumbres, los frutos secos crudos y las verduras ricas en proteína, como el brócoli y las espinacas.

Evita o limita: proteínas de baja calidad producidas con pesticidas, hormonas o antibióticos; también un exceso de proteína, ya que tensiona los sistemas corporales.

PRÁCTICA DE HOY: *Añade proteínas de alta calidad como mínimo en dos comidas o tentempiés de los que tomes hoy.*

Engrasa tu cerebro

Una dieta a base de carbohidratos simples aumenta el riesgo de padecer alzhéimer en un 400 %.[184] *Aunque el 80 % del cerebro está compuesto por agua, el 60 % de su peso sólido es grasa.* Durante décadas, la comunidad médica demonizó la grasa y promocionó las dietas bajas en grasa como estrategia principal para gozar de buena salud. Pero se equivocaban: cuando hablamos de salud cerebral y bienestar emocional, la grasa no es el enemigo. De hecho, es esencial para el funcionamiento óptimo del cerebro y para tener un estado de ánimo positivo. Por ejemplo, una interesante investigación publicada en el *Journal of Psychiatry & Clinical Neurosciences* mostró que los niveles bajos de colesterol (que lo más probable es que estén causados por una baja ingestión de grasas) se asocian a un mayor riesgo de depresión grave y de pensamientos y comportamientos suicidas. De hecho, los participantes del estudio con niveles más bajos de colesterol tenían un 112 % más de probabilidades de suicidio.[185] Si lo planteamos en positivo, determinadas grasas como los ácidos grasos omega-3 pueden combatir la depresión y reducir los síntomas asociados a los trastornos del estado de ánimo, ya que favorecen la actitud positiva y el equilibrio emocional.

Aun así, una advertencia: no todas las grasas son iguales. A mis pacientes siempre les aconsejo que eviten las grasas trans (que son las usadas en la bollería industrial, las palomitas de microondas o la pizza congelada): ciertos estudios las han vinculado a síntomas depresivos. A cualquiera de mis pacientes con problemas de estado de ánimo le recomiendo también eliminar las grasas con alto contenido en ácidos grasos omega-6 (es decir, los aceites vegetales refinados), ya que están relacionados asimismo con la inflamación y la depresión.

Come: céntrate en las grasas saludables como las que contienen los aguacates, los frutos secos (el consumo de nueces se relaciona con menores tasas de depresión), las semillas, el pescado —limpio y sostenible— y los aceites (de oliva, aguacate, coco, lino, nuez de macadamia, sésamo o nuez).

Evita o limita el consumo de aceites vegetales refinados (colza, maíz, cártamo o soja), grasa animal y lácteos de animales criados en granjas industriales, carnes procesadas y grasas trans (cualquier grasa hidrogenada).

PRÁCTICA DE HOY: *Haz una lista de todas las grasas que comas y márcalas como saludables o no saludables para ver qué tienes que aumentar o reducir.*

Carbohidratos que levantan el ánimo y duran

Apuesta por carbohidratos ricos en fibra y de bajo índice glucémico, procedentes de frutas y verduras de colores vivos. Para mí, los carbohidratos «inteligentes» son los que están cargados de nutrientes, ayudan a equilibrar el nivel de azúcar en sangre y reducen la aparición de antojos. La mayoría de las verduras y legumbres, y frutas como manzanas, peras o bayas —que tienen un bajo índice glucémico (es decir, es poco probable que suban el nivel de azúcar en sangre)— son carbohidratos inteligentes. En cambio, los de alto índice glucémico y bajos en fibra (como el azúcar, el pan, la pasta, las patatas y el arroz), consumidos en cantidades importantes, nos restan salud, porque fomentan la inflamación, la diabetes y la depresión.[186]

La fibra es un tipo especial de carbohidrato que mejora la digestión, reduce el riesgo de cáncer de colon y ayuda a equilibrar la presión sanguínea y el azúcar en sangre. El estadounidense medio consume demasiada poca fibra (menos de 15 gramos al día). En realidad, las mujeres deberían consumir entre 25 y 30 gramos de fibra al día, y los hombres entre 30 y 38. Los alimentos ricos en fibra, como brócoli, bayas, cebollas, semillas de lino, frutos secos, judías verdes, coliflor, apio y boniatos (¿sabías que la piel de un boniato tiene más fibra que un bol de copos de avena?) cuentan con la ventaja añadida de saciar más rápido y durante más tiempo.

Las frutas y verduras de colores vivos presentan enormes beneficios para la salud, porque aportan una ingente variedad de nutrientes, vitaminas, minerales y antioxidantes vegetales necesarios para el organismo. Esto hace aumentar el nivel de antioxidantes en el cuerpo, lo que reduce el riesgo de deterioro cognitivo y depresión.[187]

Un estudio reciente halló una alta correlación lineal entre el número de frutas y verduras que se comen y el nivel de felicidad. Así que cuantas más ingieras (lo ideal es hasta ocho raciones al día) más feliz serás, y esto sucede casi de forma inmediata.[188] ¡Ningún antidepresivo actúa tan rápido! Solo hay que mantener la proporción del doble de verduras que de frutas, para limitar la cantidad de azúcar.

Come carbohidratos inteligentes: verduras, frutas y legumbres de colores, de bajo índice glucémico y ricas en fibra.

Evita o limita alimentos con alto índice glucémico y bajos en fibra, como el pan, la pasta, las patatas, el arroz o el azúcar, que incrementan el riesgo de padecer problemas de salud mental.

PRÁCTICA DE HOY: *Céntrate en los carbohidratos ricos en fibra y de bajo índice glucémico, y lleva la cuenta de los que ingieres. ¿Cuántos de este tipo has comido? ¿Cuánta fibra has ingerido?*

Cocina con hierbas y especias saludables para el cerebro

Las hierbas y especias son a veces tan poderosas como la medicina. Hipócrates, de quien se dice que fue el padre de la medicina moderna, documentó más de 500 usos de hierbas y especias, que iban desde tratamientos preventivos hasta el incremento de la longevidad. Uno de los grandes beneficios de las hierbas y especias es que la mayoría no tienen efectos adversos, mientras que muchos medicamentos pueden provocar efectos secundarios terribles. A diferencia del mundo occidental, en el 80 % de los países en desarrollo se siguen usando remedios a base de hierbas y sustancias naturales como estrategia médica. Y es curioso, la mayoría de los medicamentos que tomamos proviene de las plantas, aunque cuando nos llegan han sido procesados químicamente.

Las especias y las hierbas no solo aportan un sabor que deleita las papilas gustativas, sino que proporcionan nutrientes que favorecen la salud. De hecho, casi podríamos guardarlos en el botiquín, y no en la estantería de las especias. Es interesante conocer que muchos de los condimentos que se usan para cocinar proceden de las mismas plantas que usaban nuestros antepasados para gozar de más energía, aliviar el dolor o favorecer la curación. Por suerte, ya no es necesario arriesgar la vida para conseguir hierbas y especias, como hacían ellos. La siguiente es una lista de algunas de mis hierbas y especias favoritas; todas ellas ayudan a contrarrestar los factores de riesgo para el cerebro:

- En múltiples estudios se ha demostrado que el extracto de azafrán es tan efectivo como los medicamentos antidepresivos para tratar a pacientes con esta dolencia;[189] también potencia la memoria y el funcionamiento sexual.[190]
- Se ha demostrado que la cúrcuma (presente en el curry) contiene una sustancia química que puede reducir las placas responsables del alzhéimer.[191]
- La evidencia científica ha demostrado que el romero, el tomillo y la salvia ayudan a potenciar la memoria.[192]
- Se ha demostrado que el consumo de canela mejora la atención y regula el nivel de azúcar en sangre; es rica en antioxidantes y un afrodisíaco natural.
- El ajo y el orégano estimulan el riego sanguíneo en el cerebro.
- El sabor picante y especiado del jengibre, la cayena y la pimienta negra procede de los gingeroles, la capsaicina y la piperina, respectivamente, compuestos que estimulan el metabolismo y tienen un efecto afrodisíaco.

Come muchas hierbas y especias adaptadas a tus factores de riesgo y necesidades.

Evita o limita colorantes y sabores artificiales, que lo único que hacen es «secuestrar» tu cerebro.

PRÁCTICA DE HOY: *Elige una nueva especia con la que cocinar.*

Asegúrate de que tu comida es lo más limpia posible

Elimina los edulcorantes artificiales, los colorantes y los conservantes, y lee las etiquetas de los alimentos. Siempre que sea posible, apuesta por los productos ecológicos, libres de hormonas y de antibióticos, procedentes de animales alimentados con pasto y criados en libertad. Los pesticidas que se usan en la agricultura comercial pueden acumularse en el cerebro y el resto del cuerpo, aunque los niveles presentes en cada alimento sean bajos. Recuerda que no solo «somos lo que comemos», sino también lo que comieron los animales que comemos. Así que, en la medida de lo posible, prescinde de aditivos alimentarios, conservantes, colorantes y edulcorantes artificiales. Para lograrlo tienes que empezar a leer las etiquetas de los alimentos. Y, si no sabes qué contiene un producto, no te lo comas. ¿Te gastarías el dinero en algo sin saber qué coste tiene? Por supuesto que no. Bien, pues ha llegado el momento de tomarte en serio los alimentos que te metes en el cuerpo. Soy consciente de que la mayoría de gente no puede permitirse que toda su comida sea ecológica y sostenible. En este sentido, el Environmental Working Group elabora cada año una lista de los alimentos ecológicos que es imprescindible consumir, y los que no. Puedes ponerte al día entrando en ewg.org. Aquí te presento una lista reciente:

- Alimentos con los niveles más bajos de residuos de pesticidas: aguacate, maíz dulce, piña, repollo, cebolla, guisantes de olor (congelados), papaya, espárragos, mango, melón chino, melón cantalupo, kiwi, champiñones, sandía, boniato.[193]
- Doce alimentos con los niveles más altos de residuos de pesticidas (es decir, cómpralos ecológicos o no los comas): fresas, espinacas, hojas de kale/berza/mostaza, nectarina, manzana, uva, melocotón, cereza, pera, tomate, apio, pimiento dulce y chile.[194]
- El pescado es fuente de proteínas y grasas saludables, pero es importante tener en cuenta los tóxicos presentes en algunos. Hay un par de reglas generales para guiarte a la hora de elegir un pescado más sano: (1) cuanto más grande sea, más mercurio puede contener, así que opta por las variedades más pequeñas; (2) entre las opciones de pescado seguras, come una variedad relativamente amplia de especies, con preferencia por los más ricos en omega-3, como salmón salvaje, sardinas, anchoas, merluza y abadejo. Puedes obtener más información en seafoodwatch.org

Come alimentos enteros, limpios y producidos de forma sostenible, siempre que sea posible.

Evita o limita alimentos producidos con uso de pesticidas, hormonas y antibióticos, o que contengan edulcorantes, colorantes y conservantes artificiales; así como pescado con mucho mercurio.

PRÁCTICA DE HOY: *Come de la forma más limpia que puedas.*

DÍA 244

Plantéate el ayuno intermitente

Deja pasar entre 12 y 16 horas entre tu última comida del día y la primera del siguiente.
Se ha demostrado que el ayuno intermitente o la alimentación con restricción horaria mejora de forma significativa la memoria,[195] el estado de ánimo,[196] la pérdida de grasa,[197] el peso, la tensión arterial y los marcadores de inflamación.[198] La pérdida de memoria se asocia al hecho de que el cerebro produce demasiada cantidad de un tipo de proteínas tóxicas que dañan las células. Bien, pues una de las formas que tiene el cerebro de eliminar estas proteínas es a través de un proceso de *autofagia* (del griego «autodevorarse»). Piensa en la autofagia como en diminutos camiones de basura que recolectan las toxinas y los trozos de células muertas y enfermas que ensucian el cerebro; esta limpieza reduce la inflamación y ayuda a retrasar el envejecimiento.[199] Los ayunos nocturnos de entre 12 y 16 horas activan la autofagia. Por tanto, puede ayudarte a pensar con más claridad y a sentir que tienes más energía. La estrategia es sencilla: si cenas a las 6 de la tarde, no vuelvas a comer hasta las 6 (o incluso las 10) de la mañana siguiente. Esto le dará a tu cerebro el tiempo necesario para limpiarse.

No comer en las dos o tres horas previas a irse a la cama también reduce el riesgo de infarto y derrame cerebral.[200] En las personas saludables, la tensión arterial cae por lo menos un 10 % cuando se van a dormir, pero en las que cenan tarde se mantiene, y esto incrementa el riesgo de problemas vasculares. Además, un estudio reciente sugiere que, al ingerir más calorías al mediodía y cenar más ligero, es más probable que se pierda peso que haciéndolo al revés.[201]

PRÁCTICA DE HOY: *Haz un ayuno intermitente desde esta noche hasta mañana por la mañana.*

¿Tienes hipoglucemia?

Con un poco de comida, volvió a ser una persona de lo más encantadora. Una de las superestrellas jóvenes a las que he tratado sufría ataques de ira por los que llegó incluso a salir en las noticias de todo el país. Cuando analicé su nivel de azúcar en sangre en ayunas, vi que era extraordinariamente bajo. Mi consejo fue que empezase a tomar pequeñas cantidades de forma regular; esto le ayudó a mantener el autocontrol necesario para ser la persona maravillosa y encantadora que siempre quiso ser.

Entre los síntomas de un nivel bajo de azúcar en sangre (hipoglucemia) figuran los siguientes:

- Somnolencia o sensación de estar narcotizado.
- Confusión mental.
- Dificultad para concentrarse.
- Problemas de memoria.
- Mareo o aturdimiento.
- Nervios o agitación.
- Depresión
- Irritación o enfado.
- Ansiedad o pánico.
- Pulso acelerado.
- Temblor en las manos.
- Nervios en el estómago.
- Exceso de sudoración o sonrojo.
- Dolor de cabeza en la zona de la frente.
- Dificultades para dormir.
- Problemas gastrointestinales.

Si te preocupa tener alguno de estos síntomas, pide a tu médico que te haga una prueba de tolerancia a la glucosa, por si sufres hipoglucemia.

Si ya sabes que la tienes, asegúrate de comer grasas saludables y proteínas para desayunar; de este modo minimizarás los antojos y tu cuerpo absorberá mejor las vitaminas. Por otro lado, para ayudarte a mantener estable el nivel de azúcar en sangre, es esencial comer sano y hacer entre tres y cinco comidas poco abundantes a lo largo del día. Nunca dejes que tu nivel de azúcar en sangre baje demasiado, porque, además de los síntomas descritos arriba, los antojos de azúcar pueden anular tu capacidad para tomar buenas decisiones respecto a qué comer.

PRÁCTICA DE HOY: *¿Cuántos síntomas tienes de los descritos arriba?*

¿El gluten es bueno o malo para el cerebro?

El gluten, un tema espinoso. Hace más de una década, cuando empecé a escribir sobre el gluten y cómo afecta a la salud física, mental y cerebral, la mayoría de gente nunca había oído esa palabra. Esto ha cambiado de forma radical, puesto que el término *sin gluten* puede verse ya en la etiqueta de miles de productos alimenticios y en los menús de la mayoría de los restaurantes y comedores escolares. Pero ¿por qué el gluten se ha ganado esa fama de sustancia a evitar?

El gluten es una proteína «pegajosa» que está presente en algunos cereales, como el trigo y la cebada. Y lo cierto es que causa diversos problemas de salud. Por ejemplo, se ha asociado a enfermedades como la diabetes tipo 1, la enfermedad de Hashimoto (que afecta a la tiroides) y otros trastornos autoinmunes, como la celiaquía. Además, problemas de salud mental como la ansiedad o los trastornos del estado de ánimo y la conducta, la niebla mental y las dificultades de memoria también se han relacionado con esta proteína.

En términos de salud física, la enfermedad celíaca (también llamada celiaquía) se estima que afecta a un 1 % de la población estadounidense. Sin embargo, las investigaciones al respecto sugieren que esta cifra podría ser mayor, puesto que el 83 % de las personas con enfermedad celíaca están sin diagnosticar.[202] Se trata de una afección hereditaria por la cual la ingesta de gluten desencadena una respuesta inmune que daña el intestino delgado, el órgano donde se absorben los nutrientes. Como consecuencia, se reduce la absorción de vitaminas y minerales importantes, y esto provoca carencias nutricionales.

Mucho más común que la enfermedad celíaca es la *sensibilidad al gluten*, que afecta hasta al 6 % de estadounidenses.[203] Hay docenas de síntomas asociados a la intolerancia al gluten, entre los cuales se hallan problemas digestivos como estreñimiento o diarrea, y otros como fatiga, dolor articular, ansiedad, depresión y niebla mental. Además, el gluten es proinflamatorio, tiene un alto índice glucémico y provoca efectos negativos en el cerebro; en particular, puede reducir el flujo sanguíneo cerebral y se ha asociado a la atrofia del cerebelo y el hipocampo.

Como ves, dejar de consumir gluten puede tener efectos muy potentes. Sin ir más lejos, las dietas sin gluten se han asociado a mejoras en los síntomas de TDA/TDAH, autismo y esquizofrenia en algunos pacientes.[204] Si quieres empezar a comer sin gluten, ten en cuenta que se añade a miles de alimentos que ingerimos a diario, como la bollería, las sopas enlatadas, los aliños para ensaladas o las salsas para pasta, entre otros. Asegúrate, pues, de leer las etiquetas.

PRÁCTICA DE HOY: *No comas gluten y observa cómo te sientes.*

¿Tienes adicción al gluten y los lácteos?

Si piensas todo el tiempo en comer pizza, puede que sufras cierta adicción. ¿Alguna vez has intentado dejar de comer pizza u otros alimentos a base de gluten y lácteos, y luego has tenido dolor de cabeza o náuseas, o has sentido cierto ánimo deprimido o ansioso? Si es así, no te preocupes, no te ocurre solo a ti, ni mucho menos. De hecho, el cerebro de algunas personas genera una sutil respuesta «opiácea» al consumir productos lácteos y con gluten. ¿Quién se iba a imaginar que un trozo de pizza podía darte ese leve subidón? En realidad, hay una explicación biológica: durante la digestión se liberan las casomorfinas de los lácteos y las gluteomorfinas del gluten, y se unen a los receptores opiáceos del cerebro. Esto proporciona de inmediato alegría y relajación. En consecuencia, la ingesta de tales alimentos puede ser adictiva para algunas personas y, como con las drogas opiáceas, dejarlos provocará síntomas de abstinencia.

Como digo, los efectos euforizantes de los lácteos y el gluten tienen una base científica. Esto quedó bien ilustrado en un estudio llevado a cabo en un centro de tratamiento para personas que comían de forma compulsiva. Las medicaron con naltrexona —que frena los subidones inducidos por opiáceos— y estas personas fueron capaces de reducir el consumo de trigo.[205]

El hecho de que muchos productos lácteos y con gluten sean, además, alimentos ultraprocesados potencia también sus cualidades adictivas. Ten en cuenta que los fabricantes añaden edulcorantes, grasas poco saludables y conservantes para hacerlos todavía más tentadores.

Sé muy bien lo que es tener debilidad por la pizza, porque mi madre preparaba la más increíble del mundo para las fiestas. Durante años, me prometí a mí mismo que solo me comería dos trozos. Pero las gluteomorfinas y las casomorfinas secuestraban mi cerebro cada vez y apenas podía evitar zamparme una pizza entera. Con el tiempo, aprendí la importancia de comer algo saludable antes de ir a casa de mi madre, así que ahora soy capaz de disfrutar de unos pocos bocados de pizza sin perder el control.

PRÁCTICA DE HOY: *¿Con qué frecuencia consumes gluten o lácteos? ¿A qué alimentos te cuesta mucho resistirte? ¿Cuántos de ellos contienen gluten o lácteos?*

Sé prudente con el maíz

¿Por qué en las granjas se alimenta a los animales con maíz? ¡Para que engorden rápido! Además, es barato, con lo cual acabamos encontrando derivados del maíz en casi cualquier alimento envasado. Una vez visité Mount Vernon, cerca de la ciudad de Washington, y mientras paseaba por aquellas tierras comprendí por qué los cerdos eran un pilar de la economía en tiempos de George Washington. Y es que la carne de cerdo, el beicon y la manteca eran básicos en la dieta de la comunidad de Mount Vernon. A diferencia de hoy en día, en aquella época los cerdos deambulaban en libertad por los bosques hasta finales de otoño, cuando eran llevados de nuevo a su pocilga. Ya entonces les daban patatas y maíz para que engordaran antes de ser sacrificados. Y ahora a los animales de granja les siguen dando estos dos alimentos. ¿Sabes por qué? Para engordarlos con rapidez, ¡que es justo lo que estos animales te hacen a ti!

Además de ser el cultivo que se modifica genéticamente con mayor frecuencia, el perfil de los ácidos grasos del maíz es menos saludable que el de otros cereales: contiene muy poco omega-3 y, en cambio, es muy rico en omega-6, lo que lo convierte en un alimento inflamatorio. Además, en el maíz se reproduce un tipo de moho conocido como *aspergillus*, y 22 clases diferentes de hongos. Por si todo esto fuera poco, igual que muchos otros cereales el maíz puede dañar la mucosa intestinal, favoreciendo así la permeabilidad de los intestinos. Y, como la *proteína de transferencia de lípidos* que hay en la superficie del maíz no es digerible para los seres humanos, esto altera el equilibrio del azúcar en sangre; esta proteína tampoco se descompone con el proceso de cocción, lo que se relaciona con las reacciones alérgicas al maíz y síntomas como malestar gastrointestinal, asma, erupciones cutáneas e inflamación de las membranas mucosas.

Otra cosa que me preocupa mucho es que el Roundup —un famoso herbicida a base de glifosato— se suele pulverizar sobre el maíz; y se ha demostrado que es una de las sustancias más tóxicas para nuestras células.[206] De hecho, incluso está prohibido en algunos países europeos. Su consumo se asocia a una gran variedad de problemas graves de salud, entre ellos el cáncer, la esclerosis múltiple, el párkinson, el hipotiroidismo, ciertas enfermedades hepáticas, el TDA/TDAH y la depresión.[207] Para minimizar el consumo de maíz recomiendo evitar la comida procesada, así como cualquier receta o producto que contenga granos de maíz.

PRÁCTICA DE HOY: *Evita el consumo de maíz y observa cómo te sientes.*

La leche es para las vacas bebé

Noticia de última hora: para los seres humanos, beber leche más allá de la primera infancia no es necesario. Y consumir productos lácteos de otras especies, como las vacas, no solo es antinatural, sino que causa problemas digestivos a mucha gente. Después de los dos años, menos del 35 % de las personas producen lactasa, la enzima necesaria para digerir la lactosa (el azúcar de la leche).[208] Y sin lactasa la lactosa no se digiere, sino que fermenta en el intestino y da lugar a una serie de síntomas conocidos como «intolerancia a la lactosa». Incluso si tu cuerpo es capaz de descomponer la lactosa, esta se convierte en galactosa y glucosa, que elevan el nivel de azúcar en sangre y pueden provocar inflamación. Además, la caseína (una proteína de la leche) es una excitotoxina capaz de provocar inflamación cerebral y enfermedades neurodegenerativas.

También se ha demostrado que la caseína interfiere en las poderosas propiedades antioxidantes del café, el té y otros alimentos.[209] Así que ese chorrito de nata en tu bebida matutina podría estar privándote de los efectos neuroprotectores de esos antioxidantes.

La industria láctea prácticamente nos ha lavado el cerebro para que creamos que la leche es necesaria para obtener el calcio que proteja los huesos. En realidad, el calcio abunda en las verduras de hoja verde, el salmón, las alubias, las lentejas y las semillas, entre otros alimentos. Y existe evidencia científica de que las tasas de osteoporosis son más altas precisamente en países en los que el consumo de leche es mayor.

¿Quieres otra razón para descartar la leche de vaca? Algunas leches pueden contener hormonas del crecimiento bovinas rBST y rBGH. Estas hacen que el hígado humano aumente su producción del factor de crecimiento insulínico 1 (IGF-1), y niveles elevados de esta sustancia se han asociado a un mayor riesgo de cáncer de próstata.

PRÁCTICA DE HOY: *Evita el consumo de lácteos y observa cómo te sientes.*

Toma una decisión, no treinta

Protégete ahora de malas decisiones futuras. Anticípate e intenta siempre tomar una decisión sencilla en el momento que te evite la obligación de tomar otras treinta más adelante. Ya sabes, tomar decisiones es agotador y lleva a cometer errores. Por ejemplo, si decides no comprar helado cuando estás en el supermercado, luego no tendrás que decidir si lo comes o no cada vez que pases por delante del congelador. O si en un restaurante le pides de inmediato al camarero que retire el pan de la mesa no tendrás que decidir no comértelo cada vez que lo mires de reojo, ya que esto desgasta tu autocontrol.

Existe una razón secreta por la que los restaurantes ponen pan en la mesa antes de una comida: comerás más si empiezas comiendo pan. Al ser un carbohidrato simple, aumenta la producción de serotonina, que relaja los lóbulos frontales y le dice al cerebro adulto que «se tome un descanso». Unos lóbulos centrales relajados debilitan el cerebro adulto y hacen mucho más probable que pidas postre, aunque te hayas prometido que no lo harías. Una copa de alcohol antes de la cena tiene los mismos efectos, así que espera a tomar la cerveza o el vino al menos hasta que tengas algo de comida en el cuerpo.

PRÁCTICA DE HOY: *¿En qué situaciones puedes anticiparte y tomar una buena decisión en lugar de varias más difíciles en las que tengas que decir que no?*

Cómo explicar a los adolescentes la dieta saludable para el cerebro

Igual que un gran coche necesita gasolina de alto octanaje, al cerebro y al resto del cuerpo les hace falta una buena nutrición para funcionar. Las Clínicas Amen ofrecen en la actualidad un curso para alumnos de secundaria y primeros años de universidad, sobre cómo llevar una vida sana para el cerebro. Se llama *Brain thrive by 25* («Un cerebro sano a los 25»). Una investigación independiente, llevada a cabo en 16 centros educativos, demostró que el alumnado que había seguido nuestro curso había reducido el abuso de drogas y el consumo de tabaco, y en ese grupo se habían reducido los síntomas de depresión y había aumentado la autoestima. En este curso enseñamos a los adolescentes a cuidar su cerebro.[210] Una de las lecciones trata sobre cómo usar la comida para potenciar las habilidades de razonamiento. Empiezo pidiendo a los chicos y chicas que piensen en su coche favorito. Si pudieras tener cualquier coche de los que hay en el mercado, ¿cuál sería? ¿Un Porsche? ¿Una camioneta Ford Raptor? ¿Un Ferrari rojo? Luego les pido que imaginen su coche favorito aparcado en el garaje; que visualicen lo felices que les haría sentir. Ahora hazlo tú conmigo: imagina que alguien entra en tu garaje y echa un saco de sal al tanque de la gasolina, y estropea el motor. ¿Cómo te sentirías? En este punto suelo oír cosas como «Le haría mucho daño a esa persona» o «Lo mataría».

—¿Por qué? —pregunto.

—¡Porque ese cretino le está haciendo daño a algo que es mío!

¿Y no es justo eso lo que nos hacemos cada vez que comemos algo nocivo para el organismo, con un montón de azúcar, grasas no saludables o demasiada sal? ¡Tu cuerpo y tu cerebro son mucho más valiosos que ningún coche! Pero si eliges alimentos de mala calidad te estarás tratando con tan poco respeto que tu cuerpo y tu cerebro pronto colapsarán. Además, con un cerebro sano es más probable que puedas llegar a comprarte el Ferrari o el Raptor, o cualquier otra cosa que desees; de lo contrario, tienes muchas más probabilidades de sufrir una o varias enfermedades y, además, de ser pobre.

PRÁCTICA DE HOY: *Si tienes adolescentes en casa o conoces a alguien de esa edad, proponle este ejercicio: que piense qué coche de alta gama quiere: luego pregúntale si querría conducirlo sin frenos, y por qué.*

La prueba de la golosina

La gratificación aplazada, incluso a una edad muy temprana, puede ser un gran impulsor del éxito. Es importante hablar de una idea fundamental para la salud emocional, la de la gratificación aplazada. Con demasiada frecuencia la gente vive al día y se olvida de las consecuencias de su conducta a largo plazo. Actuamos como críos impulsivos y no como adultos reflexivos. Sobre esta cuestión existe una amplia serie de experimentos, muy conocidos, llevados a cabo por el doctor Walter Mischel, de la Universidad de Stanford. Se los conoce como «la prueba de la golosina».[211] En estos experimentos, niñas y niños de cuatro años tenían la opción de comerse una golosina de forma inmediata, o bien dos tras esperar unos minutos. Más o menos el 30 % de los participantes eran capaces de esperar 15 minutos, y se les recompensaba con dos golosinas. Pero su recompensa era mucho más profunda: suponía que si eran capaces de esperar por obtener algo mejor más adelante era porque tenían más autocontrol y, por lo tanto, era más probable que alcanzaran sus objetivos en etapas posteriores de la vida; por ejemplo, tener buena salud y mejores relaciones. Los investigadores descubrieron que, en cambio, aquellos pequeños a quienes les costaba aplazar la gratificación tuvieron unos IMC significativamente más altos cuando eran adultos, y más probabilidades de tener problemas con las drogas o el alcohol.

La clave para ser capaz de aplazar la gratificación es no poner la atención en lo deseado en el momento (ya sea una golosina o una hamburguesa con patatas), sino en lo que se quiere de verdad. Es mucho mejor centrarse en objetivos a más largo plazo, como entrar en ese vestido de la talla S (en mi caso, en unos vaqueros de la talla M) o, lo que es más importante, tener salud y una buena función cognitiva a la larga.

PRÁCTICA DE HOY: *Espera solo 10 minutos más para sucumbir al impulso de hacer algo poco saludable; en esos 10 minutos, céntrate en un objetivo de salud a largo plazo que desees alcanzar.*

El juego de Chloe

Planta pronto la semilla de la salud cerebral. Hacer que las personas se impliquen desde una edad temprana en su salud cerebral les servirá para el resto de la vida y ayudará a que nuestros nietos estén más sanos. Yo descubrí que la forma más sencilla de empezar con mi hija Chloe era jugar a algo a lo que hemos jugado desde que ella tenía dos años; lo llamo, pues, «el juego de Chloe». Tú puedes ponerle el nombre del niño o los niños con los que juegues. Ante cualquier cosa que hagas, debes preguntarte siempre: «¿Esto es bueno o malo para mi cerebro?». Como ya he explicado, esta es la madre de todos los pequeños hábitos, así que deja que haga su efecto también en tus hijos.

Así es como juego con Chloe:

Si yo digo «pimientos rojos», Chloe me contesta: «Bueno para el cerebro», me sonríe y levanta el pulgar.

Si yo digo «pescado», ella me pregunta: «¿Qué tipo de pescado?». Algunos, como el atún, contienen mucho mercurio, que puede ser tóxico en niveles altos. Si le digo «salmón», ella me pregunta: «¿Salmón salvaje o de piscifactoría?». El de piscifactoría puede tener colorantes artificiales. Si le contesto «salmón salvaje», me levanta los dos pulgares.

Si yo digo «ir en bici sin casco», pondrá los ojos en blanco, sacudirá la cabeza y dirá: «Malo, malo, malo».

¿Sentarnos en el sofá y ver Netflix de forma compulsiva horas y horas? Pulgares hacia abajo.

¿Compararte con los demás en Instagram? Ella contesta: «¡Muy malo! Es una forma infalible de deprimirse».

Puedes jugar a este juego en cualquier momento; por ejemplo, cuando les llevas al colegio, mientras haces la cena o cuando te preparas para salir por la mañana.

PRÁCTICA DE HOY: *Pon en práctica el juego de Chloe con alguien de casa o del trabajo.*

¿Las conductas extrañas pueden estar relacionadas con la dieta?

¿Los gorilas estaban locos o los estaban envenenando? A diferencia de los gorilas de zoo, no se ha observado que los que viven en libertad mueran de diabetes o de enfermedades cardiovasculares. Tristemente, estas últimas son la primera causa de muerte para estos animales en cautiverio. A pesar de ello, voy a contarte una historia esperanzadora sobre dos gorilas del Cleveland Metroparks Zoo, llamados Bebac y Moloko.[212] Su conducta alimentaria era muy anormal; por ejemplo, vomitaban la comida para luego comerse el vómito, o se arrancaban el pelo y se lo comían. Tenían muy mala salud, y no habían llegado ni siquiera a la mediana edad. Aquellos comportamientos tan inusuales jamás se habían observado en gorilas en libertad. Por suerte, los zoólogos descubrieron que lo que estaba causando el deterioro de Bebac y Moloko era su dieta. Como a otros gorilas de zoo, les daban cereales, azúcar y almidón, en forma de «galletas nutritivas». Y así, al igual que la dieta estándar estadounidense hace con los seres humanos, lo que estaban comiendo los estaba matando poco a poco.

Les modificaron la dieta de forma significativa y empezaron una nueva a base de bambú, verduras, hortalizas de hojas verdes, frutas, semillas y frutos secos. Y, para animar a Bebac y Moloko a que se movieran más, los responsables del zoo les esparcían la comida por su hábitat para que tuvieran que salir a buscarla. Esto hizo que los gorilas se pasaran la mayor parte del día buscando comida para alimentarse. Ambos perdieron unos 30 kilos el primer año. Aparte, la función cardíaca de Bebac mejoró y la progresión de la cardiopatía de Moloko se ralentizó. También dejaron de arrancarse el pelo y de comer sus vómitos. En 2017, con 32 años, Bebac murió de enfermedad cardíaca, pero había vivido dos años más que la esperanza de vida media de los gorilas en cautividad.[213]

PRÁCTICA DE HOY: *Observa tu dieta e identifica lo que sigue siendo malo para tu cerebro.*

Ocho alimentos para mejorar el estado de ánimo y tratar la depresión

Los alimentos pueden disparar la hiperactividad del sistema límbico (el centro emocional del cerebro), que está relacionado con la depresión, o bien calmar su actividad para favorecer estados de ánimo más positivos. Mucha gente que sufre trastornos de salud mental como la depresión sigue una dieta en la que faltan nutrientes clave para la salud cerebral. Cada vez hay más evidencia científica que sugiere que el tratamiento a través de la nutrición (es decir, comer determinados alimentos) puede ayudar a prevenir, tratar o mejorar la depresión, así como la ansiedad, el trastorno bipolar o el TDA/TDAH. En 2015, un grupo de científicos llegó a la conclusión de que «la evidencia creciente y convincente de que la nutrición es un factor crucial en la alta prevalencia e incidencia de los trastornos mentales sugiere que la dieta es tan importante para la psiquiatría como lo es para la cardiología, la endocrinología o la gastroenterología».[214] Así pues, deberías incluir estos ocho alimentos en tu dieta si quieres mejorar tu estado de ánimo y reducir los síntomas de depresión:

1. Bayas: los arándanos, las moras, las frambuesas, etc. son carbohidratos «inteligentes», llenos de beneficios para el estado de ánimo, que aportan antioxidantes, vitaminas y minerales.
2. Agua: mantener una hidratación adecuada ayuda a optimizar el estado de ánimo, la motivación y el nivel de energía. Ingerir H_2O está relacionado con una disminución de la ansiedad y la depresión.[215]
3. Proteínas magras: el pollo, el pavo, la ternera, el pescado y el cordero proporcionan aminoácidos esenciales necesarios para generar neurotransmisores como la serotonina y la dopamina, que juegan un papel clave en el estado de ánimo.
4. Salmón: está cargado de ácidos grasos omega-3, y numerosas investigaciones han demostrado que estas grasas tienen la capacidad de reducir los síntomas de la depresión.[216]
5. *Kimchi*: favorece una flora intestinal saludable, estrechamente relacionada con el estado de ánimo.
6. Azafrán: múltiples estudios han demostrado que el extracto de azafrán es igual de efectivo que los medicamentos para tratar la depresión severa.[217]
7. Aguacates: contienen grasas saludables que estimulan el rendimiento cerebral y son ricos en ácido oleico. Un estudio de 2009 que hizo un seguimiento a 4856 adultos a lo largo de una década descubrió que las mujeres que consumían más ácido oleico tenían menos de la mitad de probabilidades de sufrir depresión grave.[218]
8. Hortalizas de hoja verde oscuro: tanto si prefieres la col *kale* como las espinacas o el brócoli, estas verduras ricas en nutrientes combaten la inflamación, que está relacionada con la depresión.[219]

PRÁCTICA DE HOY: *Come uno o dos de estos alimentos para elevar tu estado de ánimo. Tal vez te apetezca un poco de guacamole y brócoli crudo.*

Nuestra guerrera del cerebro Angie y lo que la comida tóxica le estaba haciendo

Me has dado una vida nueva. Cuando Angie tenía solo ocho años, su madre ya la había enviado a Jenny Craig (famosa empresa estadounidense de nutrición y adelgazamiento) porque tenía sobrepeso. Cuando era niña, solía esconderse en el armario de la cocina a comer snacks de forma compulsiva, a la vez que se preguntaba qué problema tenía. La vergüenza que sentía era insoportable; sentía que se burlaban de ella y estaba socialmente aislada. Más adelante, probó todas las pastillas, dietas y planes de adelgazamiento rápido existentes, pero fracasaba una y otra vez. Cuando descubrió nuestro programa, medía 1,52 m y pesaba 102 kg, tenía migrañas, rosácea (que aumenta el riesgo de alzhéimer), problemas digestivos y de fertilidad, niebla mental, ansiedad y depresión.

Angie me explicó que llegó a un punto de inflexión cuando «me di cuenta de que el problema no era yo, sino lo que me estaba haciendo la basura que comía». Era una víctima más de las empresas de alimentación, que contratan a personal científico para que combine grasas, azúcar, sal y determinadas sustancias químicas con el fin de obtener la textura de fundido, el acabado crujiente y el aroma perfectos para provocar el éxtasis en el cerebro y convertir en este caso a Angie en adicta a la basura que comía. Una vez que aprendió a evitar los alimentos de mala calidad diseñados para secuestrar su cerebro, sus antojos cesaron en cuestión de días. Cuando Angie aprendió a leer las etiquetas de los alimentos fue como aprender un idioma nuevo. «¡Sentí esperanza por primera vez!», dijo.

ANTES   DESPUÉS

Siguiendo nuestro programa, Angie perdió 5 kilos en las primeras dos semanas y en total la increíble cifra de 47, que no ha vuelto a recuperar. Pero la pérdida de peso fue solo el principio: han mejorado sus migrañas, su piel, su digestión, su capacidad de concentración y su estado de ánimo, ¡y su nivel de confianza está por las nubes! Incluso está asesorando a otras personas. Lo que más me gustó de la transformación de Angie fue cuando dijo: «Te daría las gracias por haberme devuelto la vida, pero es que esta nunca había sido mi vida. Me has dado una vida nueva».

PRÁCTICA DE HOY: *¿De qué alimentos sueles tener antojo? ¿Qué ingredientes llevan? ¿Cuáles de ellos «secuestran» tus centros del placer?*

Piensa en posibles alergias alimentarias

¿Es posible que el problema sea lo que comes? Las alergias alimentarias presentan a veces síntomas diferidos, es posible que las reacciones no aparezcan hasta varios días después. Ingerir alimentos a los que eres sensible puede generar trastornos metabólicos que dan lugar a muchos síntomas «mentales», como fatiga, niebla mental, lentitud de pensamiento, irritabilidad, agitación, agresividad, ansiedad, depresión, TDA/TDAH, dificultades de aprendizaje, esquizofrenia e incluso demencia.[220]

Para comprobar si las alergias alimentarias pueden estar relacionadas con tus problemas, lo mejor es que sigas una dieta de eliminación: deja de consumir lácteos, gluten, maíz, soja, azúcar y colorantes y edulcorantes artificiales durante un mes, para ver cómo te sientes. Transcurrido ese tiempo, reintroduce de forma progresiva los alimentos de uno en uno cada cuatro o cinco días. Come el alimento reintroducido dos o tres veces al día, durante tres días, para ver si notas alguna reacción. Presta atención a los síntomas, que pueden aparecer en minutos o hasta 72 horas después (por supuesto, si notas un problema enseguida, deja de consumir ese alimento de inmediato). Los alimentos a los que tenemos alergia pueden provocar reacciones como niebla mental, ansiedad, depresión, ira, congestión, dolores de cabeza, problemas de sueño, dolor generalizado, fatiga, cambios en la piel o en la función intestinal. Si tienes una reacción, toma nota del alimento y elimínalo de tu dieta 90 días; esto le dará a tu sistema inmune la oportunidad de calmarse, y a tus intestinos de curarse.

Cuando nuestros pacientes siguen una dieta de eliminación suelen notar un cambio radical. Recuerda que no se trata de deshacerse de todos estos alimentos para siempre (a menos que seas sensible a todos ellos). Un estudio llevado a cabo en los Países Bajos confirmó la importancia de esta estrategia en niños con TDA/TDAH o «trastorno opositor desafiante» (TOD);[221] los participantes en el estudio comieron solo arroz, pavo, cordero, verduras, frutas, té, zumo de pera y agua, ningún lácteo ni productos con trigo ni azúcar. Tampoco ingirieron aditivos ni colorantes artificiales. Como resultado, el 70 % de quienes siguieron esa dieta mostraron una mejora de casi el 70 % o más en los síntomas de TDA/TDAH, y una reducción del 45 % en los síntomas de TOD. Más tarde repitieron el estudio y obtuvieron resultados parecidos.

PRÁCTICA DE HOY: *Elimina el gluten, el maíz, la soja, los lácteos, el azúcar y los colorantes y edulcorantes artificiales solo por hoy.*

Pequeños hábitos sobre nutrición y nutracéuticos

Cada hábito te llevará solo unos minutos. Están vinculados a algo que haces (o piensas o sientes) para que seas capaz de automatizarlos con mayor facilidad.

1. Cuando tenga la tentación de consumir patatas fritas, dulces o una bebida gaseosa, me resistiré y me diré: «Solo amo los alimentos que me aman».
2. Cuando me lleve el bolso o la mochila para el ordenador, meteré también una botella de agua.
3. Cuando haga la lista de la compra, añadiré pescado y verduras.
4. Cuando termine de cenar, apuntaré la hora y no tomaré mi próxima comida hasta al menos 12 horas después, para que mi cerebro tenga tiempo para los procesos que ayudan a combatir las pérdidas de memoria.
5. Cuando elija cualquier producto en el supermercado, leeré la etiqueta.
6. Cuando tenga el ánimo bajo, comeré un carbohidrato saludable —como boniato o alubias negras— con un poco de proteína, para elevar mi nivel de serotonina.
7. Cuando coma un alimento que amo y me ama, lo apuntaré en mi lista de «alimentos saludables favoritos».
8. Cuando venga el camarero a tomarme nota en el restaurante, diré: «Por favor, no traigas pan». Así estaré tomando una buena decisión que me evitará muchas decisiones posteriores.
9. Cuando salga a comprar comida, iré primero a por frutas y verduras ecológicas.
10. En mi primera comida del día, tomaré un suplemento multivitamínico/mineral con ácidos grasos omega-3, vitamina D (si la necesito) y cualquier otro suplemento que le vaya bien a mi tipo de cerebro.
11. Si tomo medicación, añadiré suplementos específicos para reponer los nutrientes esenciales que esa medicación pueda estar mermando en mi organismo.
12. El domingo por la mañana volveré a llenar mi organizador de suplementos.

PRÁCTICA DE HOY: *Elige un pequeño hábito sobre nutrición (o más de uno) para añadirlo a tu rutina y practicarlo todos los días a partir de ahora.*

DÍA 259

Tu cerebro siempre escucha a los dragones del pasado

Las historias que nos contamos guían y dirigen nuestra vida, dándonos felicidad o depresión, alegría o decepción, rabia o paz. Mi amiga la doctora Sharon May, reconocida psicóloga relacional, se refiere a las historias que interfieren en nuestra vida como «dragones del pasado» que siguen echando fuego en la amígdala cerebral (esa estructura con forma de almendra, situada dentro de los lóbulos temporales y que está involucrada en las reacciones emocionales), provocando con ello ansiedad, ira, comportamientos irracionales y reacciones negativas automáticas. A menos que los reconozcas, los domes y calmes, y protejas de forma consciente tu amígdala para que no se dispare, estos dragones acecharán a tu mente inconsciente y te provocarán dolor emocional el resto de tu vida. La chispa de una brasa (o la acción insignificante de otra persona) puede convertirse en un fuego destructor de ansiedad y rabia.

Empecé a usar esta idea con mis pacientes, y con el tiempo identificamos doce dragones del pasado, así como sus orígenes, los desencadenantes que les dan poder y la forma en que nos hacen reaccionar. Todo el mundo posee más de dos dragones del pasado que controlan su conducta, y que además interactúan con los de otras personas, dando lugar a batallas tanto externas como internas (una especie de *Juego de tronos* de hoy en día). La mayoría de la gente tiene una media de seis dragones del pasado. Son los siguientes:

1. **Dragones abandonados, invisibles o insignificantes:** personas que se sienten solas, que creen que pasan desapercibidas o son poco importantes.
2. **Dragones inferiores o imperfectos:** individuos que se sienten menos que los demás.
3. **Dragones ansiosos:** personas que tienen miedo y se sienten abrumadas.
4. **Dragones heridos:** seres humanos marcados por algún trauma del pasado.
5. **Dragones de las obligaciones y la vergüenza:** individuos carcomidos por la culpa.
6. **Dragones responsables:** siempre sienten que tienen que ocuparse de los demás.
7. **Dragones enfadados:** albergan una gran cantidad de heridas y rabia.
8. **Dragones que juzgan:** personas que emiten opiniones duras o críticas hacia los demás por injusticias del pasado.
9. **Dragones del duelo y la pérdida:** individuos que sienten de forma constante la pérdida y el miedo a la pérdida.
10. **Dragones de la muerte:** tienen miedo al futuro y carecen de una vida con sentido.
11. **Dragones desesperados e indefensos:** son seres humanos con una sensación generalizada de desesperación y desánimo.
12. **Dragones ancestrales:** a estas personas les afectan los problemas de otras generaciones.

PRÁCTICA DE HOY: *Visita KnowYourDragons.com para descubrir qué dragones tienes. ¿Cuántos son?*

Nuestro guerrero del cerebro Jimmy: domar a los dragones del pasado

Sus dragones estaban desbocados. Conocí a Jimmy a sus 39 años, después de que le dieran el alta en un hospital psiquiátrico por haber tenido pensamientos suicidas. Su dragón ansioso —uno de los de su pasado— corría a sus anchas por su cerebro. El último «episodio» había empezado dos semanas antes, tras saber que tenía que hacer una presentación en el trabajo. Aquello le llenaba de pavor. Me dijo: «Si tuviera que describir el miedo, sería como si estuviera en el corredor de la muerte y se hubiera acabado el tiempo. El guardia abre la puerta y tengo que dar el primer paso… Esta es la clase de miedo que me recorre los huesos». Jimmy había tenido dificultades para hablar en público desde que, a los doce años, su abuela le obligara a hacer una «declaración impactante» en el Tribunal Superior del Condado de Los Ángeles sobre por qué su padre —líder de una violenta banda callejera— no debería ser condenado a la pena de muerte por un doble homicidio. Él pensó: «¿Y si no puedo hablar en el juicio y acabo siendo responsable de la muerte de mi padre?». Desde aquel momento, sus PNA se descontrolaron y aquel incidente reciente en el trabajo provocó una nueva invasión: «No puedo hablar en público… voy a perder mi trabajo… soy un perdedor… mi mujer se divorciará de mí… terminaré en la calle… debería matarme».

Cuando era pequeño, Jimmy había vivido un trauma psicológico intenso y persistente (dragón herido). Él veía a su padre vender drogas y dar palizas; lo metieron en la cárcel cuando él era muy niño, e iba a visitarlo con su abuela. Su padre le hacía presentarse a otros líderes de bandas. Durante un tiempo fue testigo de tiroteos en coche y temió por su vida en varias ocasiones, como el día en que una docena de agentes del cuerpo especial SWAT irrumpió en su casa con las armas desenfundadas, mientras Jimmy estaba tumbado en el sofá en brazos de su padre.

Jimmy logró salir adelante gracias a que comprendió y domar a sus dragones escondidos y acabó con los PNA, además de que siguió una dieta adecuada, tomó los nutrientes necesarios y consiguió tener un cerebro sano. En los seis meses siguientes, su estado de ánimo se estabilizó, disminuyó su ansiedad y fue capaz de asumir un papel todavía más relevante en su equipo en el trabajo, y de convertirse en un marido y padre más feliz y afectuoso. Además, perdió 17 kilos, se sentía más fuerte y contaba con más energía de la que había tenido en años.

PRÁCTICA DE HOY: *Identifica a un dragón que suela dar batalla en tu cabeza. ¿Qué acción vas a emprender hoy para domarlo?*

Domar a los dragones abandonados, invisibles o insignificantes

 *¿Te gustan las películas con protagonistas desamparados? Tal vez sea una pista sobre tus propios dragones.* Yo fui el hijo mediano y el segundo varón en una familia libanesa, y esto implicaba que me sentía insignificante a menudo.

Mi padre era el propietario de una cadena de supermercados, y en las familias de Oriente Medio se espera que el hijo mayor dé continuidad al negocio familiar. Lo cual suponía que mi hermano era «el elegido», y yo no. Luego le estuve muy agradecido a mi hermano, porque eso me dio libertad para hacer el trabajo que me gusta.

Este dragón tiene su origen en un momento en el que sentíamos que los demás no nos veían o no nos reconocían, o nos sentíamos poco importantes, abandonados o solos. Es habitual en niños cuyos padres no fueron capaces o no estaban disponibles para criarles. También es común en hijos medianos de familias extensas (como es mi caso), y en aquellos con padres o hermanos disfuncionales, narcisistas (es decir, que necesitan ser el centro de atención) o que sufren alguna enfermedad. Se activa cuando percibimos que a nuestro alrededor nos ignoran o menosprecian, cuando los otros reciben reconocimiento y nosotros no, cuando nos despiden del trabajo y a nuestros colegas no. Este dragón despierta sentimientos de soledad, inutilidad o empequeñecimiento.

Doma a este dragón llevando una vida con propósito, trabajando para tener impacto en la de los demás o formando parte de un grupo (ya sea el de tu parroquia o uno con fines sociales, medioambientales, etc.). La psicoterapia también puede resultar muy útil, sobre todo cuando hay problemas de abandono. Y ten cuidado con no dejar la terapia demasiado pronto: una vez que empieces a tener una relación más estrecha con tu terapeuta y a sentir mayor comodidad, es posible que te provoque un estado de nervios tal que quieras salir corriendo, lo cual también puede ser un patrón en tus relaciones. Las siguientes son algunas frases que pueden servirte como afirmaciones cotidianas para «calmar» a este dragón: «Soy una persona querida», «Soy único», «Soy importante», «Me ven… (nombra a las personas que te ven)» o «Estoy generando un impacto en la vida de… (nómbrales)».

PRÁCTICA DE HOY: *Menciona tres formas en las que tu vida influye en la de otras personas de forma significativa.*

Domar a los dragones inferiores o imperfectos

¿Te gustan las películas de X-Men de Marvel? Esto puede indicar que justo estos son tus dragones. La comparación es enemiga de la felicidad. Este dragón nace cuando nos sentimos «menos que» otras personas en cuanto a capacidad, aspecto físico, logros o relaciones. Por culpa de las redes sociales, estos dragones están provocando un crecimiento epidémico de la ansiedad, la depresión y el suicidio entre la gente joven. Se activan siempre que nos comparamos o competimos con los demás, o incluso al mirarnos al espejo. Estos dragones generan sentimientos de inferioridad, depresión, impotencia y celos, nos vuelven demasiado sensibles o perfeccionistas, o incluso provocan un trastorno dismórfico corporal por el que solo vemos los defectos de nuestro cuerpo.

Doma a este dragón dándote cuenta de cuándo te estás comparando con otros. Hay seis formas de hacerlo:

1. Ser consciente cuando lo estés haciendo.
2. Conocer los desencadenantes que te hacen compararte con los demás, y evitarlos (por ejemplo, las redes sociales, los anuncios de revistas o de la televisión).
3. Poner el foco de atención en otra cosa.
4. Centrarte en tus puntos fuertes y logros.
5. Alabar a otros, porque así es más probable que te autoalabes.
6. Evitar navegar sin pensar por las redes sociales.

En uno de los pódcast de *The Brain Warrior's Way*, mi copresentadora y esposa, Tana, narró la historia de aquella vez que, haciendo compras de Navidad por internet, vio la imagen de una mujer de su edad que lucía perfecta. Empezó a sentirse inferior de inmediato y pensó en buscar webs de cirugía estética. Por fortuna, reconoció al dragón que susurraba en su cerebro y se detuvo a tiempo.

Date cuenta de que buscar la perfección lleva siempre al fracaso, y que si te comparas todo el tiempo con los demás, esto te condenará a la infelicidad. Porque siempre habrá alguien más sano, rico, guapo, alto o fuerte que tú; y también alguien más pobre, feo, pequeño y débil. El lugar donde pones tu atención determina cómo te sientes. Compararse con los demás de forma negativa —cosa que promueven la sociedad y las redes sociales— es una trampa que hace daño a muchas personas. No seas una de ellas. Te ofrezco ahora algunas frases que pueden servirte como afirmaciones cotidianas para domar a este dragón: «Soy única», «Evito compararme con los demás» o «Daré lo mejor de mí, no lo mejor de otra persona».

PRÁCTICA DE HOY: *Fíjate en las veces que te comparas con los demás y esfuérzate para dejar de hacerlo.*

Domar a los dragones ansiosos

¿Prefieres las películas divertidas y positivas? Esto puede ser un indicador de tu tipo de dragones. Los ansiosos son los más comunes: un tercio de la población padecerá ansiedad severa en algún momento de su vida.[222] Nacieron la primera vez que tuviste miedo o te sentiste abrumada o abrumado, o pensaste que el mundo es impredecible o peligroso. Es cierto que una pandemia puede hacer que estos dragones «le rujan a la vida», igual que pasar por una infancia inestable o tener un padre o madre alcohólico o violento. Los dragones ansiosos se activan siempre que algo nos recuerda a las situaciones del pasado que causaron inicialmente esa ansiedad; por ejemplo, el enfado de alguien, una mirada reprobatoria, un olor o incluso una canción. A mí me encanta Cat Stevens. Cuando yo era adolescente (a finales de los sesenta y principios de los setenta), su música me hacía feliz. Pero no puedo ponerlo si Tana está cerca, porque a ella le recuerda a una época peligrosa de cuando era joven; no escucha las palabras de las canciones, sino los recuerdos de una época difícil. Los dragones ansiosos provocan ataques de pánico, miedos, fobias y una tendencia a ponerse en lo peor. Hacen que quienes los sufren eviten el conflicto y se vuelvan sensibles al rechazo. También pueden dar lugar a comportamientos autodestructivos con el fin de escapar de la ansiedad, como el abuso de drogas o alcohol.

Aquí tienes cuatro formas sencillas de domar a tus dragones ansiosos. La evidencia científica las respalda todas:

1. Oler aromas relajantes. El área del cerebro que percibe el olor es hiperactiva en momentos de ansiedad, así que oler lavanda, jazmín o manzanilla puede tranquilizarte.[223]
2. Crear una lista de reproducción de música relajante. La música apropiada puede reducir la ansiedad. Pero hay que elegir las piezas adecuadas (ver día 216).
3. Los suplementos naturales, como el magnesio,[224] la teanina,[225] o el GABA,[226] también pueden ayudar.
4. Muchas veces, la meditación y la hipnosis son muy útiles para restablecer el sistema nervioso, y no es necesario dedicar más que unos minutos al día.[227]

PRÁCTICA DE HOY: *Compra aceite esencial de lavanda o de los otros aromas mencionados arriba y espárcelo cerca de ti.*

Domar a los dragones heridos

¿Te gustan las películas sobre procesos curativos? Puede ser señal de que estos son tus dragones. Los heridos nacen en algún momento en el que sufres un trauma emocional. ¿Y qué activa a estos dragones? Cualquier cosa que te recuerde un trauma del pasado, ya sea el paisaje, un olor, un sonido o una fecha (por ejemplo, un aniversario). El cerebro trabaja por asociación, y cualquier cosa que se parezca de alguna forma al trauma puede activarlo. Cuando yo tenía cinco años, teníamos una cabra blanca preciosa llamada Sugar. Era una mascota genial, pero le gustaba comerse las rosas de mi padre. Un día, este se hartó y envió a Sugar a «la granja». Aquello me dejó destrozado. Unos días después, durante la cena, mi padre nos dijo riendo que lo que comíamos eran *shish kebabs* de Sugar. Corrí llorando a mi habitación. Décadas después, estaba dando una conferencia en Monterrey (México) y vi que vendían carne de cabrito en la calle. De inmediato tuve un ataque de pánico al recordar aquella cena.

Con los dragones heridos se revive la situación traumática, se sufren pesadillas, aturdimiento o se empiezan a evitar situaciones que de algún modo recuerden a aquel trauma. Estas personas se sobresaltan con facilidad, sienten que no tienen futuro y suelen esperar que pasen solo cosas malas. Si el trauma es severo o prolongado (como lo han sido los años de pandemia), el cerebro límbico puede quedarse en un estado de hiperactividad permanente, lo que aumenta las probabilidades de sufrir ansiedad, nervios, tensión, falta de sueño o síndrome de colon irritable. En algunos casos, el cerebro emocional se ve sobrepasado y de hecho se apaga, dejando a esa persona deprimida, desinflada, cansada y confundida. Si crees que tu sistema nervioso puede estar actuando de forma hiperactiva, cálmalo con meditación, oración, hipnosis, aromas calmantes como la lavanda o suplementos como el GABA, el magnesio o la teanina. Y si notas que está apagado, actívalo con ejercicio físico, música animada, aromas como la pimienta o el eucalipto, o suplementos estimulantes como la rodiola, el té verde o la L-tirosina.

PRÁCTICA DE HOY: *Recuerda la última vez que viviste un hecho estresante. ¿Más bien activó o apagó tu sistema nervioso? Tu respuesta puede orientarte sobre qué te ayudará.*

El impacto de las experiencias adversas en la infancia (EAI)

Nuestras experiencias de la infancia tienen una enorme influencia sobre el resto de la vida. Si esos primeros años están marcados por el abuso, la negligencia o el trauma, esto es posible que ejerza un impacto negativo duradero sobre la salud. El término EAI es un acrónimo para referirnos a *experiencias adversas en la infancia,* muy estresantes y traumáticas, que pueden interferir en el desarrollo normal de un individuo. Un grupo de investigadores desarrolló un cuestionario sobre EAI con diez preguntas que cubren las causas más comunes de trauma infantil, como el abuso emocional, físico o sexual, la negligencia, el abuso de sustancias por parte de miembros de la familia, los trastornos mentales, el comportamiento suicida o el encarcelamiento. El cuestionario se puntúa en una escala de 1 a 10. Los resultados mostraron que un 64 % de la población tiene como mínimo una EAI, y un 25 % tres o más. Detectaron también que tener cuatro EAI o más está asociado a un aumento del 1200 % del riesgo de suicidio, mientras que seis EAI o más suponen acortar la esperanza de vida en veinte años.[228] Cuanto mayor sea la puntuación, más alto es el riesgo de sufrir consecuencias a largo plazo como diabetes, obesidad, cardiopatía, abuso de sustancias o casi todas las patologías psiquiátricas.

Y es que el desarrollo cerebral de un niño es muy sensible al contexto. Un entorno afectuoso, de apoyo y predecible es un buen augurio para que el cerebro se organice y funcione de forma adecuada para su desarrollo. En cambio, en niños y niñas sometidos de manera repetida a traumas, caos, abusos o abandono, el desarrollo sano del cerebro suele verse obstaculizado. Soportar niveles tóxicos de estrés puede generar problemas con la autorregulación, el aprendizaje, la interacción social, el control de las emociones, la agresividad, las pesadillas y los apegos saludables en etapas posteriores de la vida. Los efectos negativos de tales experiencias adversas pueden incluso alterar los genes y transmitirse a la siguiente generación.

Por supuesto, no todo el mundo que obtenga una puntuación alta en el cuestionario de EAI desarrollará problemas de salud; hay niños y niñas con cualidades innatas que pueden ayudarles a navegar por el caos que les rodea de una forma que tal vez otros no logren. El hecho de tener una relación estrecha con un adulto o adultos cuidadosos y cariñosos también contribuye a amortiguar la adversidad que se vive en casa: una profesora que proporciona ayuda y apoyo constantes, o una tía afectuosa que le ofrezca refugio ocasional en su casa dan una sensación de seguridad que ayudará a ese niño o niña a desarrollar resiliencia ante sus circunstancias. En cualquier caso, si tienes una puntuación alta en EAI, busca ayuda. Las estrategias de este libro te serán útiles para alargar tu vida de forma saludable y feliz.

PRÁCTICA DE HOY: *Haz el cuestionario sobre EAI aquí: acesaware.org*

Curar el trauma infantil: nuestra guerrera del cerebro Rachel Hollis

Puede curarse. Los diamantes son el mejor amigo de una chica, dice la canción, pero no es el caso del cerebro. Un patrón de hiperactividad en forma de diamante en sus centros emocionales suele ser signo de traumas del pasado. Fue una de las cosas que descubrí en los escáneres de la *megainfluencer* Rachel Hollis, autora de los bestsellers *Amiga, lávate esa cara* y *Amiga, deja de disculparte.* La tuvimos en nuestra serie de Instagram *Scan my brain,* donde reveló el horror que había sufrido con su hermano, que tenía esquizofrenia y depresión. «Cuando yo tenía catorce años, mi hermano se suicidó», relató. «Al encontrar su cuerpo sin vida en su habitación, no podía comprender lo que estaba viendo. Mi cerebro no era capaz de procesarlo».

Un trauma emocional extremo como este puede contribuir a un patrón cerebral en forma de diamante. Mis colegas y yo publicamos varios estudios sobre el trastorno de estrés postraumático que muestran un incremento de la actividad en el giro cingulado anterior (la parte superior del diamante) que suele estar asociado a pensamientos recurrentes; incrementos de la actividad en los ganglios basales y la amígdala (los laterales del diamante), asociados a problemas de ansiedad, y en las áreas límbicas profundas (la parte inferior del diamante), relacionado con problemas de estado de ánimo. En algunas personas también hay hiperactividad en el lóbulo lateral temporal derecho. Esta zona del cerebro nos ayuda a leer las intenciones de los demás; cuando hay exceso de actividad ahí, se pueden malinterpretar las señales.

El cerebro emocional de Rachel trabajaba demasiado y el nivel de actividad en el córtex prefrontal era bajo, lo cual le dificultaba aún más controlar su mente. «Me cuesta muchísimo controlar las emociones —decía—. Esto afecta a mi capacidad productiva, para hacer bien mi trabajo y ser el tipo de madre y de persona que quiero ser». Con un tratamiento basado en un estilo de vida saludable para el cerebro, suplementos y tratamientos psicológicos específicos para el trauma, Rachel ha mejorado mucho.

PRÁCTICA DE HOY: *Nombra dos o tres traumas del pasado que creas que todavía pueden estar viviendo en tu cerebro y afectándote hoy en día.*

Dragones de las obligaciones y la vergüenza

¿Te gustan las películas que se burlan de las tradiciones? Estos dragones tienen su origen en un momento en el que experimentaste humillación o vergüenza, o sentiste que te menospreciaban, juzgaban o criticaban. Pueden hacerte sentir tonto, angustiada, expuesto, demasiado sensible o sumisa, y que quieras esconderte, retraerte o autolesionarte sin que nadie se dé cuenta. Desde luego, la culpa y la vergüenza no son malas del todo; pueden motivar el aprendizaje, el crecimiento y el deseo de cambiar y ser mejor, ayudarte a perder peso o superar una adicción. La culpa, por ejemplo, puede impulsarte a reconectar y reconciliarte con los demás; y la vergüenza, informarte y protegerte de los impulsos que te llevarían a adoptar conductas poco saludables.

Podrás domar a los dragones de las obligaciones y la vergüenza sabiendo cuándo una y otra son útiles y cuándo no. ¿Esos pensamientos y emociones te ayudan a modificar algo de tu vida que te perjudica o te hace daño porque te lleva a sentirte mal o que has fracasado? Pues si no lo hacen, deshazte de ellos. En los últimos años de vida de mi padre, yo solía pensar: «Debería ir a verlo». Pero ese simple «debería» me hacía sentir mal. Porque intentar motivarse a través de la culpa no resulta útil. A mis pacientes les enseño a sustituir «debería» por «mi objetivo es» o «quiero». De modo que empecé a decir: «Quiero ver a mi padre». Esto me motivó a ir a verle más a menudo. Ahora que ya no está, me siento muy agradecido por el tiempo que pasamos juntos. Las siguientes frases te pueden servir como afirmaciones cotidianas para domar a este tipo de dragones: «Me esfuerzo para aprender de mi pasado», «¿Hacer esto encaja con mis objetivos generales?» o «Eso era antes, esto es ahora».

PRÁCTICA DE HOY: *Siempre que pienses que «deberías» hacer algo, sustitúyelo por «quiero hacerlo» o «hacerlo encaja con mis objetivos». Si no quieres hacerlo o no encaja con tus objetivos, plantéate en serio no hacerlo.*

Cómo la vergüenza puede dañar tu cerebro

Llamaba a sus medicamentos «estúpidas pastillas», dejó de tomarlas y aquello arruinó su vida. Robert llegó a noveno grado habiendo sido expulsado de once colegios. Era un niño hiperactivo, agresivo, cruel y con tendencia a los conflictos. A los 14 años, un neurólogo le diagnosticó TDA/TDAH y una disfunción del lóbulo temporal. Robert respondió de forma positiva al Ritalin: subió tres niveles de aprendizaje en un año y su conducta se relajó; estaba más contento y empezó a tener amistades sanas por primera vez. Siguió dos años con el Ritalin y, aunque le iba mejor en casi todos los aspectos de su vida, tenía un problema: cada vez que tomaba su medicina, se sentía «estúpido» y hablaba de su «estúpida pastilla», con lo que, con el tiempo, dejó de tomarla.

Nadie le había explicado lo que la medicación le hacía ni qué podía suceder si dejaba de tomarla. Y nadie había pensado en el aspecto psicológico de tomar medicación. Unos meses después de haber dejado el Ritalin, su tío fue a visitarlo y le dijo: «Vamos a atracar a mujeres». Robert fue con él sin pensar. Siguieron a una mujer, la agarraron, la hicieron entrar en el coche y la llevaron a un cajero automático para que sacara dinero, que le robaron. Luego, ambos la violaron. Dos semanas después, detuvieron a Robert acusado de secuestro, robo y agresión sexual. Lo condenaron y sentenciaron a 25 años de cárcel. A pesar de que el juez pareció entender que el chico tenía una discapacidad, lo juzgaron como adulto por la gravedad del caso. Yo me involucré, a petición del abogado de Robert, y le ayudé a volver a tomar la medicación adecuada, cosa que le ayudó mucho en prisión. Aunque pasará décadas en la cárcel, la esperanza es que, con un cerebro más equilibrado, estará mejor en prisión y también cuando salga. En su caso, la vergüenza dañó su cerebro y los de las personas a las que hizo daño.

PRÁCTICA DE HOY: *Esfuérzate en sentir autocompasión siendo amable contigo, practicando el perdón y aceptando los defectos que veas en ti.*

Domar a los dragones responsables

¿Te gustan las películas sobre cuidadores como Patch Adams? Esto puede ser indicativo de tu tipo de dragones. ¿Te ves responsable del dolor de los demás, en especial porque muchas veces te sientes impotente para ayudar a alguien que te importa, como tus padres o hermanos? ¿Te sentías insignificante y resolver los problemas de los demás te ayudaba a sentirte importante? Los niños se creen el centro del universo: si pasa algo bueno, piensan que ha sido gracias a ellos; pero si le pasa algo malo a alguien a quien quieren, muchas veces se culpan de ello, aunque sea un pensamiento irracional.

El hijo o la hija mayor de una familia suele tener un sentido de la responsabilidad innato hacia sus hermanos menores y, a veces, los padres negligentes encargan a los mayores que se ocupen de los más pequeños, aunque no estén capacitados desde el punto de vista emocional para asumir semejante responsabilidad. Estos dragones se activan cuando percibimos la necesidad de los demás y reaccionamos como cuidadores o «solucionadores». Los dragones responsables pueden hacer que nos volquemos demasiado en los demás para que dependan de nosotros, lo que en última instancia genera legitimación, resentimiento, relaciones desequilibradas y estrés a largo plazo.

Doma a estos dragones siendo consciente de que hacer demasiado por los demás puede volverles dependientes e impedir que sean autosuficientes. Se trata de buscar el equilibrio entre ayudar y enseñar a las personas a ser competentes por sí solas. El autocuidado no es egoísta, así que prioriza cuidarte en la misma medida en que te preocupas por los demás. Esto incluye poner límites saludables. Porque tú también tienes que aceptar tus limitaciones; de lo contrario, terminarás quemándote, agotándote y sin poder dar más de ti. Si no te cuidas, es fácil que experimentes resentimiento hacia quienes ayudas, que consideres que solo toman, toman y toman todo el rato.

Las siguientes frases te pueden servir como afirmaciones cotidianas en estos casos: «Me encanta ayudar, siempre que esté ayudando a alguien a ser competente e independiente» o «Es mejor dar que recibir, siempre que dar no genere una dependencia excesiva».

PRÁCTICA DE HOY: *Analiza las cosas que haces por los demás y pregúntate si lo haces para ayudarles a ser personas sanas e independientes o porque te sientes en la obligación de hacerlo o responsable de esas personas.*

Domar a los dragones enfadados

¿Te gustan las películas de terror? Los dragones enfadados muchas veces nacen del dolor, la vergüenza, la decepción, de haber sufrido acoso o abuso, o de tener como ejemplo a alguien siempre enfadado (por ejemplo, los padres). Otras veces tienen su origen en una lesión o anomalías cerebrales. Estos dragones pueden activarse cuando algo nos recuerda heridas del pasado o si las cosas no salen como queremos (en personas con mucha actividad en el giro cingulado anterior). Los dragones enfadados reaccionan con ira e irritabilidad, o bien mala educación o una conducta desconsiderada. La persona puede expresar esa ira mediante determinadas acciones: acosando, menospreciando, culpando, peleándose, castigando, insultando o poniéndose a la defensiva. El aumento del ritmo cardíaco, la sudoración, las manos frías, la tensión muscular (sobre todo en el cuello), la piel de gallina, los mareos y la confusión son algunas de las señales habituales de que estos dragones están a punto de estallar.

Aquí tienes cinco estrategias para domar a los dragones enfadados:

1. Haz una lista de diez cosas que puedes hacer para distraerte cuando te enfades, aunque sea por unos minutos, para darle espacio a tu cerebro y que responda de forma más adecuada.
2. Céntrate de forma consciente en tus objetivos en cuanto al resultado de la situación.
3. Sé consciente de tus propias señales de peligro antes de que estalle tu ira. Cuando notes estos síntomas, haz diez respiraciones profundas (4 segundos para inspirar, aguantar un segundo, 8 segundos para espirar, aguantar un segundo). Esto te llevará menos de 2 minutos, pero te garantizo que te ayudará a expresar tus sentimientos de forma más efectiva.
4. Tómate un descanso si sientes que no te puedes comunicar de forma adecuada o que no eres capaz de controlarte. Quizá tengas que salir de casa, colgar el teléfono o aplazar una reunión.
5. Detecta cuándo debes buscar ayuda. A veces la ira se debe a sistemas cerebrales lesionados o disfuncionales.

Si te has calmado físicamente y has comprobado que tu ira no está relacionada con una situación actual que esté dentro de tu ámbito de acción, entonces tal vez pueden ayudarte las imágenes cerebrales. Podrás determinar si existen aspectos no detectados, como una lesión traumática oculta, problemas en los lóbulos temporales o unos lóbulos frontales adormecidos que puedan estar contribuyendo a tu ira.

PRÁCTICA DE HOY: *Observa qué sucede en tu cuerpo cuando empiezas a irritarte o enfadarte, y escríbelo.*

Domar a los dragones que juzgan

¿Te gustan las películas de venganza? Esto puede apuntar a tu tipo de dragones. Suelen tener su origen en un entorno no seguro en la infancia, o en el que nos hicieron daño o percibíamos que la vida era injusta. Estos dragones se activan cuando sientes injusticia hacia ti o hacia los demás, o cuando ves a otras personas hacer algo que piensas que es incorrecto; te hacen reaccionar siendo condescendiente, criticando o dando lecciones de moral: diciendo a la gente lo que debería o no debería hacer o pensar. Sin ir más lejos, mi mujer tiene dentro este dragón. Cuando nos conocimos, tenía opiniones muy tajantes sobre la conducta criminal, en especial sobre los drogadictos y los abusadores de menores, y se presentaba como juez, jurado y verdugo. Al saber que yo había testificado a favor de la defensa en juicios en los que se pedía la pena de muerte, llegó a dudar de mi cordura. Su actitud era comprensible teniendo en cuenta que se había criado en un entorno no seguro y con un tío heroinómano. Además, su padrastro abusó de ella. Con el tiempo, a medida que fue comprendiendo nuestro trabajo con imágenes cerebrales, su corazón se ablandó y su dragón se equilibró.

Doma a los dragones que juzgan haciéndote estas preguntas:

1. ¿El problema lo tienes ahora o estás intentando corregir algo que estaba mal en el pasado?
2. ¿Conoces todos los hechos o estás haciendo suposiciones sobre los demás que no sabes si son ciertas?
3. Cuando observes que estás haciendo un juicio precipitado sobre alguien, pregúntate qué puede haber detrás de su comportamiento. ¿Tiene un mal día? ¿Le acaban de despedir? ¿Se ha enterado hace poco de que una persona querida tiene cáncer? Es fácil decir de alguien que es malo; plantearse por qué es más difícil.

Las siguientes frases pueden servirte como afirmaciones cotidianas para domar a los dragones que juzgan: «Cambio el juicio por comprensión», «Dejo ir el juicio para sentirme libre» o «Trato a las personas que sufren con compasión, no con más dolor».

PRÁCTICA DE HOY: *Date cuenta de cuándo estás juzgando y ten curiosidad por ver si estás reaccionando a la situación actual o a algo del pasado.*

Domar a los dragones del duelo y la pérdida

¿Te gustan las películas inspiradoras? Esto puede ser indicativo de cuáles son tus dragones. Los de duelo y pérdida son fáciles de encontrar, porque están en todas partes: aparecen cuando perdemos a alguien importante (ya sea por fallecimiento, por divorcio o por el síndrome del nido vacío), algo importante (como la salud o un trabajo) o la adhesión a una idea (por ejemplo, la propia identidad al hacernos mayores o al jubilarnos, cosa que deportistas profesionales y modelos pueden experimentar muy pronto, en la veintena o la treintena). En mi caso, perder a mi padre fue muy doloroso. Después de su muerte, Tana me hallaba a veces en el despacho de casa escuchando sus mensajes de voz y llorando. Pero es que las lágrimas son importantes en el proceso del duelo. A mi padre le escribí un poema titulado *Good grief he's everywhere in my brain* («Por Dios, está por todo mi cerebro»), que explica cómo se despierta el duelo: cualquier cosa puede hacerlo, ya sea un paisaje, un sonido, una rutina o un aniversario que nos recuerde lo que hemos perdido. La gente reacciona ante el duelo de muchas formas: con estupefacción, tristeza, negación, culpa, problemas para respirar, dolor en el pecho o insomnio.

Para sanar el duelo, primero hay que arreglar el sueño. Si no se duerme bien, existe una gran probabilidad de que esa etapa se eternice. Yo suelo recomendar una combinación de melatonina, magnesio, GABA, 5-HTP y teanina. Es importante, además, comer bien, tomar suplementos y hacer ejercicio. Esta suele ser la pieza que falta en los procesos de recuperación del duelo. Yo creo que hay que empezar el proceso de sanación lo antes posible. Quizá la gente te diga que esperes, que te des un tiempo; pero si te rompes el brazo ¿cuándo querrías empezar a curarte? Está claro, enseguida. Los investigadores hablan de las cinco fases del duelo: negación, ira, negociación, depresión y aceptación. Te invito a dar la vuelta a estas cinco fases: en lugar de negarla, admite la pérdida: *Mi padre ya no está.* En lugar de actuar con ira, esfuérzate en buscar la paz: *Tuvo una gran vida.* Deja de negociar por algo que no cambiará: *La muerte es inevitable.* Reconecta con los demás para evitar la depresión. Y niégate a aceptar el dolor prolongado como algo que no puedes cambiar.

PRÁCTICA DE HOY: *Recuerda la última vez que pasaste por un duelo. ¿Cómo reaccionaste? ¿Qué puedes hacer mejor la próxima vez para empezar a curarte antes?*

Domar a los dragones de la muerte

¿Te encantan las películas sobre el más allá? Esto puede ser una señal de cuáles son tus dragones. Los de la muerte siempre están a nuestro lado, y muchas veces salen a la palestra en la mediana edad, cuando nos asustamos por algún problema de salud o en el momento en que nuestros padres o los padres de la gente cercana mueren y empezamos a ir a funerales. Nos preguntamos si la vida no es más que esto, y es la razón fundamental por la que sufrimos la famosa crisis de la mediana edad y nos compramos coches descapotables. Pero puede empezar antes si has de afrontar la muerte por alguna razón; por ejemplo, si vives una pandemia, te diagnostican una enfermedad potencialmente mortal o un amigo tuyo se suicida. El miedo a envejecer o a que los demás no sobrevivan sin ti también alimenta a estos dragones. ¿Cómo se puede reaccionar a ellos cuando aparecen? Es posible experimentar una sensación de fatalidad inminente, tal vez la muerte te angustie, quizá sufras ataques de pánico o temas envejecer. En la gente más joven, estos dragones también pueden provocar conductas arriesgadas para desafiar a la muerte.

Podrás domar a los dragones de la muerte si vives teniendo presente el final. Cuando iba a la universidad, asistí a una clase sobre la muerte en la que planifiqué mi propio funeral. Fue una de las tareas más importantes que he hecho en mi vida, porque si vivimos sabiendo que hay un final se nos dará mejor hacer que cada día sea especial. Debemos aceptar la muerte como una parte natural de la vida, pero tampoco se trata de incitar a los dragones de la muerte a aparecer antes de tiempo: céntrate en cuestiones que tengan un valor permanente. Pregúntate: «¿Esto es de verdad importante?». A mí, hacerlo me ayuda a no preocuparme por tonterías, y además, con el tiempo, los dragones de la muerte me han enseñado que la mayoría de las cosas lo son. También he descubierto que hacer una lista de las cosas buenas que tiene morirse ayuda a calmar a los dragones de la muerte. En mi propia lista tengo estas tres cosas:

1. Mi fe me lleva a creer en la vida eterna; tal vez vuelva a ver a mi padre y a mi abuelo.
2. Me ahorraría el tráfico de Los Ángeles.
3. Se acabarían las endodoncias y los dentistas hurgando en mi boca con taladros y otros objetos metálicos afilados.

Además, saber que hay un final nos motiva a aprovechar al máximo la vida mientras estemos aquí.

PRÁCTICA DE HOY: *Haz una lista con tres cosas buenas de morirse.*

Domar a los dragones desesperados e indefensos

¿Te gustan las películas que te hunden en la miseria? Esto puede ser indicativo de tu tipo de dragones. Los del tipo desesperado e indefenso suelen originarse cuando hay acumulación de estrés. Durante la pandemia, por ejemplo, las tasas de depresión se triplicaron en cuestión de meses. Estos dragones también pueden tener su origen en una frustración crónica; es un concepto conocido como *indefensión aprendida*. En estos casos, la persona intenta estar mejor y no lo logra, lo vuelve a intentar sin conseguirlo y lo sigue intentando hasta sentirse desamparada y perder la esperanza. También puede venir de una familia con historial de depresión, de una mentalidad pesimista o de la pérdida de control.

¿Qué activa a los dragones desesperados e indefensos? Puede ser cualquier cosa que te recuerde un momento en el que sentiste impotencia o que la situación te sobrepasaba. Pueden hacerte reaccionar con tristeza, negatividad y sensación de desesperación, indefensión o inutilidad. Empiezas a sentirte fatal e incluso te preguntas si la vida vale la pena.

Mucha gente recurre a la medicación como primera opción para tratar la depresión, pero yo creo que lo primero que hay que hacer es arreglar el cerebro; porque este controla todo lo que pensamos, hacemos y sentimos. Si te deprimes, lo más probable es que tu cerebro está teniendo dificultades. Habla con tu médico y pide una analítica básica. El hipotiroidismo, por ejemplo, puede provocar depresión, igual que haber sufrido una conmoción cerebral en el pasado. A continuación, asegúrate de nutrir de forma adecuada tu cerebro: elimina de tu dieta los alimentos procesados, que provocan inflamación y depresión, y añade más frutas y verduras de colores vivos, como arándanos, pimientos rojos, brócoli o semillas de granada. La evidencia científica ha demostrado que existe una correlación lineal entre la cantidad de frutas y verduras que comemos (hasta ocho raciones al día) y nuestro nivel de felicidad.[229] Si te estás medicando, no lo dejes sin hablar con tu médico. También hay muchos tratamientos naturales que combaten la depresión y contribuyen a domar a este dragón, como hacer ejercicio, tomar suplementos (aceite de pescado, azafrán y curcumina), la terapia de luz intensa, las saunas, el aroma de lavanda y aprender a acabar con los PNA que invaden el cerebro y alimentan a todos los dragones.

PRÁCTICA DE HOY: *Come entre seis y ocho raciones de fruta y verdura a lo largo del día y observa cómo te sientes.*

Domar a los dragones ancestrales

¿Te gustas las películas históricas? Esto puede estar relacionado con tus dragones. Y es que heredamos los dragones ancestrales de nuestros antepasados. Son de los más escurridizos, porque sus orígenes suelen estar ocultos. Podemos heredar miedos, preocupaciones o incluso prejuicios sin ser conscientes de ello, a través de un proceso conocido como epigenética, del que ya te he hablado. La ansiedad y el trauma están escritos en nuestro código genético. Así que, si tienes miedo a algo y no tienes ni idea de por qué, busca pistas en tu árbol genealógico. Por ejemplo, los hijos y nietos de supervivientes del Holocausto tienen mayor riesgo de sufrir trastornos de ansiedad y TEPT, igual que los de víctimas del 11S o aquellos cuyos padres lucharon en Irak o Afganistán. Cualquiera que haya vivido en zona de guerra, experimentado la muerte prematura de sus padres o perdido a un ser querido por suicidio puede tener el cerebro tan afectado que sus genes se modifiquen para las generaciones venideras.

Con frecuencia se desconoce lo que activa a los dragones ancestrales. Puede ser cualquier recordatorio de una época estresante almacenada en genes, o darse al cumplir la edad que tenían nuestros padres o abuelos cuando sufrieron el trauma original. Pero ¿cómo te hacen reaccionar los dragones ancestrales? Sintiendo ansiedad, pánico o miedo sin razón aparente, o teniendo conductas inexplicables.

Para domar a los dragones ancestrales debes conocer tu historia familiar con el máximo detalle posible, y hablar con tus padres o abuelos, o con alguien que conozca bien la historia de tu familia. Todo ello te ayudará a comprender algunas de tus reacciones automáticas. Pregúntales sobre su infancia o sobre las épocas difíciles que pudieron haber vivido, y déjales que lo relaten sin interrumpirles. Luego esfuérzate para separar tus problemas de los de tus antepasados, para que seas capaz de vivir en el presente sin que te persiga el pasado. Tal vez necesites ayuda profesional: si sientes que tus dragones ancestrales echan fuego a tu cerebro emocional, lee *Este dolor no es mío*, de Mark Wolynn. La buena noticia sobre la epigenética es que tus conductas resilientes también se almacenan en tus genes, y esto hará que las siguientes generaciones sean mejores y más fuertes.

PRÁCTICA DE HOY: *Contacta con alguien de tu familia y busca un momento para hablar sobre los traumas del pasado que pueda haber sufrido.*

Ellos y ellas... y otros dragones

Nunca nos enfrentamos solo con el momento, nos enfrentamos a todos los momentos de todas las voces de nuestra cabeza. ¿Te has dado cuenta de que la gente dice «decían esto» o «decían lo otro»? ¿Alguna vez te has preguntado *quiénes* lo decían? Son las voces colectivas de nuestra cabeza, que todo el tiempo juzgan y critican nuestros pensamientos y acciones. En mi libro *Your Brain Is Always Listening* («Tu cerebro siempre escucha»), presenté una variedad de «Ellos, ellas y otros dragones» que pueden estar afectando de forma inconsciente a tu felicidad, tus relaciones y tu éxito. Estos son algunos:

1. **Dragones de los padres:** las voces de tu padre o tu madre (o de figuras maternas o paternas) criticándote o presionándote para ser mejor.

2. **Dragones de los hermanos o del orden de nacimiento:** el lugar que ocupes entre tus hermanos y su voces, que a menudo competían contigo por la atención materna y paterna.

3. **Dragones de los hijos:** nuestros retoños, que muchas veces (aunque no siempre) nos adoran en su más temprana infancia, luego nos rechazan y critican durante su adolescencia y primera juventud.

4. **Dragones de docentes o entrenadores:** nuestros profesores, que evaluaban nuestra inteligencia, esfuerzo y potencial, y nuestros entrenadores deportivos, que observaban nuestras capacidades y fallos.

5. **Dragones de las amistades, los «populares» de la clase, los abusones y las chicas crueles:** tus amigos del pasado, así como los populares, los abusones y las chicas crueles del cole y el instituto. Estas relaciones, o bien calman a tus dragones (en el caso de los buenos amigos), o bien les hacen echar fuego (abusones y chicas crueles).

6. **Dragones de los amores antiguos, actuales o futuros:** son los que cuentan con una mayor carga emocional, por lo que pueden alterarte más que cualquiera de los otros, en especial cuando las relaciones dejan de funcionar y se rompen.

7. **Dragones de los troles de internet:** personas o *bots* que critican y odian por pura diversión en las redes sociales e internet. Por desgracia, estos casos se dan a edades cada vez más tempranas.

En ese mismo libro explico qué activa a tales dragones, y ofrezco estrategias útiles para reducir su impacto negativo y poner fin a las batallas que se libran dentro de la cabeza.

PRÁCTICA DE HOY: *¿Cuáles de estos dragones destacan más en tu diálogo interno?*

Encontrar la felicidad en el cerebro

Cuanto más sano esté tu cerebro, más feliz serás. En mi libro *You, Happier* («Tú, más feliz») decidí explorar la idea de si es posible dar con la felicidad en el cerebro. Administramos el «Oxford Happiness Questionnaire» a los siguientes 500 nuevos pacientes de las Clínicas Amen. Este cuestionario evalúa el grado de acuerdo o desacuerdo con 29 preguntas en una escala de 1 a 6. Luego nuestro equipo de investigación comparó los escáneres cerebrales de las personas más infelices con los de las más felices. Los resultados fueron fascinantes: los escáneres SPECT del grupo de personas con un nivel mayor de felicidad mostraban una gran actividad y un alto flujo sanguíneo en todo el cerebro; esto implica que, cuanto más sano esté tu cerebro, más probable es que seas feliz. También vimos un nivel alto de actividad y de flujo sanguíneo en el córtex prefrontal, los ganglios basales y el núcleo *accumbens* (los centros del placer). En el grupo menos feliz, por su parte, los escáneres SPECT mostraban un nivel alto de actividad en el giro cingulado anterior (lo que yo llamo el «cambio de marchas del cerebro»): estas personas tenían más probabilidades de quedarse en un bucle de pensamientos negativos.

Según nuestro estadístico, el doctor David Keator (de la Universidad de California en Irvine), el resultado más interesante de nuestro estudio lo hallamos en los circuitos de recompensa o felicidad, compuestos por el área tegmental ventral, el núcleo *accumbens* y el córtex orbitofrontal. Estos circuitos tienen relación con la sonrisa, la risa, los sentimientos placenteros y la felicidad. Una mayor actividad en tales áreas correlacionaba con puntuaciones más altas en el grado de felicidad total. Conclusión: mejora tu cerebro y también lo hará tu felicidad.

PRÁCTICA DE HOY: *Cumplimenta el «Oxford Happiness Questionnaire»: theguardian. com/lifeandstyle/2014/nov/03/take-the-oxford-happiness-questionnaire*

La felicidad es una obligación moral

La felicidad tiene que ver con el altruismo más que con el egoísmo, por el impacto que generamos en los demás al ser felices. ¿Por qué deberíamos trabajar para ser felices? Como psiquiatra, he escrito mucho sobre ansiedad, depresión, trastorno bipolar, TDA/TDAH, envejecimiento, violencia, obesidad, pérdida de memoria, amor, paternidad y otros temas importantes. No obstante, lo que subyace a los motivos por los que la mayoría de la gente viene a las Clínicas Amen es el hecho de que son personas infelices. Y ayudarlas a ser más felices día a día es la base para que alcancen y mantengan una buena salud mental y física. Numerosos estudios han demostrado que la felicidad se asociada a una menor frecuencia cardiaca, una presión arterial más baja y una buena salud del corazón en general. Además, las personas felices contraen menos infecciones, presentan niveles más bajos de cortisol (la hormona del estrés) y menos dolores y molestias; tienden a vivir más, a gozar de mejores relaciones y a tener más éxito en su carrera profesional. Además, la felicidad es contagiosa: las personas más felices suelen hacer más felices a los demás.[230]

Uno de mis vídeos favoritos es uno de Dennis Prager. Animo a todos mis pacientes a que lo vean. En *Why Be Happy* («Por qué ser feliz») sugiere que la felicidad es una obligación moral. Dice lo siguiente: «Ser o no ser feliz, o, lo que es más importante, actuar o no actuar como una persona feliz, tiene que ver con el altruismo y no con el egoísmo, con cuál es nuestro impacto en la vida de los demás. [...] Pregúntale a cualquiera que haya sido criado por un padre infeliz si la felicidad es una cuestión moral o no. Te aseguro que la respuesta será «Sí». Que te críe un padre o madre infeliz no tiene nada de divertido, igual que tener una pareja infeliz, un hijo o hija infeliz, o trabajar con gente infeliz».[231]

PRÁCTICA DE HOY: *Nombra a tres personas a las que afecte tu estado de ánimo y explica por qué quieres ser una influencia positiva en su vida.*

Las siete mentiras de la felicidad

Puede que «más» no signifique «mejor». Los especialistas en marketing han lavado el cerebro a la población durante décadas por puro interés económico, para que creamos que la felicidad se basa en cosas que, de hecho, dañan el cerebro, destrozan la mente, potencian la depresión y nos hacen infelices.

Mentira #1: tener más y más de algo (amor, sexo, fama, drogas, etc.) te hará más feliz. Por desgracia, cuanto más placer obtenemos, más necesitaremos para ser felices. Es lo que se conoce como «adaptación hedonista».

Mentira #2: la filosofía del «no te preocupes, sé feliz» (promovida por la canción de Bobby McFerrin Don't worry, be happy, *que ganó el Grammy a la canción del año en 1988) te hará feliz.* De hecho, es justo lo contrario: esa mentalidad te hará infeliz y te matará antes de tiempo. Según uno de los estudios sobre longevidad más extensos jamás publicados, las personas con dicha filosofía mueren antes de tiempo por accidentes y enfermedades evitables.[232]

Mentira #3: los publicistas y los responsables de restaurantes de comida rápida saben lo que te hará feliz. Tomemos como ejemplo los Happy Meals (o los menús infantiles de la mayoría de los restaurantes). Desde luego, no harán felices a los niños. Estos menús deberían llamarse *Unhappy Meals* («menús infelices»), ya que las sustancias que contiene la comida procesada, de baja calidad y con escasos nutrientes aumentan la inflamación y se han relacionado con la depresión, el TDA/TDAH, la obesidad, el cáncer y un cociente intelectual más bajo.[233]

Mentira #4: necesitas un Smartphone, un reloj, una tableta o la última tecnología para ser feliz. Las empresas de tecnología no paran de crear dispositivos adictivos que acaparan nuestra atención y nos apartan de las relaciones importantes.

Mentira #5: estar siempre «al día» gracias a los medios de comunicación te hará feliz. Los medios vierten pensamientos tóxicos en el cerebro de la gente repetida y deliberadamente, haciéndonos ver el terror o el desastre a la vuelta de cada esquina, todo ello con el fin de aumentar sus índices de audiencia y sus beneficios.

Mentira #6: el alcohol o la marihuana te hacen feliz. Alto ahí: la American Cancer Society relaciona el consumo de alcohol con hasta siete tipos de cáncer.[234] El alcohol puede hacernos sentir mejor a corto plazo, es cierto, pero daña el cerebro, nos hace tomar peores decisiones y perjudica nuestras relaciones. En cuanto a la marihuana, disminuye el flujo sanguíneo, lo cual no está asociado precisamente a un cerebro feliz.

Mentira #7: el dinero te hace feliz. Esto es cierto, pero solo el equivalente a unos 75.000 dólares al año como máximo (en Estados Unidos). A partir de esa cantidad, la correlación con la felicidad cae en picado.[235]

PRÁCTICA DE HOY: *Echa un vistazo a tu entorno a ver si reconoces las mentiras del marketing sobre la felicidad.*

Nuestro guerrero del cerebro Steve Arterburn y la transformación

«Tengo la capacidad sobrenatural de recordar cosas y no desaparecen». Te presento a mi amigo Steve Arterburn, autor de varios bestsellers de la lista del *New York Times*, presentador de radio y emprendedor. Vino a mi consulta por su TDA/TDAH y ciertos problemas de memoria. Además, tenía antecedentes familiares de alzhéimer y le preocupaba desarrollar la enfermedad. Unos dos meses después de nuestra primera cita, me envió este correo electrónico a altas horas de la madrugada. Me dio permiso para compartirlo con mis lectores.

El número de confirmación del alquiler de mi coche con Aruba era 63012078US2, y el del hotel, 55505510931. Esto lo sé porque tengo la capacidad sobrenatural de recordar cosas que antes jamás habría intentado recordar. ¡Y no desaparecen! Mi productividad y creatividad están por las nubes. Diría que he multiplicado por cuatro la cantidad de trabajo que saco adelante, y lo hago cuatro veces mejor que nunca. Mi nivel de creatividad está dando como resultado un montón de ideas de libros y propuestas que estoy impaciente por publicar. Además, tengo la capacidad para centrarme en las tareas y conectar con mi mujer como nunca lo había experimentado.[236]

La estrategia que siguió para incrementar su límite cognitivo fue pasar de correr media hora a entrenar en ráfagas intensas. Además, desterró su hábito de tomar cuatro refrescos al día, aumentó la ingesta de proteínas, redujo el consumo de cereales y carbohidratos procesados, y limitó al máximo el azúcar. Por supuesto, tomó los suplementos diarios que le recomendé y dejó de poner excusas para no utilizar la máquina CPAP, que controlaba sus ronquidos. De forma adicional, mediante ejercicios de entrenamiento cerebral, elevó su capacidad para resolver problemas hasta el percentil 99 y siguió trabajando en su memoria y en otras áreas en las que había tenido dificultades hasta entonces.

Aunque todo aquello a mí no me sorprendió, para él fue impactante ver cómo muchas áreas de su vida (incluida la íntima con su mujer) habían mejorado con esos cambios de hábitos. Y es que yo he sido testigo una y otra vez del hecho de que una vida mejor siempre es el resultado de tener un cerebro mejor.

PRÁCTICA DE HOY: *Repasa las seis estrategias de Steve y añade a tu rutina una que no estés siguiendo todavía.*

La terapia definitiva basada en el cerebro

Domina tu cerebro controlando lo que entra en él. Los cinco sentidos transmiten el mundo al cerebro y pueden hacernos felices o crearnos sensaciones desagradables. Te propongo que hagas este ejercicio ahora mismo: piensa en aquella vez que bebiste por error leche en mal estado u oliste una bomba fétida. Asqueroso, ¿verdad? Ahora imagina que pruebas tu postre favorito o hueles las flores que más te gustan. ¿Has notado la diferencia en cómo te sientes? Bien, pues permíteme enseñarte a usar tus sentidos para sentirte genial.

Vista. ¿Sabías que el 30 % del cerebro está dedicado a la vista?[237] Crea un álbum en el móvil o en casa con fotos que te hagan feliz: de tu pareja, tus hijos, nietos o incluso de tus mascotas. También hay estudios que demuestran que las imágenes de la naturaleza reducen el estrés y nos ayudan a sentirnos mejor de forma inmediata.[238]

Oído. El cerebro capta los ritmos del entorno, lo que significa que somos capaces de manipular la mente con la música. Mejora tu estado de ánimo y tu felicidad en apenas dos semanas: solo tienes que escuchar la música adecuada (un ejemplo es la canción de los Beach Boys, *Good Vibrations*) y poner intención en ser más feliz; con unos 12 minutos al día será suficiente.[239]

Tacto. Se ha demostrado que los masajes reducen el dolor y la ansiedad. Acariciar a tu perro o a tu gato incrementa de forma inmediata la cantidad de oxitocina (la «hormona de los abrazos») que segrega tu organismo. Y tomar de la mano a un ser querido que está sufriendo puede, de hecho, hacer desaparecer su dolor.

Olfato. Este sentido está conectado con el cerebro emocional, como ya dije antes. Los aromas de limón, lavanda, jazmín, rosa, madreselva y vainilla son algunos de los que más capacidad comprobada poseen para mejorar de inmediato el estado de ánimo e incrementar la energía.

Gusto. Se ha demostrado que el chocolate (siempre que sea saludable), el azafrán, la canela, la menta y la nuez moscada mejoran el estado de ánimo.

Busca formas divertidas de combinar todos estos sentidos para cambiar de forma rápida cómo te sientes: date una sauna mientras subes el volumen a *Good vibrations* o mira un vídeo de olas del mar con esencia de lavanda o vainilla en el aire mientras te bebes a sorbitos un capuchino con leche de almendras y canela.

PRÁCTICA DE HOY: *Elige una actividad relacionada con cada uno de los cinco sentidos.*

Con esperanza: la historia de un veterano

Las imágenes de los escáneres cerebrales nos hacen tener fe en que existe un camino mejor; hay esperanza de curación. La seguridad es un valor primordial para mi mujer. Ella se crio en un entorno inseguro y caótico y, aunque ahora vivimos en un barrio muy seguro, le encanta practicar artes marciales (tiene dos cinturones negros, de *kenpo* y taekwondo) y apuntarse a cursos de supervivencia. En una ocasión, se llevó a nuestra hija Chloe a un fin de semana de supervivencia donde conoció a Denny, uno de los instructores. A Tana se le rompió el corazón al escuchar su historia: Denny era un exmarine que había sufrido tres lesiones cerebrales traumáticas, una de ellas en 2007 en Faluya (Irak), cuando su camión fue alcanzado por una bomba colocada al borde de la carretera. Quedó inconsciente y, al despertar, vio que sangraba por varios sitios y que dos de sus compañeros y amigos habían muerto. Tuvo muchas secuelas crónicas debidas a sus múltiples lesiones cerebrales y a un trastorno de estrés postraumático. Su proceso de curación consistió en tomar una medicación tras otra, pero sin obtener demasiado alivio. Estaba tan desesperado que intentó quitarse la vida. Nadie había analizado su función cerebral con imágenes, así que Tana le invitó a venir a la clínica.

ESCÁNER SPECT DE DENNY

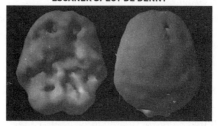

Los huecos indican las zonas de bajo flujo sanguíneo

Su escáner SPECT mostraba daños severos en el córtex prefrontal (responsable de la concentración, la planificación, el criterio y el control de los impulsos), el lóbulo temporal izquierdo (que se ocupa de la memoria, el aprendizaje y los pensamientos «oscuros») y la parte posterior de los lóbulos occipitales (que tienen que ver con el procesamiento visual). La buena noticia fue que su cerebro sin duda podía mejorar con los tratamientos adecuados. Después de ver el escáner, Denny se sintió agradecido de no estar peor y también de contar con una razón física para sentirse tan mal. Una semana después escribió a Tana: «Solo ha pasado una semana y ya noto la diferencia. Desde que vi el escáner, he aumentado mi nivel de actividad (gimnasio), he modificado mi dieta y he seguido la pauta de suplementos. ¡Y estoy muy bien! Mi hija y yo hemos salido al aire libre todos los días. Desde que empecé a modificar mis hábitos, estoy más feliz y positivo». Su escáner de seguimiento mostró una gran mejoría.

PRÁCTICA DE HOY: *Anota tres formas de tener esperanza que te podrían motivar para hacer cambios saludables en tu vida.*

Descubre tu propósito vital en 5 minutos

Hay un proverbio chino que dice: «Si quieres ser feliz una hora, duerme la siesta. Si quieres ser feliz un día, sal a pescar. Si quieres ser feliz un año, hereda una fortuna. Si quieres ser feliz toda la vida, ayuda a alguien». La charla TEDx de Adam Leipzig sobre cómo encontrar tu propósito vital en 5 minutos es una de mis favoritas;[240] empieza contando una historia sobre su vigesimoquinta reunión de exalumnos de la Universidad de Yale. Allí hizo un descubrimiento asombroso: el 80 % de sus privilegiados, acomodados y poderosos amigos eran infelices. Y la diferencia entre ese alto porcentaje y los que sí eran felices residía en que estos últimos «conocían su propósito vital». Para lograr esto, dice Leipzig, tienes que conocer las respuestas a las siguientes preguntas:

1. ¿Quién eres? ¿Cómo te llamas?
2. ¿Qué es lo que más te gusta hacer? Pueden ser cosas como escribir, cocinar, diseñar, crear, hacer cálculos, etc.; lo que sea. Para tener claro tu propósito, pregúntate: *¿Qué es aquello que hago y que siento que además puedo enseñar a los demás?*
3. ¿Para quién lo haces? Dicho de otro modo, ¿cómo te conecta tu trabajo con los demás?
4. ¿Qué quieren o necesitan esas personas de ti?
5. ¿Cómo cambian esas personas como resultado de lo que haces?

Estas serían mis respuestas:

1. Me llamo Daniel.
2. Me encanta optimizar el cerebro a la gente e inspirarles para que se preocupen por su salud cerebral.
3. Lo hago por mi familia y por las personas que vienen a nuestras clínicas, leen mis libros o ven mis programas.
4. Estas personas quieren sufrir menos, sentirse mejor, tener una mente más despierta y más control sobre su vida.
5. Como resultado de mi trabajo, la gente consigue tener mejores cerebros y una vida mejor, y contagiándolo a otras personas.

Fíjate en que solo dos de las cinco preguntas hablan de ti; las otras tres se refieren a otras personas. Cuando estés en una reunión y alguien te pregunte: «¿A qué te dedicas?», responde igual que has respondido ahora a la pregunta número cinco. En mi ejemplo, cuando me preguntan eso yo respondo: «Ayudo a la gente a tener mejores cerebros y una vida mejor, y a contagiarlo a otras personas».

PRÁCTICA DE HOY: *Haz este ejercicio.*

¿Tener un propósito en la vida puede ayudarte a vivir más y mejor?

Si sabemos nuestro porqué, podemos sobrevivir a cualquier qué. Tener un propósito claro en la vida está relacionado con la espiritualidad. La doctora Christina Puchalski, líder mundial en la integración de la espiritualidad en la atención a la salud, utiliza una definición que me encanta: la espiritualidad es lo que da significado a la propia vida y nos lleva a transcendernos.[241] La mayoría de la gente piensa en la espiritualidad referida solo a la religión organizada. Pero, desde mi punto de vista, abarca mucho más: son todas las formas de expresar nuestro espíritu interior, ya sea rezando, meditando, estando en comunión con la naturaleza, haciendo voluntariado o conectando con Dios o con un poder superior cualquiera. Cuando uno se dedica a este tipo de actividades «del alma» todos los días, siente más su propósito. Tener una «misión» en la vida se ha asociado de manera repetida a una disminución de la ansiedad, así como a una mayor longevidad. Los resultados de un estudio de 2019 en el que participaron casi 7000 adultos mayores de 50 años mostraron que las personas con un mayor sentido de «propósito vital» tenían menos probabilidades de morir por cualquier causa en el periodo de cuatro años que duró el estudio, en comparación con quienes lo tenían más bajo.[242] En concreto, gozar de un propósito claro reducía la probabilidad de morir por afecciones cardiacas, circulatorias o sanguíneas.

Es cierto que a algunos individuos les cuesta precisar su propósito en la vida. Pero yo he descubierto que hay una pregunta que puede ayudar a poner el foco en él. Es la siguiente: *¿Por qué el mundo es un lugar mejor con mi presencia?* Si no se te ocurre una respuesta inmediata, dedica un tiempo a pensarlo. Plantéate cualquier talento o habilidad tuyo que pueda ser beneficioso para los demás, o lo que eres capaz de hacer para mejorar la vida de tu comunidad o la sociedad en general.

A muchos pacientes de nuestras clínicas les oímos decir: «Siento cierta desconexión». Y es que les cuesta dar un significado a su vida, les falta un propósito; no tienen relación alguna con un poder superior ni sienten conexión con nada «más grande» que ellos mismos. Esta ausencia de «sentido de la vida» puede provocar síntomas depresivos, así como sentimientos de soledad, irrelevancia e insignificancia. Pero está en tu mano cambiarlo: solo has de dedicar un poco de tiempo a centrarte en tu porqué.

PRÁCTICA DE HOY: *Hazte la siguiente pregunta:* ¿Por qué el mundo es un lugar mejor con mi presencia? *Si te cuesta mucho responderla, pregúntales a las personas que tengas más cerca.*

Decide lo que quieres y lo que no quieres

Descubre tu motivación positiva y la negativa. Creo que enfocar la motivación desde un punto de vista tanto positivo como negativo ayuda a mis pacientes. Les suelo pedir que decidan lo que quieren de verdad (por ejemplo, buena salud física, cognitiva y emocional) y que conozcan su motivación (¿por qué se esfuerzan tanto por tener buena salud?). Escribe ahora seis razones positivas para estar y mantenerte saludable; por ejemplo:

1. Tendré más energía para alcanzar mis objetivos en la vida.
2. Me ayudará a mantener mi memoria.
3. Seré un buen ejemplo para mis hijos.
4. Sentiré que tengo un mayor atractivo.
5. Me ayudará a mantenerme saludable.
6. Sentiré mayor seguridad en mí mismo/a.

A continuación, apunta seis razones negativas por las que quieres mejorar tu salud.

1. No quiero sentir pereza ni hacer menos de lo que puedo.
2. No quiero perder la memoria.
3. No quiero enseñar a mis hijos malos hábitos que harán su vida más difícil.
4. No quiero parecer mayor ni estar en baja forma.
5. No quiero aumentar mi riesgo de padecer cáncer, enfermedades cardíacas, diabetes y otros problemas de salud.
6. No quiero sentirme mal conmigo.

PRÁCTICA DE HOY: *Haz una lista con seis razones positivas y seis negativas para estar saludable.*

Antes veía fantasmas

«Doctor Amen, tengo un problema en el lóbulo temporal». Conocí a Tommy —un niño de nueve años que había leído mi libro *Cambia tu cerebro, cambia tu vida*— porque vino a nuestra clínica para que le hiciéramos un escáner. La primera vez que me vio, me dijo:

—¡Oiga, doctor Amen, tengo un problema en el lóbulo temporal!

—¿De verdad? ¿Y cómo lo sabes?

—He leído su libro —sentenció.

—Pero ¿cómo lo sabes con certeza?

—Tengo muy mal genio, y usted dice en el libro que las personas con mal genio suelen tener problemas en su lóbulo temporal.

Bueno, pues tenía razón.

—Y antes veía fantasmas —añadió.

—¿Cómo?

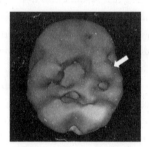

—Antes… veía unas cosas verdes flotando delante de mis ojos. Pensaba que eran fantasmas y me asustaba. Hasta que leí su libro y me di cuenta de que eran solo ilusiones que vienen de los lóbulos temporales que fallan.

Entonces me miró con sus preciosos y enormes ojos azules y me dijo:

—Y, el año pasado, para sacarme los malos pensamientos de la cabeza, intenté suicidarme.

El escáner de Tommy mostraba un problema en su lóbulo temporal izquierdo, tal como él había predicho.

Las personas que, como Tommy, tienen problemas en el lóbulo temporal suelen responder bien a tratamientos con medicamentos anticonvulsivos combinados con una dieta muy baja en carbohidratos y la neurorretroalimentación, técnica mediante la cual se entrena al cerebro para que funcione con normalidad.

PRÁCTICA DE HOY: *¿Alguna vez has tenido sensaciones extrañas que no podías explicar? Anótalas y, ahora que sabes un poco más sobre el cerebro, intenta relacionarlas con alguna zona del mismo. Consulta los días 175, 187, 188, 196 y 211, donde encontrarás información sobre las distintas regiones y funciones cerebrales.*

Involucra a toda la familia

No dejes que una invasión de PNA tome el mando de tus relaciones impregnándolas de negatividad. A las personas educadas por padres con traumas, depresión, ansiedad o adicción a las drogas, el estrés puede reconfigurarles el cerebro de forma que ellas y las futuras generaciones de su familia sean más proclives a la depresión y al abuso de sustancias.

Te ofrezco ahora cinco formas sencillas de prestar apoyo a todos los miembros de tu familia:

1. Fomenta la comunicación. La gente no puede leerte la mente, no saben por lo que estás pasando si no lo cuentas.

2. Usa frases «mágicas» para establecer esa comunicación: «Me preocupas…», «Estoy aquí para lo que necesites…», «¿Podemos hablar de cómo te sientes?», «¿Puedo acompañarte a buscar ayuda?».

3. Di al resto de tu familia que pedir ayuda es un signo de fortaleza, no de debilidad. Imagina un negocio con dificultades en el que los dueños ignoraran esos problemas. Con total seguridad, se arruinarían. Bien, pues lo mismo sucede cuando obviamos los problemas de salud cerebral: pueden acabar arruinando a la familia entera.

4. El amor intenso funciona con personas cuyo cerebro funciona bien, pero en aquellas que presentan un cerebro con problemas, ese tipo de amor es como instalar un software a alguien con problemas de hardware: no resulta muy eficaz.

5. Cuando alguien tiene una recaída es difícil para todo el mundo, pero me parece mucho mejor mostrar curiosidad por lo ocurrido que enfurecerse y juzgar a esa persona. El comportamiento humano es mucho más complejo de lo que la gente piensa.

PRÁCTICA DE HOY: *Procura compartir con tu familia cómo te sientes para que te apoyen si es necesario.*

EMDR, Steven y el mercado de Santa Mónica

Los traumas se curan. El padre de Steven era alcohólico y una vez llegó a quemar la casa familiar. Pero el trauma de Steven no termina ahí: es veterano de la primera Guerra del Golfo, donde se enfrentó a la muerte como tantos otros que han entrado en combate. Un día, mientras trabajaba en Santa Mónica como mecánico de bicicletas, se fue caminando al mercado (que ocupaba tres manzanas) en su pausa de la comida. Mientras paseaba, un anciano perdió el control de su coche y arrasó el mercado. La gente gritaba y los cuerpos volaban por todas partes. Steven vio que el coche se dirigía hacia él, pero logró apartarse de un salto. En ese horrible incidente murieron diez personas y más de cincuenta resultaron heridas. Steven ayudó empleando los conocimientos médicos que había adquirido en el ejército, de hecho, incluso una mujer falleció en sus brazos. Durante meses, después de aquel día, las manos le temblaban de forma constante y no podía dormir.

Poco después de la tragedia del mercado, una presentadora de noticias de la CBS, Linda Álvarez, llevó su bicicleta a reparar a la tienda donde trabajaba Steven. Tras charlar un rato con él, lo fichó para un reportaje sobre la terapia EMDR en el que estaba trabajando. Estas son las siglas en inglés de «terapia de desensibilización y reprocesamiento por movimientos oculares»; es un tratamiento muy eficaz para el trastorno de estrés postraumático y otras experiencias similares. La EMDR incorpora la estimulación alternativa de los hemisferios cerebrales (mediante, por ejemplo, movimientos oculares de un lado a otro) con el objetivo de disipar la fuerza de los recuerdos traumáticos.

En la valoración de Steven en las Clínicas Amen le hicimos tres escáneres: primero, de su cerebro antes de empezar la terapia EMDR; sus resultados mostraban un patrón clásico de TEPT, con un nivel muy alto de actividad en las áreas emocionales. Lo escaneamos una segunda vez durante una sesión de EMDR, y los resultados revelaron cierta mejoría. Steven se sometió a siete sesiones más de EMDR para reducir el impacto del trauma en su cerebro. Sus escáneres finales mostraron una mejoría considerable gracias al tratamiento. Después de la terapia no solo se sentía mucho mejor, sino que además dejaron de temblarle las manos. Con el tiempo, también fue capaz de perdonar a su padre por el dolor que le había causado hacía tantos años.

PRÁCTICA DE HOY: *Encuentra más información sobre la EMDR en emdria.org, y plantéate si querrías recibir tratamiento por algún trauma que hayas sufrido.*

Usa el tarareo y el *toning* para afinar tu cerebro

Usa tu voz como terapia sonora. Me asombra el poder terapéutico de la voz humana. Cuando abrimos la boca para cantar, rezar, corear, tararear o leer en voz alta, nos abrimos a mejorar nuestra salud mental y nuestro bienestar. Cada vez hay más evidencia científica que lo confirma. Cantar, por ejemplo, favorece las emociones positivas, mejora el estado de ánimo, reduce el estrés y la fatiga y potencia la memoria en personas con demencia.[243] También se ha demostrado que entonar mantras reduce la ansiedad, favorece la relajación, aumenta la atención y calma el estrés.[244] Por su parte, tararear genera tranquilidad, mejora el sueño e incrementa la felicidad.[245] No obstante, una de las formas más poderosas de vocalización es algo de lo que tal vez ni hayas oído hablar: el *toning*.

En el *toning* se practican distintas vocalizaciones, como gruñidos y gritos, así como sonidos vocálicos simples, como *E* (como en la palabra *fe*), *I* (como en la palabra *mi*), *Oh* (*o* abierta), *O* (como en la palabra *flor*) y *U* (como en la palabra *tú*). En un estudio de 2018 se comprobó que el *toning* provocaba cambios en los niveles de percepción, conciencia y atención.[246] Los participantes relataron que era parecido a la meditación y que promovía una sensación de calma y relajación. En su libro *El efecto Mozart*, Don Campbell explica que el *toning* también ayuda a soltar miedos, equilibrar las ondas cerebrales y aliviar el dolor físico, entre otros beneficios. El autor cuenta que algunos sonidos vocálicos del *toning* están asociados a beneficios específicos;[247] por ejemplo, el sonido *Oh* promueve la relajación, los sonidos *I* y *E* mejoran la concentración a la vez que reducen el dolor físico y la ira, y el sonido *O* favorece la relajación muscular.

Por tanto, mi consejo es que uses a diario la voz de forma consciente para mejorar tu bienestar psicológico. Una de las ventajas del *toning* y de otras formas de vocalización es que no resulta necesario afinar para obtener beneficios de su práctica.

PRÁCTICA DE HOY: *Practica el* toning *unos minutos para ver si te ayuda.*

Aprende a amar lo que odias, a hacer lo que no sabes hacer y a conseguir que el espacio te ayude

Si te está costando modificar tus hábitos, intenta cambiar tu forma de pensar en ellos. Una de las maneras más efectivas de lograr que esos cambios sean duraderos es poner el foco en lo que amas en lugar de en lo que odias. Por ejemplo, ¿piensas en los tentempiés azucarados y muy calóricos que no puedes tomar? Dale la vuelta y pon el foco en algo que te guste de los alimentos saludables que estás tratando de añadir a tu dieta: tal vez te entusiasme el crujidito de las zanahorias crudas mojadas en *hummus*, o el olor de las especias que utilizas para cocinar. Del mismo modo, céntrate en saber qué te gusta más de hacer ejercicio. Mi amigo el pastor Steve odiaba correr, pero le encantaba jugar al ping-pong. Así que pon tu atención en lo que te gusta y eso hará que te guste aún más.

Lo siguiente es aprender a hacer lo que no sabes hacer. Si dependes demasiado de tu fuerza de voluntad para cambiar, es probable que no cuentes con las habilidades suficientes para conseguirlo. Pero esto tiene solución. Empieza con un análisis de tus habilidades: ¿qué necesitas aprender? Quizá cómo cocinar comida sabrosa y rica en nutrientes, o cuál el mejor tipo de ejercicio para ti.

Por otro lado, haz que el espacio te ayude. Es sorprendente la cantidad de gente que ignora hasta qué punto el entorno influye en sus hábitos. Tu hogar, tu lugar de trabajo, los restaurantes, supermercados y otros sitios que frecuentas afectan a tus pensamientos, sentimientos y acciones. Si estás intentando incorporar cambios duraderos a tu estilo de vida, tal vez debas pensar en modificar también tu entorno.

En casa, es fácil minimizar las tentaciones quitando los alimentos nocivos de los armarios y la nevera; llénalos, en cambio, de comida nutritiva y deliciosa que te haga sentir bien. Y saca los aparatos de gimnasia del fondo del armario y colócalos en un lugar visible; será mucho más probable que los utilices. La misma idea funcionará en la oficina: deshazte del bol de caramelos de la cocina y sustitúyelo por tentempiés saludables. Llévate tus zapatillas de deporte y déjalas junto a tu mesa para que te recuerden que tienes que dar un intenso paseo en tu pausa para comer.

Aprovecha estas ideas para poner en marcha tus hábitos saludables.

PRÁCTICA DE HOY: *Elabora un inventario de tus habilidades. ¿Cuáles necesitas para mejorar tu salud?*

Dopamina: la molécula del más y más

A Mick Jagger, de los Rolling Stones, se le ha relacionado sentimentalmente con miles de mujeres a lo largo de los años, lo que añade un nuevo significado a la letra de I can't get no satisfaction («No obtengo satisfacción»). La dopamina es el neurotransmisor del querer, y sobre todo del «querer más»; está relacionada con la anticipación, la posibilidad y el amor. Se libera cuando esperamos una recompensa (comida, sexo, dinero o compras) o cuando recibimos una sorpresa agradable. Afecta a la motivación (buscar una recompensa), la memoria, el estado de ánimo y la concentración. La dopamina es, en definitiva, un vendedor que te convence de aspirar a una vida mejor. Pero, igual que muchos vendedores, también puede mentirte y prometerte placer cuando, de hecho, el resultado será dolor (como cuando consumes drogas o eres infiel a tu pareja). El exceso de dopamina se ha asociado a estados de agitación, obsesión, compulsión y psicosis, mientras que su falta puede provocar depresión, desmotivación, apatía, fatiga, antojos de azúcar e incluso párkinson.

Existen dos sistemas principales de dopamina en el cerebro: el centro de recompensa de la dopamina, implicado en la búsqueda del placer, y el centro de control de la dopamina, que potencia la actividad del córtex prefrontal y ayuda a pensar antes de actuar. Yo comparo estos dos sistemas con el acelerador de un coche (centro de recompensa) y los frenos (centro de control); ambos son esenciales para llegar a cualquier parte.

La fama también provoca un subidón inicial de dopamina, ya que el hecho de que un gran número de personas te reconozca por tus logros satisface muchas necesidades humanas básicas (logro, notoriedad, seguridad, amor, etc.). A lo largo de mi carrera, he tenido la suerte de tratar a muchas personas famosas, desde atletas olímpicos y jugadores profesionales de fútbol americano, hockey, béisbol y baloncesto hasta actrices y actores oscarizados y supermodelos, entre otros. Los subidones de dopamina de la fama suelen llevar a la tolerancia a esta sustancia, es decir, a necesitar cada vez más para tener la misma sensación. Por eso muchos famosos acaban abusando de las drogas, recurren a las aventuras amorosas, a los coches rápidos o al juego, simplemente para sentirse normales. Por si no lo sabes, las personas famosas recién casadas tienen cinco veces más probabilidades de divorciarse que la gente corriente.[248] Y es que cuando tenemos un exceso de algo bueno (placer), queremos más, y con el tiempo esto desgasta nuestros centros de placer y nos abate y deprime. Mi oración habitual por mis jóvenes estrellas suele ser la siguiente: «Por favor, Dios, no le dejes ser famoso antes de que su cerebro esté desarrollado». Hay que tener en cuenta que el centro de control de la dopamina no termina de desarrollarse hasta alrededor de los 25 años. Por tanto, la fama temprana y el abuso de drogas pueden causar daños graves y persistentes en el cerebro. Está clara, pues, mi recomendación: protege tus centros de dopamina amando a tu cerebro.

PRÁCTICA DE HOY: *Menciona tres cosas que estimulen tus centros de dopamina y que sean buenas para ti, y tres que sean malas. Hoy elige las buenas.*

Siete formas de estimular la dopamina

Pon en marcha estrategias para gozar de unos niveles saludables de dopamina y felicidad.
Las siete siguientes, todas muy sencillas, te ayudarán a estimular la dopamina en
cantidades saludables:

1. **Come alimentos ricos en tirosina, un aminoácido esencial para la dopamina.**
   Para poder generarla, el cuerpo necesita tirosina. Está presente en almendras,
   plátanos, aguacates, huevos, alubias, pescado, pollo y chocolate negro.
2. **Sigue una dieta rica en proteínas y baja en carbohidratos. Se ha demostrado que
   las dietas cetogénicas o «paleo» aumentan la disponibilidad de dopamina en
   el cerebro.** En cambio, comer alimentos ultraprocesados, como galletas, patatas
   fritas, pasteles o tartas provoca antojos y hace comer en exceso. Esto deja una profunda huella en los centros del placer del córtex prefrontal y conduce al aumento
   de peso; el sobrepeso, a su vez, puede dañar las vías dopaminérgicas.
3. **Haz ejercicio con regularidad.** En general, el ejercicio físico es una de las mejores
   cosas que puedes hacer por tu cerebro: incrementa la producción de neuronas,
   retrasa su envejecimiento y puede aumentar los niveles de dopamina.
4. **Escucha música animada.** No es de extrañar que escuchar música alegre aumente
   las sensaciones placenteras, mejore el estado de ánimo, reduzca el estrés y ayude a
   la gente a focalizarse y concentrarse. La investigación ha demostrado que en gran
   parte ocurre debido a un aumento en los niveles de dopamina.[249]
5. **Toma más el sol.** Se ha descubierto que la exposición a la luz solar aumenta la
   cantidad de dopamina en el cerebro.
6. **Suplementos.** Está comprobado que la *ashwagandha*, la rodiola y el ginseng
   aumentan los niveles de dopamina y, por tanto, favorecen la concentración y la
   energía, al tiempo que mejoran la resistencia y el vigor.
7. **Fíjate objetivos.** Ten siempre nuevos objetivos positivos por los que luchar, con
   independencia de tu edad o situación vital. La dopamina te proporcionará la
   energía para el viaje, pero no te dará el destino.

PRÁCTICA DE HOY: *Céntrate en aumentar la cantidad de proteína en cada comida y
observa cómo afecta a tu capacidad de concentración y nivel de energía.*

Serotonina: la molécula del respeto

La serotonina y la dopamina tienden a compensarse entre sí. La primera mejora el estado de ánimo y lo estabiliza, regula el estrés y nos ayuda a ser más flexibles y a adaptarnos a los cambios del entorno. También contribuye a apartar la atención de preocupaciones inútiles y a abrirnos a cooperar. E interviene en el sueño. Existe evidencia empírica de que los niveles de serotonina aumentan cuando sentimos que otras personas nos respetan, lo que fomenta la autoestima, y disminuye cuando percibimos que nos faltan al respeto o que hieren nuestros sentimientos. En los años noventa, un grupo de investigadores cartografió los receptores de serotonina del cerebro y descubrió que el giro cingulado anterior contenía muchos de ellos.[250]

Los niveles bajos de serotonina se relacionan con la depresión, la ansiedad, la preocupación, la mala memoria, el dolor, la agresividad, el comportamiento suicida, la baja autoestima, una actitud opositora o discutidora y la rigidez o inflexibilidad cognitiva. Pueden, además, provocar conductas insistentes en las que el cerebro se queda atascado en un estado específico, como cuando se sufre una obsesión o una compulsión. También provocan que la gente odie las sorpresas.

Los niveles altos de serotonina, por su parte, están asociados a un mejor estado de ánimo, una sensación de estatus o respeto social y una mayor flexibilidad. Aunque también pueden reducir la motivación. Y es que la serotonina y la dopamina se compensan: cuando una sube, la otra suele bajar. Por eso el equilibrio entre ambas es clave. El triptófano, empleado por el organismo para producir serotonina, disminuye los comportamientos beligerantes, incrementa la afabilidad y mejora el estado de ánimo.[251]

Ciertos medicamentos aumentan el nivel de serotonina, en especial los inhibidores selectivos de la recaptación de serotonina (ISRS). Se trata de los antidepresivos más recetados (como Prozac, Paxil, Zoloft, Celexa, Lexapro y Luvox). Aunque hay quienes defienden el uso de drogas psicodélicas como el LSD o la psilocibina (el componente psicoactivo de las setas mágicas), porque también estimulan los receptores de serotonina y ayudan a abrirse más al cambio,[252] pueden ser adictivas y tienen efectos secundarios bastante perjudiciales.

PRÁCTICA DE HOY: *Enumera tres situaciones en las que sientas que se te respeta y tres en las que sientas lo contrario. En estas situaciones, tus niveles de serotonina pueden aumentar o disminuir, respectivamente.*

Formas más naturales de estimular la producción de serotonina

El azúcar estimula la producción de serotonina, pero también nos enferma. En otras palabras, nos hace sentir bien a corto plazo, pero mal a largo plazo. Aquí tienes algunas estrategias para estimular la producción de serotonina, pero sintiéndote bien a la larga:

1. **Come pescado y marisco.** No solo proporcionan triptófano en abundancia, sino que además los ácidos grasos omega-3 de cadena larga que contiene la grasa de los animales marinos estimulan la producción de serotonina.[253] Consulta el día 192 para conocer qué otros alimentos contienen triptófano.

2. **Haz un esfuerzo por compararte con los demás de forma positiva.** Hacerlo de forma negativa es el modo más predecible de bajar tu autoestima.

3. **Toma determinados suplementos nutricionales.** Los que yo recomiendo son el azafrán, el 5-HTP, el magnesio, la vitamina D, las vitaminas B6 y B12 y la curcumina.

4. **Regálate masajes con regularidad.** Las personas que recibieron 20 minutos de masaje terapéutico por parte de su pareja dos veces por semana afirmaron sentirse menos ansiosas y deprimidas,[254] y presentaron mayores niveles de serotonina al cabo de 16 semanas.[255]

5. **Céntrate en lo que te gusta más que en lo que no te gusta.** Los escáneres cerebrales revelaron que las personas centradas en pensamientos positivos tenían más serotonina en el giro cingulado anterior.[256]

PRÁCTICA DE HOY: *Elige una de las estrategias mencionadas arriba y ponla en práctica cuando sientas que estás en un bucle de pensamientos negativos.*

Oxitocina: la molécula de la confianza

La oxitocina es la sustancia química del vínculo y la confianza, pero puede generar una conexión tan fuerte que desconfiemos de quienes quedan fuera del grupo (por eso los fanáticos de un equipo de fútbol odian a los fanáticos de un equipo rival). La gente se refiere a la oxitocina como la «hormona del abrazo o del amor», pero es mucho más que eso. Los estudios han demostrado que las parejas que pasan por la primera fase del amor romántico tienen niveles más altos de oxitocina y de dopamina (placer), y más bajos de serotonina (obsesión) que sus amistades sin pareja. Los niveles de oxitocina suben durante la actividad sexual, y se relaciona además con la intensidad de los orgasmos.[257] Está asociada a un aumento de la confianza, el bienestar, la capacidad para establecer vínculos, la generosidad, la reducción del estrés y las interacciones sociales; también con conductas que protegen al grupo social: hace que la gente se vuelque hacia las personas afines, llegando incluso a mentir para proteger a otros miembros de su grupo. La oxitocina, en resumen, genera satisfacción, reducción de la ansiedad y sensación de calma y seguridad cuando se está en compañía de la pareja.

Los niveles bajos de oxitocina se han asociado a la depresión y a sentir amenazada la propia supervivencia. En cambio, niveles altos de esta hormona pueden reducir el cortisol y el estrés, y aumentar la probabilidad de que las parejas sean monógamas (ya que reduce los niveles de testosterona). No obstante, al igual que las demás sustancias químicas de la felicidad, su exceso tiene ciertos inconvenientes: las personas se vuelven demasiado apegadas, confiadas o codependientes; además, niveles muy altos de oxitocina pueden llevar a pasar por alto los defectos ajenos o a permanecer con parejas o amigos maltratadores, porque el vínculo es demasiado fuerte. Por ejemplo, un aumento de los niveles de oxitocina se ha relacionado con la envidia, y también con la típica agresividad de «mamá osa» cuando alguien amenaza a los seres queridos de esa persona. Puede estar implicada, asimismo, en el contagio social, el pensamiento de grupo, la desconfianza hacia quienes son diferentes y los prejuicios raciales.

¿Qué reduce los niveles de oxitocina? Cosas como la testosterona, separarse de un ser querido, el aislamiento, la traición, el duelo y el estrés agudo la agotan. La pandemia, por ejemplo, fue desastrosa para los niveles de oxitocina (y de felicidad) de mucha gente. Hay que tener en cuenta que la oxitocina puede recetarse como medicamento. Algunas investigaciones, de hecho, han demostrado que quienes sufren traumas emocionales pueden beneficiarse de ella, y que calma los circuitos del miedo en el cerebro y disminuye los síntomas del TEPT.[258]

PRÁCTICA DE HOY: *Dale un abrazo a alguien que conozcas para aumentar tus niveles de oxitocina.*

Ocho formas de estimular la oxitocina

Come en compañía. Aquí te presento ocho formas de estimular la producción de oxitocina:

1. **Crea alianzas sociales.** Cuando quedamos con familiares o amistades sentimos que contamos con más apoyo social y que estamos menos solos en el mundo. Por eso la pandemia fue tan difícil para tanta gente: perdieron la oxitocina que les proporcionaba quedar con sus amigos para dar un paseo en bici o para tomar el *brunch* después de misa.

2. **Toca a otras personas.** Cuando necesites un chute de oxitocina, acércate a alguien querido y tócale. El simple hecho de agarrarse de la mano puede llegar a disparar los niveles de esta hormona.

3. **Da (o recibe) un masaje.** Funciona igual de bien en ambas direcciones: tanto dar como recibir un masaje eleva los niveles de oxitocina.[259]

4. **Haz un regalo.** Si quieres estimular la liberación de esta hormona, sorprende a alguien que te importe con un regalo. No tiene por qué ser nada caro ni muy especial, basta con un detalle que le haga sonreír.

5. **Haz contacto visual.** Mirar a los ojos a un ser querido (incluso a un amigo peludo de cuatro patas) puede desencadenar la liberación de oxitocina.[260]

6. **Acaricia a tus animales.** El simple hecho de acariciar el suave pelaje de un perro o un gato estimula la producción de la molécula de la confianza. Las investigaciones han descubierto que los gatos, incluso con su temperamento a veces quisquilloso y distante, ¡también nos hacen sentir felices![261]

7. **Come con alguien que te importe.** Hoy en día hay demasiada gente que come sola o mientras se desplaza, cuando el acto de compartir la comida puede hacer maravillas en la producción de oxitocina. Piensa en las estimulantes conversaciones que has mantenido en la mesa a lo largo de los años, o en cómo te has sentido cuando alguien te ha preguntado en una situación así: «¿Qué tal el día?».

8. **Haz el amor.** La intimidad que surge de mantener relaciones sexuales con tu pareja es una poderosa forma de elevar los niveles de oxitocina.

PRÁCTICA DE HOY: *Come con alguien por quien sientas afecto.*

Endorfinas: las moléculas del alivio del dolor

Las endorfinas se liberan para gestionar el dolor y el estrés agudo. Al bloquear el dolor, nos ayudan a escapar de situaciones peligrosas que pueden ser una amenaza para la vida, como huir tras el ataque de un animal salvaje aunque tengamos una pierna rota. También se liberan cuando nos forzamos al máximo, como en el llamado «subidón del corredor». Provocan euforia, por eso la gente puede volverse adicta al ejercicio intenso. Por otra parte, estas moléculas también intervienen en las sensaciones placenteras del sexo, al escuchar ciertas piezas musicales o al comer alimentos deliciosos, como el chocolate.

Los niveles bajos de endorfinas se han asociado a depresión, ansiedad, estrés, cambios de humor, fibromialgia, dolores de cabeza y problemas para dormir. Como es de esperar, esto predispone a las adicciones, sobre todo a los opiáceos; estos fármacos, similares en su composición química a las endorfinas, alivian el dolor, pero a menos que se receten con extrema precaución pueden llegar a ser mortales. Tanto la heroína como algunos medicamentos (oxicodona, hidrocodona, codeína, morfina y fentanilo) son de las sustancias más adictivas que existen, y están haciendo estragos en nuestra sociedad.

El deseo y el dolor están relacionados de forma muy estrecha gracias a las endorfinas. Este vínculo me hace pensar en la historia de Tántalo, un ser de la mitología griega que fue castigado por toda la eternidad a permanecer de pie en un charco bajo la rama de un árbol frutal; pero cada vez que estiraba el brazo para tomar comida o beber, ambas cosas se alejaban de su alcance, dejándole con las ganas y dolorosamente tentado.[262] Cosas como las montañas rusas y otras atracciones, las películas de terror, los deportes extremos, correr delante de un toro o el gusto por las relaciones conflictivas son ejemplos de esta conexión. Cuando los niveles de endorfinas son demasiado bajos, la tentación es buscar sensaciones extremas que los eleven.

¿Te has preguntado alguna vez por qué algunas personas se autolesionan, se hacen decenas de tatuajes o practican sexo sadomasoquista? Estos individuos se provocan dolor para disparar la producción de endorfinas y la euforia asociada. Así, una vez que comprendemos el sistema de las endorfinas y la respuesta que provocan, estos comportamientos inusuales empiezan a tener sentido. Tal vez busquen un subidón que les bloquee el dolor emocional. Los pacientes a quienes receto naltrexona —un bloqueador opiáceo del efecto eufórico— suelen acabar abandonando este tipo de comportamientos. La naltrexona también se ha utilizado con alcohólicos, para bajar el efecto de la borrachera y reducir así la ingesta de alcohol.

PRÁCTICA DE HOY: *Cómete un trozo de chocolate negro bajo en azúcar, que contenga como mínimo un 65 % de cacao.*

Ocho formas de estimular las endorfinas

La acupuntura sirve para tratar ciertas formas de depresión.[263] *Aquí te ofrezco ocho formas saludables de equilibrar las endorfinas:*

1. **Hacer ejercicio.** La actividad física desencadena la liberación de este neuroquímico que alivia el dolor y produce el «subidón del corredor», que nos hace sentir muy bien.

2. **Dar a los demás.** Cuando se trata de aumentar los niveles de endorfinas, es mejor dar que recibir. Así que busca formas de estar al servicio de otras personas.

3. **Practicar yoga.** Los efectos reductores del estrés del yoga están bien documentados, pero un beneficio quizá menos conocido es su capacidad para elevar los niveles de endorfinas.[264]

4. **Meditar.** La práctica regular de la meditación se ha asociado a un incremento de los niveles de endorfinas y a un estado de ánimo positivo.[265]

5. **Tomar comida picante.** La capsaicina, un compuesto presente en el jalapeño, el habanero y otros pimientos picantes (de esos que nos hacen sudar), está asociada a un subidón de endorfinas y a la reducción del dolor.[266]

6. **Comer chocolate negro.** ¿Por qué el chocolate reduce el dolor y mejora el estado de ánimo? Se debe en parte a los ingredientes antiinflamatorios que contiene el chocolate negro, que también favorecen la liberación de endorfinas.

7. **Reírse más.** Podemos agradecer a las endorfinas muchos de los beneficios de la risa, entre ellos la elevación del umbral del dolor. Basta con ver media hora de comedia con unos amigos para aumentar los niveles de endorfinas.[267]

8. **Probar la acupuntura.** Se ha demostrado que la milenaria terapia de la acupuntura ayuda con la depresión, la fibromialgia y el insomnio.[268] De hecho, he tratado a muchos pacientes con depresión resistente al tratamiento (es decir, gente a la que los tratamientos tradicionales no le habían funcionado) que decían que al tomar un opiáceo (por ejemplo, hidrocodona por una intervención dental) se sentían mejor al instante. Por supuesto, nunca les recetaría un opiáceo para la depresión, ya que la vulnerabilidad a la adicción los hace demasiado peligrosos, pero sí me lleva a enviarlos a sesiones de acupuntura, donde a menudo hallan alivio. Por supuesto, esta técnica no funciona en todas las depresiones, pero es eficaz en las que presentan deficiencia de endorfinas.

PRÁCTICA DE HOY: *Da un paseo o practica yoga suave para aliviar el dolor.*

GABA: la molécula de la calma

«Me pareces mucho más listo cuando tomo GABA». El ácido gamma-aminobutírico es el principal neurotransmisor inhibidor del cerebro. La función principal del GABA es reducir la excitabilidad de las neuronas y desacelerar su activación; ayuda a equilibrar los neurotransmisores más estimulantes, como la dopamina. Demasiada estimulación puede provocar ansiedad, insomnio y convulsiones, mientras que si las neuronas no se activan lo suficiente habrá apatía, confusión y sedación. Siempre es una cuestión de equilibrio. El GABA tiene efectos relajantes, ansiolíticos y anticonvulsivos, y aumenta la sensación de calma en muchos de mis pacientes. Se han detectado niveles bajos de GABA en personas con ansiedad, ataques de pánico, alcoholismo, trastorno bipolar, temblores y epilepsia.

Se ha descubierto que el GABA es útil para aliviar los síntomas de la ansiedad, la abstinencia de alcohol, la hipertensión, los atracones de comida, los síntomas premenstruales y algunos casos de depresión. Hace poco se lo recomendé a un adolescente; tras unas semanas probándolo, su madre me escribió lo siguiente: «¡El GABA ha ayudado a mi hijo! Lo estaba pasando mal por culpa de sus pensamientos acelerados. Al parecer, la pandemia desencadenó algo en él que le impedía calmar su mente. He notado un cambio muy positivo en su estado de ánimo. Él mismo se asegura de tomarlo todos los días».

Una de mis anécdotas preferidas sobre el uso del GABA durante la pandemia ocurrió en mi propia casa. Tana y yo trabajamos juntos, creo que ya lo he comentado. Bien, pues hemos grabado más de mil episodios del pódcast *The Brain Warrior's Way*, y cuatro especiales para la televisión pública estadounidense. Para esos especiales de televisión, yo escribo los guiones y ella edita sus secciones mientras los vamos leyendo. A veces, claro, esto genera tensiones o desacuerdos. La pandemia le causó mucha ansiedad a Tana, así que le sugerí que tomara nuestro suplemento GABA Calming Support. Al cabo de unas semanas, estábamos preparando uno de los especiales para la televisión pública y, mientras leía el guion, se mostró tan reflexiva como de costumbre, pero mucho más apacible. No hubo tensión alguna entre nosotros. Cuando terminamos, me miró y me dijo: «Ha sido muy fácil. No he sentido la necesidad de decir que no todo el tiempo. Me pareces mucho más listo cuando tomo GABA».

Ciertos tipos de medicamentos, como las benzodiacepinas (por ejemplo, el Xanax, el Valium o el Ativan), aumentan la producción de GABA, pero pueden ser adictivos, por lo que en general los evito.

PRÁCTICA DE HOY: *Nombra tres situaciones en las que te iría bien más GABA.*

Ocho formas de equilibrar el GABA

El GABA podría ser la alternativa saludable al alcohol. A continuación, te presento ocho formas saludables de equilibrar los niveles de este neurotransmisor esencial:

1. **Ingiere los componentes esenciales del GABA.** Los alimentos no contienen GABA, pero algunos sí estimulan al organismo para que lo produzca. Entre los alimentos que favorecen la producción de GABA podemos mencionar el té verde, negro y *oolong*; las lentejas; las bayas; la ternera de pasto; el pescado salvaje; las algas; los *noni* o frutas del diablo y los tomates.

2. **Toma la cantidad adecuada de B6.** Esta vitamina es un cofactor necesario para la síntesis del GABA. Entre los alimentos fuente de B6 tenemos las espinacas, el ajo, el brócoli, las coles de Bruselas y los plátanos.

3. **Consume alimentos fermentados.** Las bacterias beneficiosas del intestino pueden sintetizar GABA, de modo que los alimentos fermentados, como el chucrut, el *kimchi*, el kéfir natural y el kéfir de agua de coco incrementan los niveles de GABA.

4. **Favorece la producción saludable de GABA con probióticos.** Se ha demostrado que los probióticos, y en especial el *Lactobacillus rhamnosus*, pueden estimular la producción de GABA. Otras cepas a tener en cuenta son el *Lactobacillus paracasei*, el *Lactobacillus brevis* y el *Lactococcus lactis*.

5. **Prueba los nutracéuticos.** Se ha demostrado que suplementos como GABA, melisa, L-teanina, magnesio, taurina, pasiflora y valeriana potencian el GABA.

6. **Medita.** La investigación en este ámbito apunta a que la meditación está relacionada con la producción de GABA y mejora la regulación emocional.[269]

7. **Practica la postura del perro bocabajo.** En un estudio reciente se detectó un aumento del 27 % en los niveles de GABA entre los practicantes de yoga después de una sesión de 60 minutos, en comparación con quienes habían estado leyendo un libro durante el mismo tiempo.[270]

8. **Elimina a los ladrones de GABA.** La cafeína, la nicotina, el alcohol y el estrés crónico agotan el GABA. En especial, si tu cerebro es del tipo prudente, haz lo posible por limitarlos o evitarlos.

PRÁCTICA DE HOY: *Si experimentas ansiedad o estrés con frecuencia, o tienes pensamientos acelerados, prueba a tomar 500 mg de GABA al día para ver cómo te hace sentir.*

Cortisol: la molécula del peligro

El cortisol derivado del estrés puede constreñir el hipocampo y añadir grasa a tu cintura.
Se lo conoce principalmente por ser la hormona del estrés, pero es mucho más que eso. Se fabrica en las glándulas suprarrenales, situadas encima de los riñones, y su liberación está controlada por el cerebro (en especial por el hipotálamo y la glándula pituitaria) en los momentos de peligro. Dado que la mayoría de las células del cuerpo tienen receptores de cortisol, este afecta a muchas funciones: interviene en la respuesta de lucha o huida ante una amenaza, ayuda a controlar los niveles de azúcar en sangre, regula el metabolismo, disminuye la inflamación y ayuda a formar nuevos recuerdos, en especial sobre posibles amenazas. También contribuye a equilibrar la presión arterial y las proporciones de sal y agua. El cortisol es, pues, una hormona crucial para la salud y el bienestar general. Sus niveles suelen ser más elevados por la mañana, y disminuyen de forma gradual a lo largo del día.

El cortisol también se libera en periodos de estrés. Si este es demasiado agudo o dura mucho tiempo (pensemos de nuevo en la pandemia de la COVID-19), el cortisol puede ser perjudicial para el organismo; sus niveles elevados se asocian a ansiedad, depresión, irritabilidad, pena, dolores de cabeza, pérdida de memoria (ya que constriñe el hipocampo), aumento de peso (sobre todo alrededor del vientre y en la cara), piel fina y frágil que tarda en cicatrizar, diabetes tipo 2, fácil aparición de hematomas, mayor vulnerabilidad a las infecciones, acné y, en el caso de las mujeres, aumento del vello facial y periodos menstruales irregulares. Cuando se tienen niveles bajos de cortisol de forma habitual esto se asocia a fatiga, mareos, pérdida de peso, debilidad muscular, zonas de la piel que se oscurecen, presión arterial baja e incapacidad para controlar el estrés. Recuerda siempre que el equilibrio es fundamental.

En un estudio con 216 hombres y mujeres de mediana edad cuyos niveles de cortisol se midieron ocho veces a lo largo del día, los investigadores descubrieron que los más bajos estaban asociados con la felicidad.[271] El estrés, la cafeína, la nicotina, el ejercicio intenso prolongado, los desplazamientos largos, la apnea, la mala calidad del sueño, los ruidos perturbadores y un bajo nivel de cinc aumentan la producción de cortisol. También el azúcar libera cortisol, lo que nos ayuda a sentirnos bien en el momento, pero a largo plazo aumenta la inflamación y daña el sistema inmunitario.

PRÁCTICA DE HOY: *Enumera tres situaciones en las que tu nivel de estrés (y los consiguientes de cortisol) tienda a ser elevado.*

Trece formas de equilibrar el cortisol

Nuestros amigos peludos pueden reducir el estrés y bajar el nivel de cortisol. Aquí tienes trece formas sencillas y saludables de equilibrar el cortisol:

1. **Duerme bien.** Intenta dormir como mínimo siete horas cada noche.
2. **Ponte en marcha.** La actividad física mantiene el cortisol bajo control. Solo tienes que procurar no excederte.
3. **Medita**, porque esta práctica reduce el estrés y los niveles de cortisol.
4. **Practica la hipnosis.** Reduce los niveles de cortisol y te ayudará con la ansiedad, el dolor y los problemas de sueño.
5. **Sométete a** *tapping*. Como ya vimos, es una técnica de liberación emocional (EFT, por sus siglas en inglés) que sirve como tratamiento natural para la ansiedad y reduce los niveles de cortisol. Lee más sobre ella en *https://www.medicalnewstoday.com/articles/326434* o busca la aplicación The Tapping Solution App en la App Store.
6. **Ríete más.** Una buena carcajada puede disminuir los niveles de la molécula del peligro.
7. **Haz respiraciones profundas.** Unas cuantas respiraciones abdominales profundas pueden reducir casi de inmediato la cantidad de cortisol del organismo, además de la frecuencia cardiaca y la tensión arterial, y vienen muy bien para relajarse.
8. **Ponte canciones relajantes**, que también frenan la producción de cortisol.
9. **Practica taichí.** Esta forma «lenta» de arte marcial reduce el estrés mental y emocional y los niveles de cortisol.
10. **Date un masaje.** Puede hacer maravillas con los neuroquímicos de la felicidad, reduciendo los niveles de cortisol y aumentando los de dopamina y serotonina.
11. **Adopta a un amigo peludo.** Se ha demostrado que tener perro, gato u otra mascota a la que puedas achuchar aumenta la felicidad y minimiza la producción de la molécula del peligro.
12. **Toma** chocolate negro, peras, fibra, té verde, té negro y agua.
13. **Prueba nutracéuticos específicos.** Suplementos como la *ashwagandha*, la rodiola, la fosfatidilserina, la L-teanina o el aceite de pescado son beneficiosos para reducir la hormona del estrés.

PRÁCTICA DE HOY: *Dedica 3 minutos a acariciar a un perro o un gato.*

Por qué es necesario un nuevo programa de doce pasos

El actual programa de doce pasos que se ha hecho tan popular fue desarrollado hace casi noventa años. Sí, ayuda a muchísima gente, pero no aplica la neurociencia en ninguno de esos pasos. Yo soy fan de los programas de Alcohólicos Anónimos (AA) y los demás de este tipo; he visto cómo cambiaban la vida de la gente, incluso en mi propia familia, y los he recomendado a mis pacientes durante décadas. No obstante, cuando AA empezó su actividad en 1935, sus fundadores no tenían acceso a las sofisticadas técnicas de neuroimagen y nunca consideraron la salud cerebral como parte del tratamiento. Además, está claro que sus programas no funcionan igual de bien para todo el mundo. Un estudio del Departamento de Asuntos de los Veteranos demostró que solo el 43 % de los asistentes se mantenían sobrios a los 18 meses.[272] Una de las razones de esta baja eficacia es que tanto este programa como muchos otros no incluyen pasos que aborden el funcionamiento físico del cerebro, que es el eslabón perdido para acabar con cualquier adicción. Con esto en mente, permíteme presentarte doce nuevos pasos para superar una adicción. Utilizaré los cuatro círculos (ver el día 20): biológico (B), psicológico (P), social (S) y espiritual (E).

Paso 1. Conoce tus objetivos (B, P, S, E).

Paso 2. Date cuenta cuando seas rehén (P, S).

Paso 3. Toma la decisión de cuidar, equilibrar y reparar tu cerebro (B).

Paso 4. Intenta perdonarte a ti y a los demás (B, P, S, E).

Paso 5. Conoce tu tipo de cerebro adicto (B).

Paso 6. Usa la neurociencia para controlar el mono (B, P).

Paso 7. Dosifica la dopamina y deja de desperdiciarla para mantener sanos tus centros del placer (B).

Paso 8. Deshazte de incitadores y consumidores que te hacen vulnerable (S).

Paso 9. Doma a tus dragones del pasado y acaba con los PNA (P).

Paso 10. Busca la ayuda de personas que ya hayan controlado sus propias adicciones (S).

Paso 11. Haz una lista de las personas a las que has hecho daño e intenta arreglar las cosas siempre que sea posible (S, E).

Paso 12. Difunde el mensaje de la salud cerebral (S, E).

PRÁCTICA DE HOY: *Haz una lista con las personas que sepas que han seguido un programa de doce pasos. Plantéate mandarles esta página del libro.*

Paso 1: conoce tus objetivos

Empieza teniendo presente el final. La mayoría de los programas de rehabilitación parten del problema, empiezan tomando conciencia de cuándo la persona se siente impotente ante la sustancia o la conducta. Y yo creo que se debería empezar por un paso previo: saber qué quieres de la vida. Cuando le dices al cerebro lo que quieres, puede ayudarte a lograrlo. En el mundo de las adicciones, los terapeutas preguntan a menudo a sus pacientes si tocan fondo con facilidad (aprenden rápido) o si les cuesta tocar fondo (tienen que perderlo todo antes de buscar ayuda).

Cuando tenía 16 años, me emborraché con seis latas de cerveza y media botella de champán. Me encontré mal tres días, y desde entonces he tomado muy poco alcohol. Muchas veces me pregunto por qué la gente considera que beber es divertido. Para mí, desde luego, no lo fue. Además, me comporté como un idiota y resultó muy embarazoso. Esto quiere decir que yo toco fondo con facilidad. El actor Chris Browning —intérprete de *Bosch*, *Westworld* y *Sons of Anarchy*— estuvo con nosotros en 2020, en nuestro pódcast *The Brain Warrior's Way*, y nos confesó a Tana y a mí que había consumido heroína durante seis años. Como consecuencia, pasó de tener una casa en primera línea de playa en Malibú a vivir debajo de un puente de la autopista 405. Fue detenido en múltiples ocasiones antes de estar limpio. A él parece que le cuesta tocar fondo.

A ciertas personas (como a mí mismo) les motiva más evitar el dolor, mientras que a otras les motiva más el placer (como a Chris). Y a ti, ¿qué te motiva más? ¿Aprendes rápido de los errores o te cuesta? De entrada, nadie quiere ser alguien a quien le cueste tocar fondo, pero también es cierto que la adicción facilita que perdamos de vista lo importante. Para poder liberarte de las cadenas de la adicción primero tienes que saber lo que quieres de la vida.

¿Qué pretensión tienes respecto a las relaciones, el trabajo, el dinero y la salud física, emocional y espiritual? Escríbelo en el ejercicio del «milagro en una página», del día 185. Luego pregúntate todos los días: *¿Mi comportamiento me está dando lo que quiero?* Es decir, ¿tu conducta sirve a tus objetivos o los perjudica? ¿Es la adecuada? Si no es así, es hora de trazar un plan.

PRÁCTICA DE HOY: *Repasa tu milagro de una página y pregúntate si tu comportamiento te está dando lo que quieres.*

Paso 2: date cuenta cuando seas rehén

Tienes una adicción si te has metido en problemas y luego has vuelto a hacerlo una y otra vez. Este paso es parecido al paso 1 de AA («Admite que eres impotente»).[273] Es fundamental que te percates de cuándo tu vida se ha vuelto ingobernable. Muchas personas niegan su comportamiento y tardan mucho en admitir que tienen un problema. A mis pacientes les digo a menudo que la respuesta es sencilla: tienes una adicción si tu comportamiento (respecto a la bebida, las drogas, la comida, las compras, el juego, el sexo, etc.) te mete en problemas de relaciones, de salud, laborales, económicos o legales... y esto se repite. O bien no aprendes que ese comportamiento te mete en problemas o no puedes evitarlo.

Una adicción puede afectar a todos los aspectos de la vida. Revisa cualquiera de los siguientes síntomas para ver si tú o un ser querido sois rehenes de una adicción:

Biológicos: aumento de las ganas de repetir la conducta, sensación de malestar o resaca, consumo de cantidades cada vez mayores de la sustancia o más repeticiones de la conducta para obtener la misma sensación, síntomas de abstinencia o incapacidad para dejarlo.

Psicológicos: minimización de las consecuencias de la conducta, enfado o irritabilidad cuando los demás te cuestionan, sentimientos de culpa respecto a la conducta o ansiedad cuando no puedes repetirla.

Sociales: cambios negativos en el rendimiento laboral o escolar, tendencia a apartarte de la familia y las amistades, a descuidar tus responsabilidades, nuevas amistades con personas que comparten esa adicción, dedicación de más tiempo a esa conducta o evitación de las situaciones en las que no la puedes llevar a cabo.

Espirituales: pérdida del sentido de la moral; tendencia a saltarte las normas (en casa, en la escuela o en tu comunidad), a engañar, mentir a la familia, los amigos u otras personas significativas; ocultación de objetos, incumplimiento de promesas e invención de excusas.

Cuando repases esta enumeración de síntomas, actúa con sinceridad y reconoce los cambios que hayas notado en tu comportamiento y en tu vida. Marca con un bolígrafo los síntomas que te «resuenen»; cuantos más marques, más probable será que haya un problema. Y recuerda que, a menos que admitas que tienes un problema, jamás podrás solucionarlo.

PRÁCTICA DE HOY: *Repasa los síntomas biológicos, psicológicos, sociales y espirituales de la adicción para ver si alguno es aplicable a ti o a alguno de tus seres queridos.*

Paso 3: toma la decisión de cuidar, equilibrar y reparar tu cerebro

Piensa primero en el cerebro. Es el eslabón perdido en casi todos los programas de tratamiento de la adicción en el mundo: muy pocos de ellos examinan y evalúan la función cerebral por defecto. Y el caso es que el cerebro está implicado en todo lo que hacemos y lo que somos; cuando tu cerebro funciona bien, tú funcionas bien, pero cuando tiene problemas por cualquier razón, es mucho más probable que tú también los tengas, en especial si hablamos de adicciones. En definitiva, es posible que sigas de forma diligente cualquier programa de doce pasos, con energía, entusiasmo y compromiso, pero si tu cerebro no está a un nivel óptimo (y la mayoría de los cerebros adictos no lo están), te resultará mucho más difícil alcanzar y mantener un estado de sobriedad, por mucho que te esfuerces.

Cuando empecé a observar el cerebro (en 1991), aquello supuso una revolución en mi forma de pensar y mi práctica clínica. En esa época yo dirigía un programa de tratamiento contra el abuso de sustancias en régimen de hospitalización. Los escáneres SPECT de mis pacientes adictos se veían terribles en comparación con los de mis otros pacientes con problemas psiquiátricos tales como ansiedad, depresión o TDA/TDAH. Estaba claro que las drogas y el alcohol dañan el cerebro y, en general, la vida. Con el tiempo también ha sido evidente que otras adicciones, como a la pornografía, al juego y a los videojuegos, son asimismo perjudiciales para el cerebro.

Para combatir cualquier adicción es fundamental comprender y optimizar el cerebro; tenemos que «enamorarnos» de él y trabajar para equilibrarlo y repararlo, de modo que sea capaz de controlar los pensamientos, sentimientos y comportamientos. Comer bien, hacer ejercicio, evitar cualquier cosa que lo dañe y adoptar hábitos saludables es vital para combatir una adicción. Sin embargo, en los grupos de apoyo de este tipo es habitual ver a gente fumando, bebiendo café y tomando tentempiés poco saludables. En una ocasión ayudé a un conocido centro de tratamiento de adicciones de Florida, aportando las imágenes cerebrales SPECT a sus servicios de evaluación. Estaba entusiasmado con la idea de expandir mi trabajo... hasta que vi lo que daban de desayunar a sus clientes el día de mi primera charla: dónuts, pastas, zumos y cereales azucarados. Porque el azúcar es otra sustancia adictiva. En resumen, si quieres que tu cerebro venza las adicciones, es fundamental que esté sano, y esto implica llevar una alimentación sana.

PRÁCTICA DE HOY: *En cada cosa que hagas, piensa primero en el cerebro. ¿Lo que estás haciendo es bueno o malo para tu cerebro?*

Paso 4: intenta perdonarte a ti y perdonar a los demás

El perdón es el regalo que sigue regalando. La respuesta fácil ante una adicción es: lo único que tienes que hacer es renunciar a la conducta conflictiva. Pero resulta más complicado que eso. Nuestro trabajo con imágenes cerebrales me ha enseñado que el amor intenso funciona con personas cuyo cerebro está bien, pero no es muy eficaz en quienes tienen un cerebro «problemático».

Un paso fundamental para combatir cualquier adicción es tener amor propio, preocuparse por uno mismo, perdonarse y perdonar a los demás. Si no te quieres, no cuidarás bien de tu cerebro y lo más probable es que sigas haciéndole daño. Digamos que el perdón es «el regalo que sigue regalando»; una medicina poderosa. La investigación al respecto ha relacionado el perdón con una disminución de la ansiedad, la depresión y ciertos trastornos psiquiátricos graves, y también con una menor prevalencia de síntomas físicos y tasas de mortalidad más bajas.[274]

Tana cuenta una anécdota de cuando nos pidieron que diseñáramos un programa para el mayor plan de rehabilitación de adicciones químicas del Ejército de Salvación. En su primera visita, la inundaron pensamientos muy moralistas sobre los adictos de aquel programa. Ella quería colaborar, pero ¿cómo podría ayudar a personas que le provocaban miedo e incluso asco?

En la infancia, Tana vivió muy de cerca las consecuencias de las drogas: un tío suyo fue asesinado por un asunto de drogas que salió mal. Por tanto, ella siempre ha odiado las drogas y no toleraba que nadie de su entorno las consumiera. Cuando me dijo que no creía que pudiera seguir participando en el programa del Ejército de Salvación y que quizá esta vez Dios había elegido a la persona equivocada, sonreí y le dije: «Al contrario, Dios ha elegido a la persona perfecta». De hecho, trabajar con ese grupo de población hizo que Tana empatizara con sus orígenes, que no eran muy distintos de los suyos; y se dio cuenta de que, por cada persona a la que ayudara, habría un niño asustado menos en el mundo. Es decir, el perdón la ayudó a sí misma y también a ayudar a otras personas necesitadas.

PRÁCTICA DE HOY: *Recuerda alguno de tus mayores errores y haz el ejercicio del día 154 sobre el perdón.*

Paso 5: conoce tu tipo de cerebro adicto

Todos los cerebros son distintos, sobre todo los adictos. Adoptar un mismo enfoque para todo el mundo lleva de forma irremediable al fracaso y a la frustración, en especial en cuanto a las adicciones. Los escáneres SPECT nos ayudaron a descubrir diferentes tipos de cerebros adictos, lo que nos permitió diseñar estrategias específicas para abordar los problemas y el tratamiento de cada paciente. A continuación, te presento un resumen de los mejores tratamientos contra la adicción para cada uno de los cinco tipos principales de cerebro (consulta en los días 105-110 las descripciones de cada tipo).

Tipo 1. Equilibrado. Aunque se trata de un cerebro sano en general, la gente que lo posee y no se preocupa por él, lo trata mal o lo pone en riesgo puede incrementar su vulnerabilidad ante la adicción.

Tipo 2. Espontáneo. Suele tener niveles bajos de actividad en el córtex prefrontal (CPF). Los fumadores y la gente que bebe mucho café suelen estar en esta categoría, ya que usan estas sustancias para «encender» su cerebro. Las estrategias naturales para estimular el CPF y subir los niveles de la dopamina ayudan a quienes tienen este tipo de cerebro a controlar o evitar las adicciones.

Tipo 3. Persistente. Su GCA es hiperactivo, normalmente por tener niveles bajos de serotonina, y esto les genera dificultades para cambiar el foco de atención. Estas personas suelen inclinarse hacia el alcohol, el éxtasis o la marihuana para calmar la hiperactividad de su GCA. Por tanto, los suplementos naturales que aumenten la serotonina combinados con psicoterapia y la asistencia a un grupo de apoyo ayuda a las personas de este perfil a superar las adicciones y los comportamientos compulsivos como el juego.

Tipo 4. Sensible. Las personas con un cerebro del tipo sensible presentan un nivel alto de actividad en los centros emocionales y sufren problemas de estado de ánimo, pesimismo y pensamientos negativos. Algunas sustancias adictivas, como los opiáceos y el alcohol, les pueden resultar atractivas, porque generan sensaciones positivas o calman el cerebro. Las estrategias basadas en la mejora del estado de ánimo, como tomar azafrán, ácidos grasos omega-3 y SAMe[275] (que es esencial para la producción de varios neurotransmisores) son las que les pueden ayudar con mayor probabilidad. La acupuntura también resulta útil en estos casos.

Tipo 5. Prudente. Estas personas tienen un exceso de actividad en sus centros de la ansiedad y sufren síntomas físicos de estrés, como dolor de cabeza. Esto les hace recurrir muchas veces a sustancias adictivas para relajarse. Así pues, las estrategias tranquilizantes son las más útiles. Entre ellas tenemos la respiración diafragmática, la meditación, la hipnosis o la ingesta de GABA y magnesio.

PRÁCTICA DE HOY: *Sométete a nuestra evaluación de la salud cerebral para conocer tu tipo de cerebro: brainhealthassessment.com*

Paso 6: usa la neurociencia para controlar el mono

Incluso décadas después de estar sobrio o haber superado un trastorno bulímico o una adicción al juego, a los videojuegos o al porno, tu cerebro sigue siendo vulnerable al síndrome de abstinencia y a tus antiguos patrones de conducta. Cualquiera es vulnerable a los antojos, pero cuando tienes una adicción el simple hecho de ver un cigarrillo, oler unas galletas o ver el anuncio de un nuevo videojuego te activará los centros de memoria emocional del cerebro y disparará el deseo de entregarte a tu antigua conducta. Molly tuvo que someterse a una operación. Hacía ya 32 años que había superado su adicción a la heroína y, aun así, cuando su médico le recetó un opiáceo para el alivio del dolor posoperatorio, una sola pastilla activó su antigua vía neuronal de la adicción. Por suerte, ella lo había anticipado y le había dado el frasco a su marido para que él se encargara de dispensar las pastillas según le habían indicado. Al cabo de un par de días, el dolor fue más soportable, cambió las pastillas por un analgésico sin receta y el mono le bajó.

Es fundamental aprender a mantener a raya el síndrome de abstinencia. Las siguientes cinco estrategias te ayudarán a controlarlo para evitar recaídas:

1. **Mantener equilibrado el azúcar en sangre**. Niveles bajos de azúcar están asociados a menos actividad cerebral, a tener más antojos y a tomar malas decisiones. De manera que come cosas saludables a menudo para mantener este equilibrio.
2. **Reducir la cantidad de edulcorantes artificiales**, ya que provocan antojos. La ciencia ha descubierto que el alcohol entra con mayor rapidez en el torrente sanguíneo cuando se mezcla con bebidas que contienen edulcorantes artificiales en lugar de azúcar.[276]
3. **Gestionar el estrés**. Cualquier factor estresante puede provocar la liberación de determinadas hormonas que activan el mono.
4. **Anticipa las trampas que pueden desencadenar la adicción**. Conoce a las personas, los lugares y las situaciones u objetos que alimentan tu síndrome de abstinencia, y podrás anticipar los momentos vulnerables. Yo, por ejemplo, me llevo un tentempié saludable al cine para no caer en la tentación de las palomitas y el regaliz.
5. **Frena los antojos**. Evita tener mucha hambre (un nivel bajo de azúcar en sangre es problemático), enfadarte (la ira perjudica el funcionamiento del córtex prefrontal), aislarte (la desconexión de otras personas nos hace tomar peores decisiones) o cansarte mucho (la falta de sueño está asociada a un bajo nivel de actividad en el córtex prefrontal). Todos estos factores menoscaban la capacidad para controlar los antojos.

PRÁCTICA DE HOY: *¿En qué momentos eres más vulnerable a los antojos? ¿Qué estrategia te ayudaría más?*

Paso 7: dosifica la dopamina y deja de desperdiciarla para mantener sanos tus centros del placer

Ya hemos visto que la dopamina es la sustancia química que todo el mundo desea, porque nos hace sentir bien. Como sabes, siempre que haces algo que disfrutas es como si se apretara un botón en el cerebro que libera un poco de dopamina para darte placer. Pero si pulsas el botón del placer muy a menudo o demasiado fuerte, reducirás la eficacia de la dopamina y acabarás desgastando tus centros del placer. Al final, necesitarás cada vez más excitación y estimulación para sentir algo. Cuando se consumen drogas, la cantidad de dopamina que se libera puede ser entre dos y diez veces mayor de la que el cerebro produce como resultado de una recompensa natural. Esto significa que al hacerlo «desperdiciamos» dopamina. Los videojuegos, las apuestas y la pornografía producen, de hecho, el mismo efecto, igual que determinados alimentos (sobre todo los que contienen azúcar). En cambio, comerte un bol de bayas frescas o tomar de la mano a tu pareja hará que el cerebro libere pequeñas cantidades de dopamina, y eso te hará sentir bien. A esto lo llamo «dosificar la dopamina», porque no acabará con sus reservas en el cerebro.

Existen múltiples acciones sencillas que te pueden ayudar a proteger y mantener sanos tus centros del placer; todas ellas implican la dosificación de la dopamina, es decir, liberarla en un flujo constante de pequeñas cantidades en lugar de desperdiciarla produciendo grandes cantidades de una vez. Por tanto, mi recomendación es que mantengas sanos tus centros del placer limitando esas actividades que generan mucha dopamina, pero tienen poco valor, como consumir cafeína o nicotina, ver demasiada televisión, jugar a videojuegos, tener una conducta digital indisciplinada o ver muchas películas de terror. Limita también las actividades que desperdician dopamina, como el abuso de alcohol y drogas, el porno o el azúcar. Al revés, practica otras que generen dopamina en pequeñas dosis y que tengan un gran valor (consulta el día 292). Y, sobre todo, ríete mucho: el humor refuerza los centros del placer sin agotarlos. Además, es conveniente que relaciones el placer con actividades significativas, como un voluntariado en algo que te guste. Por ejemplo, a mí me encanta el ping-pong y disfruto anotando la puntuación de mis compañeros en los torneos.

PRÁCTICA DE HOY: *Nombra tres conductas tuyas que suelan implicar un desperdicio de dopamina, y evítalas hoy. Luego menciona otras tres que dosifiquen la dopamina y asegúrate de practicarlas a lo largo del día.*

Paso 8: deshazte de incitadores y consumidores que te hacen vulnerable

La forma más rápida de estar saludable es dar con las personas más sanas que conozcas y pasar tanto tiempo con ellas como sea posible. Porque cultivar los malos hábitos (y los buenos) es un deporte de equipo: uno se acaba convirtiendo en una especie de clon de las personas con las que pasa el tiempo. Los incitadores y los consumidores son quienes te animan a llevar a cabo tus conductas negativas o son cómplices de ello. El caso es que las adicciones requieren de un gran número de cómplices para empezar y mantenerse. En cambio, tus amigos, mentores o entrenadores son las personas que apoyarán tus conductas positivas, así que pídeles ayuda. Tener una amplia red de amistades mejora las probabilidades de éxito en un 40 %,[277] y esto es especialmente cierto cuando se trate de superar la adicción a las drogas, perder peso o estar en forma.

Si quieres modificar tu comportamiento no te queda otra que dejar de frecuentar a tus incitadores y consumidores, o convertirlos de alguna manera en aliados. En ciertos casos podrás convencerles: explícales lo que pueden empezar a hacer, dejar de hacer o seguir haciendo para ayudarte. Algunas personas ni siquiera se dan cuenta de que te están influyendo en tus malas decisiones, y querrán ayudarte una vez que comprendan que tu objetivo es superar la adicción.

Riz no tenía problemas para cumplir con su nueva dieta… hasta que salía a cenar con amigos y familiares. En esas ocasiones, sus seres queridos le ofrecían todo tipo de comidas y bebidas alcohólicas que antes le encantaban, pero que ya no encajaban en su estilo de vida saludable para el cerebro. Sus amigos y familiares intentaban, de hecho, presionarle y engatusarle para que comiera o bebiera cosas a las que había renunciado.

«¿Qué te pasa? —le preguntaban—. No estás obeso, ¿por qué no comes arroz? Siempre te ha gustado el arroz». Le hacían sentirse maleducado si no cedía y se servía una cucharada… o dos. Entonces les explicó qué significaba ser un «guerrero del cerebro», y lo bien que se sentía comiendo alimentos saludables. La solución para él fue pasar más tiempo con quienes le comprendían y apoyaban, y mucho menos con los demás.

Has de tener claro que enfrentarás a muchos tipos de incitadores, que intentarán echar por tierra tus esfuerzos por mejorar tu salud. ¡No dejes que los demás te hagan engordar, ser infeliz o comportarte de forma estúpida!

PRÁCTICA DE HOY: *Identifica a las cinco personas de tu entorno que apoyarán más tu buena conducta y a otras cinco que sean incitadoras o consumidoras y, por tanto, harán más probable que fracases en el camino hacia tu salud cerebral.*

Paso 9: doma a tus dragones del pasado y acaba con los PNA

Deja de creerte todos los pensamientos dañinos que tengas. Para librarte de tus adicciones para siempre es imprescindible que domes a tus dragones del pasado (consulta los días 259-276) y que acabes con tus PNA sobre ti (consulta los días 116-117). Corinne, de 52 años, fumaba desde la adolescencia. Cuando vino a mi consulta llevaba casi cuarenta años fumando, y su piel arrugada y sus problemas para respirar lo demostraban. Sus seres queridos estaban desesperados por que dejara de fumar, pero no creían que fuera capaz. «No puedo dejarlo», me dijo en una de nuestras primeras sesiones.

Corinne había empezado a fumar cuando su madre la abandonó para irse con su nuevo novio y la dejó a cargo de su tía. Sentía tanta ansiedad por si su tía también la abandonaba que empezó a fumar para tranquilizarse. Esto se convirtió en sus dragones ansiosos que siguieron persiguiéndola toda la vida. Por tanto, para dejar de fumar Corinne tenía que domar a los dragones ansiosos y acabar con los PNA que mantenían su adicción a los cigarrillos. Trabajamos juntos su ansiedad y logramos acabar con un PNA recurrente, «No puedo dejar de fumar», usando las cinco preguntas que aprendimos el día 117.

PNA: «No puedo dejar de fumar»

Pregunta #1: ¿Es cierto? Sí.

Pregunta #2: ¿Es cierto en términos absolutos? En un principio dijo que sí, que sabía que no era capaz. Luego lo pensó mejor y dijo: «Es evidente que no lo sé seguro, especialmente si contara con la ayuda adecuada».

Pregunta #3: ¿Cómo te sientes cuando tienes el pensamiento? «Me siento impotente, triste, sin fuerza de voluntad, estúpida, incapaz de tomar el control, una mala influencia para mis hijos».

Pregunta #4: ¿Cómo serías sin ese pensamiento? «Esperanzada, optimista, con más probabilidades de ser capaz de hacer el máximo esfuerzo».

Pregunta para darle la vuelta: ¿Cuál sería el pensamiento opuesto? ¿Es más cierto que el original? «Puedo dejar de fumar». Lo pensó un rato y dijo que, si contaba con ayuda y lo intentaba de verdad, podría ser cierto. Entonces experimentó una sensación de control y se comprometió con el programa.

Al final, Corinne fue capaz de dejar de fumar y llegó a sentirse mejor que nunca. Controlar sus PNA y a sus dragones del pasado fueron pasos cruciales en el proceso.

PRÁCTICA DE HOY: *Prueba esta táctica que practicaba uno de mis pacientes: llena un spray con agua y, cada vez que tengas un PNA, rocíate la cara.*

Paso 10: busca la ayuda de personas que ya hayan controlado sus propias adicciones

El éxito nos da pistas. Recurre a quienes hayan sido capaces de superar sus adicciones. Los mentores y los grupos de apoyo son muchas veces piezas fundamentales en el proceso de curación. La gente a la que conoces en este tipo de grupos ha pasado por lo mismo que tú y tal vez cuente con estrategias que te ayuden. Está claro que otras personas que se hayan enfrentado a tu mismo problema pueden arroparte y ofrecerte una válvula de escape para expresarte. Muchas veces, el simple hecho de escuchar en voz alta lo que piensas y recibir aportaciones ajenas ayuda a eliminar muchos de los PNA. La investigación ha demostrado que los grupos de apoyo contribuyen a disminuir la ansiedad y la depresión; también mantendrán tu motivación para seguir con esa nueva forma de vida, te darán esperanza y son una forma barata (muchas veces incluso gratuita) de recibir ayuda.

Elige con sabiduría a quienes te vayan a ayudar. Como ya te he dicho, nos acabamos convirtiendo en clones de las personas con las que pasamos el tiempo; así que elige a las que supongan un ejemplo de vida, no a aquellas que aumenten tu riesgo de recaída. Los siguientes son algunos consejos para elegir mentores o grupos de apoyo:

1. Individuos que hayan tenido éxito controlando sus adicciones.
2. Personas que te dirán la verdad con amabilidad. Endulzar las cosas no ayuda (y ya sabes lo que pienso del azúcar), pero actuar de forma condescendiente o mezquina tampoco.
3. No tengas miedo de la gente más joven que tú.
4. Personas que te planteen retos.
5. Individuos con valores parecidos a los tuyos.
6. Personas que sepan escuchar.
7. Gente a la que no temas llamar o mandar un mensaje en cualquier momento.
8. Una vez que hayas elegido a alguien, ten una mentalidad abierta ante sus aportaciones, pero sin dejar de evaluarlas según tu criterio; es decir, no abras tanto la mente como para que se te caiga el cerebro: así es como funciona el proceso de captación de las sectas.
9. Puedes conocer a mentores en grupos de apoyo presenciales u online, a través de amistades comunes, o en cualquier entidad o asociación en la que participes en tu comunidad. Y, por supuesto, sé amable con todo el mundo: nunca se sabe cuándo puede aparecer un buen mentor.

PRÁCTICA DE HOY: *Si ya tienes un mentor, ponte en contacto con él o ella. Si no lo tienes, repasa la lista de arriba y escribe los nombres de tres personas a quienes podrías pedirles que lo fueran.*

Paso 11: haz una lista de las personas a las que has hecho daño e intenta arreglar las cosas siempre que sea posible

Tratar de arreglar las cosas ayuda a reparar las relaciones y lleva a restaurar la confianza. Este paso es una combinación de algunos de los del programa de AA, y resulta fundamental para mejorar las relaciones y lograr una mejor autoimagen. Pero, en cualquier caso, da este paso teniendo ya un mejor cerebro. Admitir tus errores, pedir perdón y, si es posible, enmendar tales errores puede ayudarte a domar a los dragones de las obligaciones y la vergüenza, y hacer menos probable que mantengas una conducta que haga daño a los demás.

¿Recuerdas a José, aquel adúltero compulsivo al que conocí en el programa *Dr. Phil* (día 177)? Su escáner SPECT revelaba dos problemas principales: (1) un nivel alto de actividad en el giro cingulado anterior (el cambio de marchas del cerebro), asociado a una conducta compulsiva; y (2) un nivel bajo de actividad en el córtex prefrontal, por lo que le costaba controlar los impulsos. José quería obtener ayuda y dejar de hacer daño a sus seres queridos. Salir en aquel programa fue su forma de intentar arreglar las cosas y demostrarle a su mujer que tenía la firme intención de modificar su conducta. Después del programa, aceptó seguir viéndome para que le ayudara; fue otra forma de demostrarle a su esposa, Angie, que quería arreglar las cosas. Sentía tanto dolor que estaba dispuesto a seguir todas mis recomendaciones.

En los siete meses siguientes, visité con regularidad a José y Angie para supervisar sus progresos. En nuestras sesiones hablamos de nutrición, suplementos y estrategias para controlar sus impulsos, que cada vez eran menos fuertes. Dejó de beber alcohol y cafeína, limpió su dieta, empezó a comer varias veces al día para mantener estable el azúcar en sangre y tomó suplementos que le ayudaban con la impulsividad y las compulsiones. Así, siguiendo un programa de salud cerebral, fue capaz de mantenerse fiel a su mujer, y meses después su escáner había mejorado de forma notable. Al cabo de un tiempo, volvió a estudiar y llegó a ser enfermero anestesista. José podría haberse disculpado cientos de veces, pero actuando demostró de verdad que quería solucionar las cosas. Al arreglar primero su cerebro pudo cambiar también su comportamiento.

PRÁCTICA DE HOY: *Tanto si tienes una adicción como si no, ponte en contacto con alguien a quien hayas hecho daño para intentar arreglar las cosas.*

Paso 12: difunde el mensaje de la salud cerebral

Recíbelo, regálalo y será tuyo para siempre. Este último paso es parecido al duodécimo del programa de AA y de algunos otros. Se trata de eso: difunde el mensaje. Si quieres mantener tu estado sobrio, comparte con otras personas los principios que te han ayudado a lograrlo. Esto es igual de válido para la salud cerebral. Y es que el cerebro siempre está escuchando lo que hacemos, pero también escucha las acciones ajenas. Por tanto, asegúrate de compartir la salud cerebral (en lugar de la enfermedad) con las personas que amas.

«Recíbelo, regálalo y será tuyo para siempre». Este es un mantra que aprendí cuando creamos el Plan Daniel con mis amigos, el pastor Rick Warren y el doctor Mark Hyman. Se trata de un programa para sanar al mundo a través de iglesias y otras organizaciones religiosas. Si quieres mantener tu salud, debes aprender a estar saludable y luego a compartirlo con tu entorno. En el acto de dar creamos nuestro propio grupo de apoyo, con lo que es más probable que nos mantengamos firmes en un estilo de vida saludable para el cerebro.

Mucha gente nos pregunta qué puede hacer si sus hijos, otros miembros de su familia o sus colegas del trabajo no son receptivos a esa nueva forma tanto de comer como de actuar. Mi respuesta siempre es: «Tienes que vivir el mensaje». No puedes dar nada que no estés viviendo. Nunca dejes que los demás sean tu excusa para hacerte daño.

Si estos doce pasos no te liberan de los dragones adictos, busca ayuda profesional y plantéate que alguien evalúe tu cerebro.

PRÁCTICA DE HOY: *Comparte lo que has aprendido de estos doce pasos con alguien que conozcas y que necesite ayuda.*

Querer algo no significa que te guste

Puede querer algo que no te gusta. Piensa en esa gente que está en el casino echando monedas en las máquinas tragaperras y tirando una y otra vez de la palanca durante horas. La mayoría parecen cansados y aburridos, y apenas sonríen cuando ganan. Este es un ejemplo de perseverancia compulsiva con poca diversión. Su cerebro quiere hacer lo que están haciendo, pero hay pocas muestras de que les satisfaga. Querer algo y que nos guste son dos aspectos importantes para la felicidad, pero en el cerebro van por separado. Por eso es posible querer algo que no te gusta, como una madre que tiene mono de drogas (las quiere), aunque esto suponga un alto riesgo de perder la custodia sus hijos, o un hombre que juega de forma compulsiva, aunque eso le haga quedarse sin su casa y su familia.

Querer es el «deseo anticipatorio»; significa esperar a obtener una recompensa en el futuro. Por ejemplo, desear con ansia un *brownie*, un cigarrillo o ir al casino. Querer depende de la dopamina, la sustancia química de la posibilidad.

Gustar es el «placer de la consumación»; implica a un sistema cerebral mucho más pequeño y frágil. Usa la serotonina y las endorfinas como señal de placer por aquello que estés haciendo en el momento. Las sustancias adictivas generan placer a corto plazo y se apoderan de los circuitos del querer, con lo que, si no te andas con cuidado, pueden «secuestrarte» el cerebro y la vida.

La diferencia principal entre querer algo y que te guste tiene que ver con cómo opera el cerebro de forma consciente e inconsciente. El psicólogo ganador de un Nobel Daniel Kahneman dividió el procesamiento de la información en dos sistemas: el Sistema 1 (inconsciente o automático) y el Sistema 2 (consciente).[278] Las cosas nos gustan en el nivel consciente, es decir, nos damos cuenta de ello. En cambio, querer suele ser inconsciente: nuestros deseos surgen de forma automática y muchas veces sin que nos percatemos. En el Sistema 1 se lleva a cabo la mayor parte del trabajo de la mente: las habilidades automáticas, la intuición y los sueños son ejemplos de procesamiento inconsciente. Hasta el 95 % de las actividades cognitivas tienen lugar en la mente inconsciente.

PRÁCTICA DE HOY: *Haz una lista de tres cosas que quieres, pero no te gustan, e intenta evitarlas.*

Comprométete con un cerebro en forma de por vida

Si quieres un cerebro con un aspecto más joven, convierte el aprendizaje en una prioridad toda tu vida. Al nacer, el tamaño del cerebro es solo del 25 % del de un adulto, pero ya cuenta con casi todas las neuronas que tendrá en toda su vida. El primer año dobla su tamaño, y a los cinco años de edad habrá alcanzado el 90 % de su tamaño máximo. Después de esto, la principal forma de «crecimiento» del cerebro consiste en establecer más conexiones neuronales. Al aprender incrementamos y expandimos la conectividad en el cerebro; cuantas más conexiones desarrollemos, más fortalecido estará el cerebro a medida que envejecemos. La investigación al respecto ha demostrado que este proceso puede seguir produciéndose toda la vida si el cerebro está sano. Por lo tanto, no exagero cuando insisto en lo importante que es mantenerse mentalmente activo.

Piensa en tu cerebro como en un músculo: necesita ejercitarse con regularidad para mantenerse fuerte. Algunas estrategias son tan accesibles como leer el periódico y hacer crucigramas o sudokus, ya que todo ello activa la memoria y otras funciones cognitivas. Los acertijos y la lectura también hacen trabajar al cerebro, al igual que determinados juegos como el Scrabble, el ajedrez, el *backgammon* y los concursos de preguntas y respuestas. Los juegos de entrenamiento cerebral online son otra forma divertida de desarrollar esta capacidad.

Una de mis estrategias favoritas para fortalecer el cerebro es aprender cosas nuevas. Hay muchas formas gratificantes de hacerlo. Por ejemplo, apúntate a un curso que te interese o pon en práctica una nueva afición, aprende un idioma o a leer música y tocar un instrumento. Y, si ya tocas un instrumento, aprende a tocar otro.

Potencia tu memoria usando la mnemotecnia —un sistema de memorización a partir de imágenes mentales, palabras o sonidos— para ayudarte a retener o recordar información. Memoriza el alfabeto al revés o aprende a contar hasta diez en otro idioma. Comprométete a aprender nuevas definiciones de palabras cada semana y utilízalas cuando hables con otras personas.

En definitiva, esfuérzate por salir de tu zona de confort y desafía a tu cerebro con regularidad para mantenerlo fuerte.

PRÁCTICA DE HOY: *Elige una nueva forma de ejercitar tu cerebro.*

Eliminar los malos hábitos que te arruinan la vida, parte 1

Casi todo lo que hacemos se basa en una serie de hábitos adquiridos a lo largo de la vida. Nuestros hábitos incluyen cientos de rutinas, desde renunciar al pan a decirle a tu mujer que la quieres al terminar de hablar por teléfono, o lavarte los dientes, pasarte el hilo dental, afeitarte, secarte el pelo con secador (no es mi caso), ducharte, lavar los platos o hacer la colada de una forma determinada. Los hábitos son conductas que automatizamos para que apenas tengamos que pensar en ellas. Hay un baile constante entre el córtex prefrontal, la amígdala (la parte del cerebro emocional que responde a las amenazas) y los ganglios basales (donde se forjan y se almacenan los hábitos). Cuando el CPF está sano y fuerte, ayuda a dirigir y supervisar la adopción de hábitos saludables. En cambio, cuando es débil, los impulsos toman el control y dan lugar a la formación de muchos malos hábitos. Una vez creado un hábito (bueno o malo), mantenerlo requiere la misma cantidad de energía.

Algunos hábitos nos hacen avanzar por la vida sintiendo cierto orgullo, mientras que otros nos causan problemas en las relaciones, en el trabajo o en la economía. Perder el tiempo, permitir las distracciones, interrumpir, discutir o comportarse de forma desorganizada o desatenta son hábitos que te perjudican. Por el contrario, sacar tus palabras y acciones del «piloto automático» y utilizar el CPF para dirigirlas de forma intencionada aumentará tu felicidad, mejorará tus relaciones y te conducirá al éxito. Por ejemplo, cuando voy a un restaurante y el camarero me pregunta si quiero una bebida alcohólica y me deja pan en la mesa, soy consciente de cómo mi respuesta me afectará a la salud, así que le digo que no al alcohol y le pido que se lleve el pan. Mis respuestas automáticas son hábitos y se almacenan en una parte del cerebro, los ganglios basales. Nuestros hábitos nos sirven a la larga para estar y mantenernos saludables, o bien para enfermar. Suelo decir lo siguiente a mis pacientes (y a mí mismo): «Toma una decisión, no treinta». Si tomo una única decisión, no dejar el pan en la mesa, no lo miraré treinta veces y tendré que decidir esas treinta veces no comérmelo.

PRÁCTICA DE HOY: *¿Qué dos o tres hábitos tuyos querrías cambiar?*

Eliminar los malos hábitos que te arruinan la vida, parte 2

Las neuronas que se activan juntas se conectan entre sí. Los hábitos y las reacciones se convierten en parte de la vida. Empezar algo nuevo, sea bueno o malo para ti, hace que las redes neuronales establezcan nuevas conexiones. Al principio del proceso de aprendizaje, tales conexiones son débiles (tenía que pensar en decir que no al pan) pero, con el tiempo, a medida que se repiten los comportamientos, las redes se fortalecen y es más probable que los comportamientos se vuelvan automáticos, reflejos y rutinarios. Hay miles de malos hábitos; aquí tienes cuatro pasos para convertirlos en buenos:

1. **Identifica el mal hábito y empieza a llevar la cuenta.** Establece un punto de partida de la frecuencia con la que se produce. Trabaja en un solo mal hábito a la vez.
2. **Identifica lo que da pie a o desencadena el hábito.** Cuando detectes el impulso de hacer algo, pregúntate cosas como «¿Qué hora es (Tiempo)?», «¿Dónde estoy (Lugar)?», «¿Con quién estoy (Gente)?», ¿Cómo me siento (Ánimo)?», «¿Qué está pasando (Acción)?». Responder a estas cinco preguntas te ayudará a saber qué puede desencadenar el hábito.
3. **¿Qué recompensas o beneficios obtienes de ese comportamiento?** Observa qué buscas. ¿Es placer, energía, entusiasmo, felicidad, alivio, relajación, aceptación, amor u otra cosa?
4. **Crea una nueva rutina.** Una vez conozcas los desencadenantes y las recompensas, crea una nueva (o nuevas) rutina para obtener lo que quieres. Consulta tu «milagro en una página». Céntrate en las recompensas que obtendrás sin ese mal hábito.

Para ilustrarlo, a lo largo de los siguientes días exploraremos algunos malos hábitos muy comunes que nos roban la felicidad y la salud cerebral.

PRÁCTICA DE HOY: *¿Qué suele desencadenar tus malos hábitos más molestos?*

El mal hábito de decir sí, sí, sí

Repite conmigo: «Tengo que pensarlo». Cuando alguien te pide que hagas algo, ¿contestas que sí de forma automática, sin plantearte bien todas las consecuencias, y terminas liándote tanto que no te queda tiempo para tu familia ni para tus otras prioridades? En una ocasión traté a Carter, un abogado que me dijo que no tenía tiempo para hacer ejercicio ni para comer sano, porque estaba muy ocupado. Cuando repasamos su semana, quedó claro que se había comprometido a muchas actividades que respondían a las necesidades de otros, pero a pocas de las suyas. Le enseñé la frase mágica «Tengo que pensarlo» y le pedí que la practicara cada mañana ante el espejo. Luego tenía que filtrar cada petición a través de la siguiente pregunta: «¿Esto encaja con mis objetivos vitales?» (relacionales, laborales, económicos o de salud física, emocional y espiritual). Si no era así, su educada respuesta tenía que ser «no». En tres meses, este sencillo ejercicio le cambió la vida: pasó a disponer de más tiempo para su mujer y sus hijos, para dormir e incluso para trabajar *pro bono* (de forma altruista), que era uno de sus objetivos. En realidad, lo que distingue la conducta de un líder es poder decir que no a cosas que no encajan con sus objetivos.

ELIMINA EL MAL HÁBITO DE DECIR SÍ, SÍ, SÍ

1. **¿Tienes este hábito?** Si a menudo sientes que la vida te sobrepasa, que te agotas con frecuencia o que no dispones de tiempo para ti, es probable que tengas este mal hábito. Vigílalo.

2. **¿Cuáles son los desencadenantes o qué da pie a este hábito?** Complacer a la gente, responder de forma impulsiva, evitar sentimientos de culpa.

3. **¿Qué recompensas obtienes?** *De forma inicial:* importancia, que te consideren buena gente, sumar puntos para «ir al Cielo». *Recompensas sin esta conducta:* tiempo para otras cosas que te importan más.

4. **Crea una nueva rutina.** Siempre que alguien te pida que hagas algo, empieza diciendo: «Tengo que pensarlo». Luego pasa tu respuesta por el filtro de tus objetivos. Si no encaja con ellos, di con educación que no, pero sé firme, diciendo algo así como «No voy a poder encajarlo en mi agenda». Pégate en tres lugares visibles a diario un papel con la frase «Tengo que pensarlo».

PRÁCTICA DE HOY: *Cuando alguien te pida que hagas algo, dile que tienes que pensarlo para crear un nuevo hábito. Luego filtra la petición en función de tus objetivos.*

El mal hábito de decir no, no, no

Lo contrario del mal hábito anterior es estancarte en los terribles dos años de edad. Es normal que los bebés de esa edad reafirmen su independencia diciendo de forma automática que no. Las personas solemos superar el «no automático» entre los tres y los cuatro años de edad. Y bueno, cuando lo hacen a los dos años resulta incluso enternecedor, pero ya no lo es tanto a los 6, 16, 46 u 86. Hace muchos años me di cuenta de que la gente con tendencia a discutir u oponerse por sistema suele tener un nivel alto de actividad en el GCA. Mi padre, sin ir más lejos, tenía este mal hábito y eso se correspondía con un exceso de actividad en el GCA. Siempre que le pedía algo (por ejemplo, si me prestaba el coche), su respuesta inmediata era «no». Y el mal hábito de decir no, no, no complica las relaciones y genera mucho estrés.

CONTROLA EL MAL HÁBITO DE DECIR NO, NO, NO

1. **¿Tienes este hábito?** Si tu primera respuesta siempre es «no», o empiezas a formular un argumento antes de que la otra persona haya terminado de expresar lo que piensa, es probable que lo tengas. Sé consciente de ello y empieza a controlarlo.

2. **¿Cuáles son los desencadenantes o qué da pie a este hábito?** Siempre que alguien te pide cualquier cosa o que hagas algo.

3. **¿Qué recompensas obtienes?** *De forma inicial:* tener razón, mantener el control, tener soberanía sobre tu tiempo y tus decisiones. *Recompensas sin esta conducta:* mejores relaciones.

4. **Crea una nueva rutina.** Antes de contestar preguntas o responder a peticiones de forma negativa, contrólate, respira y piensa primero si lo mejor es decir que no. Suele ser útil respirar hondo para darte tiempo antes de responder. Por ejemplo, si tu pareja te pide que hagas algo, antes de negarte respira hondo y plantéate si esa es la mejor opción y si se ajusta a tus objetivos para la relación. De hecho, puedes usar la misma frase que propongo para el mal hábito anterior: «Tengo que pensarlo». El no automático ha arruinado muchas relaciones. Tómate siempre el tiempo suficiente para cuestionarte si decir que no es en realidad lo que quieres.

PRÁCTICA DE HOY: *¿Con quién o respecto a qué tiendes a decir que no sin pensar? La próxima vez, haz una pausa antes de responder.*

El mal hábito de interrumpir

Cuando interrumpimos matamos la comunicación. Los comentaristas políticos lo hacen todo el tiempo. Los jefes también lo hacen. Y muchos padres y madres. La gente que tiene este mal hábito suele dominar las conversaciones. Y, como consecuencia, los niños y los trabajadores subordinados suelen encerrarse en sí mismos cuando sus padres o jefes tienen este mal hábito.

CONTROLA EL MAL HÁBITO DE INTERRUMPIR

1. **¿Tienes este hábito?** ¿Te ha dicho alguien alguna vez que interrumpes demasiado? ¿La gente de tu entorno tiene tendencia a encerrarse en sí misma?

2. **¿Cuáles son los desencadenantes o qué da pie a este hábito?** Las conversaciones con la gente con quien tienes una relación estrecha, como colegas del trabajo o amigos; el estado de embriaguez (deja de beber), el hambre, el cansancio, el enfado, enfangarte en una discusión o que te abrumen las palabras de tu interlocutor.

3. **¿Qué recompensas obtienes?** *De forma inicial:* desahogarte, aliviar el estrés, expresar tu punto de vista y la necesidad de tener razón. *Recompensas sin esta conducta:* mayor conexión, más aportaciones de los demás, mejores relaciones.

4. **Crea una nueva rutina.** El antídoto para el mal hábito de interrumpir es la escucha activa. Es sencillo y funciona de la siguiente manera: (1) escucha y no interrumpas, por mucho que sientas el impulso; (2) repite lo que has oído («Entiendo que dices…»); (3) presta atención a los sentimientos que hay detrás de lo que oyes («Parece que te sientes frustrado»); (4) escucha la respuesta de la otra persona y vuelve a reproducirla. La escucha activa te obliga a prestar atención y te impide pensar en lo que vas a decir a continuación, para que puedas atender a tu interlocutor. La recompensa es una mejor comunicación y el enfriamiento de los conflictos. Cuando la gente se siente escuchada, suele ser más capaz de resolver sus propios problemas.

PRÁCTICA DE HOY: *Utiliza la escucha activa en la conversación más estresante que tengas y observa cómo va.*

El mal hábito de tener problemas con la verdad

Mentir genera desconfianza en las relaciones. Además, si puedes mentir a los demás, también puedes mentirte a ti. Mentir es un mal hábito muy común. De hecho, según un estudio reciente, la gente miente por término medio entre una y dos veces al día.[279] Y se miente por muchas razones; por ejemplo, para evitar un castigo, protegerse, no decepcionar a los demás, obtener una recompensa que no se ha ganado, o un ascenso, o librarse de una situación social incómoda. Mentir puede incluso arruinar la salud. Un estudio al respecto reveló que el 81 % de los pacientes engañaban a sus médicos.[280] Pero la cuestión es que es casi imposible obtener la ayuda que necesitamos si no actuamos con honestidad ante quienes nos atienden.

En cualquier caso, existe una notable diferencia entre los mentirosos «normales» (quienes decimos pequeñas mentiras piadosas e inofensivas) y los mentirosos patológicos. Los primeros hacen cosas como decir cumplidos no del todo sinceros, decirle a alguien que lo está haciendo bien cuando no es así, a poner como excusa sus múltiples ocupaciones para evitar a otras personas. En cambio, para los mentirosos patológicos mentir es algo habitual, aunque no obtengan un beneficio claro de ello: mienten para quedar como héroes o víctimas, y las historias que cuentan son dramáticas, complicadas y muy detalladas. Mentiría si dijera que el hábito de mentir es fácil de romper.

CONTROLA EL MAL HÁBITO DE MENTIR

1. **¿Tienes este hábito?** Lleva la cuenta del número de veces que has mentido hoy y en qué medida lo sueles hacer en una semana normal.

2. **¿Cuáles son los desencadenantes o qué da pie a este hábito?** Sentirte atrapada/o, no querer herir los sentimientos de alguien o, simplemente, que no seas muy amante de la verdad.

3. **¿Qué recompensas obtienes?** *De forma inicial:* evitar la vergüenza o la decepción, ejercer poder o control. *Recompensas sin esta conducta:* sentirte mejor contigo, recordar los hechos con mayor claridad, menos estrés.

4. **Crea una nueva rutina.** Considera la mentira un problema, no un defecto de carácter. En primer lugar, deja de mentir a los profesionales sanitarios. A mis pacientes les digo a menudo que su principal tarea en el proceso de curación es decirme la verdad; de lo contrario, perderán su dinero y tanto su tiempo como el mío. Cuando te des cuenta de que estás empezando a mentir, respira, haz una pausa y di: «Quería decir…», seguido de la verdad.

PRÁCTICA DE HOY: *Si descubres que estás diciendo alguna mentira, apúntatela y escribe también qué la ha provocado.*

Entrenar la verdad: cuando los niños mienten

La mentira es un problema que hay que solucionar, más que una cuestión de carácter.
Como psiquiatra infantil, he hecho formación para padres muchos años. Uno de los
primeros pasos de mi programa es fijar algunas normas por parte de los padres. Y la
regla número uno es la sinceridad: decir la verdad es una de las cosas más importantes
que podemos enseñar a los niños. La honestidad en las relaciones genera confianza.
Pero quizá aún más profundo sea el hecho de que, al hablar con honestidad, es más
probable que los propios niños aprendan a pensar honesta y racionalmente sobre sí
mismos. Así pues, cuando mientan para librarse de un problema recibirán una consecuencia por el acto incorrecto y otra por mentir. La regla es muy clara: ¡actúa de forma
honesta! Esto incluye tanto las pequeñas mentiras con las grandes. Hace tiempo que
noté que, cuando permites que un niño se salga con la suya en las pequeñas mentiras,
las grandes son más fáciles de decir. Y, por supuesto, ten en cuenta que la regla «actúa
de forma honesta» también vale para ti: los niños aprenden con el ejemplo, así que
debes ser un buen modelo en este sentido. Por ejemplo, si alguien llama a la puerta en
un momento en el que no quieres hablar, no le pidas a tu hijo o hija que diga que no
estás en casa. Eso le transmite el mensaje de que mentir está bien.

Cuando hay un problema con las mentiras, a los padres que vienen a mis formaciones les enseño el ejercicio de «entrenar la verdad». Hay que identificar la mentira
como un problema a resolver, en lugar de como un defecto de carácter del niño. Yo
le conté una mentira a mi madre a los seis años. Mi madre lloró y me dijo que nunca
había pensado que tendría un hijo que iría al infierno. No hagas eso, jamás; explícale
por qué mentir es un problema: porque la gente no confiará en él o ella. Luego dile
que vas a hacerle unas preguntas (cuya respuesta ya conoces); si responde a ellas con
sinceridad, te alegrarás mucho y le darás una pequeña recompensa, como pasar más
tiempo juntos. En cambio, si miente habrá una consecuencia, como la obligación de
hacer más tareas. Haz todo esto con naturalidad, sin emoción, y animando siempre a
la otra persona a decir la verdad.

PRÁCTICA DE HOY: *Pon en marcha el entrenamiento de la verdad con cualquier niña o
niño que tenga este mal hábito.*

Los malos hábitos de distraerse con facilidad, obsesionarse o practicar la multitarea

Los Smartphones, los ordenadores portátiles, las tabletas, el correo electrónico, la mensajería instantánea, internet en general y los servicios de streaming nos están robando el tiempo y la atención. Hay mucha (muchísima) gente que, mientras ve la tele, está mirando otros dispositivos. Las empresas tecnológicas no paran de crear aparatos adictivos que captan la atención y nos distraen de las relaciones significativas. Muchas personas miran también el móvil mientras comen, en lugar de interactuar con sus familiares. Los adolescentes pasan más tiempo en las redes sociales (una media de nueve horas diarias) que durmiendo.[281] La tecnología ha secuestrado cerebros aún en desarrollo, con consecuencias potencialmente muy graves. Se ha llamado a estos aparatos «los cigarrillos de este siglo», puesto que sus efectos secundarios son también adictivos y pueden llegar a ser muy destructivos.

Según un artículo de *Harvard Business Review*, «Beware the Busy Manager» («Cuidado con el directivo ocupado»), el estilo de vida poco saludable está mermando nuestra capacidad en el trabajo.[282] En un estudio longitudinal de diez años, solo el 10 % del personal directivo tenía un alto nivel de concentración y de energía al mismo tiempo (dos de los principales ingredientes del éxito). Los autores de esta investigación descubrieron que el 20 % no estaba comprometido, el 30 % procrastinaba mucho y el 40 % se distraía con facilidad. Esto significa que el 90 % del personal directivo —y quizá del resto de la gente— carece de concentración o energía.

CONTROLA EL MAL HÁBITO DE DISTRAERTE CON FACILIDAD, OBSESIONARTE O PRACTICAR LA MULTITAREA

1. **¿Tienes este hábito?** Comprueba cuántas veces te distraes en una hora.
2. **¿Cuáles son los desencadenantes o qué da pie a este hábito?** Que te bombardeen a llamadas telefónicas, correos electrónicos, mensajes, etc.
3. **¿Qué recompensas obtienes?** *De forma inicial:* satisfacer la adicción a saber qué más va a pasar, escapar para no afrontar los problemas. *Recompensas sin esta conducta:* más tiempo, menos estrés, más concentración.
4. **Crea una nueva rutina.** Cuando necesites sacar adelante el trabajo, cierra el correo electrónico y pon tu móvil en modo avión. Te aseguro que tu productividad se disparará. Prueba también alguna aplicación de desintoxicación digital o usa las funciones de «no molestar» para que tu teléfono deje de distraerte.

PRÁCTICA DE HOY: *Prueba la desintoxicación digital durante 20 minutos. En ese tiempo concéntrate en otra cosa y observa cómo te sientes.*

El mal hábito de procrastinar

Procrastinar es el acto de posponer, de forma innecesaria, decisiones o acciones. Cuando esperas hasta el último momento para hacer las cosas (deberes escolares, papeleo, tareas del hogar, pagar facturas, comprar regalos, etc.) aumenta tu nivel de estrés y a menudo irritas a las personas que te rodean. Con este mal hábito, el cerebro solo se pone en marcha para terminar lo que sea en el último momento. Muchos adultos me han contado que en el colegio nunca hacían los trabajos finales, o que tomaban anfetaminas la noche antes de la fecha de entrega, para ser capaces de terminarlos. Procrastinar lleva a hacer mal el trabajo, o bien a dejarlo a medias. Es un sello distintivo de las personas con TDA/TDAH, cuyo córtex prefrontal no es tan potente como podría ser. Procrastinar también está asociado a los objetivos abstractos, la depresión, el perfeccionismo, a sentir que no eres capaz de hacer nada bien, al miedo al fracaso y a bajos niveles de energía.

CONTROLA EL MAL HÁBITO DE PROCRASTINAR

1. **¿Tienes este hábito?** Lleva la cuenta de las veces que has procrastinado hoy o has dicho: «Lo haré mañana».

2. **¿Cuáles son los desencadenantes o qué da pie a este hábito?** Tienes que afrontar una tarea o decisión, pero prefieres hacer otra cosa o el cumplimiento del plazo no es inmediato.

3. **¿Qué recompensas obtienes?** *De forma inicial:* no has de invertir energía ni esfuerzo, puedes vivir el momento; valoras las recompensas inmediatas más que las futuras. *Recompensas sin esta conducta:* sacar adelante más trabajo con menos estrés y hacerlo mejor.

4. **Crea una nueva rutina.** No veas el hecho de procrastinar como un defecto de carácter, sino más bien como un problema a resolver. El secreto para dejar de procrastinar es contar con un método para sacar adelante el trabajo. Yo utilizo uno que consta de unos pocos pasos sencillos:

- Piensa lo que quieres.
- Reúnete contigo un minuto al inicio del día y anota tres cosas que quieras conseguir en esa jornada. Empieza por la más importante.
- Combina cosas que te gusta hacer con otras que tienes tendencia a dejar para más tarde. Por ejemplo, puedes escuchar podcasts o audiolibros mientras haces ejercicio.
- Date una recompensa. Prométete que cuando termines una tarea difícil te premiarás con algo especial que te apetezca, como un baño caliente o una taza de té.

PRÁCTICA DE HOY: *Reúnete contigo a diario para planificar tu día.*

El mal hábito de la desorganización

No hay nada más frustrante que estar pendiente de una persona desorganizada. Mucha gente tiene problemas para organizarse, tanto en lo espacial como en lo temporal; tienden a llegar tarde y les cuesta terminar sus tareas a tiempo. También suelen tener problemas para mantener ordenado sus espacio, en especial su dormitorio, la mochila, los cajones, armarios y papeles. No hay nada más frustrante para un jefe, un compañero de trabajo o un miembro de la familia que estar pendiente de una persona desorganizada, que no se ha preparado sus tareas o que llega tarde. Ser desorganizado y llegar siempre tarde también son sellos distintivos de quienes tienen TDA/TDAH. Y es que cuando hay poca actividad en el córtex prefrontal es más difícil saber organizarse y llegar a tiempo.

CONTROLA EL MAL HÁBITO DE LA DESORGANIZACIÓN

1. **¿Tienes este hábito?** ¿Cómo tienes tu habitación, el escritorio, el bolso, los armarios o los cajones? ¿Eres puntual? ¿Qué dirían tu pareja o tus padres sobre tu organización?

2. **¿Cuáles son los desencadenantes o qué da pie a este hábito?** Tener prisa; no dedicar tiempo a organizarte el día, tus tareas o tu espacio; sobrecargar tu agenda; un nivel de estrés elevado; demasiadas distracciones.

3. **¿Qué recompensas obtienes?** De forma inicial: crees que te ahorra tiempo. Recompensas sin esta conducta: en realidad, ahorrarás mucho más tiempo a largo plazo siendo más eficiente.

4. **Crea una nueva rutina.** Planifica tareas similares —como recados, citas, labores del hogar o llamadas telefónicas— para hacerlas juntas. Dedica tu tiempo a hacer cosas coherentes con tus objetivos. Lleva una lista de las tareas importantes para hoy, para esta semana y para un futuro próximo; actualízala una vez a la semana. Confiar en una lista así es más preciso que hacerlo en tu memoria. Si es posible, programa tus actividades más importantes para hacerlas en tus horas de mayor rendimiento. Haz una lista de actividades en las que no quieres invertir tu tiempo y tenla a mano como recordatorio. Acorta las llamadas o mensajes no deseados. Yo muchas veces empiezo las conversaciones diciendo, por ejemplo: «Solo tengo un minuto...». Finaliza las llamadas muy largas diciendo algo como «Tengo que irme» o «Tengo una cita» (aunque esa cita sea solo contigo).

PRÁCTICA DE HOY: *Haz una lista de tus tareas más importantes para hoy y haz la primera de ellas.*

DÍA 328

El mal hábito de crear problemas

¿Tienes tendencia a crear problemas? ¿Conoces a alguien que cause problemas todo el tiempo? Yo a esto lo llamo el mal hábito de «vamos a crear un problema». Primero lo noté en mis pacientes con TDA/TDAH y en mi hija hiperactiva, que solía acercarse a su hermano, pegarle una patada y salir corriendo entre risas. Si él no la perseguía, ella le pegaba otra patada. Y es que, sin la suficiente estimulación en el córtex prefrontal (típico de mis pacientes con TDA/TDAH), el cerebro busca formas de aumentar su nivel de actividad. Enfurecerse, molestarse, enfadarse o tener una actitud negativa son formas de estimulación que liberan adrenalina, el neurotransmisor del estado de lucha o huida. Esto sube el ritmo cardíaco, la presión arterial y la tensión muscular, igual que una taza de café o una raya de cocaína.

CONTROLA EL MAL HÁBITO DE CREAR PROBLEMAS

1. **¿Tienes este hábito?** ¿Tiendes a fijarte en lo negativo o a generar problemas sin una razón específica?
2. **¿Cuáles son los desencadenantes o qué da pie a este hábito?** Despertarse; estar con otras personas; aburrirse.
3. **¿Qué recompensas obtienes?** *De forma inicial:* un subidón de dopamina. *Recompensas sin esta conducta:* menos estrés y mejores relaciones.
4. **Crea una nueva rutina.** Antes de soltar cualquier cosa negativa, plantéate si la negatividad te ayuda en tus relaciones o contribuye a tu salud mental. *¿Es coherente con mis objetivos vitales o con los que tengo respecto a esta relación?* Estas poderosas palabras (*¿Es coherente con mis objetivos?*) te ayudarán a romper el patrón de negatividad o de búsqueda de conflictos.

PRÁCTICA DE HOY: *Si sientes el impulso de meter cizaña diciendo algo que sabes que provocará una reacción negativa, haz una pausa de unos segundos y pregúntate: ¿Es coherente con mis objetivos?*

El mal hábito de comer en exceso

No te conviertas en una víctima de la dieta estándar estadounidense (SAD, por sus siglas en inglés). Vayamos donde vayamos (el colegio, el trabajo, los centros comerciales, cines, aeropuertos o estadios deportivos), en casi todas partes siempre hay alguien intentando vendernos comida que nos matará antes de tiempo. La dieta SAD está repleta de alimentos proinflamatorios que incrementan el riesgo de diabetes, hipertensión, cardiopatías, cáncer, TDA/TDAH, depresión, demencia y obesidad. Y esto constituye hoy en día una crisis de carácter nacional en Estados Unidos. El 73 % de la población de este país tiene sobrepeso, y el 42 % obesidad.[283] Muchos estudios publicados —entre ellos tres míos— indican que, a medida que aumenta el peso, disminuyen el tamaño y la funcionalidad del cerebro. Así que no dejes que este mal hábito secuestre tu cerebro.

CONTROLA EL MAL HÁBITO DE COMER EN EXCESO

1. **¿Tienes este hábito?** Si sufres sobrepeso u obesidad, o tienes poco control sobre tu conducta alimentaria, admítelo.

2. **¿Cuáles son los desencadenantes o qué da pie a este hábito?** Simplemente mirar a tu alrededor (por alguna extraña razón, cada vez que paso por delante de un Jack-in-the-Box, mi cerebro quiere un té helado y una fajita de pollo, que no es la peor cosa del mundo, pero tampoco la mejor).

3. **¿Qué recompensas obtienes?** *De forma inicial:* satisfacer los antojos, disfrutar de alimentos diseñados para obtener una explosión de sabor. *Recompensas sin esta conducta:* mayor esbeltez, más inteligencia, más felicidad y un mejor estado de salud (y, por consiguiente, una vida más larga).

4. **Crea una nueva rutina.** Tu cerebro ya tiene una rutina alimentaria. ¿Esta te ayuda o te perjudica? Si no te ayuda, crea una nueva. Esta es la mía: desayuno huevos y arándanos ecológicos, o un batido saludable sobre las 10 de la mañana (hago entre 12 y 16 horas de ayuno intermitente la mayoría de los días); luego, como tentempié, tomo verduras recién cortadas con aguacate triturado o una manzana y almendras; al mediodía me como una ensalada con verduras a la brasa y algo de proteína, como pollo o cordero; para el tentempié de la tarde, frutos secos y fruta; ceno proteína y verduras, y de postre me tomo un chocolate caliente (saludable para el cerebro), chocolate negro sin azúcar o fruta.

PRÁCTICA DE HOY: *Toma nota de las posibles situaciones que te puedan dar pie a comer alimentos no saludables y describe cómo vas a evitarlos.*

El mal hábito de no prestar atención

Presta atención a tu vida si quieres amarla. La falta de atención a la salud (representada por conductas como las de comer en exceso, no leer nunca las etiquetas de los alimentos, meter tóxicos en el cuerpo, no pensar en la salud de tu cerebro y de tu cuerpo) es tal vez el peor hábito de todos. Supone simplemente no plantearte las consecuencias de tu comportamiento antes de llevarlo a cabo. Esto es lo que sucede cuando dejas que el cerebro funcione en piloto automático. Este mal hábito nos está matando como sociedad (las tasas de hipertensión, diabesidad, depresión y obesidad están por las nubes). Fíjate en este dato: el 75 % del gasto en atención a la salud en Estados Unidos se destina a enfermedades crónicas prevenibles.[284]

CONTROLA EL MAL HÁBITO DE NO PRESTAR ATENCIÓN A TU SALUD

1. **¿Tienes este hábito?** Lo tienes si no eres consciente de las calorías que ingieres cada día, si no lees las etiquetas de los alimentos ni de los productos de higiene personal o de limpieza, o si desconoces la calidad del agua corriente de tu municipio.
2. **¿Cuáles son los desencadenantes o qué da pie a este hábito?** Casi cualquier decisión que tomes durante el día.
3. **¿Qué recompensas obtienes?** *De forma inicial:* no prestar atención es fácil y no requiere pensar. *Recompensas sin esta conducta:* salud, energía, longevidad.
4. **Crea una nueva rutina.** Antes de comprar, hacer o decir cualquier cosa, pregúntate: *¿Esto es bueno o malo para mi cerebro?* Repítelo una y otra vez hasta que la pregunta se convierta en un hábito. Empieza a tomarte en serio estar bien y aprende qué es bueno para ti y para tu cerebro.

PRÁCTICA DE HOY: *Anota los pros y contras de las decisiones que tomes.*

Actúa con más astucia que los dragones maquinadores

Vivimos en una época rocambolesca: vayamos donde vayamos, en casi todas partes nos ma-chacan con los mensajes equivocados: mensajes que nos hacen engordar, deprimirnos o tener niebla mental. En los próximos días analizaremos diez dragones maquinadores habi-tuales que intentan engancharnos a hábitos y adicciones que incrementarán su riqueza mientras nos hacen daño. Los dragones maquinadores están por todas partes, tratando de ganar mucho dinero gracias a nuestros impulsos, aunque esto mismo nos provoque ansiedad, depresión, enfado, falta de memoria o disminuya nuestra esperanza de vida. Usan una neurociencia sofisticada para engancharnos a cualquier cosa que vendan. Sacan partido de las más recientes investigaciones sobre hábitos y adicciones para hacer que al cerebro se le antojen sus productos y servicios, y para que automaticemos su consumo de modo que ni siquiera reflexionemos sobre lo que hacemos. Engullimos Hot Cheetos sin pensar, no nos damos cuenta de que nos hemos pasado horas navegando por las redes sociales y nos sorprende recibir la abultada factura de la tarjeta de crédito.

Una vez iba conduciendo y vi una valla publicitaria con un enorme bocadillo en forma de torre de torta mexicana. Entonces, no miento, al girar la cabeza hacia el otro lado de la autopista vi otra valla con un anuncio sobre cómo perder peso con una banda gástrica. El mensaje, pues, era el siguiente: date el gusto con comida de baja calidad, rica en calorías, y luego líbrate de la obesidad con cirugía. De locos.

Los especialistas en marketing usan un proceso de cuatro pasos para enganchar al cerebro: (1) en primer lugar, un desencadenante activa el proceso, ya sea un anuncio en una ventana emergente, un correo electrónico o un anuncio de televisión; (2) a conti-nuación, actuamos porque esperamos una recompensa (un capricho sabroso, un juego divertido o un nuevo conjunto de ropa); (3) la recompensa no es siempre la misma, ya que las impredecibles estimulan la liberación de dopamina, la sustancia química respon-sable de sentirse bien y de la adicción; (4) nos engancha el producto y nos lo hacemos más accesible, como cuando programamos pedidos automáticos de Hot Cheetos. Pero en realidad es posible desenganchar al cerebro de estos dragones maquinadores.

Serás capaz de defenderte de los dragones maquinadores siguiendo estos cinco sencillos pasos:

1. Reconócelos.
2. Mira más allá de los mensajes del marketing para ver qué motivación se esconde detrás.
3. Infórmate bien antes de actuar.
4. No les facilites a los dragones maquinadores engancharte.
5. Limita tu exposición a los dragones maquinadores.

PRÁCTICA DE HOY: *Presta atención a por lo menos dos anuncios que veas y fíjate en si hacen algo por tu salud o se limitan a ganar dinero reduciendo tu esperanza de vida.*

Dragones que incitan a comer

Los dragones que incitan a comer intentan venderte alimentos que te matarán antes de tiempo. Tratan, pues, de engancharnos a alimentos ultraprocesados, proinflamatorios, cubiertos de pesticidas, llenos de colorantes y edulcorantes artificiales, de alto índice glucémico, bajos en fibra, cargados de hormonas y contaminados con antibióticos. Las empresas de alimentación no intentan ocultar que hacen su comida basura adictiva a propósito. ¿Recuerdas aquel anuncio de las patatas Lay's?: «¡A que no puedes comer solo una!». Estos gigantes de la comida basura confían en científicos de la alimentación para que diseñen con pericia productos para picar que contengan la cantidad idónea de grasa, azúcar, sal y otros ingredientes y así crear la combinación perfecta de sabores, textura, sensación crujiente, grado de fundido y aroma para abrumar al cerebro y provocar el «éxtasis». Es como una dosis de cocaína, que activa el sistema de recompensa cerebral y hace que queramos más, más ¡y más!

Las grandes corporaciones también pretenden captar a nuestros hijos y nietos, por supuesto. Sin ir más lejos, los juguetes que las cadenas de comida rápida usan para seducir al público infantil son muy eficaces para engatusar a esos cerebros en desarrollo y que deseen más de algo que perjudica su salud. Además, las empresas de alimentación vinculan a propósito en su publicidad a mujeres guapas y con poca ropa con alimentos de mala calidad, para atraer a nuestros centros del placer, estableciendo de algún modo la ilógica conexión de que, si comemos esos alimentos, esas mujeres nos desearán, o bien nos pareceremos a ellas. También hay que tener cuidado con los «bienhechores» que nos están matando, como ese recepcionista que pone un cuenco de caramelos en su mesa, la mala costumbre de organizar ventas de pasteles caseros en los colegios o el reparto de dónuts en los servicios religiosos. Además, organizaciones tan bienintencionadas como las Girl Scouts reclutan a niñas para que vendan galletas poco saludables como forma de financiar sus actividades.

ACTÚA CON MÁS ASTUCIA QUE LOS DRAGONES QUE TE INCITAN A COMER

1. Reconócelos. ¿Quién está intentando convencerte para que compres sus productos?
2. Mira más allá de los mensajes para ver su motivación. Todo es una cuestión de dinero.
3. Infórmate bien antes de actuar. Lee las etiquetas de los alimentos.
4. No aceptes recibir notificaciones sobre ofertas y promociones.
5. Limita tu exposición a las estratagemas del marketing. Evita los pasillos centrales de las tiendas y quédate en los exteriores.

PRÁCTICA DE HOY: *Enumera dos o tres incitadores a la comida que haya en tu vida.*

Dragones de la «salud» poco saludables

«No paraba de oír al doctor Amen en el fondo de mi cabeza». Los dragones de la «salud» poco saludables juegan con nuestro deseo de estar bien ofreciéndonos formas fáciles pero perjudiciales de conseguirlo. Están los que prometen atajos: dietas de moda para perder peso con rapidez, soluciones exprés para ponerse en forma o alimentos «saludables» que de hecho no son más que comida basura disfrazada. Por ejemplo, algunas dietas se ponen de moda y de hecho pueden ayudar a perder algunos kilos a corto plazo, pero no enseñan a comer para tener una buena salud cerebral y física a largo plazo. También hay ciertas tendencias y artilugios para hacer ejercicio de alta intensidad que lo que hacen es incrementar el riesgo de lesiones.

Y luego están los llamados «alimentos saludables». Si uno recorre los pasillos del supermercado verá numerosos productos etiquetados como «sin gluten», «bajo en carbohidratos», «sin azúcar», «vegano», «100 % natural» o con cualquier otro término de moda. Si te preocupa tu salud, tal vez estés intentando evitar el gluten, los carbohidratos refinados o los azúcares añadidos, de modo que estos productos pueden parecerte una buena opción. Pero los dragones de la «salud» poco saludables esperan que no te tomes el tiempo de leer la etiqueta nutricional y, por tanto, no te des cuenta de que sus productos están en realidad repletos de ingredientes que te hacen daño. ¿Sin azúcar? Puede ser la forma que tienen los dragones maquinadores de decir «a tope de edulcorantes artificiales»; ¿vegano? Están diciendo «sustancia no alimentaria ultraprocesada»; ¿sin gluten? Así tratan de convencerte de que esa mezcla para pasteles con conservantes artificiales, colorantes alimentarios e ingredientes proinflamatorios es saludable. Y no, te aseguro que no lo es.

Recuerdo la vez que un paciente me dijo: «Este fin de semana fui a Costco, un hipermercado con formato «club de precios», por primera vez en mi vida. Había muerte por todas partes, en cada esquina: muestras de muerte recubiertas de muerte. No paraba de oír al doctor Amen en el fondo de mi cabeza. De modo que ¡pasé de largo! Compré mis productos ecológicos y me fui, lo que es mucho decir, porque era casi la hora de comer… ¡y olía tan bien! Gracias por darme las herramientas para hacer buenas elecciones».

ACTÚA CON MÁS ASTUCIA QUE LOS DRAGONES DE LA «SALUD» POCO SALUDABLES

1. Cuidado con esas soluciones rápidas para problemas complejos. Examina los reclamos del tipo «sin gluten», «bajo en carbohidratos», «100 % natural», etc.
2. No caigas en la trampa de creer que un producto hará que te parezcas a la persona del anuncio.
3. Infórmate bien antes de actuar. Lee siempre las etiquetas.
4. No te suscribas a ninguna marca para recibir correos electrónicos constantes.
5. Una vez hayas identificado los engaños, evítalos.

PRÁCTICA DE HOY: *En el supermercado, lee las etiquetas de tres alimentos «saludables» para ver lo que llevan en realidad.*

Dragones que incitan al consumo de sustancias

Las soluciones rápidas pueden provocar problemas a largo plazo. Los dragones maquinadores también tratan de incitarnos a tomar medicamentos. Piensa en todos los anuncios que ves en televisión de medicamentos para tratar todo tipo de afecciones. La industria farmacéutica es una de las que más dinero gasta en publicidad. Sus anuncios juegan con nuestras emociones, mostrando cómo esa pastillita puede ayudar a alguien con una enfermedad debilitante a transformarse en una persona alegre, que baila con un ser querido o abraza a un nieto. Hacen que parezca que todo lo que hay que hacer es tomar una pastilla. Y, mientras se suceden ante nuestros ojos estas entrañables imágenes, oímos una rápida letanía con los posibles efectos secundarios: diarrea, estreñimiento, dolor de cabeza, visión borrosa, pensamientos suicidas y, sí señor, la muerte. Pero estos dragones maquinadores saben que casi un tercio del cerebro humano está dedicado a la visión, así que son las imágenes de la gente feliz del anuncio las que se te quedan grabadas en el cerebro, y no la lista de efectos secundarios que oyes.

Los dragones que incitan al uso de sustancias también intentan engatusarnos para comprar alcohol, tergiversando los datos científicos para que parezca un alimento saludable. De hecho, un reportaje de 2018 descubrió que uno de los estudios de mayor alcance sobre los efectos de beber con moderación en una dieta saludable estaba siendo financiado de forma principal (sí, lo has adivinado) por la industria del alcohol.[285] Y, desde luego, en lo que respecta al cerebro, el alcohol no es el alimento saludable que la industria del alcohol querría que creyeras; en realidad, el licor en todas sus formas puede deteriorar la función cognitiva. Algunos de los peores dragones maquinadores de todos los tiempos pertenecen a la industria de la nicotina y el tabaco. Sus mensajes publicitarios eran tan eficaces que, en 1970, el Congreso de los Estados Unidos prohibió emitir anuncios de cigarrillos por la tele y la radio. Ahora, cincuenta años después, esos dragones maquinadores han vuelto a la carga comercializando el vapeo como una alternativa «saludable» al tabaco. Y no, tampoco lo es.

ACTÚA CON MÁS ASTUCIA QUE LOS DRAGONES QUE INCITAN AL CONSUMO DE SUSTANCIAS

1. Date cuenta de cuándo intentan que algo parezca saludable cuando sabes que lo más probable es que no lo sea.
2. Infórmate de quién está detrás de la información que te llega. ¿Es la industria farmacéutica o la del alcohol?
3. Haz tus propias investigaciones.
4. No empieces a tomar o consumir algo que puede ser difícil de dejar.
5. Apaga la tele para limitar tu exposición a la publicidad.

PRÁCTICA DE HOY: *Toma nota de cualquier dragón que veas que incita al consumo de sustancias, ya sea en internet o en los otros medios de comunicación.*

Dragones que promueven las toxinas

El miedo a la COVID-19 hizo que mucha gente se aplicara desinfectantes tóxicos en la piel... una y otra vez. Si te dijera que un producto puede provocar fatiga, depresión, niebla mental, TDA/TDAH o comportamiento psicótico, ¿lo usarías? ¡Por supuesto que no! Pero los dragones que promueven las toxinas nos venden todo el tiempo productos llenos de sustancias químicas que envenenan el cerebro y pueden provocar esos problemas que he citado y muchos más. Y estos dragones están en el supermercado, y donde menos los esperarías encontrar: en la sección de productos frescos; mezclados con alimentos ecológicos que sí son saludables hay grandes y brillantes manzanas, enormes fresas o incluso col *kale* de color verde oscuro; todo eso contiene algunos de los niveles más altos de pesticidas. Si te acercas a la pescadería, verás a los dragones maquinadores vendiendo pescado repleto de colorantes artificiales y con altos niveles de mercurio. Por supuesto, estos dragones también mandan en la zona de productos de limpieza para el hogar: los habituales están a reventar de sustancias químicas potencialmente dañinas. Pero, además, algunos de los dragones promotores de toxinas más importantes son los que nos prometen un aspecto más atractivo. Se estima que la industria de los cosméticos, el perfume y los cuidados de belleza se gastó unos 3700 millones de dólares en publicidad en 2020 para incitarnos a embadurnarnos, echarnos y rociarnos más productos en la cara, el pelo y el cuerpo.[286] Pero las sustancias químicas de muchos de esos productos que dicen embellecernos pueden en realidad hacer algo muy feo en el cuerpo y el cerebro.

ACTÚA CON MÁS ASTUCIA QUE LOS DRAGONES QUE PROMUEVEN LAS TOXINAS

1. Sé consciente de que la mayoría de los productos de limpieza del hogar y de cuidado personal más comunes contienen algunas toxinas.
2. No dejes que te engañe la gente guapa de los anuncios de cosmética.
3. Lee las etiquetas. Visita la página del Environmental Working Group para consultar productos de limpieza saludables (ewg.org/guides/cleaners), comida libre de toxinas (ewg.org/foodscores), la lista Dirty Dozen de productos frescos con el contenido más alto de pesticidas (ewg.org/foodnews/dirtu-dozen.php) y productos de cuidado personal más seguros (ewg.org/skindeep). Consulta, además, seafoodwatch.org para elegir bien el pescado.
4. No aceptes cupones ni ofertas de productos que contengan toxinas.
5. Quédate con productos seguros y libres de toxinas.

PRÁCTICA DE HOY: *Mira a tu alrededor y haz una lista de dos o tres productos tóxicos que tengas en tus armarios.*

Los dragones digitales

A medida que aumenta el consumo de videojuegos y de tecnología, también lo hace la adicción tecnológica, los «trastornos por videojuegos», los trastornos de ansiedad y del estado de ánimo, el insomnio, la impulsividad, la falta de memoria y los problemas sentimentales. Los dragones digitales están ganando la guerra por nuestra atención usando una lista interminable de estrategias de marketing de probada eficacia, como la escasez (por ejemplo, las publicaciones efímeras en Snapchat), la personalización (recomendaciones a medida de tus intereses), la reciprocidad (dar para recibir algo a cambio) y la validación social (los «me gusta» y los comentarios); todo ello para incitarnos a convertirnos en usuarios compulsivos. También aprovechan nuestro deseo de formar parte de un grupo y sacan partido del miedo a perderse algo (FOMO, por sus siglas en inglés), es decir, de la ansiedad que provoca la sensación de haberse quedado fuera de un acontecimiento u oportunidad divertidos. Los maquinadores de la industria de los videojuegos contratan a profesionales que les ayudan a diseñar los que más favorezcan el juego compulsivo. También emplean las mismas tácticas que vemos en los casinos de Las Vegas: recompensas variables e intermitentes, simplicidad y facilidad para volver a entrar en el juego (piensa en lo fácil que es jugar a una máquina tragaperras y jugar de nuevo si pierdes). Pero los recién llegados a la «brigada de dragones digitales» son los servicios de *streaming*, que hacen que las maratones televisivas sean extremadamente fáciles: cuando está terminando un episodio de una serie, el siguiente se pone a la cola enseguida y, antes de que te dé tiempo a apagarlo y hacer algo significativo con tu vida o irte a la cama para dormir las horas que necesitas, empieza un nuevo episodio. No sabes cómo y ya son las dos de la mañana... y tu despertador suena a las seis.

ACTÚA CON MÁS ASTUCIA QUE LOS DRAGONES DIGITALES

1. Considera a todos tus dispositivos electrónicos dragones digitales.
2. Recuerda que detrás de los juegos, las películas y los dispositivos que tanto te gustan están las grandes corporaciones.
3. Pregúntate si todo eso es bueno o malo para tu cerebro.
4. No aceptes recibir alertas y notificaciones.
5. Ponte limitaciones horarias para usar tus dispositivos. Sigue la regla de una sola pantalla. Haz que tu dormitorio sea una zona libre de tecnología.

PRÁCTICA DE HOY: *Tómate un descanso tecnológico. Desconectarte de todos tus dispositivos apenas 15 minutos te ayudará sin lugar a dudas.*

Los dragones de la pornografía

La pornografía constituye el 20 % de todas las búsquedas por internet hechas desde el móvil y el 13 % del total de búsquedas en la red.[287] *Los dragones de la pornografía te prometen satisfacer tus deseos sexuales más secretos y lo hacen ofreciéndote fácil acceso, un producto asequible y mantener tu anonimato.* Estos dragones maquinadores saben que el cerebro de hombres y mujeres es distinto en lo que respecta al imaginario sexual; se aprovechan de las investigaciones con imágenes cerebrales que demuestran que existe una zona del cerebro que controla las emociones y la motivación, y que se activa más en los hombres que en las mujeres cuando ven material sexual. Por eso los tientan a ellos con un sinfín de imágenes explícitas de cuerpos desnudos. Los dragones de la pornografía también saben que las mujeres suelen responder más a la intimidad emocional, por lo que han desarrollado material erótico apto para mujeres que se centra más en las relaciones.

El número de hombres y mujeres que ven pornografía está aumentando. Un estudio de 2015 reveló que «el 46 % de los hombres y el 16 % de las mujeres de entre 18 y 39 años vieron pornografía de forma intencionada en una semana cualquiera».[288] La investigación ha descubierto que la adicción a la pornografía por internet comparte los mismos mecanismos neuronales que el abuso de sustancias. Dos tercios de nuestros pacientes que cumplen los criterios de adicción sexual tienen poca actividad en el córtex prefrontal (asociada a problemas con el control de impulsos) y la mitad presentan demasiada en el giro cingulado anterior (asociada a una tendencia a quedarse en bucle en pensamientos o conductas). El caso es que los dragones de la pornografía proporcionan gratificación instantánea, pero no satisfacción duradera. De hecho, la pornografía muchas veces disminuye el interés por el sexo real y puede interponerse entre tú y tu pareja, generando problemas en la relación.

ACTÚA CON MÁS ASTUCIA QUE LOS DRAGONES DE LA PORNOGRAFÍA

1. Sé consciente de que todas las páginas y servicios de *streaming* para adultos son dragones maquinadores.
2. Recuérdate que las y los modelos que te seducen para que inviertas tu tiempo, atención y dinero son solo mensajeros. Quienes te cobran son empresas.
3. Plantéate si tus actividades online están favoreciendo o perjudicando tus relaciones reales.
4. No te suscribas a páginas de contenido adulto.
5. Configura bloqueos y filtros en tus dispositivos.

PRÁCTICA DE HOY: *Si ves pornografía por internet de forma habitual, es posible que ya tengas cierta adicción. Así que da ya el primer paso para buscar ayuda y configura los filtros de tal modo que rompas con este hábito destructivo.*

Dragones que venden noticias

Ver las noticias por la mañana hace que los indicadores de felicidad sean un 27 % más bajos a lo largo del día.[289] ¿Echas mano del teléfono a primera hora de la mañana para comprobar qué cosas horribles han ocurrido en el mundo durante la noche? ¿Consultas webs de noticias a lo largo de la jornada para estar al tanto de los últimos acontecimientos (todos ellos terroríficos)? Bien, pues te daré una exclusiva: los dragones vendedores de noticias te tienen entre sus garras. Los noticiarios funcionan 24 horas al día, siete días a la semana, y nos vierten pensamientos tóxicos en el cerebro de forma repetida, haciéndonos ver terror o desastres inminentes a la vuelta de cada esquina, solo para subir sus índices de audiencia. Esas constantes imágenes aterradoras activan los circuitos del miedo primitivo del cerebro (amígdala), que antaño garantizaban la supervivencia, pero que ahora están obsoletos.

Los dragones vendedores de noticias se aprovechan de la neurociencia que demuestra que el cerebro humano está programado para la negatividad y para prestar atención a cosas que pueden hacernos daño. Por eso destacan las historias sobre los crímenes más sensacionalistas, las últimas alertas sanitarias y las catástrofes naturales. Dicen que es para mantenernos informados y preparados, pero en realidad es para mantenernos enganchados a sus canales o webs. Los dragones vendedores de noticias incrementan la ansiedad, la depresión y el estrés.

ACTÚA CON MÁS ASTUCIA QUE LOS DRAGONES VENDEDORES DE NOTICIAS

1. Reconócelos. Todos los medios de comunicación (periódicos, programas de noticias en televisión, periódicos digitales y también las noticias que aparecen en tus redes sociales) pueden ser dragones de este tipo.
2. Los presentadores de televisión suelen ser personas atractivas y agradables que te hacen sentir que los conoces personalmente. Y no es así.
3. ¿Están informando de algo que parece inverosímil o aterrador? Investiga. Unos pocos clics bastarán para ayudarte a verificar si una noticia tiene base real.
4. No te suscribas para recibir alertas de noticias de última hora.
5. Márcate unos límites y no veas noticias justo antes de irte a dormir.

PRÁCTICA DE HOY: *Descárgate la aplicación Good News Network y empieza tu día con positividad.*

Los dragones de las redes sociales

Algunos de los dragones más astutos son los que están detrás de las plataformas de redes sociales. Unos 2000 millones de personas en todo el mundo usan redes sociales. Como he explicado antes, las nueve horas al día que pasan los adolescentes en las redes sociales superan las que dedican a dormir.[290] Pero ¿cómo logran engancharnos? Para que sigamos navegando, publicando y comentando, sus responsables se han convertido en expertos en el uso de la guerra psicológica. En primer lugar, estas aplicaciones son gratuitas y están al alcance de la mano, por lo que son de fácil acceso. Además, las publicaciones no se acaban nunca y se actualizan de forma constante, manteniéndonos en un perpetuo estado de FOMO (miedo a perdernos algo). También juegan con los números: a medida que aumenta el número de seguidores o de «me gusta», se produce una liberación de dopamina que nos hace sentir bien y activa el centro de recompensa del cerebro. Investigaciones recientes han demostrado que a la gente le cuesta más resistirse a consultar sus redes sociales que a decir que no al tabaco y al alcohol.[291]

Lo que sucede en realidad «entre bambalinas» es lo siguiente: los dragones de las redes sociales necesitan que tus globos oculares se fijen en sus anuncios. Por tanto, cuanto más tiempo pases viendo las publicaciones, mejor para ellos y peor para ti. Por desgracia, estas redes y los *influencers* con más seguidores suelen provocar sentimientos de vergüenza, ya que tanto adolescentes como adultos nos comparamos sin cesar con quienes parecen «tenerlo todo» en internet. Es decir, los dragones de las redes sociales hacen que te sientas peor y aumentan tu sensación de soledad. Un número creciente de estudios ha mostrado una conexión entre el tiempo que se pasa en las redes sociales y los sentimientos de ansiedad y depresión.[292]

ACTÚA CON MÁS ASTUCIA QUE LOS DRAGONES DE LAS REDES SOCIALES

1. Date cuenta de que todas las redes sociales son dragones maquinadores.
2. Tal vez pienses que en las redes sociales te relacionas con tus amigos, pero en realidad le estás regalando tu tiempo y tu atención a la gran empresa que hay detrás.
3. Pregúntate si pasas tiempo en las redes sociales porque te aburres, y considera si eso te hace sentir bien o mal.
4. No aceptes recibir alertas y notificaciones.
5. Establece unos horarios específicos al día para las redes sociales y limita la cantidad de tiempo que pasas en ellas.

PRÁCTICA DE HOY: *Tómate un día de descanso de las redes sociales y observa cómo te sientes.*

Los dragones de los deportes de contacto

Yo jugaba al fútbol americano en el colegio y me encantaba verlo, hasta que me di cuenta de que lo que estaba contemplando era la destrucción de vidas humanas y de sus familias. Los dragones maquinadores que hay detrás de los deportes de contacto son expertos agentes de prensa que hacen que las lesiones cerebrales parezcan un mero entretenimiento emocionante. Y ganan millones de dólares al año a expensas de la salud de otros tantos millones de niños, adolescentes y jóvenes que practican estos deportes e intentan emular los duros golpes, los puñetazos que tumban y las tanganas que ven en los resúmenes deportivos. Los dragones de los deportes de contacto intentan justificar las lesiones promocionando los beneficios de la práctica deportiva, como el ejercicio físico, el trabajo en equipo, la estrategia y los aprendizajes de superación de la adversidad. Todo esto es beneficioso, por supuesto, pero puede obtenerse fácilmente con otros deportes que no supongan un riesgo de traumatismo craneoencefálico.

Nuestro trabajo con imágenes cerebrales ha aportado pruebas claras de lesiones cerebrales traumáticas en niños y adolescentes que juegan al fútbol americano en la Pop Warner o en el instituto; también en jugadores universitarios y tanto en activo como retirados de la NFL. Estos dragones quieren hacerte creer que jugar al fútbol americano y a otros deportes de contacto es seguro y que los traumatismos craneoencefálicos no te causarán problemas a largo plazo. Pero esto es una gran mentira: las conmociones cerebrales —incluso las que no te hacen perder el conocimiento— pueden causar depresión, ira, ansiedad, pérdida de memoria, confusión y muchos más efectos nocivos.[293]

ACTÚA CON MÁS ASTUCIA QUE LOS DRAGONES DE LOS DEPORTES DE CONTACTO

1. Sé consciente de que las escuelas, los entrenadores, los programas deportivos comunitarios e incluso otros padres y madres pueden intentar convencerte de que practiques o fomentes la práctica de deportes de contacto.
2. Esos deportistas profesionales que vemos en los medios y que ganan millones de dólares son la excepción: la mayoría de gente que practica un deporte jamás ganará dinero con ello, pero un traumatismo craneal sí te puede dañar de por vida.
3. Averigua el riesgo de conmociones y traumatismos craneales antes de practicar cualquier deporte.
4. Si quieres mandar un mensaje a estos dragones maquinadores, no veas sus partidos en televisión ni compres entradas para ir a estos acontecimientos deportivos.
5. Evita cualquier deporte de contacto y nunca dejes que los practiquen personas de tu entorno con el cerebro en desarrollo.

PRÁCTICA DE HOY: *Si alguna vez has sufrido una conmoción o has practicado algún deporte de contacto, plantéate hacerte un escáner SPECT para ver si tu cerebro está dañado.*

Los dragones de las celebraciones

Es extraño celebrar todas las fiestas con comida que nos matará antes de tiempo. ¿Qué puede parecer más festivo y simpático que los dragones de las celebraciones? Estas bestias promueven la alegría de las fiestas y la unión familiar, pero a menudo acaban provocando estrés, gastos excesivos y pensamientos suicidas. Son dragones que nos presionan para asistir a fiestas en las que nos animan a contagiarnos de ese espíritu jaranero comiendo en exceso y bebiendo demasiado alcohol. Pero sentirse hinchado y con resaca no tiene nada de alegre. Además, todos los anuncios de la tele y las publicaciones en redes sociales que muestran a familias celebrando fiestas juntas pueden hacerte sentir que tienes que pasar tiempo con parientes que no te caen bien o que no llevan una vida saludable. Puede que tú no tengas una de esas familias de postal, o tal vez ni siquiera tengas familia y esto te haga sentirte más sola o solo y te deprima.

Algunos de los dragones de las celebraciones más odiosos son esas empresas que promueven el espíritu de regalar, lo que se traduce en «comprarles» a ellos. Más de seis de cada diez personas afirman sentirse presionadas para gastar más de la cuenta durante las festividades, ya sea en regalos, eventos sociales, viajes o donaciones benéficas.[294] Los dragones de las festividades nos presionan para que comamos, gastemos y nos exijamos más de la cuenta. Y todo ello puede provocar estrés, soledad, depresión, ansiedad, aumento de peso y problemas en las relaciones.

ACTÚA CON MÁS ASTUCIA QUE LOS DRAGONES DE LAS CELEBRACIONES

1. Sé consciente de que las empresas están detrás de gran parte de la presión que suponen las fiestas.
2. Papá Noel, el conejo de pascua y el Tío Sam son personajes adorables y agradables, pero su mensaje real viene de las empresas.
3. Plantéate si las actividades relacionadas con las fiestas son buenas o malas para tu cerebro.
4. No aceptes recibir notificaciones sobre rebajas y promociones.
5. Haz un plan de actividades y gastos para las fiestas y síguelo a rajatabla.

PRÁCTICA DE HOY: *Organiza una fiesta saludable para el cerebro, con alimentos como verduras y hummus, brochetas de pollo y agua mineral con gas aderezada con rodajas de limón y lima.*

¿Tienes TDA/TDAH?

Muchas personas con TDA/TDAH no son conscientes de ello. Entonces, ¿cómo puedes saber si tú o alguno de tus seres queridos sufre trastorno por déficit de atención e hiperactividad (TDAH) o trastorno por déficit de atención (TDA)? Bien, responde a estas seis preguntas:

1. ¿Tienes poca capacidad de atención a menos que algo te interese mucho?
2. ¿Te distraes con facilidad?
3. ¿Te cuesta organizarte?
4. ¿Tienes tendencia a procrastinar?
5. ¿Eres una persona inquieta y te cuesta hacer cola o quedarte quieta cuando estás sentada?
6. ¿Tienes tendencia a meterte en líos por decir o hacer cosas que desearías no haber dicho o hecho?

Si has respondido que sí a tres o más de estas preguntas y tales síntomas interfieren en tu vida, es posible que tengas TDA/TDAH. Ahora hablemos un poco de cada síntoma. Las dificultades para mantener la atención se consideran uno de los principales signos del TDA/TDAH. Sin embargo, esta falta de atención no se da en todas las situaciones: en la mayoría de los casos, las personas con este trastorno tienen dificultades para mantener la atención cuando se trata de actividades cotidianas aburridas, como las tareas domésticas, el pago de facturas o las tareas escolares. Pero lo que puede confundir es que estas mismas personas quizá no tengan problema para prestar atención a cosas que les gustan de verdad, como los videojuegos, dibujar o nadar.

La facilidad de distracción es otro de los principales síntomas del TDA/TDAH; se da cuando la persona ve, oye y siente demasiado. El cerebro humano suele filtrar innumerables distracciones para que seamos capaces de centrarnos en lo más importante. En las personas con TDA/TDAH, sin embargo, ese filtro es más laxo, lo que permite que llegue a su conciencia más información externa. Esto explica por qué son personas muy conscientes de muchas cosas a la vez, como el picor de su jersey de lana, un pájaro que acaba de pasar o el zumbido de un ventilador de techo. La desorganización es otro rasgo común, sobre todo en lo que se refiere al espacio y a la puntualidad, cosa que puede volver locos a los demás. Desde una edad temprana, sus espacios personales (dormitorios, mochilas, escritorios, taquillas, etc.) suelen estar desordenados y descuidados.

Ahora bien, una de las principales cosas que hemos aprendido de nuestro trabajo con imágenes cerebrales es que el TDA/TDAH no es un trastorno único o simple. De hecho, existen siete tipos de TDA/TDAH, y cada uno presenta un conjunto único de síntomas que requiere un plan de tratamiento personalizado.[295]

PRÁCTICA DE HOY: *¿Cuántos de estos síntomas tienes? ¿Puedes ver alguno en algún ser querido?*

El TDA/TDAH sin tratar puede arruinarte la vida

Cuando el TDA/TDAH no se trata, las consecuencias pueden ser desastrosas. Este es uno de los problemas médicos más controvertidos de nuestro tiempo. Todo el mundo tiene una opinión al respecto: es un mito, una moda o una excusa para justificar el mal comportamiento. Hay que medicarse o no hay que medicarse. Sin embargo, cuando no se trata puede arruinar la vida de una persona y de sus seres queridos.

Algunas estadísticas sobre las personas con TDA/TDAH no tratado dan que pensar. Por ejemplo, el 38 % de las jóvenes con TDA/TDAH tienen embarazos no deseados, frente al 4 % de las que no lo padecen; hasta el 58 % de los niños y niñas con TDA/TDAH suspenden algún curso, y el 46 % son expulsados de la escuela. La investigación muestra que las personas con TDA/TDAH no tratado también son más propensas a fumar cigarrillos y a abusar del alcohol o las drogas. Y se han observado problemas para mantener relaciones sentimentales, inestabilidad laboral y conflictos paternofiliales. Y lo peor de todo es que el TDA/TDAH no tratado se asocia a un notable aumento de la tasa de mortalidad.[296]

Pero no se trata solo de estadísticas: nuestras clínicas están llenas de individuos que han tenido dificultades cada día de su vida en la escuela, con sus relaciones y en el trabajo. El terror íntimo y la vergüenza de estar fuera de control «un año tras otro tras otro» les desgarra a ellos y a todo su entorno.

Recibir un tratamiento ineficaz para el TDA/TDAH es muy caro, ya que la gente suele visitar a un especialista tras otro probando múltiples medicamentos. Y la sorprendente realidad es que muchos médicos no saben si sus pacientes tienen en realidad TDA/TDAH. E incluso, si lo saben, la mayoría desconoce qué lo causa y lo fácil que es tratarlo.

La buena noticia es que no tiene por qué ser así. En nuestras clínicas hemos visto a miles de pacientes experimentar mejoras espectaculares que han transformado su vida.

PRÁCTICA DE HOY: *¿Tienes TDA/TDAH o lo tiene alguien que conozcas? ¿Cómo ha impactado eso en tu vida o en la de esa persona?*

Puntos fuertes de las personas con TDA/TDAH

Las personas con TDA/TDAH suelen tener ideas creativas. Yo empiezo todas mis charlas sobre este trastorno hablando de los numerosos puntos fuertes de las personas que lo padecen, entre los cuales están la creatividad, la curiosidad y la espontaneidad. Mucha gente brillantes y que ha obtenido grandes logros tiene TDA/TDAH. Por ejemplo, se cree que Thomas Edison lo padecía, y al nadador olímpico Michael Phelps se lo diagnosticaron. También el *quarterback* del Salón de la Fama Terry Bradshaw, el ganador de varios premios Grammy Justin Timberlake y el fundador de JetBlue, David Neeleman, han hablado abiertamente en algunas entrevistas sobre su TDA/TDAH. Las personas con este trastorno suelen tener ideas creativas y asumen riesgos de manera natural, lo que explica por qué es tan habitual entre los emprendedores. Los rasgos positivos asociados al TDA/TDAH también pueden ser una ventaja para artistas, comerciales y creativos.

En las Clínicas Amen hemos examinado a conciencia el cerebro de numerosas personas que trabajan respondiendo a emergencias y hemos hallado en ellos un alto índice de TDA/TDAH. Tiene sentido que las personas que lo padecen más propensas a correr hacia una situación peligrosa en lugar de huir de ella. Además, tienden a elegir trabajos muy estimulantes, porque necesitan excitación o situaciones dramáticas que capten su atención.

En una entrevista para la revista *ADDtitude*, Neeleman afirmó que el TDA/TDAH es en realidad un arma de doble filo: por un lado, te puede resultar difícil concentrarte, tener tus cosas en orden y ser capaz de empezar y terminar una tarea. Pero, por otro lado, a él lo ha hecho más creativo, enérgico y dispuesto a asumir riesgos. «Yo sabía que tenía cualidades que otros no tenían. [...] Tengo la capacidad para sintetizar hechos complejos y llegar a soluciones sencillas. Puedo observar un sector con múltiples problemas y decir: "¿Cómo puedo hacerlo mejor?" Mi cerebro con TDA/TDAH busca de forma natural mejores formas de hacer las cosas».[297] Al igual que otros emprendedores de éxito a los que he tratado por este trastorno, Neeleman toma medidas para contrarrestar sus efectos negativos, como contar con un asistente que gestione su agenda.

PRÁCTICA DE HOY: *Piensa en alguien que conozcas con TDA/TDAH y hazle saber que valoras sus cualidades.*

Cuanto más te esfuerzas, peor

Tener TDA/TDAH es como necesitar gafas. Sally fue la primera paciente a quien le hice un escáner. Ingresó en el hospital por haber tenido pensamientos suicidas tras una pelea con su marido. A medida que la iba conociendo, observé en ella algunos signos de TDA/TDAH. Pese a ser muy inteligente, no había rendido lo suficiente en la escuela y dejó la universidad. Además, el TDA/TDAH muchas veces es hereditario, y ella tenía un hijo hiperactivo.

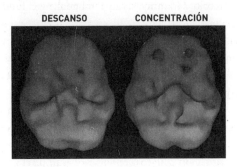

DESCANSO   CONCENTRACIÓN

Cuando puse las imágenes encima de la mesa en su habitación del hospital y se las expliqué, se echó a llorar. Llevaba muchos años pensando que sus problemas eran un defecto de carácter, no una cuestión médica. Para ilustrárselo, me metí la mano en el bolsillo y saqué unas gafas. A continuación, le expliqué que las personas que padecen TDA/TDAH no son diferentes de las que necesitan corrección visual. ¿Alguien diría alguna vez que quien necesita lentillas o gafas es alguien perezoso, o que lo que tendría que hacer es esforzarse más para ver? ¡Por supuesto que no! Pues a las personas con TDA/TDAH les ocurre algo parecido: la actividad en la parte frontal de su cerebro disminuye con la concentración, cuando se supone que debería aumentar. Por tanto, para poder concentrarse necesitan estrategias que activen su cerebro.

De hecho, como podemos ver en las imágenes, cuanto más se esfuerzan, peor. Esto ayudó a Sally a dar sentido a su vida. Con el tratamiento adecuado fue capaz de concentrarse y esto la cambió en muchos aspectos. Por fin obtuvo su título universitario, la relación con su marido y su hijo mejoró, y dejó de verse como una fracasada; empezó a considerarse alguien que necesitaba ayuda por un problema médico. Cuando entiendes el TDA/TDAH de esta manera te das cuenta de que no tratarlo equivale a quitarle las gafas a alguien que no ve. Y eso no es justo.

PRÁCTICA DE HOY: *Cada vez que veas a alguien con gafas piensa en la analogía con el TDA/TDAH.*

El TDA/TDAH en mujeres

Muchas veces no se diagnostica a las niñas con TDA/TDAH porque no atraen tanta atención negativa. Esta situación es mucho más habitual de lo que la gente piensa. Los médicos suelen referirse a dos tipos de TDA/TDAH: (1) una combinación de síntomas tanto de falta de atención como de hiperactividad y (2) síntomas relacionados sobre todo con la falta de atención, sin hiperactividad ni demasiada impulsividad. Los hombres suelen padecer el primer tipo, que puede llegar a ser muy molesto, y por eso los diagnostican. En cambio, las mujeres suelen padecer más el segundo, con lo que sufren en silencio pasando dificultades en la escuela, en el trabajo y en sus relaciones.

En la mayoría de los casos, el TDA/TDAH está asociado a un nivel bajo de actividad en el córtex prefrontal. Las mujeres que lo padecen suelen ser sensibles al ruido, con lo que tal vez tengan que dormir con tapones o con un ventilador encendido por la noche para no oír todos los ruidos de la casa. Es posible que sufran, además, problemas sexuales debido a su facilidad para distraerse. Porque ¿qué hace falta para llegar al orgasmo, aparte de un amante decente? ¡Atención! Hay que prestar atención a la sensación el tiempo suficiente para que suceda. En definitiva, tratar el TDA/TDAH puede haceros a ti y a tu pareja mucho más felices. Las mujeres que lo sufren también buscan a veces el conflicto como forma de activar su cerebro, por lo que tienden a meterse con las personas a las que aprecian. ¿Conoces a alguien así?

Mary se crio en los años cincuenta, y por aquel entonces no se sabía nada sobre el TDA/TDAH. No le iba bien en el colegio y las monjas le pegaban por contestar, distraerse y ser incapaz de concentrarse. De adulta pasó por muchas relaciones. Sin embargo, pese a sus dificultades montó un negocio de gran éxito fabricando productos para mascotas, pero a menudo discutía con su hermano —diagnosticado de TDA/TDAH—, que trabajaba con ella. Ya he comentado que este trastorno suele ser hereditario. Al final, el tratamiento de ambos supuso un gran cambio para ellos en lo personal; pero, además, dejaron de quejarse el uno del otro y el negocio fue mucho mejor. De modo que, si tú o alguien de tu entorno tiene alguno de estos síntomas, es mejor someterse a un examen cerebral. Los medicamentos pueden ayudar, igual que las soluciones naturales como una dieta más rica en proteínas, el ejercicio y determinados suplementos como el aceite de pescado EPA.

PRÁCTICA DE HOY: *Si crees que puedes tener TDA/TDAH, haz nuestro test en addtypetest.com*

Nuestro guerrero del cerebro Jarrett y un punto de vista nuevo sobre el TDA/TDAH

Cuando alguien esté pasando el peor día de su vida, yo quiero arreglarlo. A Jarrett le diagnosticaron TDA/TDAH en la escuela infantil. Su madre decía que funcionaba «con un motor demasiado revolucionado»: era hiperactivo, inquieto, impulsivo, tenía verborragia y no podía concentrarse. Tampoco dormía, e interrumpía a todo el mundo todo el tiempo. No tenía amigos, ya que sus compañeritos de clase lo evitaban, y los otros padres mantenían a sus hijos alejados de él. Su maestro de tercero sentenció que nunca le iría bien en los estudios, y previno a sus padres para que rebajaran sus expectativas. Ya había visitado a cinco médicos y le habían recetado cinco medicamentos estimulantes diferentes para su TDA/TDAH. Todos ellos le hacían estar peor, provocándole cambios de humor y terribles ataques de ira. Hacía agujeros en las paredes de su casa y asustaba a sus hermanos. Su comportamiento había empeorado tanto que su último médico quería recetarle un antipsicótico. Fue entonces cuando su madre nos lo trajo.

El escáner SPECT de Jarrett mostraba una clara hiperactividad exagerada en un patrón al que llamamos «anillo de fuego». No es de extrañar que los estimulantes no funcionaran; aquello era como echar gasolina al fuego. Nuestras investigaciones publicadas muestran que este patrón empeora con estimulantes el 80 % de las veces.[298] Resultó que Jarrett también tenía la enfermedad de Lyme, que es probable que fuera lo que estaba desencadenando la hiperactividad en su cerebro. A partir de entonces, con una serie de suplementos naturales para calmar su cerebro, el tratamiento de la enfermedad de Lyme, formación para sus padres y unos hábitos pautados saludables para el cerebro, el comportamiento de Jarrett mejoró de forma espectacular: sacaba notas más altas, cesaron las rabietas y pudo hacer amigos. Llegó a estar en el cuadro de honor del colegio diez años seguidos. En el momento de escribir este libro le va muy bien en la universidad y está en el equipo de waterpolo. Tiene planes para ser bombero, porque, tal como me dijo: «Cuando alguien esté pasando el peor día de su vida, yo quiero arreglarlo». Después de tanto buscar, sus padres están agradecidos por haber descubierto el tratamiento adecuado para él, que ha cambiado por completo el curso de su vida. No se sabe qué le habría deparado el futuro a Jarrett si hubiera seguido su camino anterior.

PRÁCTICA DE HOY: *Si las terapias estándar para el TDA/TDAH no te están funcionando, averigua si puede haber otras causas para tus síntomas, como la enfermedad de Lyme.*

¿Siempre está mal medicar el TDA/TDAH?

Mi propia hija pasó de ser mediocre y odiarse a sí misma a sacar sobresalientes durante diez años, y lo logró medicándose para tratar su TDA/TDAH. En lo que respecta a este trastorno —una de mis principales áreas de especialización—, en nuestra sociedad existe un gran prejuicio negativo contra la medicación. He oído a innumerables padres decir: «No voy a drogar a mi hijo», «Si tomas esta droga no serás creativo», «No serás tú misma». El problema es que la mayoría de médicos asumen que el TDA/TDAH es una sola cosa, por lo que empiezan a dar a todo el mundo la misma clase de medicamentos: estimulantes como el Ritalin o el Adderall. Y es cierto que ayudan a muchas personas, pero también empeoran a muchas otras. Abundan tanto historias «milagrosas» como de «terror» sobre los estimulantes.

Mi propia hija fue capaz de mejorar sus notas tomando medicación estimulante para optimizar el bajo nivel de actividad en su córtex prefrontal, y más tarde fue aceptada en una de las mejores facultades de veterinaria del mundo. La medicación estimulaba sus lóbulos frontales, dándole así más acceso a sus propias capacidades, lo que también mejoró su autoestima. Por otro lado, tengo un paciente que me derivaron porque experimentó tendencias suicidas a raíz de tomar Ritalin. Su cerebro ya era hiperactivo de por sí, así que estimularlo solo le provocó más ansiedad y malestar. El problema es, como digo, que a veces los médicos asumen que todas las personas con los mismos síntomas presentan idénticos patrones cerebrales, lo cual no es cierto y conduce de manera directa al fracaso y la frustración. Resulta imprescindible examinar el cerebro para determinar el tipo exacto de TDA/TDAH y su mejor tratamiento.

PRÁCTICA DE HOY: *Si te preocupa que tu hija o hijo tome medicación para el TDA/TDAH, dedica un rato a informarte sobre sus pros y contras.*

Pensar en el futuro

¿Te gustan los abogados? Engañar en el momento es fácil, ya sea sobre tu salud, con tus impuestos, a tu jefe o a tu pareja. Pero piensa si tu comportamiento es coherente con tus objetivos a largo plazo. ¿Qué tipo de carácter deseas? Adecuar tu comportamiento a tus objetivos es una de las funciones del córtex prefrontal.

En una ocasión, fui a comer con un buen amigo que tenía problemas matrimoniales. Yo sabía que Chuck tenía TDA/TDAH y sufría problemas en casa con su mujer y sus hijos. Como de costumbre, me empezó a hablar de sus problemas. Su mujer estaba teniendo dificultades con una de las hijas, que se mostraba desafiante. Entonces, de repente, su expresión cambió: se le iluminaron los ojos, su tono se volvió más animado y susurrante… y me habló de una mujer a la que había conocido hacía poco en un avión. Era guapa, inteligente e interesante; y, al parecer, él le gustaba mucho. Incluso había ido a visitarle a su oficina. En cuanto empezó a hablar de ella, le interrumpí.

—Chuck, ¿te gustan los abogados?

—¿Qué quieres decir? —inquirió sorprendido.

—Piensa en todo lo que puede pasar. Tienes problemas en tu matrimonio, conoces a esa mujer tan atractiva y que parece estar interesada en ti. Ha estado en tu oficina, incluso. El siguiente paso (si no ha ocurrido ya) es acostarte con ella. Entonces tu mujer probablemente lo descubrirá. Tienes TDA/TDAH, con lo que no se te da muy bien ocultar las cosas. Ella tiene un giro cingulado ardiente, de modo que no te perdonará jamás; te pedirá el divorcio, gastarás un montón de tiempo y dinero en abogados, te odiarás por hacer pasar a tu familia por esto, dentro de un año habrás perdido la mitad de tu patrimonio y verás a tus hijos solo el fin de semana.

—¡Vaya! —musitó Chuck con aspecto desanimado—. No lo había visto así.

—Esto es lo que tu córtex prefrontal hace por ti: anticipa lo que puede pasar.

Por fortuna, Chuck no volvió a llamar a aquella mujer. Asegúrate de que tus decisiones cultivan la honestidad y la integridad. Piensa bien lo que haces más allá del momento y asegúrate de mantener sano tu córtex prefrontal.

PRÁCTICA DE HOY: *Piensa en dos decisiones que hayas tomado hoy y pregúntate si te están dando lo que quieres en cuanto a tus relaciones, tu trabajo, tu dinero o tu salud.*

Mantener la calma en situaciones de estrés

¿Eso es un tic o es que no te gusta mi clase? El córtex prefrontal nos ayuda a pensar y supervisar nuestras conductas extrañas. La gente que padece el síndrome de Tourette (ST) experimenta impulsos incontrolables de mover los músculos (tics) o de decir lo primero que le pasa por la cabeza. Estos individuos pueden controlar sus impulsos un rato, pero, igual que la tensión de una goma elástica a punto de soltarse, estos crecen hasta que no hay más remedio que liberarlos. El ST está clasificado como un trastorno que provoca tics motores (movimientos musculares) y vocales (vocalizaciones). Ejemplos de los primeros son alzar los hombros, mover las piernas, empujar las caderas, parpadear de forma excesiva, elevar las cejas, hacer muecas, sacudir la cabeza, dar puñetazos e incluso hacer gestos sexuales. En cuanto a los ejemplos de tics vocales, algunos son resoplar, soplar, carraspear, silbar, hacer ruidos de animales (ladrar, mugir, cacarear) o decir palabrotas (lo que se denomina «coprolalia»).

He trabajado con muchos pacientes con ST, pero jamás me he sentido tan desarmado como cuando di una charla para la Tourette Syndrome Foundation de Canadá (ahora conocida como Tourette Canada) ante 400 personas con trastornos generadores de tics. Deja que te ponga en situación: imagina lo que es hablar en una tarima mientras cientos de personas del público gruñen, mugen y hacen muecas. Créeme, puede llegar a desconcertarte. Me suelo sentir muy cómodo hablando ante grupos grandes, pero aquella vez me estaba distrayendo mucho. Entonces alguien dijo una palabrota. *¡Zas!* Me dolió. Después de oír el mismo improperio por tercera vez al final tuve que detenerme a mitad de la charla y preguntarle a aquella persona si es que no le estaba gustando mi intervención.

«Solo es un tic», alegó el hombre con cierta timidez. Piénsalo bien: si un experto en salud cerebral como yo se llega a enfadar por los tics de alguien, imagina cómo pueden malinterpretarlos sus amistades, parientes y colegas. No es de extrañar que las relaciones sean difíciles para las personas con ST. Por suerte, muchos pacientes con este trastorno responden bien a tratamientos como la terapia conductual, los cambios en el estilo de vida, tomar nutracéuticos y medicarse (cuando es necesario).

PRÁCTICA DE HOY: *Piensa en una situación estresante que tengas que afrontar en los próximos días, como dar un discurso, e intenta recrear esa situación de presión practicando delante de otras personas para familiarizarte con la sensación de incomodidad.*

¿Seguiré siendo divertida si recibo tratamiento para mi cerebro?

Su escáner parecía el de una persona diez años mayor. He tenido la suerte de atender en mi consulta a muchas personas de éxito, desde músicos a deportistas, actores o grandes empresarios. A muchas de ellas les preocupa que, si consiguen un cerebro sano, eso les quite personalidad. ¿Les restará creatividad? ¿Les hará aburridos?

Eso es justo lo que la cómica y monologuista Jessimae Peluso quiso saber cuando vino a verme. Me preguntó: «¿Y si mi cerebro defectuoso es lo que me hace graciosa?».[299] Jessimae se ha pasado la vida lidiando con sus problemas de atención. En la escuela era lista, pero la liaba constantemente. «Tenía un pupitre fijo en el pasillo —admite—. Volvía locos a los profesores, porque estaba más preocupada por entretener y decir todo lo que me pasaba por la cabeza». Ahora, como adulta, quiere ser capaz de avanzar con sus proyectos sin un millón de interrupciones. En la vida cotidiana «he hecho mil cosas, pero nunca he terminado lo que me había propuesto».

Esta humorista nunca había pensado mucho en la salud de su cerebro hasta que su padre desarrolló alzhéimer. Señalándose la cabeza, añadió: «No me gustaría en absoluto tener a ese huésped aquí arriba». Su escáner mostró poca actividad en el córtex prefrontal, y tal vez esa fuera la causa de sus síntomas de TDA/TDAH. También tenía unos surcos que indicaban toxicidad.

Jessimae comentó: «Guau, parece una vista aérea de Arizona». Luego admitió que era una ávida fumadora de hierba. Pero bueno, su escáner no era precisamente para reírse: su cerebro parecía el de una persona diez años mayor, y tuvo claro que quería mejorar su salud. Pero entonces se preguntó: «¿Cómo me afectará en mi carrera de humorista?».

Le aseguré que tener un cerebro mejor le haría «ser» mejor, la convertiría en una artista más consistente y hábil en el aspecto empresarial. Para terminar, sentencié: «Seguirás siendo capaz de ver las cosas de una forma poco habitual, ¿de acuerdo? Eso es lo que te hace divertida, pero podrás terminar lo que empiezas. […] Y con el tiempo y un cerebro más sano, serás más feliz en general».

PRÁCTICA DE HOY: *Si tienes dudas sobre la opción de equilibrar tu cerebro porque crees que esto te convertirá en una persona aburrida, toma nota de todas las formas en las que un cerebro sano puede ayudarte a alcanzar tu máximo potencial.*

Cómo alimentan la vergüenza los trastornos del aprendizaje: nuestro guerrero del cerebro Lewis Howes

«Me he sentido estúpido casi toda mi vida». El exjugador profesional de fútbol americano Lewis Howes, que presenta el popularísimo pódcast *The School of Greatness* («Escuela de grandeza»), parece tenerlo todo. Pero compartió conmigo que no siempre se siente una persona de éxito. De hecho, este autor de bestsellers y emprendedor confiesa que «Me he sentido tonto casi toda mi vida».[300] Lewis tenía dificultades en la escuela, donde siempre era de los últimos de la clase. Tenía un profesor particular y asistía a clases de refuerzo para alumnado con necesidades especiales durante el recreo y después de clase, pero por mucho que lo intentara seguía sacando suficientes e insuficientes. Al llegar a octavo tenía un nivel de lectura de segundo, y los responsables del centro querían que repitiera curso. Fue un golpe para su autoestima. «[Aprender] siempre era estresante y agotador», dice Lewis. Al final, pensó: *¿Para qué intentarlo?* Como resultado de su constante retraso académico respecto a sus compañeros, tuvo problemas de autoconfianza, inseguridad y ansiedad que le duraron hasta la veintena.

Los trastornos del aprendizaje engloban una serie de problemas que repercuten de forma negativa en el rendimiento académico. Entre los más comunes figuran los que tienen que ver con la lectura, la escritura, la ortografía, el habla o las matemáticas. Cerca del 24 % de los jóvenes con un trastorno específico del aprendizaje experimenta ansiedad grave, el 14 % lucha contra la depresión y muchos otros tienen baja autoestima, que puede derivar incluso en pensamientos suicidas.[301] Según un estudio al respecto, los adultos con trastornos del aprendizaje tienen un 46 % más de probabilidades de intentar suicidarse.[302]

Con ayuda de la psicoterapia, talleres y otras experiencias terapéuticas, Lewis ha podido superar sus problemas de aprendizaje y ha acabado dirigiendo un gran negocio e influyendo a millones de personas. La gran noticia es que, con diagnóstico y tratamiento adecuados, los trastornos del aprendizaje son tratables, en especial mediante la mejora de la función cerebral.

PRÁCTICA DE HOY: *Si tienes un hijo o hija con algún trastorno del aprendizaje, no esperes para buscar ayuda.*

Raven-Symoné y el síndrome del burrito: cómo se vive la depresión

Cuando uno quiere envolverse en sí mismo y esconderse del mundo. Raven-Symoné se ganó la fama de ser una de las mayores estrellas infantiles de todos los tiempos, y de adulta ha seguido haciendo reír al público con *Vuelve Raven*. Pero se sinceró conmigo sobre la depresión, la ansiedad y la irritabilidad que había en su vida. Hay momentos en los que entra en su cerebro y no puede decir ni una palabra, ni expresarse de ningún modo. Ella lo llama «hacerse un burrito».[303] Es una gran expresión para describir algo que experimentan muchas personas con depresión: la idea es querer envolverse en uno mismo y esconderse del mundo. ¿Cómo puedes saber si tienes el «síndrome del burrito»? Fíjate en las señales.

1. **Te vuelves como un ermitaño.** Te hundes en el desánimo y te apartas de tus seres queridos. Cuando intentan ofrecerte apoyo o te piden que hables de lo que sientes, te cierras en banda. Pero ten en cuenta que cuanto más solo o sola te sientas, más te deprimirás.

2. **Duermes demasiado (o muy poco).** La depresión suele venir acompañada de problemas de sueño. Es posible que duermas más de lo habitual, que te acurruques en la cama y te eches varias siestas a lo largo del día.

3. **No tienes energía.** Te llegas a olvidar de cosas como salir a cenar con los amigos. Puede que no seas capaz de motivarte para ir hasta el buzón o a la cocina y ponerte a cocinar.

4. **Padeces dolores y molestias.** La depresión puede manifestarse con síntomas físicos como dolor de espalda, articular o de cabeza.

5. **Contestas mal a los demás.** Envolverte en tu propia miseria puede provocar ira e irritabilidad. Si tus seres queridos intentan sacarte de tu aislamiento, es probable que arremetas contra ellos. Esto puede llevar a que la gente te evite, lo que contribuirá aún más a tu aislamiento social.

La depresión es un trastorno muy tratable. Para superarla, o librarte del «síndrome del burrito», busca ayuda. Además, fuérzate a reconectar con los demás, trabaja para solucionar tus problemas de sueño y sal a pasear, porque se ha demostrado que ayuda a aliviar la depresión.

PRÁCTICA DE HOY: *Si has estado haciendo el burrito, quítate ya el pijama.*

Superar el dolor persistente del acoso

Curarse del trauma de la gente cruel. A ojos de algunas personas, Nikki Leigh lo tiene todo: es una hermosa actriz y modelo, presenta «Positivity Time» («Hora de la positividad») en Instagram y tiene millones de seguidores en las redes sociales. Pero no siempre fue tan popular. De hecho, me explicó que había sufrido acoso en los primeros cursos de secundaria. «No tenía amigos, me sentía supersola... y me pegaban».[304] Ella intentaba con desesperación que esa gente a la que no le gustaba cambiara de opinión sobre ella y se hiciera amiga suya, pero no funcionaba. El acoso llegó a ser tan intenso que un día le dijo a su madre que ya no quería vivir más. Nikki explica: «Ella se rompió y yo no fui consciente de por qué [hasta más tarde]... Su propio padre se había suicidado».

El escáner de Nikki mostraba hiperactividad en sus centros emocionales, siguiendo un patrón en forma de diamante habitual en personas con traumas del pasado. Ser impopular —cosa que nos ha pasado a mucha gente— puede provocar efectos de gravedad, como altos niveles de ansiedad, depresión, tendencias suicidas y problemas de salud física.

Nikki empezó «Positivity Time» durante la pandemia para ayudar a las personas que sabía que estaban sufriendo. Ella sabe lo que es pasarlo mal, así que enseña a los demás a expresar gratitud y comparte actos aleatorios de amabilidad con su audiencia. Por supuesto, Nikki centra ahora sus energías en ser más optimista.

La ciencia nos explica por qué sus estrategias son tan útiles. La práctica del sesgo de positividad ha demostrado servir para superar la negatividad, la baja autoestima y otros problemas, aunque se incrustaran en la psique durante los años escolares.[305] Entrenar este sesgo consiste básicamente en buscar de forma activa lo positivo de la vida: darte cuenta de lo que te gusta más que de lo que no te gusta, expresar gratitud y cambiar tu forma de pensar. Con estas técnicas, gozarás de la posibilidad de dejar atrás décadas de sentirte mal contigo. Y cuando te sientas más feliz y tengas más seguridad y autoconfianza, también será más probable que adoptes hábitos saludables que beneficiarán aún más a cuerpo y cerebro. Ya lo ves, todo son ventajas.

PRÁCTICA DE HOY: *Menciona dos cosas por las que puedes tener una actitud positiva ahora mismo.*

Pensar en el suicidio

Toda mi vida he estado rodeado de suicidio. Una de mis tías se suicidó, como hicieron también el padre biológico de mi hijo adoptivo y el padre de mi yerno. No obstante, mi primer encuentro con el suicidio (y el más doloroso) lo tuve en 1979, cuando estudiaba segundo de Medicina y una persona a la que quería intentó quitarse la vida. Por fortuna, sobrevivió al intento y la llevé a un magnífico psiquiatra. Con el tiempo, me di cuenta de que, si ese psiquiatra la había ayudado (cosa que hizo), no solo la habría ayudado a ella, sino también a sus hijos, a sus seres queridos e incluso a sus nietos, puesto que habrían tenido la influencia de una persona más feliz y estable. Me enamoré entonces de la psiquiatría porque me percaté de su potencial para ayudar a generaciones y generaciones de personas.

El dolor que provoca el suicidio no se parece al de ninguna otra pérdida, porque la gente lo ve como una elección más que como el resultado de una enfermedad. Cuando alguien muere por una enfermedad cardíaca es triste, pero en general no se le culpa. Con el suicidio es distinto. A mis pacientes con pensamientos destructivos les digo que el suicidio es «una solución permanente a un problema o sentimiento temporal». La mayoría de las veces, ese pensamiento desaparece al mejorar el estado de ánimo o cesar la crisis. Además, les digo que dejen de beber y de consumir drogas, porque esto puede «quitarles el freno» y que acaben haciendo algo permanente que perjudique a su sistema familiar al completo. También dejo claro a mis pacientes que, si tienen hijos y se suicidan, les estarán enseñando que esa es una forma adulta de resolver los problemas; sus hijos tendrán entonces un 300 % más de probabilidades de suicidarse.[306] Estas advertencias suelen ayuda a mis pacientes a modificar su postura.

Tener un cerebro con problemas aumenta, desde luego, el riesgo de suicidio. Las investigaciones al respecto han demostrado, por ejemplo, que sufrir una sola conmoción *triplica el riesgo de suicidio.*[307] Nuestro trabajo con imágenes cerebrales revela que aquellas personas que han intentado suicidarse tienen poca actividad en el córtex prefrontal. Gozar de un cerebro sano reduce, por tanto, de forma drástica el riesgo de pensamientos y comportamientos suicidas.

PRÁCTICA DE HOY: *Si alguien que conoces ha tenido pensamientos suicidas, anímale a fortalecer su CPF para reducir la impulsividad, y anímale también a que deje de beber.*

Deja de aporrearte

La acumulación de tensiones es lo que causa la mayoría de los problemas psiquiátricos.
En una ocasión estuve en el programa *Dr. Phil* para hablar sobre Ridge, un hombre
de 25 años que mostraba un comportamiento psicótico. Antes de empezar a hablar,
el Dr. Phil hizo que le trajeran al plató un maniquí de goma llamado Century Bob. El
doctor tenía un bate de béisbol en las manos. Antes del programa, habíamos hablado
de la «acumulación de tensiones» que contribuía a las conductas erráticas de Ridge.
A este le habían diagnosticado varios trastornos psiquiátricos, entre ellos esquizofrenia, trastorno bipolar 1, depresión y psicosis inducida por el consumo de sustancias.
El Dr. Phil le dijo a la madre de Ridge y a la audiencia que los problemas del mucha-
cho eran el resultado de múltiples agresiones.

A continuación, explicó que Ridge jugaba como defensa en el equipo de fútbol
americano del instituto y sufrió varias conmociones; como resultado de alguna de ellas
quedó incluso inconsciente. Para ilustrarlo, el Dr. Phil golpeó varias veces la cabeza
del maniquí. *¡Plas, plas, plas!* Luego Ridge fue a la facultad y empezó a experimentar
con drogas (el Dr. Phil volvió a golpear el maniquí). Empezó a tomar una marihuana
sintética conocida como K2, que es cien veces más potente que la natural y está llena
de sustancias químicas tóxicas. *¡Plas, plas, plas!* Ingresó en una hermandad donde le
hicieron novatadas, le asfixiaron y quizá llegó a sufrir una lesión cerebral anóxica (falta
de oxígeno) que le causó traumas emocionales y físicos. *¡Plas, plas, plas!* Desarrolló
tics, empezó a oír voces y tuvo varias hospitalizaciones psiquiátricas y arrestos. *¡Plas,
plas, plas!*[308]

Aquella forma de ilustrarlo me pareció brillante, porque ayudaba a explicar el
concepto de acumulación de tensiones. Existen muy pocos problemas psiquiátricos
que tengan una sola causa o causas sencillas; a menudo afectan a dos o más de los
cuatro círculos de la salud y la enfermedad (biológico, psicológico, social y espiritual).
Recuérdalo: para estar bien hay que abordar todas las tensiones acumuladas.

He aquí otro ejemplo: mi madre se rompió la cadera en otoño de 2019. Fue un
buen *¡plas!* Tuvo que dejar de jugar al golf, cosa que había hecho durante sesenta años.
¡Plas! En enero de 2020, contrajo herpes zóster. *¡Plas!* En marzo de ese año, tanto ella
como mi padre fueron hospitalizados por COVID. *¡Plas, plas!* En mayo, mi padre murió. *¡Plas, plas, plas!* Después de aquel porrazo, la personalidad de mi madre cambió:
se volvió mucho más irritable y temerosa. Está claro que ya no era la de siempre. Tuve
que intervenir, pero su malestar no lo había causado un único factor. Había múltiples
¡plas!

PRÁCTICA DE HOY: *Nombra dos o tres tensiones acumuladas que impacten en tu cuerpo y
tu cerebro cada día.*

DÍA 357

Nuestro guerrero del cerebro Trent Shelton: conoce tu cerebro, conócete mejor

Esto me ayuda a atar cabos. Trent Shelton es un exjugador profesional de fútbol americano que ahora inspira a millones de personas con sus libros, conferencias motivacionales y pódcast. Ha emprendido un viaje de autoexploración y desarrollo personal desde que su carrera futbolística terminara de forma prematura tras sufrir una conmoción cerebral. En los años transcurridos desde entonces, ha hecho un trabajo de introspección para mejorar su vida y ha animado a otras personas a hacer lo mismo. Pero había algo que Trent aún no había visto: su cerebro. Él me dijo: «¿Cómo puedes conocerte si no conoces tu cerebro?». Sentía curiosidad por sus problemas de memoria a corto plazo, ansiedad social y falta de concentración. «Soy de hacer las cosas en el último momento», admitió con una sonrisa.[309]

El escáner de Trent nos dio algunas pistas sobre sus preocupaciones: mostraba signos de haber sufrido un traumatismo craneoencefálico, tal vez por los múltiples golpes en la cabeza que recibió como receptor en la universidad y en la NFL. También se observaba una disminución del flujo sanguíneo en el córtex prefrontal, algo habitual en las personas con tendencia a posponer las cosas, a no cumplir los plazos o a llegar tarde. Los individuos con este patrón cerebral suelen necesitar un poco de estrés para motivarse; por ejemplo, que su pareja les diga sin rodeos que van a llegar tarde. Esto ayudó a Trent a entender por qué hacía las cosas en el último momento y cómo algunas formas sencillas de aumentar la concentración podían beneficiarle. También observamos un nivel alto de actividad en su cerebro emocional, lo que incrementaba el riesgo de ansiedad y depresión. Trent había perdido a un amigo por suicidio y recientemente había fallecido su madre.

Para Trent, contemplar su cerebro fue muy útil. «Le estoy viendo el sentido —me dijo—. No siento que haya nada malo en mí, por mis pensamientos o por cómo me sentía antes. Veo mi cerebro y lo comprendo, y digo: "De acuerdo, esta es la razón". Y eso me ayuda a atar cabos».

PRÁCTICA DE HOY: *Escribe una o dos cosas raras o extravagantes sobre ti e investiga cómo tu cerebro puede contribuir a ellas.*

DÍA 358

¿Podemos hacer trampas algún día?

¿Le permitirías a un alcohólico o a un adicto al sexo hacer trampas algún día? Si estás intentando seguir un plan de salud cerebral, tal vez te preguntes si puedes permitirte saltártelo un día a la semana. La idea de contar con un día libre como parte aceptable de una dieta saludable es tan habitual que hay casi 4 millones de publicaciones en Instagram con la etiqueta #cheatday («día de hacer trampas») acompañando fotos de comidas tramposas como rollos de canela, patatas fritas o tazas de mantequilla de cacahuete llenas de galletas Oreo. Yo no soy nada fan de los días para hacer trampas, creo que son el primer paso hacia el fracaso, y te voy a explicar por qué. También te enseñaré una forma mejor de hacer trampas que no te atormentará.

Para mucha gente, la idea de permitirse un día para hacer trampas consiste básicamente en consumir cantidades ilimitadas de dulces azucarados, alimentos llenos de carbohidratos, como la pizza, o alcohol. Pero todos ellos pueden alterar al cerebro de muchas formas que nos hacen más vulnerables a recaer en patrones alimentarios poco saludables. *Porque provocan antojos.* Recuerda que el azúcar libera dopamina en la misma área del cerebro que la cocaína o la heroína. Los postres están llenos de azúcar, y los carbohidratos refinados, como la masa de pizza o las bebidas alcohólicas, se convierten en azúcar al entrar en el cuerpo. Por tanto, abusar de los dulces reaviva esas zonas y puede hacer regresar los antojos, lo que te dificultará superar el resto de la semana de forma saludable.

Es mejor aspirar a sentirnos realmente bien con nuestra dieta el 90 o 95 % del tiempo. Esto significa que, en lugar de darte un día para hacer trampas, es mejor hacerlas solo una comida a la semana. Así es mucho menos probable que te predispongas al fracaso. Aun así, incluso en esta comida sigue la regla de los tres bocados: si de verdad te apetece un *baklava* casero (¡a mí me encanta!), toma solo tres bocados; saciará tu deseo de algo dulce sin que tu cerebro se vuelva loco con los antojos, sin perder el control de los impulsos ni ponerte de mal humor. También dirás adiós al sentimiento de culpa o de fracaso.

PRÁCTICA DE HOY: *Valora tu actitud respecto a los días para hacer trampas y piensa qué tiene más valor, si el placer momentáneo o una salud cerebral duradera.*

Siete (malas) excusas para no buscar la ayuda que necesitas

¿Cuánto te cuesta tener un cerebro que no funciona de forma óptima? Recibir ayuda puede marcar una gran diferencia en la vida de cualquier persona con problemas de salud cerebral, pero el caso es que la gente busca mil excusas para no pedir cita con su médico. ¿Alguna de las siguientes excusas te está impidiendo buscar ayuda?

1. **Supone un estigma y es embarazoso.** Las personas fuertes, no las débiles, son las que buscan ayuda.

2. **Tienes demasiadas ocupaciones y no te queda tiempo para buscar ayuda.** Desde luego, supone una inversión de tiempo, pero con un cerebro mejor serás más eficiente y en última instancia dispondrás de más tiempo.

3. **Te sientes culpable porque otras personas están peor.** Aun así, si estás sufriendo, es tu responsabilidad cuidar de ti.

4. **La gente va a terapia para quejarse de su vida.** Eso es un ejemplo de mala terapia. Aprender a tener un mejor cerebro y gestionar tu mente deberían ser los temas centrales de una terapia, no limitarse a expresar quejas.

5. **Ya lo he probado y no funcionó.** La gente con éxito es persistente, en especial respecto a una nueva forma de pensar.

6. **El tratamiento es demasiado caro.** La enfermedad siempre sale mucho más cara, te lo aseguro: interfiere en el rendimiento escolar, en el trabajo, en las relaciones y en la salud, y todo esto puede ser devastador desde el punto de vista económico.

7. **No quieres que te juzguen.** En realidad, tal vez seas tú quien te está juzgando con mayor severidad.

A veces es duro dar el primer paso para conseguir la ayuda que necesitas, pero, con la información adecuada y perseverancia, sentirás, pensarás y actuarás de forma que sientas un auténtico orgullo por tu forma de actuar.

PRÁCTICA DE HOY: *Si tú o alguien a quien quieres tiene problemas de salud cerebral, visita amenclinics.com o busca ayuda por internet.*

Cuando cambiamos, es probable que los demás nos sigan

Haz cambios saludables para ti y tus seres queridos, y todo tu mundo empezará a cambiar, aunque quizá no de inmediato. Cuando yo era pequeño, mi padre no siempre me lo ponía fácil. Él era un hombre de éxito y emprendedor, dueño de una cadena de supermercados. También fue durante mucho tiempo presidente del consejo de administración de Unified Grocers, una empresa cuyo valor se situaba en torno a los 4000 millones de dólares. Cuando le dije que quería ser psiquiatra, me preguntó: «¿Y por qué no médico de verdad? ¿Por qué quieres ser médico de locos y estar todo el día con locos?». Cuando le animé a que prestara atención a la mejora de su salud, me habló con desprecio y me llamó «fanático de la salud». Se creía invencible, y a menudo decía: «Yo doy infartos, no los sufro».

Cuando tenía 85 años descubrieron que había moho en su casa. Como consecuencia, desarrolló una tos y una arritmia cardíaca que acabaron convirtiéndose en insuficiencia cardíaca. Estaba cansado, le faltaba el aire, no podía dormir y tuvo que dejar de conducir. Un día me miró y me dijo: «Danny, ¿qué puedo hacer? Estoy harto de estar enfermo». Tuve miedo de perderlo y le pedí que siguiera las mismas estrategias que he expuesto en este libro. Y aquí fue donde su terquedad dio frutos: hizo todo lo que le pedí. Evaluamos su cerebro. Empezó a enviarme mensajes con las etiquetas de los alimentos, comía muy bien el 95 % de las veces y tomaba suplementos específicos. Y entrenábamos juntos; empezamos con pesas muy ligeras, pero fuimos intensificando el ejercicio y en unos meses su energía se disparó; volvió a conducir y a trabajar a tiempo completo, perdió 18 kilos y empezó de nuevo a jugar al golf. Incluso era capaz de hacer una plancha durante 6 minutos.

Luego empezó a decirles a mis seis hermanos: «A tu hermano no le gustaría verte comer eso... ¿Qué diría tu hermano sobre esta decisión?». Estaban cansados de escuchar «Daniel esto, Daniel lo otro». Pero bueno, aquello compensó todos los años previos de menosprecio. Y la única razón por la que mi padre me pidió ayuda fue que yo «vivía el mensaje»; cuando eres un ejemplo de salud, es probable que muchas otras personas te sigan, aunque no siempre sea de inmediato.

PRÁCTICA DE HOY: *Pregúntate si estás siendo un ejemplo de salud o de enfermedad.*

Qué hacer cuando un ser querido se niega a recibir ayuda

Es imposible tener influencia sin conexión. Aquí te ofrezco siete ideas para motivar poco a poco a personas que se niegan a buscar ayuda:

1. **Usa «palabras mágicas» para iniciar la conversación.** Frases como «Estoy aquí para lo que necesites» o «Me preocupas» pueden abrir vías de comunicación con alguien que necesita ayuda.
2. **Escucha, no expliques.** Evita explicarle a la persona lo que «debería» hacer. Más bien deja que comparta contigo sus pensamientos y sentimientos, y sé buen oyente. Ayudarle a ser más consciente de sus problemas puede ser un paso importante en el proceso de curación.
3. **Céntrate en las conductas, no en la persona.** Cuando la conversación se centra en acciones concretas es menos probable que se perciba como un juicio o una acusación sobre el carácter o la personalidad de esa persona.
4. **Menciona la salud cerebral.** Transmítele la idea de que muchas conductas y sentimientos indeseados no son problemas «mentales», sino problemas de salud que pueden corregirse.
5. **Anticipa las objeciones.** La gente puede inventar una gran variedad de excusas para evitar buscar ayuda. Prepárate para ello y ofrécele todo el apoyo posible: cuidar a los niños, llevarlos al colegio, llamar tú para pedir hora, etc.
6. **Primero refuerza la relación.** La mayoría de la gente tiende a escuchar cuando se siente conectada con la otra persona. Asegúrate de que tienes una relación de confianza con esa persona antes de hablarle de buscar ayuda.
7. **Empieza a adoptar hábitos saludables para el cerebro.** No esperes a que la otra persona empiece su tratamiento para animarla a llevar un estilo de vida saludable para el cerebro. Y, sobre todo, no la dejes sola: anima a toda tu familia o a tu grupo de amistades a comer alimentos nutritivos, hacer ejercicio, meditar o rezar y adoptar otros hábitos saludables. Si lo hacéis en conjunto esa persona se mostrará más receptiva a los cambios.

PRÁCTICA DE HOY: *¿Conoces a alguien que tenga problemas con un familiar o amigo que necesite ayuda? Traza un plan para ayudarle.*

Cambiemos la B

Lo que nos dirige no son los acontecimientos ni las personas, sino la percepción que tenemos de ellos. A principios del siglo XX, una empresa envió a un vendedor de zapatos a África. Este regresó enseguida a casa tras darse cuenta de que la gente allí… no llevaba zapatos. Otra empresa envió más tarde a su representante a África para estudiar el potencial de la venta de zapatos. Esta vez, el negocio se disparó, porque el vendedor lo vio como una oportunidad: nadie había oído hablar de los zapatos, pero les encantó el concepto y aquel tipo vendió miles de pares. Así pues, si bien ambos vendedores se encontraron en la misma situación, su percepción fue muy distinta, igual que el resultado de sus viajes.

La cuestión es que tu percepción sobre un acontecimiento pesa más en mente que el acontecimiento en sí. El psiquiatra Richard Gardner se dio cuenta de que el mundo funcionaba como una especie de test de Rorschach —es aquel en el que se pide al paciente que describa lo que ve en diez manchas de tinta sin significado—; este permite que proyectemos nuestra experiencia interna en las manchas de tinta. Lo que se puede concluir de esto es que no siempre podrás cambiar las circunstancias, pero sí la percepción que tengas de ellas. Les suelo enseñar a mis pacientes a usar el modelo A-B-C para que sean más conscientes de cómo sus creencias influyen en sus percepciones.

MODELO A-B-C

A es el acontecimiento (qué ha pasado).

B es tu creencia (*belief*) sobre el acontecimiento (cómo lo interpretas).

C son las consecuencias de tu comportamiento (tu reacción ante el acontecimiento).

Esto es fundamental, porque los acontecimientos o lo que hacen los demás (A) no pueden «hacerte» pensar o comportarte de una determinada manera; es tu creencia o percepción de lo sucedido (B) lo que hace que respondas de una determinada manera (C).

Tomemos como ejemplo la vez que bostecé durante una sesión de terapia con un paciente. Él me preguntó si lo que me contaba me parecía aburrido. Le respondí que era importante que lo preguntara; el caso es que había pasado en vela casi toda la noche anterior por una urgencia y estaba cansado, pero lo que decía me parecía interesante. Es decir, mi bostezo era A, su interpretación de que me aburría era B, y preguntarme por ello era C. Por tanto, me alegré de que me preguntara por ese bostezo, porque seguro que otros pacientes habrían deducido directamente que me aburría, y su C habría sido terminar la sesión de terapia con una mala sensación. Ten en cuenta que, si te permites examinar las alternativas y cuestionar tus percepciones negativas iniciales, habrás recorrido un largo trecho hacia la salud emocional.

PRÁCTICA DE HOY: *¿Qué situación importante de tu vida podrías ver de distinta forma?*

Seis formas de potenciar el «estado de forma espiritual»

Para estar «en buena forma» espiritual hay que trabajar en ello todos los días. El estado de forma espiritual es un nuevo concepto de la medicina que se centra en reducir el riesgo de muchos problemas de salud física y cerebral optimizando el sentido más profundo de significado y propósito. La espiritualidad es la búsqueda de un poder superior, de algo sagrado o divino, o bien de algo más grande que nosotros mismos. A continuación, te presento seis formas de potenciar tu estado de forma espiritual:

1. **Aprovecha el poder de la meditación.** Cientos de estudios han demostrado sus beneficios físicos, cognitivos y emocionales. Elige una sencilla que te guste, como la meditación de la bondad amorosa (ver día 201) o la meditación *kirtan kriya* (ver día 227).

2. **Convierte la oración en una práctica diaria.** Numerosas investigaciones han demostrado que la oración calma el estrés, mejora la memoria, la concentración y el estado de ánimo, y estimula la función del córtex prefrontal.[310] Igual que reservas tiempo para hacer ejercicio, haz de la oración o la meditación una prioridad en tu agenda.

3. **Lleva tu fe a la práctica.** Sea cual sea tu sistema de creencias, conviértelo en un elemento central de tu vida cotidiana. Por ejemplo, si los principios de tu fe se basan en el perdón, busca en tu corazón la forma de liberarte de los rencores que guardas.

4. **Búscate un entrenador espiritual.** Del mismo modo que contratas a un entrenador personal para que te ayude a sacar el máximo partido a tu potencial físico, tener un mentor puede ser beneficioso para tu vida espiritual. Puede ser un pastor, un rabino, un director espiritual o cualquier otra persona de confianza que te guíe en tu búsqueda espiritual. La relación mentor-discípulo no consiste en que te digan lo que tienes que hacer o cómo pensar, es más bien una forma de explorar y ampliar tu espiritualidad.

5. **Sirve a los demás.** Estar al servicio de otras personas es un aspecto clave de la vida espiritual sana. La investigación al respecto sugiere que siempre que alguien se sienta deprimido, ansioso o enfadado lo mejor es que salga de sí mismo.[311] Lo idóneo es unir actividades significativas y placer, ofreciéndote para hacer un voluntariado en actividades que te gusten. Por ejemplo, si te encanta el baloncesto puedes ofrecerte a llevar el registro de puntuación de los equipos en los torneos locales.

6. **Halla tu propósito.** Para fortalecer tu estado de forma espiritual tienes primero que conocer tu propósito vital. Consulta los días 24, 28, 283 y 284.

PRÁCTICA DE HOY: *Elige una de estas seis estrategias y ponla en práctica.*

Pequeños hábitos para cultivar el propósito vital

La gente con un propósito vive más y es más feliz. Cada uno de estos hábitos te llevará solo unos minutos; están vinculados a algo que haces (o piensas o sientes) para que los automatices con facilidad.

1. Cuando necesite concentrarme para terminar una tarea, pondré el móvil en «no molestar» como ejercicio de disciplina y para que no me distraigan los pitidos constantes (que son dosis de dopamina).
2. Cuando vaya en el tren o el autobús de camino al trabajo, leeré mi «milagro de una página» y me preguntaré: *¿Hoy mi comportamiento me dará lo que quiero?*
3. Cuando empiece a enfadarme por algo que ocurra durante el día, me preguntaré: *¿Esto tiene valor eterno?*
4. Cuando haga un día soleado, daré un paseo para absorber esa luz e incrementar mis niveles de vitamina D.
5. Una vez a la semana veré una comedia para subir mis niveles de dopamina (por ejemplo, el programa *Whose Line Is It Anyway?*).
6. Por la noche, antes de acostarme, escribiré alguna actividad alineada con mi propósito que haya llevado a cabo durante el día.

PRÁCTICA DE HOY: *Elige uno o más pequeños hábitos para incorporar a tu vida a partir de ahora.*

Nuestra guerrera del cerebro Jill vive el mensaje

Dejé de ir a funerales después del undécimo. El 11 de septiembre de 2001, la coronel Jill Chambers estaba trabajando en el Pentágono. Cuando el avión secuestrado chocó con el edificio, ella estaba a pocos pasillos de donde perecieron muchos de sus amigos y colegas aquel fatídico día. Me contó que, después del undécimo funeral, ya no pudo asistir a ninguno más; era demasiado abrumador y doloroso. Durante muchos años sufrió en silencio insomnio y pesadillas en las que aparecía el avión en llamas. Pero lo aceptó como algo normal de su trabajo.

En 2007, el jefe del Estado Mayor Conjunto, el almirante Mike Mullen, le pidió a Jill que se convirtiera en la primera asistente especial del Returning Warrior Issues con el fin de identificar los retos transitorios a los que se enfrentan los veteranos heridos en acto de servicio, en un momento en el que los índices de suicidio entre los miembros de ese colectivo habían aumentado de un modo considerable. Tras charlar con veteranos con TEPT de todo el país, Jill creó un programa orientado a reducir el estigma de los problemas de salud mental en el mundo militar.

Jill se retiró en 2009, satisfecha de lo que había logrado a lo largo de su carrera. Fue en aquel momento cuando se dio cuenta de que ella misma sufría TEPT por los acontecimientos del 11 de septiembre de 2001. Por tanto, en los tres meses siguientes puso todo su empeño en mejorar su salud mental y física: empezó a explorar tratamientos integrales, y los resultados que obtuvo a partir del uso de las imágenes guiadas y la neurorretroalimentación le cambiaron la vida; sus pesadillas cesaron y empezó a dormir mucho mejor. También se topó con mi libro *Cambia tu cerebro, cambia tu cuerpo*, que la inspiró para dejar de consumir azúcar y trigo y para prestar atención a sus indicadores de salud. En resumen, aprendió a preocuparse de verdad por su cerebro.

Tras el éxito de su propio «crecimiento postraumático», Jill convirtió su dolor en pasión. En 2010 fundó la ONG This Able Vet (ThisAbleVet.com). A través de ella, proporciona recursos y herramientas para el cerebro a los veteranos con TEPT o que han sufrido lesiones cerebrales. Jill es una auténtica guerrera del cerebro.

PRÁCTICA DE HOY: *¿Cómo puedes convertir tu dolor del pasado en un propósito? Escribe tres frases sobre ello.*

Pequeños hábitos para tu mente

Es posible disciplinar la mente. Cada hábito te llevará solo unos minutos; están vinculados a algo que haces, piensas o sientes para que los automatices con más facilidad.

1. En cuanto ponga los pies en el suelo por la mañana, me diré: *Hoy va a ser un gran día.*
2. Cuando aparezca un PNA en mi mente, lo pondré por escrito y me preguntaré: *¿Es cierto?*
3. En cuanto apague el ordenador o entre en casa y suelte las llaves, me pondré un audio de meditación.
4. Antes de acostarme, me preguntaré: *¿Qué ha ido bien hoy?*
5. Cuando sienta que las circunstancias me superan, haré cinco respiraciones profundas tardando el doble en exhalar que en inhalar, para calmarme y centrarme.
6. Cuando tenga que afrontar una situación difícil, me preguntaré: *¿Hay algo en esta situación por lo que me pueda alegrar?*
7. Después de desayunar, pensaré en una persona a la que aprecie, me pondré en contacto con ella y se lo comunicaré. Puede bastar con un breve mensaje o correo.
8. Cuando me estrese usaré técnicas de alivio el estrés como la meditación o la oración.

PRÁCTICA DE HOY: *Elige uno o varios pequeños hábitos para incorporarlos a tu vida a partir de ahora.*

Agradecimientos

En el proceso de creación de *Mejora tu cerebro cada día: sencillas prácticas diarias para fortalecer tu mente, memoria, estado de ánimo, concentración, energía, hábitos y relaciones* han participado muchas personas. Les estoy agradecido a todas ellas, en especial a las decenas de miles de pacientes y familias que han acudido a las Clínicas Amen y nos han permitido acompañarles en su viaje de curación. Quiero dedicar un agradecimiento especial a los pacientes que me han permitido contar parte de su historia en este libro.

Doy las gracias a los increíbles colegas y amigos de las Clínicas Amen, que se esfuerzan cada día al servicio de nuestros pacientes. Y un agradecimiento especial para Frances Sharpe y Jenny Faherty, que contribuyeron a que el libro fuera accesible para nuestros lectores, y para Natalie Buchoz, nuestra increíble directora de medios.

También doy las gracias a Jan Long Harris y al equipo de Tyndale por creer en el libro y ayudarme a presentarlo al mundo, y a mi editora, Andrea Vinley Converse, que ha hecho que sea el mejor libro posible. Le doy las gracias a mi increíble esposa, Tana, mi compañera en todo lo que hago, y a mi familia, que ha tolerado mi obsesión por mejorar el cerebro humano. Os quiero a todos.

Sobre el doctor Daniel G. Amen

El doctor Daniel G. Amen cree que la salud cerebral es fundamental para la salud en general y para el éxito. Cuando el cerebro funciona bien, dice, las personas funcionan bien. Cuando el cerebro tiene problemas, es mucho más probable que tengamos problemas en la vida. Su trabajo está consagrado a ayudar a las personas a tener un cerebro y una vida mejores.

Sharecare lo nombró el experto y defensor de la salud mental más influyente de internet, y el *Washington Post* lo calificó como el psiquiatra más popular de Estados Unidos. Sus vídeos en internet tienen más de 300 millones de visualizaciones.

El doctor Amen es médico, psiquiatra infantil y de adultos colegiado, investigador galardonado y autor de doce bestsellers de la lista del *New York Times*. Es fundador y director general de las Clínicas Amen de Costa Mesa, Walnut Creek y Encino, California; Bellevue, Washington; Washington, DC; Atlanta, Georgia; Chicago, Illinois; Dallas, Texas; Nueva York, NY; y Hollywood, Florida.

Las Clínicas Amen cuentan con la mayor base de datos del mundo de escáneres cerebrales funcionales relacionados con el comportamiento, con más de 200.000 escáneres SPECT y más de 10.000 qEEG en pacientes de más de 155 países.

El doctor Amen es el investigador jefe de la mayor investigación del mundo sobre imágenes cerebrales y rehabilitación de jugadores profesionales de fútbol americano. Su trabajo no solo ha puesto de manifiesto los altos niveles de daño cerebral en los jugadores, sino también la posibilidad de una recuperación significativa para muchos de ellos, gracias a los principios en los que se basa su trabajo.

Por otra parte, junto con el pastor Rick Warren y el doctor Mark Hyman, el doctor Amen es también uno de los principales arquitectos del Plan Daniel, un programa para sanar el mundo a través de organizaciones religiosas que se ha puesto en marcha en miles de iglesias, mezquitas y sinagogas.

El doctor Amen es además autor y coautor de más de 80 artículos científicos, 9 capítulos de libros y más de 40 libros, entre los que figuran 18 bestsellers en Estados Unidos y 12 de la lista del *New York Times* (incluido el número 1 de esta lista, *El Plan Daniel*, y el que fuera bestseller durante 40 semanas y que vendió más de un millón de copias, *Cambia tu cerebro, cambia tu vida*; así como *The End of Mental Illness, Healing ADD, Cambia tu cerebro, cambia tu cuerpo, The Brain Warrior's Way, Memory Rescue, Your Brain is Always Listening* y *You, Happier*).

Los artículos científicos del doctor Amen se han publicado en las prestigiosas revistas *Journal of Alzheimer's Disease*; *Molecular Psychiatry*, de *Nature*; *PLOS ONE*; *Translational Psychiatry*, de *Nature*; *Obesity*, de *Nature*; *Journal of Neuropsychiatry and Clinical Neuroscience*; *Minerva Psichiatrica*; *Journal of Neurotrauma*; *American Journal of Psychiatry*; *Nuclear Medicine Communications*; *Neurological Research*; *Journal of the American Academy of Child and Adolescent Psychiatry*; *Primary Psychiatry*; *Military Medicine*, y *General Hospital Psychiatry*.

En enero de 2016, la investigación de su equipo sobre la distinción entre el TEPT y la LCT a partir de más de 21.000 escáneres SPECT fue presentada como una de las cien mejores publicaciones científicas por la revista *Discover*. En 2017, su equipo publicó un estudio —basado en más de 46.000 escáneres— que mostraba la diferencia entre los cerebros masculino y femenino. En 2018, publicó otro estudio sobre el proceso de envejecimiento del cerebro, basado en 62.454 escáneres SPECT.

El doctor Amen también ha guionizado, producido y presentado 17 programas para la televisión pública estadounidense sobre salud cerebral, que se han emitido más de 140.000 veces en toda Norteamérica. Hasta marzo de 2023, su último programa es *Change Your Brain Every Day*.

Junto con su mujer, Tana, ha presentado el pódcast *The Brain Warrior's Way* desde 2015, con más de mil episodios y 14 millones de descargas. Apple lo ha incluido entre los veinte mejores pódcast sobre salud mental de todos los tiempos.

El doctor Amen ha aparecido en películas como *Quiet Explosions*, *After the Last Round* y *The Crash Reel*, y fue asesor de *La verdad duele*, protagonizada por Will Smith. Apareció también en la docuserie *Justin Bieber: Seasons*, y de forma regular en *The Dr. Oz Show*, *Dr. Phil* y *The Doctors*.

También ha dado conferencias para la Agencia de Seguridad Nacional de Estados Unidos (NSA), la National Science Foundation (NSF), la conferencia *Learning and the Brain*, de Harvard, el Departamento de Interior, el Consejo Nacional de Jueces de Tribunales de Menores y de Familia, los Tribunales Supremos de Ohio, Delaware y Wyoming, las sociedades canadiense y brasileña de medicina nuclear y grandes empresas como Merrill Lynch, Hitachi, Bayer Pharmaceuticals, GNC y muchas otras. En 2016, el doctor Amen dio una de las prestigiosas charlas de Talks at Google.

Su trabajo ha aparecido en *Newsweek*, *Time*, *The Huffington Post*, *ABC World News*, *20/20*, la *BBC*, *London Telegraph*, la revista *Parade*, el *New York Times*, la *New York Times Magazine*, *The Washington Post*, *MIT Technology*, el Fórum Económico Mundial, *Los Angeles Times*, *Men's Health*, *Bottom Line*, *Vogue*, *Cosmopolitan* y muchos otros medios y publicaciones.

En 2010, el doctor Amen fundó BrainMD, una empresa nutracéutica de rápido crecimiento dedicada a la producción de formas naturales de favorecer la salud mental y cerebral.

Daniel Amen está casado con Tana, es padre de cuatro hijos y abuelo de Elias, Emmy, Liam, Louie y Haven. También es un ávido jugador de tenis de mesa.

Recursos

AMEN CLINICS, INC.

amenclinics.com

Amen Clinics, Inc. (ACI) fue fundada en 1989 por el doctor Daniel G. Amen. ACI está especializada en diagnósticos innovadores y en la planificación de tratamientos para una amplia variedad de problemas de comportamiento, aprendizaje, emocionales, cognitivos y de control de peso en población infantil, adolescente y adulta. El SPECT cerebral es una de las principales herramientas de diagnóstico utilizadas en nuestras clínicas. ACI cuenta con la mayor base de datos del mundo de escáneres cerebrales para evaluar trastornos emocionales, cognitivos y de comportamiento. Goza de prestigio internacional en la evaluación de problemas cerebroconductuales, como el TDA/TDAH, la depresión, la ansiedad, el fracaso escolar, las lesiones y conmociones cerebrales traumáticas, los trastornos obsesivo-compulsivos, la agresividad, los conflictos de pareja, el deterioro cognitivo, la toxicidad cerebral de las drogas o el alcohol y la obesidad, entre otros. Además, trabajamos con las personas para optimizar su función cerebral y disminuir el riesgo de padecer alzhéimer y otros problemas relacionados con la edad.

ACI agradece las derivaciones por parte de médicos, psicólogos, trabajadores sociales, terapeutas de pareja y familiares, asesores sobre adicción a drogas y alcohol y también otros pacientes y familiares.

Nuestro número gratuito es (888) 288-9834.

Amen Clinics Orange County, California
3150 Bristol St., Suite 400
Costa Mesa, CA 92626

Amen Clinics San Francisco
350 N. Wiget Ln., Suite 105
Walnut Creek, CA 94598

Amen Clinics Seattle
545 Andover Park West, Suite 101
Tukwila, WA 98188

Amen Clinics Los Angeles
5363 Balboa Blvd., Suite 100
Encino, CA 91316

Amen Clinics Washington, D.C.
10701 Parkridge Blvd., Suite 110
Reston, VA 20191

Amen Clinics New York
228 E. 45th Street, Suite 410
New York, NY 10017

Amen Clinics Atlanta
5901 Peachtree-Dunwoody Rd. NE,
Suite C65
Atlanta, GA 30328

Amen Clinics Chicago
2333 Waukegan, Suite 150
Bannockburn, IL 60015

Amen Clinics Dallas
7301 State Hwy 161, Suite 170
Irving, TX 75039

Amen Clinics Phoenix
Próximamente, en 023

Amen Clinics Miami/Fort Lauderdale
200 South Park Rd., Suite 140
Hollywood, FL 33021

BRAINMD

brainmd.com

Para obtener los suplementos, cursos, libros y productos informativos de mayor calidad sobre la salud cerebral.

AMEN UNIVERSITY

amenuniversity.com

En 2014, el doctor Amen creó Amen University, que ofrece cursos sobre neurociencia práctica entre los que se incluyen:

- Curso de Certificación Profesional en Salud Cerebral de Amen Clinics (con formadores en 56 países)
- Curso de Formador Licenciado en Salud Cerebral
- Brain Thrive by 25, que ha demostrado ser útil en la reducción del consumo de drogas, alcohol y tabaco, la disminución de las tasas de depresión y la mejora de la autoestima en jóvenes.
- Máster Cambia tu Cerebro
- Recuperar la memoria
- Recuperarse de la conmoción cerebral
- Curar el TDA
- 6 semanas para superar la ansiedad, la depresión, el trauma y el duelo
- Autismo: un nuevo camino
- El camino del guerrero del cerebro
- Cerebro en forma para el trabajo y la vida
- Superar el insomnio

Notas

1. B. J. Fogg, *Tiny Habits: The Small Changes That Change Everything* (Boston: Houghton Mifflin Harcourt, 2019), 4.

2. Justin Bieber, "The Dark Season—Justin Bieber: Seasons," Febrero 3, 2020, in *Seasons*, video, 14:49, https://www.youtube.com/watch?v=Uz2-nYKCFlo; also see Amen Clinics, "How Justin Bieber Is Using Brain Science to Fight Depression," Resources, blog, Febrero 3, 2020, https://www.amenclinics.com/blog/how-justin-bieber-is-using-brain -science-to-fight-depression/.

3. Ronald C. Kessler et al., "Lifetime Prevalence and Age-of-Onset Distributions of Mental Disorders in the World Health Organization's World Mental Health Survey Initiative," *World Psychiatry* 6 no. 3 (Octubre 2007):168–76, https://www.ncbi.nlm .nih.gov/pmc /articles/PMC2174588/.

   See also Centers for Disease Control and Prevention, "About Mental Health," https://www. cdc.gov/mentalhealth/learn/index.htm.

4. Rachel Tompa, "5 Unsolved Mysteries about the Brain," Neuroscience at the Allen Institute, Marzo 14, 2019, https://alleninstitute.org/what-we-do/brain-science/news -press/articles/5-unsolved-mysteries-about-brain.

5. For more on this, see Daniel G. Amen, *Memory Rescue* (Carol Stream, IL: Tyndale Momentum, 2017).

6. Cision PR Newswire, Octubre 14, 2016, https://www.prnewswire.com/news-releases /brain-thrive-by-25-improves-overall-brain-function-in-students-300345136.html.

7. Daniel G. Amen y Tana Amen, *The Brain Warrior's Way* (New York: New American Library, 2016), 36.

8. Jonathan Day et al., "Influence of Paternal Preconception Exposures on Their Offspring: Through Epigenetics to Phenotype," *American Journal of Stem Cells* 5, no. 1 (2016): 11–18.

9. Daniel G. Amen, *Magnificent Mind at Any Age* (New York: Three Rivers Press, 2008), 5–7.

10. Liesi E. Hebert et al., "Alzheimer Disease in the United States (2010–2050) Estimated Using the 2010 Census," *Neurology* 80, no. 19 (Mayo 7, 2013): 1778–83, https://www.ncbi .nlm.nih.gov/pmc/articles/PMC3719424/.

    J. Wood, "Antidepressant Use Up 400 Percent in US," *PsychCentral*, Octubre 25, 2011, https://ssristories.org/crimes-by-women-rising-in-u-s-chicago-tribune-antidepressant -use-up-400-percent-in-us-women-are-2-5-times-more-likely-to-take-antidepressant -medication-than-men-psychcentral/.

Andy Menke et al., "Prevalence of and Trends in Diabetes among Adults in the United States, 1988–2012," *JAMA* 314, no. 10 (Septiembre 8, 2015): 1021–29, https://pubmed.ncbi.nlm.nih.gov/26348752/.

Youfa Wang y Qiong Joanna Wang, "The Prevalence of Prehypertension and Hypertension among US Adults according to the New Joint National Committee Guidelines: New Challenges of the Old Problem," *Archives of Internal Medicine* 164, no. 19 (Octubre 25, 2004): 2126–34, https://pubmed.ncbi.nlm.nih.gov/15505126/.

Cheryl D. Fryar, Margaret D. Carroll y Joseph Afful, "Prevalence of Overweight, Obesity, and Severe Obesity among Adults Aged 20 and Over: United States, 1960–1962 through 2017–2018," National Center for Health Statistics, Health E-Stats (2020), updated Enero 29, 2021, https://www.cdc.gov/nchs/data/hestat/obesity-adult-17-18/obesity-adult.htm.

11. I learned this concept from Dave Grossman y Loren W. Christensen, *On Combat: The Psychology and Physiology of Deadly Conflict in War and in Peace*, 3rd ed. (Millstadt, IL: Warrior Science Publications, 2008).

12. Majid Fotuhi, "Can You Grow Your Hippocampus? Yes. Here's How, and Why It Matters," SharpBrains, Noviembre 4, 2015, http://sharpbrains.com/blog/2015/11/04/can-you-grow-your-hippocampus-yes-heres-how-and-why-it-matters/.

13. Daniel G. Amen, *Change Your Brain, Change Your Life* (New York: Harmony Books, 2015), 114.

14. Aliya Alimujiang et al., "Association between Life Purpose and Mortality among US Adults Older Than 50 Years," *JAMA Network Open* 2, no. 5 (Mayo 3, 2019): e194270, https://pubmed.ncbi.nlm.nih.gov/31125099/.

15. Joana Araújo, Jianwen Cai y June Stevens, "Prevalence of Optimal Metabolic Health in American Adults: National Health and Nutrition Examination Survey 2009–2016," *Metabolic Syndrome and Related Disorders* 17, no. 1 (Febrero 2019): 46–52, https://pubmed.ncbi.nlm.nih.gov/30484738/.

16. Wendy M. Johnston y Graham C. L. Davey, "The Psychological Impact of Negative TV News Bulletins: The Catastrophizing of Personal Worries," *British Journal of Psychology* 88, no. 1 (Febrero 1997): 85–91, https://pubmed.ncbi.nlm.nih.gov/9061893/.

17. Jenn Harris, "Girl Scout Sells Cookies outside Pot Dispensary: 117 Boxes in 2 Hours," *Los Angeles Times,* Febrero 21, 2014, https://www.latimes.com/food/dailydish/la-dd-girl-scout-sells-cookies-pot-clinic-20140221-story.html.

18. Emily J. Jones et al., "Chronic Family Stress and Adolescent Health: The Moderating Role of Emotion Regulation," *Psychosomatic Medicine* 80, no. 8 (Julio 2018): 764–73, https://journals.lww.com/psychosomaticmedicine/Abstract/2018/10000/Chronic_Family_Stress_and_Adolescent_Health__The.10.aspx.

19. Max Planck, *Scientific Autobiography and Other Papers* (New York: Philosophical Library, 1949), 33–34.

20. Daniel G. Amen y Michael Easton, "A New Way Forward. How Brain SPECT Imaging Can Improve Outcomes and Transform Mental Health Care Into Brain Health Care," *Frontiers in Psychiatry* (Diciembre 10, 2021), https://www.frontiersin.org/articles/10.3389/fpsyt.2021.715315/full.

21. I first shared a version of this story in *Unleash the Power of the Female Brain* (New York: Harmony Books, 2013), 239.

22. Mitsutaka Takada, Mai Fujimoto, Kouichi Hosomi, "Association between Benzodiazepine Use and Dementia: Data Mining of Different Medical Databases," *International Journal of Medical Sciences* 13, no. 11 (Octubre 18, 2016): 825–34, https://www.ncbi.nlm.nih.gov/pmc/articles/PMC5118753/.

23. Alzheimer's Association, *2022 Alzheimer's Disease Facts and Figures*, 2022, https://www.alz.org/media/Documents/alzheimers-facts-and-figures.pdf.

24. Stephanie Studenski et al., "Gait Speed and Survival in Older Adults," *JAMA* 305, no. 1 (Enero 5, 2011): 50–58.

25. Paul G. Harch et al., "A Phase I Study of Low-Pressure Hyperbaric Oxygen Therapy for Blast-Induced Post-concussion Syndrome and Post-traumatic Stress Disorder," *Journal of Neurotrauma* 29, no. 1 (Enero 1, 2012): 168–85, https://pubmed.ncbi.nlm.nih.gov/22026588/.

26. Justin Bieber, "The Dark Season—Justin Bieber: Seasons," Febrero 3, 2020, in *Seasons*, video, 14:49, https://www.youtube.com/watch?v=Uz2-nYKCFlo.

27. Joshua J. Shaw et al., "Not Just Full of Hot Air: Hyperbaric Oxygen Therapy Increases Survival in Cases of Necrotizing Soft Tissue Infections," *Surgical Infections* 15, no. 3 (Junio 2014): 328–35, https://www.ncbi.nlm.nih.gov/pmc/articles/PMC4696431/.

28. Rahav Boussi-Gross et al., "Hyperbaric Oxygen Therapy Can Improve Post Concussion Syndrome Years after Mild Traumatic Brain Injury—Randomized Prospective Trial," *PLOS ONE* 8, no. 11 (Noviembre 15, 2013): e79995, https://pubmed.ncbi.nlm.nih.gov/24260334/.

Shai Efrati et al., "Hyperbaric Oxygen Induces Late Neuroplasticity in Post Stroke Patients—Randomized, Prospective Trial," *PLOS ONE* 8, no. 1 (2013): e53716, https://journals.plos.org/plosone/article?id=10.1371/journal.pone.0053716.

Shai Efrati et al., "Hyperbaric Oxygen Therapy Can Diminish Fibromyalgia Syndrome—Prospective Clinical Trial," *PLOS ONE* 10, no. 5 (Mayo 26, 2015): e0127012, https://journals.plos.org/plosone/article?id=10.1371/journal.pone.0127012.

Chien-Yu Huang et al., "Hyperbaric Oxygen Therapy as an Effective Adjunctive Treatment for Chronic Lyme Disease," *Journal of the Chinese Medical Association* 77, no. 5 (Mayo 2014): 269–71, https://pubmed.ncbi.nlm.nih.gov/24726678/.

I-Han Chiang et al., "Adjunctive Hyperbaric Oxygen Therapy in Severe Burns: Experience in Taiwan Formosa Water Park Dust Explosion Disaster," *Burns* (Diciembre 2016), https://pubmed.ncbi.nlm.nih.gov/28034667/.

Magnus Löndahl et al., "Relationship between Ulcer Healing after Hyperbaric Oxygen Therapy and Transcutaneous Oximetry, Toe Blood Pressure and Ankle-Brachial Index in Patients with Diabetes and Chronic Foot Ulcers," *Diabetologia* 54, no. 1 (Enero 2011): 65–68, https://link.springer.com/article/10.1007/s00125-010-1946-y.

Ann M. Eskes et al., "Hyperbaric Oxygen Therapy: Solution for Difficult to Heal Acute Wounds? Systematic Review," *World Journal of Surgery* 35, no. 3 (Marzo 2011): 535–42, https://pubmed.ncbi.nlm.nih.gov/21184071/.

29. Paul G. Harch et al., "A Phase I Study of Low-Pressure Hyperbaric Oxygen Therapy for Blast-Induced Post-Concussion Syndrome and Post-Traumatic Stress Disorder," *Journal of Neurotrauma* 29, no. 1 (Enero 1, 2012): 168–85, https://pubmed.ncbi.nlm.nih.gov/22026588/.

30. Maureen Salamon, "Delaying Retirement May Help Stave Off Alzheimer's," WebMD, Julio 15, 2013, https://www.webmd.com/alzheimers/news/20130715/putting-off-retirement-may-help-stave-off-alzheimers.

31. Brandy Callahan et al., "Adult ADHD: Risk Factor for Dementia or Phenotypic Mimic?" *Frontiers in Aging Neuroscience* 3 (Agosto 2017), https://www.frontiersin.org/articles/10.3389/fnagi.2017.00260/full.

32. José A. Gil-Montoya et al., "Is Periodontitis a Risk Factor for Cognitive Impairment and Dementia? A Case-Control Study," *Journal Periodontology* 86, no. 2 (Febrero 2015): 244–53, https://pubmed.ncbi.nlm.nih.gov/25345338/.

Jianfeng Luo et al., "Association between Tooth Loss and Cognitive Function among 3063 Chinese Older Adults: A Community-Based Study," *PLOS ONE* 10, no. 3 Marzo 24, 2015): e0120986, https://journals.plos.org/plosone/article?id=10.1371/journal.pone.0120986.

33. Daniel G. Amen et al., "Quantitative Erythrocyte Omega-3 EPA Plus DHA Levels Are Related to Higher Regional Cerebral Blood Flow on Brain SPECT," *Journal of Alzheimer's Disease* 58, no. 4 (2017): 1189–99, https://pubmed.ncbi.nlm.nih.gov/28527220/.

34. Erik Messamore et al., "Polyunsaturated Fatty Acids and Recurrent Mood Disorders: Phenomenology, Mechanisms, and Clinical Application," *Progress in Lipid Research* 66 (Abril 2017): 1–13, https://www.ncbi.nlm.nih.gov/pmc/articles/PMC5422125/.

Jerome Sarris, David Mischoulon y Isaac Schweitzer, "Omega-3 for Bipolar Disorder: Meta-analyses of Use in Mania and Bipolar Depression," *Journal of Clinical Psychiatry* 73, no. 1 (Enero 2012): 81–86, https://pubmed.ncbi.nlm.nih.gov/21903025/.

M. Elizabeth Sublette et al., "Omega-3 Polyunsaturated Essential Fatty Acid Status as a Predictor of Future Suicide Risk," *American Journal of Psychiatry* 163, no. 6 (Junio 2006): 1100–1102, https://ajp.psychiatryonline.org/doi/full/10.1176/ajp.2006.163.6.1100.

Trevor A. Mori y Lawrence J. Beilin, "Omega-3 Fatty Acids and Inflammation," *Current Atherosclerosis Reports* 6, no. 6 (Noviembre 2004): 461–67, https://pubmed.ncbi.nlm.nih.gov/15485592/.

Clemens von Schacky, "The Omega-3 Index as a Risk Factor for Cardiovascular Diseases," *Prostaglandins and Other Lipid Mediators* 96, nos. 1–4 (Noviembre 2011): 94–98, https://pubmed.ncbi.nlm.nih.gov/21726658/.

Michael H. Bloch y Ahmad Qawasmi, "Omega-3 Fatty Acid Supplementation for the Treatment of Children with Attention-Deficit/Hyperactivity Disorder Symptomatology: Systematic Review and Meta-Analysis," *Journal of the American Academy of Child and Adolescent Psychiatry* 50, no. 10 (Octubre 2011): 991–1000, https://pubmed.ncbi.nlm.nih.gov/21961774/.

Yu Zhang et al., "Intakes of Fish and Polyunsaturated Fatty Acids and Mild-to-Severe Cognitive Impairment Risks: A Dose-Response Meta-analysis of 21 Cohort Studies," *American Journal of Clinical Nutrition* 103, no. 2 (Febrero 2016): 330–40, https://pubmed.ncbi.nlm.nih.gov/26718417/.

J. D. Buckley y P. R. C. Howe, "Anti-Obesity Effects of Long-Chain Omega-3 Polyunsaturated Fatty Acids," *Obesity Reviews* 10, no. 6 (Noviembre 2009): 648–59, https://pubmed.ncbi.nlm.nih.gov/19460115/.

35. Lauren Manaker, "Getting Enough Omega-3s in Your Diet May Help You Live Longer," Verywell Health, Mayo 7, 2021, https://www.verywellhealth.com/omega-3-risk-of-death-study-5183843#citation-2.

36. Joseph R. Hibbeln y Rachel V. Gow, "The Potential for Military Diets to Reduce Depression, Suicide, and Impulsive Aggression: A Review of Current Evidence for Omega-3 and Omega-6 Fatty Acids," *Military Medicine* 179, suppl. 11 (Noviembre 2014): 117–28, https://pubmed.ncbi.nlm.nih.gov/25373095/.

37. Hirohito Tsuboi et al., "Omega-3 Eicosapentaenoic Acid Is Related to Happiness and a Sense of Fulfillment—A Study among Female Nursing Workers," *Nutrients* 12, no. 11 (Noviembre 2020): 3462, https://www.ncbi.nlm.nih.gov/pmc/articles/PMC7696953/.

38. Roel J. T. Mocking et al., "Meta-analysis and Meta-regression of Omega-3 Polyunsaturated Fatty Acid Supplementation for Major Depressive Disorder," *Translational Psychiatry* 6, no. 3 (Marzo 2016): e756, https://www.ncbi.nlm.nih.gov/pmc/articles/PMC4872453/.

39. Milan Fiala, "MGAT3 mRNA: A Biomarker for Prognosis and Therapy of Alzheimer's Disease by Vitamin D and Curcuminoids," *Journal of Alzheimer's Disease* 25, no. 1 (2011): 135–44, https://pubmed.ncbi.nlm.nih.gov/21368380/.

Esra Shishtar et al., "Long-Term Dietary Flavonoid Intake and Risk of Alzheimer Disease and Related Dementias in the Framingham Offspring Cohort," *American Journal of Clinical Nutrition* 112, no. 2 (Agosto 2020): 343–53, https://academic.oup.com/ajcn/article/112/2/343/5823790.

40. Joshua Wolf Shenk, *Lincoln's Melancholy: How Depression Challenged a President and Fueled His Greatness* (New York: Houghton Mifflin, 2005), 12.

41. Joshua Wolf Shenk, "Lincoln's Great Depression," *Atlantic*, Octubre 2005, https://www.theatlantic.com/magazine/archive/2005/10/lincolns-great-depression/304247/.

42. Gregory J. McHugo et al., "The Prevalence of Traumatic Brain Injury among People with Co-Occurring Mental Health and Substance Use Disorders," *Journal of Head Trauma Rehabilitation* 32, no. 3 (Mayo/Junio 2017) : E65–E74, https://pubmed.ncbi.nlm.nih.gov/27455436/.

43. Nadia Kounang, "Former NFLers Call for End to Tackle Football for Kids," CNN, Marzo 1, 2018, https://www.cnn.com/2018/01/18/health/nfl-no-tackle-football-kids/index.html.

44. Jason Duaine Hahn, "Brett Favre Warns Parents against Letting Kids Play Tackle Football Too Young: 'Not Worth the Risk,'" *People*, Agosto 17, 2021, https://people.com/sports/brett-favre-asks-parents-not-to-let-children-under-14-play-football/.

45. Daniel G. Amen et al., "Reversing Brain Damage in Former NFL Players: Implications for Traumatic Brain Injury and Substance Abuse Rehabilitation," *Journal of Psychoactive Drugs* 43, no. 1 (Jan–Mar 2011): 1–5, https://pubmed.ncbi.nlm.nih.gov/21615001/.

46. Alec Rosenberg, "The Diagnosis That Rocked Football," University of California, Octubre 21, 2015, https://www.universityofcalifornia.edu/news/diagnosis-rocked-football.

47. Vani Rao et al., "Aggression after Traumatic Brain Injury: Prevalence and Correlates," *Journal of Neuropsychiatry and Clinical Neurosciences* 21, no. 4 (Fall 2009): 420–29, https://www.ncbi.nlm.nih.gov/pmc/articles/PMC2918269/.

48. Daniel G. Amen et al., "Functional Neuroimaging Distinguishes Posttraumatic Stress Disorder from Traumatic Brain Injury in Focused and Large Community Datasets," *PLOS ONE*, Julio 1, 2015, https://journals.plos.org/plosone/article/metrics?id=10.1371/journal.pone.0129659.

49. Cyrus A. Raji et al., "Functional Neuroimaging with Default Mode Network Regions Distinguishes PTSD from TBI in a Military Veteran Population," *Brain Imaging and Behavior* 9, no. 3 (Septiembre 2015): 527–34, https://pubmed.ncbi.nlm.nih.gov/25917871/.

50. James S. Brown Jr., "Introduction: An Update on Psychiatric Effects of Toxic Exposures," *Psychiatric Times* 33, no. 9 (Septiembre 30, 2016), https://www.psychiatrictimes.com/view/introduction-update-psychiatric-effects-toxic-exposures.

Ki-Su Kim et al., "Associations between Organochlorine Pesticides and Cognition in U.S. Elders: National Health and Nutrition Examination Survey 1999–2002," *Environment International* 75 (Febrero 2015): 87–92, https://pubmed.ncbi.nlm.nih.gov/25461417/.

51. "Don't Pucker Up," Campaign for Safe Cosmetics, Octubre 12, 2007, http://www.safecosmetics.org/about-us/media/news-coverage/dont-pucker-up-lead-in-lipstick/.

52. Tanjaniina Laukkanen, "Sauna Bathing Is Inversely Associated with Dementia and Alzheimer's Disease in Middle-Aged Finnish Men," *Age and Ageing* 46, no. 2 (Marzo 2017): 245–49, https://academic.oup.com/ageing/article/46/2/245/2654230.

53. "Alcohol Use and Cancer," American Cancer Society, last revised Junio 9, 2020, https://www.cancer.org/cancer/cancer-causes/diet-physical-activity/alcohol-use-and-cancer.html.

54. Remi Daviet et al., "Associations between Alcohol Consumption and Gray and White Matter Volumes in the UK Biobank," *Nature Communications* 13 (Marzo 4, 2022): 1175, https://www.nature.com/articles/s41467-022-28735-5.

55. "Cannabis (Marijuana) DrugFacts," National Institute on Drug Abuse, Diciembre 2019, https://nida.nih.gov/publications/drugfacts/cannabis-marijuana.

56. Samuel T. Wilkinson, Elina Stefanovics y Robert A. Rosenheck, "Marijuana Use Is Associated with Worse Outcomes in Symptom Severity and Violent Behavior in Patients with PTSD," *Journal of Clinical Psychiatry* 76, no. 9 (Septiembre 2015): 1174–80, https://www.ncbi.nlm.nih.gov/pmc/articles/PMC6258013/.

57. Gregory Rompala, Yoko Nomura y Yasmin L. Hurd, "Maternal Cannabis Use is Associated with Suppression of Immune Gene Networks in Placenta and Increased Anxiety Phenotypes in Offspring," *PNAS* 118, no. 47 (Noviembre 15, 2021): e2106115118, https://www.pnas.org/doi/full/10.1073/pnas.2106115118.

58. Barynia Backeljauw et al., "Cognition and Brain Structure following Early Childhood Surgery with Anesthesia," *Pediatrics* 136, no. 1 (Julio 2015): e1–e12, https://www.ncbi.nlm.nih.gov/pmc/articles/PMC4485006/.

59. N. Efimova et al., "Changes in Cerebral Blood Flow and Cognitive Function in Patients Undergoing Coronary Bypass Surgery with Cardiopulmonary Bypass," *Kardiologiia* 55, no. 6 (Junio 2015): 40–46, https://pubmed.ncbi.nlm.nih.gov/28294781/.

60. "Personal Care Products Safety Act Would Improve Cosmetics Safety," Environmental Working Group, accessed Abril 14, 2022, https://www.ewg.org/personal-care-products-safety-act-would-improve-cosmetics-safety.

61. A. Guttmann, "Advertising Spending in the Perfumes, Cosmetics, and Other Toilet Preparations Industry in the United States from 2018 to 2020," Statista, Julio 19, 2021, https://www.statista.com/statistics/470467/perfumes-cosmetics-and-other-toilet-preparations-industry-ad-spend-usa/.

62. Stacy Malkan, "Johnson & Johnson Is Just the Tip of the Toxic Iceberg," *Time*, Marzo 2, 2016, https://time.com/4239561/johnson-and-johnson-toxic-ingredients/.

63. Ian H. Stanley, Melanie A. Hom y Thomas E. Joiner, "A Systematic Review of Suicidal Thoughts and Behaviors among Police Officers, Firefighters, EMTs, and Paramedics," *Clinical Psychology Review* 44 (Marzo 2016): 25–44, https://pubmed.ncbi.nlm.nih.gov/26719976/.

64. Melanie A. Hom et al., "Mental Health Service Use among Firefighters with Suicidal Thoughts and Behaviors," *Psychiatric Services* 67, no. 6 (Febrero 29, 2016): 688–91, https://ps.psychiatryonline.org/doi/10.1176/appi.ps.201500177.

65. Jon E. Grant et al., "E-cigarette Use (Vaping) Is Associated with Illicit Drug Use, Mental Health Problems, and Impulsivity in University Students," *Annals of Clinical Psychiatry* 31, no. 1 (Febrero 2019): 27–35, https://pubmed.ncbi.nlm.nih.gov/30699215/.

66. "Surgeon General's Advisory on E-cigarette Use among Youth," Office of the Surgeon General, 2018, https://e-cigarettes.surgeongeneral.gov/documents/surgeon-generals-advisory-on-e-cigarette-use-among-youth-2018.pdf.

67. "Teens Using Vaping Devices in Record Numbers," National Institute on Drug Abuse, Diciembre 17, 2018, https://nida.nih.gov/news-events/news-releases/2018/12/teens-using-vaping-devices-in-record-numbers.

68. Gabriella Gobbi et al., "Association of Cannabis Use in Adolescence and Risk of Depression, Anxiety, and Suicidality in Young Adulthood: A Systematic Review and Meta-analysis," *JAMA Psychiatry* 76, no. 4 (Abril 2019), 426–34.

69. Megan Leonhardt, "44% of Older Millennials Already Have a Chronic Health Condition. Here's What That Means for Their Futures," CNBC Make It, Mayo 4, 2021, https://www.cnbc.com/2021/05/04/older-millennials-chronic-health-conditions.html.

70. "The Health of Millennials," Blue Cross Blue Shield, Abril 24, 2019, https://www.bcbs.com/the-health-of-america/reports/the-health-of-millennials.

71. Nicole Racine et al., "Global Prevalence of Depressive and Anxiety Symptoms in Children and Adolescents during COVID-19," *JAMA Pediatrics* 175, no. 11 (Agosto 9, 2021): 1142–50, https://jamanetwork.com/journals/jamapediatrics/fullarticle/2782796.

72. Jordan Passman, "The World's Most Relaxing Song," *Forbes*, Noviembre 23, 2016, https://www.forbes.com/sites/jordanpassman/2016/11/23/the-worlds-most-relaxing-song/.

73. "Exercise Is an All-Natural Treatment to Fight Depression," Harvard Health Publishing, Harvard Medical School, Febrero 2, 2021, https://www.health.harvard.edu/mind-and-mood/exercise-is-an-all-natural-treatment-to-fight-depression.

74. Sean H Yutzy, "The Increasing Frequency of Mania and Bipolar Disorder: Causes and Potential Negative Impacts," *Journal of Nervous and Mental Disease* 200, no. 5 (Mayo 2012):380-387, https://pubmed.ncbi.nlm.nih.gov/22551790/.

75. Mark Zimmerman, et al., "Psychiatric Diagnoses in Patients Previously Overdiagnosed with Bipolar Disorder," *Journal Clinical Psychiatry* 71, no. 1 (Jan. 2010): 26-31. https://pubmed.ncbi.nlm.nih.gov/19646366/.

76. Jorge Correale, María Célica Ysrraelit y María Inés Gaitán, "Immunomodulatory Effects of Vitamin D in Multiple Sclerosis," *Brain* 132, part 5 (Mayo 2009): 1146–60, https://pubmed.ncbi.nlm.nih.gov/19321461/.

77. See "Vitamin D, View the Evidence: 1377 Abstracts with Vitamin D Research," GreenMedInfo, accessed Abril 15, 2022, https://www.greenmedinfo.com/substance/vitamin-d.

78. Herbert W. Harris et al., "Vitamin D Deficiency and Psychiatric Illness," *Current Psychiatry* 12, no. 4 (Abril 2013): 18–27, https://www.mdedge.com/psychiatry/article/66349/depression/vitamin-d-deficiency-and-psychiatric-illness.

79. Paul Knekt et al., "Serum 25-hydroxyvitamin D Concentration and Risk of Dementia," *Epidemiology* (Cambridge, MA) 25, no. 6 (Noviembre 2014): 799–804, https://pubmed.ncbi.nlm.nih.gov/25215530/.

80. C. Annweiler et al., "Vitamin D Insufficiency and Mild Cognitive Impairment: Cross-Sectional Association," *European Journal of Neurology* 19, no. 7 (Julio 2012): 1023–29, https://pubmed.ncbi.nlm.nih.gov/22339714/.

81. Adit A. Ginde, Mark C. Liu y Carlos A. Camargo Jr., "Demographic Differences and Trends of Vitamin D Insufficiency in the US Population, 1988–2004," *Archives of Internal Medicine* 169, no. 6 (Marzo 23, 2009): 626–32, https://pubmed.ncbi.nlm.nih.gov/19307527/.

82. E. Sohl et al., "The Impact of Medication on Vitamin D Status in Older Individuals," *European Journal of Endocrinology* 166, no. 3 (Marzo 2012): 477–85, https://eje.bioscientifica.com/view/journals/eje/166/3/477.xml.

83. Maxime Taquet et al., "Bidirectional Associations between COVID-19 and Psychiatric Disorder: Retrospective Cohort Studies of 62354 COVID-19 Cases in the USA," *Lancet Psychiatry* 8, no. 2 (Noviembre 9, 2020): 130–40, https://www.thelancet.com/journals/lanpsy/article/PIIS2215-0366(20)30462-4/fulltext.

84. Elizabeth M. Rhea et al., "The S1 Protein of SARS-CoV-2 Crosses the Blood–Barrier in Mice," *Nature Neuroscience* 24 (2021): 368–78, https://www.nature.com/articles/s41593-020-00771-8.

85. For example, see James S. Brown Jr., "Geographic Correlation of Schizophrenia to Ticks and Tick-Borne Encephalitis," *Schizophrenia Bulletin* 20, no. 4 (1994): 755–75, https://academic.oup.com/schizophreniabulletin/article/20/4/755/1933512.

    Maxime Taquet et al., "Bidirectional Associations between COVID-19 and Psychiatric Disorder: Retrospective Cohort Studies of 62354 COVID-19 Cases in the USA," *Lancet Psychiatry* 8, no. 2 (Noviembre 9, 2020): 130–40, https://www.thelancet.com/journals/lanpsy/article/PIIS2215-0366(20)30462-4/fulltext.

86. Richard Shames y Karilee Shames, with Georjana Grace Shames, *Thyroid Mind Power: The Proven Cure for Hormone-Related Depression, Anxiety, and Memory Loss* (New York: Rodale, 2011), 3.

87. Gail B. Slap, "Oral Contraceptives and Depression: Impact, Prevalence, and Cause," *Journal of Adolescent Health Care* 2, no. 1 (Septiembre 1981): 53–64, https://pubmed.ncbi.nlm.nih.gov/7037718/.

88. Charlotte Wessel Skovlund et al., "Association of Hormonal Contraception with Depression," *JAMA Psychiatry* 73, no. 11 (2016): 1154–62, https://jamanetwork.com/journals/jamapsychiatry/fullarticle/2552796.

89. Andy Menke et al., "Prevalence of and Trends in Diabetes among Adults in the United States, 1988–2012," *JAMA* 314, no. 10 (Septiembre 8, 2015): 1021–29.

    "Obesity and Overweight," National Center for Health Statistics, Centers for Disease Control and Prevention, last reviewed Septiembre 20, 2021, https://www.cdc.gov/nchs/fastats/obesity-overweight.htm.

90. Suzanne M. de la Monte y Jack R. Wands, "Alzheimer's Disease Is Type 3 Diabetes—Evidence Reviewed," *Journal of Diabetes Science and Technology* 2, no. 6 (Noviembre 2008): 1101–13, https://www.ncbi.nlm.nih.gov/pmc/articles/PMC2769828/.

91. Danielle Underferth, "Sugar, Insulin Resistance and Cancer: What's the Link?" MD Anderson, Junio 21, 2021, https://www.mdanderson.org/cancerwise/sugar--insulin-resistance-and-cancer--what-is-the-link.h00-159461634.html.

92. Rosebud O. Roberts et al., "Relative Intake of Macronutrients Impacts Risk of Mild Cognitive Impairment or Dementia," *Journal of Alzheimer's Disease* 32, no. 2 (Enero 1, 2012): 32939, https://www.ncbi.nlm.nih.gov/pmc/articles/PMC3494735/.

93. Robert Moritz, "Drew Carey: No More Mr. Fat Guy," *Parade*, Septiembre 26, 2010, https://parade.com/47683/robertmoritz/26-drew-carey/.

94. "Sleep and Sleep Disorder Statistics," American Sleep Association, accessed Abril 15, 2022, https://www.sleepassociation.org/about-sleep/sleep-statistics/.

95. Tammy Kennon, "5 New Brain Disorders That Were Born out of the Digital Age," *The Week*, Febrero 28, 2017, https://theweek.com/articles/677922/5-new-brain-disorders-that-born-digital-age.

96. Jerome Sarris et al., "Adjunctive Nutraceuticals for Depression: A Systematic Review and Meta-Analyses," *American Journal of Psychiatry* 173, no. 6 (Junio 2016): 575–87, https://ajp.psychiatryonline.org/doi/10.1176/appi.ajp.2016.15091228.

97. "Micronutrient Facts," Centers for Disease Control and Prevention, last reviewed Febrero 1, 2022, https://www.cdc.gov/nutrition/micronutrient-malnutrition/micronutrients/index.html.

98. Byron Katie, with Stephen Mitchell, *Loving What Is: Four Questions That Can Change Your Life* (New York: Harmony Books, 2002).

99. Daniel G. Amen, *Change Your Brain, Change Your Life* (New York: Harmony Books, 2015), 118–119.

100. Guiseppe Passarino, Francesco De Rango y Alberto Montesanto, "Human Longevity: Genetics or Lifestyle? It Takes Two to Tango," *Immunity and Ageing* 13, no. 2 (Abril 2016), doi: 10.1186/s12979-016-0066-z.

"Genes Are Not Destiny: Obesity-Promoting Genes in an Obesity-Promoting World," Harvard T.H. Chan School of Public Health, https://www.hsph.harvard.edu/obesity-prevention-source/obesity-causes/genes-and-obesity/.

101. Jessica Skorka-Brown et al., "Playing Tetris Decreases Drug and Other Cravings in Real World Settings," *Addictive Behaviors* 51 (Diciembre 2015): 165–70, https://pubmed.ncbi.nlm.nih.gov/26275843/.

102. Nicholas A. Christakis y James H. Fowler, "The Spread of Obesity in a Large Social Network over 32 Years," *New England Journal of Medicine* 357, no. 4 (Julio 26, 2007): 370–79, https://www.nejm.org/doi/full/10.1056/nejmsa066082.

103. Daniel G. Amen et al., "Functional Neuroimaging Distinguishes Posttraumatic Stress Disorder from Traumatic Brain Injury in Focused and Large Community Datasets," *PLOS ONE* 10, no. 7 (Julio 1, 2015): e0129659, https://journals.plos.org/plosone/article?id=10.1371/journal.pone.0129659.

Daniel G. Amen et al., "Patterns of Regional Cerebral Blood Flow as a Function of Obesity in Adults," *Journal of Alzheimer's Disease* 77, no. 3 (2020):1331–37, https://content.iospress.com/articles/journal-of-alzheimers-disease/jad200655.

Daniel G. Amen et al., "Patterns of Regional Cerebral Blood Flow as a Function of Age throughout the Lifespan," *Journal of Alzheimer's Disease* 65, no. 4 (2018):1087–92, https://content.iospress.com/articles/journal-of-alzheimers-disease/jad180598.

104. Shayla Love, "Why You Should Talk to Yourself in the Third Person," *Vice*, Diciembre 28, 2020, https://www.vice.com/en/article/k7a3mm/why-you-should-talk-to-yourself-in-the-third-person-inner-monologue.

Igor Grossmann et al., "Training for Wisdom: The Distanced-Self-Reflection Diary Method," *Psychological Science* 32, no. 3 (Marzo 2021): 381–94, https://pubmed.ncbi.nlm.nih.gov/33539229/.

105. Steven C. Hayes, "5 Effective Exercises to Help You Stop Believing Your Unwanted Automatic Thoughts," Ideas.Ted.Com, Octubre 22, 2019, https://ideas.ted.com/5-effective-exercises-to-help-you-stop-believing-your-unwanted-automatic-thoughts/.

106. "2 Women Survive Ordeal along 80-Foot-High Indiana Rail Bridge," NBC 5 Chicago, Julio 30, 2014, https://www.nbcchicago.com/news/local/2-women-survive-ordeal-along-indiana-rail-bridge/65978/.

107. Daniel G. Amen et al., "Impact of Playing American Professional Football on Long-Term Brain Function," *Journal of Neuropsychiatry and Clinical Neurosciences* 23, no. 1 (Winter 2011): 98–106, https://pubmed.ncbi.nlm.nih.gov/21304145/.

Daniel G. Amen et al., "Reversing Brain Damage in Former NFL players: Implications for Traumatic Brain Injury and Substance Abuse Rehabilitation," *Journal of Psychoactive Drugs* 43, no. 1 (Jan–Mar 2011): 1–5. doi: 10.1080/02791072.2011.566489.

Daniel G. Amen, "Amen Clinics Position on Chronic Traumatic Encephalopathy (CTE)," blog, Amen Clinics, Marzo 30, 2022, https://www.amenclinics.com/blog/amen-clinics -position-on-chronic-traumatic-encephalopathy-cte/.

108. Natalie Parletta et al., "A Mediterranean-Style Dietary Intervention Supplemented with Fish Oil Improves Diet Quality and Mental Health in People with Depression: A Randomized Controlled Trial (HELFIMED)," *Nutritional Neuroscience* (Diciembre 7, 2017): 1–14, https:// pubmed.ncbi.nlm.nih.gov/29215971/.

Ji-Sheng Han, "Acupuncture and Endorphins," *Neuroscience Letters* 361, nos. 1–3 (Mayo 6, 2004): 258–61, https://pubmed.ncbi.nlm.nih.gov/15135942/.

Barry Goldstein, *The Secret Language of the Heart: How to Use Music, Sound, and Vibration as Tools for Healing and Personal Transformation* (San Antonio, TX: Hierophant Publishing, 2016).

Gary Elkins, Mark P. Jensen, and David R. Patterson, "Hypnotherapy for the Management of Chronic Pain," *International Journal of Clinical and Experimental Hypnosis* 55, no. 3 (Julio 2007): 275–87, https://www.ncbi.nlm.nih.gov/pmc/articles/PMC2752362/.

109. Laurel Curran, "Food Dyes Linked to Cancer, ADHD, Allergies," Food Safety News, Julio 8, 2010, https://www.foodsafetynews.com/2010/07/popular-food-dyes-linked-to-cancer -adhd-and-allergies/.

110. Howard S. Friedman y Leslie R. Martin, *The Longevity Project: Surprising Discoveries for Health and Long Life from the Landmark Eight-Decade Study* (New York: Hudson Street Press, 2011).

111. Daniel y Tana Amen, *The Brain Warrior's Way* (New York: New American Library, 2016), 47–48.

112. José A. Gil-Montoya et al., "Is Periodontitis a Risk Factor for Cognitive Impairment and Dementia? A Case-Control Study," *Journal of Periodontology* 86, no. 2 (Febrero 2015): 244–53, https://pubmed.ncbi.nlm.nih.gov/25345338/.

113. Kristine Yaffe et al., "Depressive Symptoms and Cognitive Decline in Nondemented Elderly Women: A Prospective Study," *Archives of General Psychiatry* 56, no. 5 (Mayo 1999): 425–30, https://pubmed.ncbi.nlm.nih.gov/10232297/.

114. Nian-Sheng Tzeng et al., "Risk of Dementia in Adults with ADHD: A Nationwide, Population-Based Cohort Study in Taiwan," *Journal of Attention Disorders* 23, no. 9 (Julio 2019): 995–1006, https://pubmed.ncbi.nlm.nih.gov/28629260/.

115. Ellen Van Velsor y Jean Brittain Leslie, "Why Executives Derail: Perspectives across Time and Cultures," *Academy of Management Executive* 9, no. 4 (Noviembre 1995): 62–72, http:// www.jstor.org/stable/4165289.

116. Diana I. Tamir y Jason P. Mitchell, "Disclosing Information about the Self Is Intrinsically Rewarding," *PNAS* 109, no. 21 (Mayo 2012): 8038–43, https://www.pnas.org /doi/10.1073/pnas.1202129109.

117. "What's Your Positivity Ratio? Take the Positivity Quiz and Find Out!" *Happier Human* (blog), Octubre 24, 2012, https://www.happierhuman.com/positivity-ratio/.

118. Kyle Benson, "The Magic Relationship Ratio, according to Science," Gottman Institute, accessed Abril 21, 2022, https://www.gottman.com/blog/the-magic-relationship-ratio -according-science/.

119. Loren Toussaint et al., "Effects of Lifetime Stress Exposure on Mental and Physical Health in Young Adulthood: How Stress Degrades and Forgiveness Protects Health," *Journal of Health Psychology* 21, no. 6 (Junio 2016): 1004–14, https://pubmed.ncbi.nlm.nih .gov/25139892/.

120. Kirsten Weir, "Forgiveness Can Improve Mental and Physical Health," *Monitor on Psychology* 48, no. 1 (Enero 2017): 30, https://www.apa.org/monitor/2017/01/ce-corner.

121. Everett Worthington, "REACH Forgiveness of Others," Everett Worthington (website), accessed Abril 21, 2022, http://www.evworthington-forgiveness.com/reach-forgiveness -of-others.

122. Byron Katie (@ByronKatie), Twitter, Marzo 16, 2014, 10:45 a.m., https://twitter.com/byronkatie/status/445224290506801154.

123. Jenny Radesky et al., "Maternal Mobile Device Use during a Structured Parent-Child Interaction Task," *Academic Pediatrics* 15, no. 2 (Mar/Apr 2015): 238–44, https://www.ncbi.nlm.nih.gov/pmc/articles/PMC4355325/.

124. Daniel G. Amen et al., "Gender-Based Cerebral Perfusion Differences in 46,034 Functional Neuroimaging Scans," *Journal of Alzheimer's Disease* 60, no. 2 (2017): 605–14, https://pubmed.ncbi.nlm.nih.gov/28777753/.

125. Daniel G. Amen et al., "Gender-Based Cerebral Perfusion Differences in 46,034 Functional Neuroimaging Scans."

126. Howard S. Friedman y Leslie R. Martin, *The Longevity Project: Surprising Discoveries for Health and Long Life from the Landmark Eight-Decade Study* (New York: Plume, 2012).

127. Richard J. Haier et al., "The Neuroanatomy of General Intelligence: Sex Matters," *NeuroImage* 25, no. 1 (Marzo 2005): 320–27, https://pubmed.ncbi.nlm.nih.gov/15734366/.

128. Haier et al., "Neuroanatomy."

129. S. Nishizawa et al., "Differences between Males and Females in Rates of Serotonin Synthesis in Human Brain," *PNAS* 94, no. 10 (Mayo 13, 1997): 5308–13, https://www.pnas.org/doi/10.1073/pnas.94.10.5308.

130. Erika L. Sabbath et al., "Time May Not Fully Attenuate Solvent-Associated Cognitive Deficits in Highly Exposed Workers," *Neurology* 82, no. 19 (Mayo 13, 2014): 1716–23, https://www.ncbi.nlm.nih.gov/pmc/articles/PMC4032208/.

131. Helen E. Fisher et al., "Intense, Passionate, Romantic Love: A Natural Addiction? How the Fields That Investigate Romance and Substance Abuse Can Inform Each Other," *Frontiers in Psychology* 7 (2016): 687, https://www.ncbi.nlm.nih.gov/pmc/articles/PMC4861725/.

132. Niccolò Machiavelli, *The Prince (Il Principe)*, 1513, translation.

133. Zeynep Baran Tatar y Şahika Yüksel, "Mobbing at Workplace—Psychological Trauma and Documentation of Psychiatric Symptoms," *Nöropsikiyatri Arsivi (Archives of Neuropsychiatry)* 56, no. 1 (Marzo 2019):57-62. https://pubmed.ncbi.nlm.nih.gov/30911239/.

134. Margo Wilson y Martin Daly, "Do Pretty Women Inspire Men to Discount the Future?" *Proceedings of the Royal Society B* 271 (Mayo 7, 2004): S177–S179, https://royalsocietypublishing.org/doi/10.1098/rsbl.2003.0134.

135. Johan C. Karremans et al., "Interacting with Women Can Impair Men's Cognitive Functioning," *Journal of Experimental Social Psychology* 45, no. 4 (Julio 2009): 1041–44, https://www.sciencedirect.com/science/article/abs/pii/S0022103109001164.

136. Alex George, "Wallace Killer Chiesa Denied Prison Release," *Calaveras Enterprise*, Febrero 24, 2012, http://www.calaverasenterprise.com/news/article_182d2f4a-5f13-11e1-ac1d-001871e3ce6c.html.

137. Fyodor Dostoyevsky, *Crime and Punishment* (Russia: The Russian Messenger, 1866).

138. Og Mandino, *The Greatest Salesman in the World* (New York: Bantam Books, 1983), 54.

139. Daniel G. Amen, *Change Your Brain, Change Your Life* (New York: Harmony Books, 1998, 2015), 194–197.

140. Purushottam Jangid et al., "Comparative Study of Efficacy of L-5-Hydroxytryptophan and Fluoxetine in Patients Presenting with First Depressive Episode," *Asian Journal of Psychiatry* 6, no. 1 (Febrero 2013): 29–34, https://pubmed.ncbi.nlm.nih.gov/23380314/.

A. Ghajar et al., "Crocus Sativus L. versus Citalopram in the Treatment of Major Depressive Disorder with Anxious Distress: A Double-Blind, Controlled Clinical Trial," *Pharmacopsychiatry* 50, no. 4 (Julio 2017): 152–60, https://pubmed.ncbi.nlm.nih.gov/27701683/.

141. L. M. Ascher, "Paradoxical Intention in the Treatment of Urinary Retention," *Behaviour Research and Therapy* 17, no. 3 (1979): 267–70, https://psycnet.apa.org/record/1980-28336-001.

142. P. Salmon, "Effects of Physical Exercise on Anxiety, Depression, and Sensitivity to Stress: A Unifying Theory," *Clinical Psychology Review* 21, no. 1 (Febrero 2001):33–61, https://pubmed.ncbi.nlm.nih.gov/11148895/.

143. Marije aan het Rot et al., "Bright Light Exposure during Acute Tryptophan Depletion Prevents a Lowering of Mood in Mildly Seasonal Women," *European Neuropsychopharmacology* 18, no. 1 (Enero 2008): 14–23, https://pubmed.ncbi.nlm.nih.gov/17582745/.

144. Andy Menke et al., "Prevalence of and Trends in Diabetes among Adults in the United States, 1988–2012," *JAMA* 314, no. 10 (Septiembre 8, 2015): 1021–29, https://pubmed.ncbi.nlm.nih.gov/26348752/.

Cheryl D. Fryar, Margaret D. Carroll y Joseph Afful, "Prevalence of Overweight, Obesity, and Severe Obesity among Adults Aged 20 and Over: United States, 1960–1962 through 2017–2018," National Center for Health Statistics, Health E-Stats (2020), updated Enero 29, 2021, https://www.cdc.gov/nchs/data/hestat/obesity-adult-17-18/obesity-adult.htm.

145. Howard S. Friedman y Leslie R. Martin, *The Longevity Project: Surprising Discoveries for Health and Long Life from the Landmark Eight-Decade Study* (New York: Plume, 2012).

146. "'Infomania' Worse Than Marijuana," BBC News, updated Abril 22, 2005, http://news.bbc.co.uk/2/hi/uk_news/4471607.stm.

Mark Liberman, "An Apology," *Language Log* (blog), Septiembre 25, 2005, http://itre.cis.upenn.edu/~myl/languagelog/archives/002493.html.

147. Brian G. Dias y Kerry J. Ressler, "Parental Olfactory Experience Influences Behavior and Neural Structure in Subsequent Generations," *Nature Neuroscience* 17, no. 1 (Enero 2014): 89–96, https://www.ncbi.nlm.nih.gov/pmc/articles/PMC3923835/.

148. Olena Babenko, Igor Kovalchuk y Gerlinde A. S. Metz, "Stress-Induced Perinatal and Transgenerational Epigenetic Programming of Brain Development and Mental Health," *Neuroscience and Biobehavioral Reviews* 48 (Enero 2015): 70–91, https://pubmed.ncbi.nlm.nih.gov/25464029/.

Claire Gillespie, "What Is Generational Trauma? Here's How Experts Explain It," *Health*, Octubre 27, 2020, https://www.health.com/condition/ptsd/generational-trauma.

149. Gang Wu et al., "Understanding Resilience," *Frontiers in Behavioral Neuroscience* 7 (Febrero 15, 2013): 10, https://www.frontiersin.org/articles/10.3389/fnbeh.2013.00010/full.

150. James W. Carson et al., "Loving-Kindness Meditation for Chronic Low Back Pain: Results from a Pilot Trial," *Journal of Holistic Nursing* 23, no. 3 (Septiembre 2005): 287–304, https://pubmed.ncbi.nlm.nih.gov/16049118/.

Xianglong Zeng et al., "The Effect of Loving-Kindness Meditation on Positive Emotions: A Meta-analytic Review," *Frontiers in Psychology* 6 (Noviembre 3, 2015): 1693, https://www.ncbi.nlm.nih.gov/pmc/articles/PMC4630307/.

Barbara L. Fredrickson et al., "Open Hearts Build Lives: Positive Emotions, Induced through Loving-Kindness Meditation, Build Consequential Personal Resources," *Journal of Personality and Social Psychology* 95, no. 5 (Noviembre 2008): 1045–62, https://www.ncbi.nlm.nih.gov/pmc/articles/PMC3156028/.

151. Petra H. Wirtz y Roland von Känel, "Psychological Stress, Inflammation, and Coronary Heart Disease," *Current Cardiology Reports* 19 (Septiembre 2017): 111, https://link.springer.com/article/10.1007/s11886-017-0919-x.

O. Olafiranye et al., "Anxiety and Cardiovascular Risk: Review of Epidemiological and Clinical Evidence," *Mind and Brain, the Journal of Psychiatry* (England) 2, no. 1 (2011): 32–37, https://www.ncbi.nlm.nih.gov/pmc/articles/PMC3150179/.

152. John A. Chalmers et al., "Anxiety Disorders Are Associated with Reduced Heart Rate Variability: A Meta-Analysis," *Frontiers in Psychiatry* 5 (Julio 11, 2014): 80, https://pubmed.ncbi.nlm.nih.gov/25071612/.

153. Lukas de Lorent et al., "Auricular Acupuncture versus Progressive Muscle Relaxation in Patients with Anxiety Disorders or Major Depressive Disorder: A Prospective Parallel Group Clinical Trial," *Journal of Acupuncture and Meridian Studies* 9, no. 4 (Agosto 2016): 191–99, https://pubmed.ncbi.nlm.nih.gov/27555224/.

A. B. Wallbaum et al., "Progressive Muscle Relaxation and Restricted Environmental Stimulation Therapy for Chronic Tension Headache: A Pilot Study," *International Journal of Psychosomatics* 38, nos. 1–4 (Febrero 1991): 33–39, https://pubmed.ncbi.nlm.nih.gov /1778683/.

Cecile A. Lengacher et al., "Immune Responses to Guided Imagery during Breast Cancer Treatment," *Biological Research for Nursing* 9, no. 3(Enero 2008): 205–14, https://pubmed. ncbi.nlm.nih.gov/18077773/.

Yoon Bok Hahn et al., "The Effect of Thermal Biofeedback and Progressive Muscle Relaxation Training in Reducing Blood Pressure of Patients with Essential Hypertension," *Image: the Journal of Nursing Scholarship* 25, no. 3 (Fall 1993): 204–7, https://pubmed.ncbi .nlm.nih.gov/8225352/.

154. E. B. Blanchard et al., "Hand Temperature Norms for Headache, Hypertension, and Irritable Bowel Syndrome," *Biofeedback and Self-Regulation* 14, no. 4 (Diciembre 1989): 319–31, https://pubmed.ncbi.nlm.nih.gov/2631972/.

155. Lawrence E. Williams y John A. Bargh, "Experiencing Physical Warmth Promotes Interpersonal Warmth," *Science* 322, no. 5901 (Octubre 24, 2008): 606–7, https://www.ncbi .nlm.nih.gov/pmc/articles/PMC2737341/.

156. Bethany Heitman, "Christina Aguilera Talks Confidence and Working Through Insecurities in the Public Eye," *Health*, Abril 13, 2021, https://www.health.com/celebrities/christina -aguilera.

157. Good News Network, "72% of Brits Feel More Confident When They Finally Stop Worrying about What People Think of Them in Their 40s," Abril 30, 2021, https://www .goodnewsnetwork.org/poll-onepoll-brits-become-confident-at-46/.

158. "6-Year-Old Aiden Leos' Killers Pleas Not Guilty in Road Rage Killing," NBC News, Abril 12, 2022, https://www.nbclosangeles.com/news/local/aiden-leos-road-rage -shooting-orange-county-plead-not-guilty/2868440./

159. Smiljanic Stasha, "20+ Mind-Numbing US Road Rage Statistics—2022 Edition," PolicyAdvice, 2022, https://policyadvice.net/insurance/insights/road-rage-statistics/.

160. Michael D. Resnick et al., "Protecting Adolescents from Harm: Findings from the National Longitudinal Study on Adolescent Health," *JAMA* 278, no. 10, (Septiembre 10, 1997): 823–32, https://pubmed.ncbi.nlm.nih.gov/9293990/.

161. Ben Renner, "American Families Spend Just 37 Minutes of Quality Time Together per Day, Study Finds," Study Finds, Marzo 21, 2018, https://www.studyfinds.org/american -families-spend-37-minutes-quality-time/.

162. Alison Wood Brooks, "Get Excited: Reappraising Pre-performance Anxiety as Excitement," *Journal of Experimental Psychology: General* 143, no. 3 (Junio 2014): 1144–58, https:// pubmed.ncbi.nlm.nih.gov/24364682/.

163. Mark Hardy, Michael D. Kirk-Smith y David D. Stretch, "Replacement of Drug Treatment for Insomnia by Ambient Odour," *Lancet* 346, no. 8976 (1995): 701, https://pubmed.ncbi.nlm. nih.gov/7658836/.

Namni Goel, Hyungsoo Kim y Raymund P. Lao, "An Olfactory Stimulus Modifies Nighttime Sleep in Young Men and Women," *Chronobiology International* 22, no. 5 (2005): 889–904, https://pubmed.ncbi.nlm.nih.gov/16298774/.

164. Willow Winsham, "Emperor Frankenstein: The Truth behind Frederick II of Sicily's Sadistic Science Experiments," History Answers, Agosto 19, 2017, https://www.historyanswers. co.uk/kings-queens/emperor-frankenstein-the-truth-behind-frederick -ii-of-sicilys-sadistic-science-experiments/.

165. Harry T. Chugani et al., "Local Brain Functional Activity following Early Deprivation: A Study of Postinstitutionalized Romanian Orphans," *NeuroImage* 14, no. 6 (Diciembre 2001): 1290– 1301, https://pubmed.ncbi.nlm.nih.gov/11707085/.

166. Thomas Schäfer et al., "The Psychological Functions of Music Listening," *Frontiers in Psychology* 4 (2013): 511, https://www.ncbi.nlm.nih.gov/pmc/articles/PMC3741536/.

167. Barry Goldstein, *The Secret Language of the Heart: How to Use Music, Sound, and Vibration as Tools for Healing and Personal Transformation* (San Antonio, TX: Hierophant Publishing, 2016), 29, 31.

168. Madhuleena Roy Chowdhury, "19 Best Positive Psychology Interventions + How to Apply Them," blog, PositivePsychology.com, updated Marzo 24, 2022, https://positivepsychology .com /positive-psychology-interventions/.

169. Martin E. P. Seligman et al., "Positive Psychology Progress: Empirical Validation of Interventions," *American Psychologist* 60, no. 5 (Julio/Agosto 2005): 410–21, https://pubmed .ncbi.nlm.nih.gov/16045394/.

170. "31 Benefits of Gratitude: The Ultimate Science-Backed Guide," *Happier Human* (blog), Agosto 1, 2020, https://www.happierhuman.com/benefits-of-gratitude/.

    Courtney E. Ackerman, "28 Benefits of Gratitude and Most Significant Research Findings," blog, PositivePsychology.com, updated Marzo 29, 2022, https://positivepsychology.com /benefits-gratitude-research-questions/.

171. Nancy L. Sin, Sonja Lyubomirsky, "Enhancing Well-Being and Alleviating Depressive Symptoms with Positive Psychology Interventions: A Practice-Friendly Meta-Analysis," *Journal of Clinical Psychology* 65, no. 5 (Mayo 2009): 467–87, https://onlinelibrary.wiley.com /doi/abs/10.1002/jclp.20593.

172. Helen Y. Weng et al., "Compassion Training Alters Altruism and Neural Responses to Suffering," *Psychological Science* 24, no. 7 (Mayo 21, 2013): 1171–80, http://europepmc.org /article/MED/23696200.

    Jill Ladwig, "Brain Can Be Trained in Compassion, Study Shows," University of Wisconsin–Madison, Mayo 22, 2013, https://news.wisc.edu/brain-can-be-trained-in-compassion-study -shows/.

173. Ariana Grande, Facebook, Mayo 22, 2017, 10:35 p.m., https://m.facebook.com/arianagrande/ posts/10154526340546027.

174. Martin E. P. Seligman et al., "Positive Psychology Progress: Empirical Validation of Interventions," *American Psychologist* 60, no. 5 (Julio/Agosto 2005): 410–21, https://pubmed. ncbi.nlm.nih.gov/16045394/.

    Bryant M. Stone y Acacia C. Parks, "Cultivating Subjective Well-Being through Positive Psychological Interventions," in *Handbook of Well-Being*, ed. Ed Diener, Shigehiro Oishi, and Louis Tay (Salt Lake City: DEF Publishers, 2018), https://www.nobascholar.com /chapters/59.

175. Dharma Singh Khalsa et al., "Cerebral Blood Flow Changes during Chanting Meditation," *Nuclear Medicine Communications* 30, no. 12 (Diciembre 2009): 956–61, https://pubmed .ncbi.nlm.nih.gov/19773673/.

176. Sara W. Lazer et al. "Meditation Experience Is Associated with Increased Cortical Thickness," *Neuroreport* 16, no. 17 (Noviembre 29, 2005): 1893–7, https://pubmed.ncbi .nlm.nih.gov/16272874/.

177. Rena R. Wing y Robert W. Jeffery, "Benefits of Recruiting Participants with Friends and Increasing Social Support for Weight Loss and Maintenance," *Journal of Consulting and Clinical Psychology* 67, no. 1 (132–38), https://content.apa.org/record/1999-00242-015.

178. Dale E. Bredesen, "Reversal of Cognitive Decline: A Novel Therapeutic Program," *Aging* 6, no. 9 (Septiembre 2014): 707–17, https://www.ncbi.nlm.nih.gov/pmc/articles /PMC4221920/.

179. Daniel G. Amen, "Brain Warriors Tackle Football . . . and Discover an Incredible Truth," Amen Clinics NFL Study 2015, http://docplayer.net/15511811-Brain-warriors-tackle -football-and-discover-an-incredible-truth.html.

180. Julie A. Mattison et al., "Caloric Restriction Improves Health and Survival of Rhesus Monkeys," *Nature Communications* 8 (2017): 14063, https://www.nature.com/articles /ncomms14063.

181. Liz Parks, "Beverages Contribute One-Fifth of Calories Consumed," *Supermarket News*, Enero 29, 2007, https://www.supermarketnews.com/archive/beverages-contribute-one -fifth-calories-consumed.

182. Kiyah J. Duffey y Barry M. Popkin, "Shifts in Patterns and Consumption of Beverages between 1965 and 2002," *Obesity* 15, no. 11 (Noviembre 2007): 2739–47, https://pubmed.ncbi.nlm.nih.gov/18070765/.

183. Cynthia A. Daley et al., "A Review of Fatty Acid Profiles and Antioxidant Content in Grass-Fed and Grain-Fed Beef," *Nutrition Journal* 9 (2010): 10, https://www.ncbi.nlm.nih.gov/pmc/articles/PMC2846864/.

184. Rosebud O. Roberts et al., "Relative Intake of Macronutrients Impacts Risk of Mild Cognitive Impairment or Dementia," *Journal of Alzheimer's Disease* 32, no. 2 (2012): 329–39, https://www.ncbi.nlm.nih.gov/pmc/articles/PMC3494735/.

185. Soili M. Lehto et al., "Low Serum HDL-Cholesterol Levels Are Associated with Long Symptom Duration in Patients with Major Depressive Disorder," *Psychiatry and Clinical Neurosciences* 64, no. 3 (Junio 2010): 279–83, https://pubmed.ncbi.nlm.nih.gov/20374538/.

   James M. Greenblatt, "The Implications of Low Cholesterol in Depression and Suicide," The Great Plains Laboratory, Noviembre 16, 2015, https://www.greatplainslaboratory.com/articles-1/2015/11/13/the-implications-of-low-cholesterol-in-depression-and-suicide.

186. James E. Gangwisch et al., "High Glycemic Index Diet as a Risk Factor for Depression: Analyses from the Women's Health Initiative," *American Journal of Clinical Nutrition* 102, no. 2 (Agosto 2015): 454–63, https://www.ncbi.nlm.nih.gov/pmc/articles/PMC4515860/.

   Kara L. Breymeyer et al., "Subjective Mood and Energy Levels of Healthy Weight and Overweight/Obese Healthy Adults on High- and Low-Glycemic Load Experimental Diets," *Appetite* 107 (Diciembre 1, 2016): 253–59, https://pubmed.ncbi.nlm.nih.gov/27507131/.

187. Medhavi Gautam et al., "Role of Antioxidants in Generalised Anxiety Disorder and Depression," *Indian Journal of Psychiatry* 54, no. 3 (Julio–Septiembre 2012): 244–47, https://www.ncbi.nlm.nih.gov/pmc/articles/PMC3512361/.

188. Redzo Mujcic y Andrew J. Oswald, "Evolution of Well-Being and Happiness after Increases in Consumption of Fruit and Vegetables," *American Journal of Public Health* 106, no. 8 (Agosto 2016): 1504–10, https://pubmed.ncbi.nlm.nih.gov/27400354/.

189. Heather Ann Hausenblas et al., "Saffron (Crocus sativus L.) and Major Depressive Disorder: A Meta-Analysis of Randomized Clinical Trials," *Journal of Integrative Medicine* 11, no. 6 (Noviembre 2013): 377–83, https://pubmed.ncbi.nlm.nih.gov/24299602/.

190. Magda Tsolaki et al., "Efficacy and Safety of Crocus sativus L. in Patients with Mild Cognitive Impairment: One Year Single-Blind Randomized, with Parallel Groups, Clinical Trial," *Journal of Alzheimer's Disease* 54, no. 1 (Julio 2016): 129–33, https://pubmed.ncbi.nlm.nih.gov/27472878/.

   Mehdi Farokhnia et al., "Comparing the Efficacy and Safety of Crocus sativus L. with Memantine in Patients with Moderate to Severe Alzheimer's Disease: A Double-Blind Randomized Clinical Trial," *Human Psychopharmacology* 29, no. 4 (Julio 2014): 351–59, https://pubmed.ncbi.nlm.nih.gov/25163440/.

   Amirhossein Modabbernia et al., "Effect of Saffron on Fluoxetine-Induced Sexual Impairment in Men: Randomized Double Blind Placebo-Controlled Trial," *Psychopharmacology* 223, no. 4 (Octubre 2012): 381–88, https://pubmed.ncbi.nlm.nih.gov/22552758/.

   Ladan Kashani et al., "Saffron for Treatment of Fluoxetine-Induced Sexual Dysfunction in Women: Randomized Double-Blind Placebo-Controlled Study," *Human Psychopharmacology* 28, no. 1 (Enero 2013): 54–60, https://pubmed.ncbi.nlm.nih.gov/23280545/.

191. Shrikant Mishra y Kalpana Palanivelu, "The Effect of Curcumin (Turmeric) on Alzheimer's Disease: An Overview," *Annals of Indian Academy of Neurology* 11, no. 1 (Enero–Marzo 2008): 13–19, https://www.ncbi.nlm.nih.gov/pmc/articles/PMC2781139/.

192. Adrian L. Lopresti, "Salvia (Sage): A Review of Its Potential Cognitive-Enhancing and Protective Effects," *Drugs in R&D* 17, no. 1 (Marzo 2017): 53–64, https://www.ncbi.nlm.nih.gov/pmc/articles/PMC5318325/.

193. EWG Science Team, "Clean Fifteen," *EWG's 2022 Shopper's Guide to Pesticides in Produce*, Environmental Working Group, Abril 7, 2022, https://www.ewg.org/foodnews/clean-fifteen.php.

194. EWG Science Team, "Dirty Dozen," *EWG's 2022 Shopper's Guide to Pesticides in Produce*, Environmental Working Group, Abril 7, 2022, https://www.ewg.org/foodnews/dirty -dozen.php.

195. Abdulaziz Farooq et al., "A Prospective Study of the Physiological and Neurobehavioral Effects of Ramadan Fasting in Preteen and Teenage Boys," *Journal of the Academy of Nutrition and Dietetics* 115, no. 6 (Junio 2015): 889–97, https://pubmed.ncbi.nlm.nih.gov /25840939/.

196. N. M. Hussin et al., "Efficacy of Fasting and Calorie Restriction (FCR) on Mood and Depression among Ageing Men," *Journal of Nutrition, Health and Aging* 17, no. 8 (2013): 674–80, https://pubmed.ncbi.nlm.nih.gov/24097021/.

197. Tatiana Moro et al., "Effects of Eight Weeks of Time-Restricted Feeding (16/8) on Basal Metabolism, Maximal Strength, Body Composition, Inflammation, and Cardiovascular Risk Factors in Resistance-Trained Males," *Journal of Translational Medicine* 14, no. 1 (Octubre 13, 2016): 290, https://translational-medicine.biomedcentral.com/articles /10.1186/s12967-016-1044-0.

198. Mo'ez Al-Islam E. Faris et al., "Intermittent Fasting during Ramadan Attenuates Proinflammatory Cytokines and Immune Cells in Healthy Subjects," *Nutrition Research* 32, no. 12 (Diciembre 2012): 947–55, https://pubmed.ncbi.nlm.nih.gov/23244540/.

199. Andrea R. Vasconcelos et al., "Intermittent Fasting Attenuates Lipopolysaccharide-Induced Neuroinflammation and Memory Impairment," *Journal of Neuroinflammation* 11 (Mayo 6, 2014): 85, https://jneuroinflammation.biomedcentral.com/articles/10.1186 /1742-2094-11-85.

200. Ben Spencer, "Why You Should NEVER Eat after 7 p.m.: Late Night Meals 'Increases the Risk of Heart Attack and Stroke,'" *Daily Mail*, Agosto 31, 2016, http://www.dailymail.co.uk/ health/article-3767231/Why-NEVER-eat-7pm-Late-night -meals-increases-risk-heart -attack-stroke.html.

201. Ameneh Madjd et al., "Beneficial Effect of High Energy Intake at Lunch Rather Than Dinner on Weight Loss in Healthy Obese Women in a Weight-Loss Program: A Randomized Clinical Trial," *American Journal of Clinical Nutrition* 104, no. 4 (Octubre 1, 2016): 982–89, https:// pubmed.ncbi.nlm.nih.gov/27581472/.

202. "Celiac Disease: Fast Facts," Beyond Celiac, accessed Abril 23, 2022, https://www .beyondceliac.org/celiac-disease/facts-and-figures/.

203. "Celiac Disease."

204. Helmut Niederhofer, "Association of Attention-Deficit/Hyperactivity Disorder and Celiac Disease: A Brief Report," *Primary Care Companion for CNS Disorders* 13, no. 3 (2011): e1–e3, https://pubmed.ncbi.nlm.nih.gov/21977364/.

Paul Whiteley et al., "The ScanBrit Randomised, Controlled, Single-Blind Study of a Gluten- and Casein-Free Dietary Intervention for Children with Autism Spectrum Disorders," *Nutritional Neuroscience* 13, no. 2, (Abril 2010): 87–100, https://pubmed.ncbi .nlm.nih.gov/20406576/.

Antonio Di Sabatino et al., "Small Amounts of Gluten in Subjects with Suspected Nonceliac Gluten Sensitivity: A Randomized, Double-Blind, Placebo-Controlled, Cross-Over Trial," *Clinical Gastroenterology and Hepatology* 13, no. 9 (Septiembre 2015): 1604–12.e3, https:// pubmed.ncbi.nlm.nih.gov/25701700/.

S. L. Peters et al., "Randomised Clinical Trial: Gluten May Cause Depression in Subjects with Non-Coeliac Glutensensitivity—an Exploratory Clinical Study," *Alimentary Pharmacology & Therapeutics* 39, no. 10 (Mayo 2014): 1104–12, https://pubmed.ncbi.nlm.nih.gov/24689456/.

205. Stephani L. Stancil et al., "Naltrexone Reduces Binge Eating and Purging in Adolescents in an Eating Disorder Program," *Journal of Child and Adolescent Psychopharmacology* 29, no. 9 (Noviembre 2019): 72124, https://pubmed.ncbi.nlm.nih.gov/31313939/.

206. R. Mesnage et al., "Potential Toxic Effects of Glyphosate and Its Commercial Formulations below Regulatory Limits," *Food and Chemical Toxicology* 84 (Octubre 2015): 133–53, https:// pubmed.ncbi.nlm.nih.gov/26282372/.

207. Alexis Baden-Meyer, "15 Health Problems Linked to Monsanto's Roundup (EcoWatch)," Green America, Julio 30, 2015, originally published at EcoWatch, Enero 23, 2015, https://greenamerica.org/blog/15-health-problems-linked-monsantos-roundup-ecowatch.

208. Catherine J. E. Ingram et al., "Lactose Digestion and the Evolutionary Genetics of Lactase Persistence," *Human Genetics* 124, no. 6 (Enero 2009): 579–91, https://pubmed.ncbi.nlm.nih.gov/19034520/.

209. Giselle S. Duarte y Adriana Farah, "Effect of Simultaneous Consumption of Milk and Coffee on Chlorogenic Acids' Bioavailability in Humans," *Journal of Agricultural and Food Chemistry* 59, no. 14 (Mayo 31, 2011): 7925–31, https://pubs.acs.org/doi/10.1021/jf201906p.

Philippe Bourassa et al., "The Effect of Milk Alpha-Casein on the Antioxidant Activity of Tea Polyphenols," *Journal of Photochemistry and Photobiology B* 128 (Noviembre 5, 2013): 43–49, https://pubmed.ncbi.nlm.nih.gov/24001682/.

210. "Brain Thrive by 25 Improves Overall Brain Function in Students," PRN Newswire, Oct. 14, 2016, https://www.prnewswire.com/news-releases/brain-thrive-by-25-improves-overall-brain-function-in-students-300345136.html.

211. Walter Mischel, *The Marshmallow Test: Why Self-Control Is the Engine of Success* (New York: Little, Brown, 2015).

212. James Ewinger, "New Diet for Gorillas at Cleveland Metroparks Zoo Helps Animals with Needed Weight Loss," cleveland.com, Julio 6, 2011, https://www.cleveland.com/metro/2011/07/new_diet_for_apes_at_cleveland.html.

213. Mary Papenfuss, "Cleveland Zoo Loses 32-Year-Old Gorilla Bebac to Heart Disease," *HuffPost*, Enero 8, 2017, https://www.huffpost.com/entry/cleveland-zoo-gorilla-bebac-dies_n_5871ab96e4b043ad97e3b76a.

214. Jerome Sarris et al., "Nutritional Medicine as Mainstream in Psychiatry," *Lancet* 2, no. 3 (Marzo 2015): 271–74, https://www.thelancet.com/journals/lanpsy/article/PIIS2215-0366(14)00051-0/fulltext.

215. Matthew S. Ganio et al., "Mild Dehydration Impairs Cognitive Performance and Mood of Men," *British Journal of Nutrition* 106, no. 10 (Noviembre 2011): 1535–43, https://pubmed.ncbi.nlm.nih.gov/21736786/.

Lawrence E. Armstrong et al., "Mild Dehydration Affects Mood in Healthy Young Women," *Journal of Nutrition* 142, no. 2 (Febrero 2012): 382–88, https://academic.oup.com/jn/article/142/2/382/4743487.

216. Erik Messamore et al., "Polyunsaturated Fatty Acids and Recurrent Mood Disorders: Phenomenology, Mechanisms, and Clinical Application," *Progress in Lipid Research* 66 (Abril 2017): 1–13, https://pubmed.ncbi.nlm.nih.gov/28069365/.

Roel J. T. Mocking et al., "Meta-Analysis and Meta-Regression of Omega-3 Polyunsaturated Fatty Acid Supplementation for Major Depressive Disorder," *Translational Psychiatry* 6, no. 3 (Marzo 15, 2016), https://pubmed.ncbi.nlm.nih.gov/26978738/.

217. A. Ghajar et al., "*Crocus Sativus L.* versus Citalopram in the Treatment of Major Depressive Disorder with Anxious Distress: A Double-Blind, Controlled Clinical Trial," *Pharmacopsychiatry* 50, no. 4 (Julio 2017): 152–60, https://pubmed.ncbi.nlm.nih.gov/27701683/.

Xiangying Yang et al., "Comparative Efficacy and Safety of *Crocus Sativus L.* for Treating Mild to Moderate Major Depressive Disorder in Adults: A Meta-analysis of Randomized Controlled Trials," *Neuropsychiatric Disease and Treatment* 2018, no. 14 (Mayo 21, 2018): 1297–305, https://pubmed.ncbi.nlm.nih.gov/29849461/.

218. G. C. Leng, "Impact of Antioxidant Therapy on Symptoms of Anxiety and Depression. A Randomized Controlled Trial in Patients with Peripheral Arterial Disease," *Journal of Nutritional and Environmental Medicine* 8 no. 4 (1998): 321--28, https://www.tandfonline.com/doi/abs/10.1080/13590849861899.

219. G. Fond, "Inflammation in Psychiatric Disorders," *European Psychiatry* 29, no. S3 (2014): 551–52, https://www.cambridge.org/core/journals/european-psychiatry/article/abs/inflammation-in-psychiatric-disorders/87C75DB707FE32CAD5533C964FC1FD9B.

220. Lidy M. Pelsser et al., "Effects of Food on Physical and Sleep Complaints in Children with ADD/ADHD: A Randomised Controlled Pilot Study," *European Journal of Pediatrics* 169, no. 9 (Septiembre 2010): 1129–38, https://pubmed.ncbi.nlm.nih.gov/20401617/.

Paola Bressan y Peter Kramer, "Bread and Other Edible Agents of Mental Disease," *Frontiers in Human Neuroscience* 10 (Marzo 29, 2016): 130, https://pubmed.ncbi.nlm.nih.gov/27065833/.

221. Lidy M. J. Pelsser et al., "A Randomised Controlled Trial into the Effects of Food on ADD/ADHD," *European Child and Adolescent Psychiatry* 18, no. 1, (Enero 2009): 12–19, https://pubmed.ncbi.nlm.nih.gov/18431534/.

222. "Any Anxiety Disorder," Mental Health Information, Statistics, National Institute of Mental Health, accessed Abril 28, 2022, https://www.nimh.nih.gov/health/statistics/any-anxiety-disorder.

223. Siegfried Kasper et al., "Lavender Oil Preparation Silexan Is Effective in Generalized Anxiety Disorder—a Randomized, Double-Blind Comparison to Placebo and Paroxetine," *International Journal of Neuropsychopharmacology* 17, no. 6 (Junio 2014): 859–69, https://pubmed.ncbi.nlm.nih.gov/24456909/.

Hossein Ebrahimi et al., "The Effects of Lavender and Chamomile Essential Oil Inhalation Aromatherapy on Depression, Anxiety and Stress in Older Community-Dwelling People: A Randomized Controlled Trial," *Explore* (New York) 18, no. 3 (Mayo/Junio 2022), 272–78, published ahead of print S1550–8307, Enero 9, 2021, https://www.sciencedirect.com/science/article/abs/pii/S155083072100001.

Mohamad Yadegari et al., "Effects of Inhaling Jasmine Essential Oil on Anxiety and Blood Cortisol Levels in Candidates for Laparotomy: A Randomized Clinical Trial," *Journal of Nursing and Midwifery Sciences* 8, no. 2 (2021): 128–33, https://www.jnmsjournal.org/article.asp?issn=2345-5756;year=2021;volume=8;issue=2;spage=128;epage=133;aulast=Yadegari.

224. Neil Bernard Boyle, Clare Lawton y Louise Dye, "The Effects of Magnesium Supplementation on Subjective Anxiety and Stress–A Systematic Review," *Nutrients* 9, no. 5 (Abril 26, 2017): e429, https://pubmed.ncbi.nlm.nih.gov/28445426/.

225. K. Kimura et al. "L-Theanine Reduces Psychological and Physiological Stress Responses," *Biological Psychology* 74, no. 1 (Enero 2007): 39–45, https://pubmed.ncbi.nlm.nih.gov/16930802/.

226. Adham M. Abdou et al., "Relaxation and Immunity Enhancement Effects of γ-Aminobutyric Acid (GABA) Administration in Humans," *BioFactors* 26, no. 3 (2006): 201–8, https://iubmb.onlinelibrary.wiley.com/doi/10.1002/biof.5520260305.

227. Andrew B. Newberg et al., "Cerebral Blood Flow Differences between Long-Term Meditators and Non-Meditators," *Consciousness and Cognition* 19, no. 4 (Diciembre 2010): 899–905, https://pubmed.ncbi.nlm.nih.gov/20570534/.

Heidi Jiang et al., "Brain Activity and Functional Connectivity Associated with Hypnosis," *Cerebral Cortex* 27, no. 8 (Agosto 1, 2017): 4083–93, https://academic.oup.com/cercor/article/27/8/4083/3056452.

228. Robert F. Anda et al., "The Enduring Effects of Abuse and Related Adverse Experiences in Childhood. A Convergence of Evidence from Neurobiology and Epidemiology," *European Archives of Psychiatry and Clinical Neuroscience* 256, no. 3 (2006): 174–86, https://pubmed.ncbi.nlm.nih.gov/16311898/.

229. Redzo Mujcic y Andrew J. Oswald, "Evolution of Well-Being and Happiness After Increases in Consumption of Fruit and Vegetables," *American Journal of Public Health* 106, no. 8 (Agosto 1, 2016): 1504–10, https://ajph.aphapublications.org/doi/10.2105/AJPH.2016.303260.

230. Nicole Celestine, "The Science of Happiness in Positive Psychology 101," *Happiness & SWB* (blog), PositivePsychology.com, last updated Marzo 28, 2022, https://positivepsychology.com/happiness/.

231. Dennis Prager, "Why Be Happy?" PragerU, Enero 20, 2014, video, 5:05, https://www.youtube.com/watch?v=_Zxnw0l499g.

232. Howard S. Friedman y Leslie R. Martin, *The Longevity Project: Surprising Discoveries for Health and Long Life from the Landmark Eight-Decade Study* (New York: Plume, 2012).

233. Joel Fuhrman, "The Hidden Dangers of Fast and Processed Food," *American Journal of Lifestyle Medicine* 12, no. 5 (Septiembre/Octubre 2018): 375–81, https://www.ncbi.nlm.nih.gov/pmc/articles/PMC6146358/.

Joel Fuhrman, "An Interview with Dr. Joel Fuhrman on the Importance of Diet," interview by Oliver M. Glass, *American Journal of Psychiatry Residents' Journal* 14, no. 3 (Marzo 8, 2019): 6–7, https://psychiatryonline.org/doi/full/10.1176/appi.ajp-rj.2019.140303.

234. American Cancer Society, "Alcohol Use and Cancer," Junio 9, 2020, https://www.cancer.org/content/dam/CRC/PDF/Public/7770.00.pdf.

235. Daniel Kahneman y Angus Deaton, "High Income Improves Evaluation of Life but Not Emotional Well-Being," *PNAS* 107, no. 38 (Septiembre 7, 2010), https://www.pnas.org/doi/10.1073/pnas.1011492107.

236. Stephen Arterburn, email message to author. Daniel G. Amen, *Change Your Brain, Change Your Life*, rev. ed. (New York: Harmony Books, 2015), 343.

237. Salk Institute, "How the Brain Recognizes What the Eye Sees," ScienceDaily, Junio 8, 2017, https://www.sciencedaily.com/releases/2017/06/170608145602.htm.

238. Cecily Maller et al., "Healthy Nature Healthy People: 'Contact with Nature' as an Upstream Health Promotion Intervention for Populations," *Health Promotion International* 21, no. 1 (Marzo 2006): 45–54, https://pubmed.ncbi.nlm.nih.gov/16373379/.

239. Yuna L. Ferguson y Kennon M. Sheldon, "Trying to Be Happier Really Can Work: Two Experimental Studies," *Journal of Positive Psychology* 8, no. 1 (Enero 2013): 23–33, https://psycnet.apa.org/record/2013-01626-003.

240. Adam Leipzig, "How to Know Your Life Purpose in 5 Minutes," TEDx Malibu, Febrero 1, 2013, video, 10:33, https://www.youtube.com/watch?v=vVsXO9brK7M&list=PLiKtxxcS-pbQ9BPH68bS6yPK1L7T4GmLW&index=5.

241. Christina Puchalski y Anna L. Romer, "Taking a Spiritual History Allows Clinicians to Understand Patients More Fully," *Journal of Palliative Medicine* 3, no. 1 (Primavera 2000): 129–37, https://pubmed.ncbi.nlm.nih.gov/15859737/.

242. Aliya Alimujiang et al., "Association between Life Purpose and Mortality among US Adults Older Than 50 Years," *JAMA Network Open* 2, no. 5 (2019): e194270, https://jamanetwork.com/journals/jamanetworkopen/fullarticle/2734064.

243. Daisy Fancourt et al., "Psychosocial Singing Interventions for the Mental Health and Well-Being of Family Carers of Patients with Cancer: Results from a Longitudinal Controlled Study," *BMJ Open* 9, no. 8 (Agosto 10, 2019): e026995, https://pubmed.ncbi.nlm.nih.gov/31401592/.

Sara Eldirdiry Osman, Victoria Tischler y Justine Schneider, "'Singing for the Brain': A Qualitative Study Exploring the Health and Well-Being Benefits of Singing for People with Dementia and Their Carers," *Dementia* (London) 15, no. 6 (Noviembre 2016): 1326–39, https://pubmed.ncbi.nlm.nih.gov/25425445/.

244. Felicity Maria Simpson, Gemma Perry y William Forde Thompson, "Assessing Vocal Chanting as an Online Psychosocial Intervention," *Frontiers in Psychology* 12 (Junio 1, 2021): 647632, https://www.frontiersin.org/articles/10.3389/fpsyg.2021.647632/full.

"Mantra Chanting: How Do Mantras Affect Brain? What Are Its Benefits?" *Times of India*, Julio 9, 2020, https://timesofindia.indiatimes.com/religion/mantras-chants/mantra-chanting-how-do-mantras-affect-brain-what-are-its-benefits/articleshow/76867950.cms.

245. Linda Wasmer Andrews, "Hum a Happy Tune for Wellness," *Psychology Today*, Noviembre 21, 2011, https://www.psychologytoday.com/us/blog/minding-the-body/201111/hum-happy-tune-wellness.

Jonathan Goldman y Andi Goldman, *The Humming Effect: Sound Healing for Health and Happiness* (Rochester, VT: Healing Arts Press, 2017).

246. Shelley Snow et al., "Exploring the Experience and Effects of Vocal Toning," *Journal of Music Therapy* 55, no. 2 (2018): 221–50, https://www.researchgate.net/publication /325355020_Exploring_the_Experience_and_Effects_of_Vocal_Toning.

247. Don Campbell, *The Mozart Effect: Tapping the Power of Music to Heal the Body, Strengthen the Mind, and Unlock the Creative Spirit* (New York: HarperCollins, 2001).

248. Harry Benson y Rehna Azim, "Celebrity Divorce Rates," Marriage Foundation, Enero 2016, https://marriagefoundation.org.uk/wp-content/uploads/2016/06/pdf-03.pdf.

249. Valorie N. Salimpoor et al., "Anatomically Distinct Dopamine Release during Anticipation and Experience of Peak Emotion to Music," *Nature Neuroscience* 14 (Enero 9, 2011): 257–62, https://www.nature.com/articles/nn.2726.

250. Ángel Pazos, Alphonse Probst y J. M. Palacios, "Serotonin Receptors in the Human Brain— IV. Autoradiographic Mapping of Serotonin-2 Receptors," *Neuroscience* 21, no. 1 (Abril 1987): 123–39, https://pubmed.ncbi.nlm.nih.gov/3601071/.

251. Simon N. Young, "How to Increase Serotonin in the Human Brain without Drugs," *Journal of Psychiatry and Neuroscience* 32, no. 6 (Noviembre 2007): 394–99, https://www.ncbi.nlm .nih.gov/pmc/articles/PMC2077351/.

252. Imperial College London, "Rethinking Serotonin Could Lead to a Shift in Psychiatric Care," ScienceDaily, Septiembre 4, 2017, https://www.sciencedaily.com/releases/2017/09 /170904093724.htm.

253. Rhonda P. Patrick y Bruce N. Ames, "Vitamin D and the Omega-3 Fatty Acids Control Serotonin Synthesis and Action, Part 2: Relevance for ADD/ADHD, Bipolar Disorder, Schizophrenia, and Impulsive Behavior," *FASEB Journal* 29, no. 6 (Febrero 24, 2015): 2207– 22, https://faseb.onlinelibrary.wiley.com/doi/full/10.1096/fj.14-268342.

254. Tiffany Field et al., "Massage Therapy Effects on Depressed Pregnant Women," *Journal of Psychosomatic Obstetrics and Gynaecology* 25, no. 2 (Junio 2004): 115–22, https://pubmed .ncbi.nlm.nih.gov/15715034/.

255. Tiffany Field et al., "Cortisol Decreases and Serotonin and Dopamine Increase following Massage Therapy," *International Journal of Neuroscience* 115, no. 10 (Octubre 2005): 1397–413, https://pubmed.ncbi.nlm.nih.gov/16162447/.

256. Elisabeth Perreau-Linck et al., "In vivo Measurements of Brain Trapping of C-labelled Alpha-methyl-L- tryptophan during Acute Changes in Mood States," *Journal of Psychiatry and Neuroscience* 32, no. 6 (Noviembre 2007): 430–34, https://pubmed.ncbi.nlm.nih.gov /18043767/.

257. Melanie Greenberg, "The Science of Love and Attachment," *Psychology Today*, Marzo 30, 2016, https://www.psychologytoday.com/us/blog/the-mindful-self-express/201603/the -science-love-and-attachment.

    Scott Edwards, "Love and the Brain," Harvard Medical School, Primavera 2015, https://hms .harvard.edu/news-events/publications-archive/brain/love-brain.

258. Martin Sack et al., "Intranasal Oxytocin Reduces Provoked Symptoms in Female Patients with Posttraumatic Stress Disorder Despite Exerting Sympathomimetic and Positive Chronotropic Effects in a Randomized Controlled Trial," *BMC Medicine* 15, no. 1 (Febrero 2017): 40, https://www.ncbi.nlm.nih.gov/pmc/articles/PMC5314583/.

259. Lori Singer, "Why It Feels Good to Hug Our Babies and Get Massages," Be Her Village, Septiembre 24, 2020, https://behervillage.com/articles/oxytocin-more-than-a-love -hormone.

260. Miho Nagasawa et al., "Oxytocin-Gaze Positive Loop and the Coevolution of Human-Dog Bonds," *Science* 348, no. 6232 (Abril 17, 2015): 333–36, https://www.science.org/doi /10.1126/science.1261022.

261. Takumi Nagasawa, Mitsuaki Ohta y Hidehiko Uchiyama, "Effects of the Characteristic Temperament of Cats on the Emotions and Hemodynamic Responses of Humans," *PLOS ONE* 15, no. 6 (Junio 25, 2020): e0235188, https://pubmed.ncbi.nlm .nih.gov/32584860/.

262. Kent C. Berridge y Morten L. Kringelbach, "Pleasure Systems in the Brain," *Neuron* 86, no. 3 (Mayo 6, 2015): 646–64, https://www.cell.com/neuron/fulltext/S0896-6273(15)00133-6.

263. David P. Sniezek y Imran J. Siddiqui, "Acupuncture for Treating Anxiety and Depression in Women: A Clinical Systematic Review," *Medical Acupuncture* 25, no. 3 (Junio 2013): 164–72, https://pubmed.ncbi.nlm.nih.gov/24761171/.

264. Shiv Basant Kumar et al., "Telomerase Activity and Cellular Aging Might Be Positively Modified by a Yoga-Based Lifestyle Intervention," *Journal of Alternative and Complementary Medicine* 21, no. 6 (Junio 2015): 370–72, https://www.liebertpub.com/doi/10.1089/acm.2014.0298.

265. P. B. Rokade, "Release of Endomorphin Hormone and Its Effects on Our Body and Moods: A Review" (International Conference on Chemical, Biological and Environment Sciences, Bangkok, Diciembre 2011), https://www.semanticscholar.org/paper/Release-of-Endomorphin-Hormone-and-Its-Effects-on-A-Rokade/d9d6a77f113bb866ea1588edf646a60e25ca1755.

266. Sarah Moore, "Science of Spicy Foods," AZoLifeSciences, last updated Diciembre 14, 2021, https://www.azolifesciences.com/article/Science-of-Spicy-Foods.aspx.

267. Sandra Manninen et al., "Social Laughter Triggers Endogenous Opioid Release in Humans," *Journal of Neuroscience* 37, no. 25 (Junio 21, 2017): 6125–31, https://www.jneurosci.org/content/37/25/6125.

268. Ji-Sheng Han, "Acupuncture and Endorphins," *Neuroscience Letters* 361, nos. 1–3 (Mayo 6, 2004): 258–61, https://pubmed.ncbi.nlm.nih.gov/15135942/.

269. Crissa L. Guglietti et al., "Meditation-Related Increases in GABAB Modulated Cortical Inhibition," *Brain Stimulation* 6, no. 3 (Mayo 2013): 397–402, https://pubmed.ncbi.nlm.nih.gov/23022436/.

270. Chris C. Streeter et al., "Yoga Asana Sessions Increase Brain GABA Levels: A Pilot Study," *Journal of Alternative and Complementary Medicine* 13, no. 4 (Mayo 2007): 419–26, https://pubmed.ncbi.nlm.nih.gov/17532734/.

271. Andrew Steptoe, Jane Wardle y Michael Marmot, "Positive Affect and Health-Related Neuroendocrine, Cardiovascular, and Inflammatory Processes," *Proceedings of the National Academy of Sciences of the United States of America* 102, no. 18 (Mayo 3, 2005): 6508–12, https://www.ncbi.nlm.nih.gov/pmc/articles/PMC1088362/.

272. Lee Ann Kaskutas, "Alcoholics Anonymous Effectiveness: Faith Meets Science," *Journal of Addictive Diseases* 28, no. 2 (2009): 145–57, https://www.ncbi.nlm.nih.gov/pmc/articles/PMC2746426/.

273. The 12 steps are taken from *Alcoholics Anonymous: The Story of How Many Thousands of Men and Women Have Recovered from Alcoholism*, rev. ed. (New York City: Alcoholics Anonymous World Services: 2001).

274. Kirsten Weir, "Forgiveness Can Improve Mental and Physical Health: Research Shows How to Get There," *Monitor on Psychology* 48, no. 1 (Enero 2017): 30, https://www.apa.org/monitor/2017/01/ce-corner.aspx.

275. Teodoro Bottiglieri, "S-Adenosyl-L-Methionine (SAMe): From the Bench to the Bedside— Molecular Basis of a Pleiotrophic Molecule," *American Journal of Clinical Nutrition* 76, no. 5 (Noviembre 2002): 1151S–57S, https://academic.oup.com/ajcn/article/76/5/1151S/4824259. S-adenosyl-methionine, or SAMe, is important in producing neurotransmitters like serotonin, dopamine, and epinephrine.

276. Cecile A. Marczinski y Amy L. Stamates, "Artificial Sweeteners versus Regular Mixers Increase Breath Alcohol Concentrations in Male and Female Social Drinkers," *Alcoholism: Clinical and Experimental Research* 37, no. 4 (Abril 2013): 696–702, https://pubmed.ncbi.nlm.nih.gov/23216417/.

277. Rena R. Wing y Robert W. Jeffery, "Benefits of Recruiting Participants with Friends and Increasing Social Support for Weight Loss and Maintenance," *Journal of Consulting and Clinical Psychology* 67, no. 1 (132–38), https://content.apa.org/record/1999-00242-015.

278. Daniel Kahneman, *Thinking, Fast and Slow* (New York: Farrar, Straus and Giroux, 2011).

279. Bella M. DePaulo et al., "Lying in Everyday Life," *Journal of Personality and Social Psychology* 70, no. 5 (1996): 979–95, https://pubmed.ncbi.nlm.nih.gov/8656340/.

280. Andrea Gurmankin Levy et al., "Prevalence of and Factors Associated with Patient Nondisclosure of Medically Relevant Information to Clinicians," *JAMA Network Open* 1, no. 7 (Noviembre 2, 2018): e185293, https://pubmed.ncbi.nlm.nih.gov/30646397/.

281. Common Sense Media, "Landmark Report: U.S. Teens Use an Average of Nine Hours of Media per Day, Tweens Use Six Hours: New 'Media Use Census' from Common Sense Details Media Habits and Preferences of American 8- to 18-Year-Olds," Common Sense, Noviembre 3, 2015, https://www.commonsensemedia.org/press-releases/landmark-report -us-teens-use-an-average-of-nine-hours-of-media-per-day-tweens-use-six-hours.

282. Heike Bruch y Sumantra Ghoshal, "Beware the Busy Manager," *Harvard Business Review*, Febrero 2002, https://hbr.org/2002/02/beware-the-busy-manager.

283. "Obesity and Overweight," National Center for Health Statistics, Centers for Disease Control and Prevention, last reviewed Septiembre 20, 2021, https://www.cdc.gov/nchs /fastats/obesity-overweight.htm.

284. National Center for Chronic Disease Prevention and Health Promotion, *The Power of Prevention: Chronic Disease . . . the Public Health Challenge of the 21st Century* (CDC, 2009), https://www.cdc.gov/chronicdisease/pdf/2009-Power-of-Prevention.pdf.

285. Roni Caryn Rabin, "Federal Agency Courted Alcohol Industry to Fund Study on Benefits of Moderate Drinking," *New York Times*, Marzo 17, 2018, https://www.nytimes.com/2018/03 /17/health/nih-alcohol-study-liquor-industry.html.

286. A. Guttmann, "Advertising Spending in the Perfumes, Cosmetics, and Other Toilet Preparations Industry in the United States from 2018 to 2020 (in Million U.S. Dollars)," Statista, Julio 19, 2021, https://www.statista.com/statistics/470467/perfumes-cosmetics -and-other-toilet-preparations-industry-ad-spend-usa/.

287. "Pornography: Is it Addictive?" *Prairie View Blog*, Diciembre 20, 2019, https://prairieview .org/resources/blog/pornography-is-it-addictive.

288. Mark Regnerus, David Gordon y Joseph Price, "Documenting Pornography Use in America: A Comparative Analysis of Methodological Approaches," *Journal of Sex Research* 53, no. 7 (2016): 873–81, https://www.tandfonline.com/doi/abs/10.1080/00224499.2015 .1096886.

289. Shawn Achor y Michelle Gielan, "Consuming Negative News Can Make You Less Effective at Work," *Harvard Business Review*, Septiembre 14, 2015, https://hbr.org/2015/09 /consuming-negative-news-can-make-you-less-effective-at-work.

290. Common Sense Media, "Landmark Report: U.S. Teens Use an Average of Nine Hours of Media per Day, Tweens Use Six Hours: New 'Media Use Census' from Common Sense Details Media Habits and Preferences of American 8- to 18-Year-Olds," Common Sense, Noviembre 3, 2015, https://www.commonsensemedia.org/press-releases/landmark-report -us-teens-use-an-average-of-nine-hours-of-media-per-day-tweens-use-six-hours.

291. Wilhelm Hofmann et al., "Desire and Desire Regulation," in *The Psychology of Desire*, ed. Wilhelm Hofmann and Loran F. Nordgren (New York: Guildford Press, 2015), 61–81.

292. Ethan Kross et al., "Facebook Use Predicts Declines in Subjective Well-Being in Young Adults," *PLOS ONE* 8, no. 8 (Agosto 14, 2013): e69841, https://journals.plos.org/plosone /article?id=10.1371/journal.pone.0069841.

    Ariel Shensa et al., "Social Media Use and Depression and Anxiety Symptoms: A Cluster Analysis," *American Journal of Health Behavior* 42, no. 2 (Marzo 1, 2018): 116–28, https:// www.ncbi.nlm.nih.gov/pmc/articles/PMC5904786/.

293. Russell James Schachar, Laura Seohyun Park y Maureen Dennis, "Mental Health Implications of Traumatic Brain Injury (TBI) in Children and Youth," *Journal of Canadian Academy of Child and Adolescent Psychiatry* 24, no. 2 (Fall 2015): 100–108, https://www .ncbi.nlm.nih.gov/pmc/articles/PMC4558980/.

    Gregory J. McHugo et al., "The Prevalence of Traumatic Brain Injury among People with Co-occurring Mental Health and Substance Use Disorders," *Journal of Head Trauma Rehabilitation* 32, no. 3 (Mayo/ Junio 2017): E65–74, https://pubmed.ncbi.nlm.nih.gov /27455436/.

294. Adrian D. Garcia, "Survey: Holidays Bring Spending Stress for Most Americans," Bankrate, Noviembre 13, 2019, https://www.bankrate.com/surveys/holiday-gifting-Noviembre-2019/.

295. Daniel G. Amen, *Healing ADD: The Breakthrough Program That Allows You to See and Heal the 7 Types of ADD*, rev. ed. (New York: Berkley Books, 2013).

296. Monica Shaw et al., "A Systematic Review and Analysis of Long-Term Outcomes in Attention Deficit Hyperactivity Disorder: Effects of Treatment and Non-treatment," *BMC Medicine* 10 (2012): 99, https://www.ncbi.nlm.nih.gov/pmc/articles/PMC3520745/.

Eve Kessler based on a presentation by Alan Wachtel, "Untreated ADHD: Lifelong Risks," Smart Kids with Learning Disabilities, accessed Mayo 1, 2022, https://www.smartkidswithld.org/getting-help/adhd/untreated-adhd-lifelong-risks/.

Chanelle T. Gordon y Gregory A. Fabiano, "The Transition of Youth with ADD/ADHD into the Workforce: Review and Future Directions," *Clinical Child and Family Psychology Review* 22, no. 3 (Septiembre 2019): 316–47, https://pubmed.ncbi.nlm.nih.gov/30725305/.

Alaa M. Hamed, Aaron J. Kauer y Hanna E. Stevens, "Why the Diagnosis of Attention Deficit Hyperactivity Disorder Matters," *Frontiers in Psychiatry* 6 (2015): 168, https://www.ncbi.nlm.nih.gov/pmc/articles/PMC4659921/.

Søren Dalsgaard et al., "Mortality in Children, Adolescents, and Adults with Attention Deficit Hyperactivity Disorder: A Nationwide Cohort Study," *Lancet* 385, no. 9983 (Mayo 30, 2015): 2190–96, https://pubmed.ncbi.nlm.nih.gov/25726514/.

297. David Neeleman, interview by Lois Gilman, "How to Succeed in Business with ADD/ADHD," *ADDitude*, updated Febrero 18, 2021, https://www.additudemag.com/ADD/ADHD-entrepreneur-stories-jetblue-kinkos-jupitermedia/.

298. Daniel G. Amen, Chris Hanks y Jill Prunella, "Predicting Positive and Negative Treatment Responses to Stimulants with Brain SPECT Imaging," *Journal of Psychoactive Drugs* 40, no. 2 (Junio 2008): 131–38, https://pubmed.ncbi.nlm.nih.gov/18720661/.

299. Amen Clinics, "Does Treating Mental Health Issues Make You Lose Your Sense of Humor?" Resources, blog, Mayo 27, 2021, https://www.amenclinics.com/blog/does-treating-mental-health-issues-make-you-lose-your-sense-of-humor/. See Amen Clinics and Dr. Daniel Amen, "'Will I Still Be Funny if My Brain Is Fixed? With Comedian Jessimae Peluso," *Scan My Brain*, Mayo 27, 2021, video, 15:08, https://www.youtube.com/watch?v=iYtqiJKmPLU&t=43s.

300. Amen Clinics, "How Learning Disorders Fuel Anxiety, Depression, and More," Resources, blog, Septiembre 16, 2021, https://www.amenclinics.com/blog/how-learning-disorders-fuel-anxiety-depression-and-more/.

301. Anuja S. Panicker y Anujothi Chelliah, "Resilience and Stress in Children and Adolescents with Specific Learning Disability," *Journal of the Canadian Academy of Child and Adolescent Psychiatry* 25, no. 1 (Winter 2016): 17–23, https://www.ncbi.nlm.nih.gov/pmc/articles/PMC4791102/.

302. Esme Fuller-Thomson Samara Z. Carroll y Wook Yang, "Suicide Attempts among Individuals with Specific Learning Disorders: An Underrecognized Issue," *Journal of Learning Disabilities* 51, no. 3 (Mayo/Junio 2018): 283–92, https://pubmed.ncbi.nlm.nih.gov/28635417/.

303. Amen Clinics, "Actress Reveals What Depression Feels Like," Resource, blog, Octubre 5, 2021, https://www.amenclinics.com/blog/actress-reveals-what-depression-feels-like/.

304. Amen Clinics, "The Heartbreaking Psychological Impacts of Being Unpopular," Resources, blog, Octubre 19, 2021, https://www.amenclinics.com/blog/the-heartbreaking-psychological-impacts-of-being-unpopular/. See Amen Clinics and Dr. Daniel Amen, "How Bullying Affects the Brain, with Nikki Leigh," *Scan My Brain*, Octubre 19, 2021, video, 14:42, https://www.youtube.com/watch?v=xqcJ6sln23M.

305. Madhuleena Roy Chowdhury, "19 Best Positive Psychology Interventions + How to Apply Them," blog, PositivePsychology.com, updated Marzo 24, 2022, https://positivepsychology.com/positive-psychology-interventions/.

306. "Children Who Lose a Parent to Suicide More Likely to Die the Same Way," Johns Hopkins Medicine, Abril 21, 2010, https://www.hopkinsmedicine.org/news/media/releases/children _who_lose_a_parent_to_suicide_more_likely_to_die_the_same_way.

307. Michael Fralick et al., "Risk of Suicide after a Concussion," *Canadian Medical Association Journal* 188, no. 7 (Abril 19, 2016): 497–504, https://pubmed.ncbi.nlm.nih.gov/26858348/.

308. *Dr. Phil*, "From Football Star to Manic Episodes: Can My Son Be Helped?" aired Abril 1, 2022. See clip at Dr. Phil.com, https://www.drphil.com/shows/from-football-star-to -manic-episodes-can-my-son-be-helped/.

309. Amen Clinics, "How Can You Know Yourself if You Don't Know Your Brain?" Resources, blog, Agosto 25, 2021, https://www.amenclinics.com/blog/how-can-you-know-yourself -if-you-dont-know-your-brain/. See Amen Clinics and Dr. Daniel Amen, "'What Exactly Did Football Do to My Brain?' Trent Shelton's Brain Scan Results," *Scan My Brain*, Agosto 25, 2021, video, 14:53, https://www.youtube.com/watch?v=riSynxVulak&t=4s.

310. Jennifer N. Belding et al., "Social Buffering by God: Prayer and Measures of Stress," *Journal of Religion and Health* 49, no. 2 (Junio 2010): 179-87, https://pubmed.ncbi.nlm.nih .gov/19462239/.

311. Timothy D. Windsor, Kaarin J. Anstey y Bryan Rodgers, "Volunteering and Psychological Well-Being among Young-Old Adults: How Much Is Too Much?" *Gerontologist* 48, no. 1 (Febrero 2008): 59–70, https://pubmed.ncbi.nlm.nih.gov/18381833/.

TU MEJOR VERSIÓN EN 12 SEMANAS de SANJAY GUPTA

Una guía transformadora con un enfoque paso a paso para cambiar hábitos arraigados y mejorar nuestra calidad de vida. Al seguir estos consejos, podremos reducir la ansiedad, mejorar el sueño y aumentar la energía, la claridad mental y la resistencia al estrés. Esta guía esencial nos permite adoptar comportamientos saludables y experimentar una transformación en solo 12 semanas.

INTELIGENCIA EMOCIONAL, 3A EDICIÓN de HARVARD

La tercera edición de 'Inteligencia Emocional' ofrece conocimientos actualizados sobre el complejo universo de las emociones y herramientas que te ayudarán a mejorar tus habilidades para gestionarlas y relacionarte eficazmente. Este libro recopila artículos de Harvard Business Review escritos por expertos en psicología, marketing, liderazgo y cambio organizacional, incluido Daniel Goleman.

DIARIO PARA ESTOICOS de RYAN HOLIDAY

Una guía fascinante para transmitir la sabiduría estoica a una nueva generación de lectores, ofreciendo una perspectiva fresca y relevante sobre cómo aplicarla en nuestra vida cotidiana y cultivar una vida más plena y significativa. Su Agenda es un complemento perfecto para una reflexión más profunda sobre el estoicismo, así como indicaciones diarias y herramientas estoicas de autogestión.

DIARIO PARA PADRES ESTOICOS de RYAN HOLIDAY

Del autor del Best Seller 'Diario para estoicos', presentamos este nuevo libro dirigido a aquellas personas interesadas en utilizar las enseñanzas y valores de la filosofía estoica en la crianza de sus hijos. Ya sea que estes esperando la llegada de tu primer hijo o que ya seas un abuelo experimentado, 'Diario para Padres Estoicos' te brinda una perspectiva fresca y consejos prácticos para cada etapa del emocionante viaje en la vida de tus hijos.

TU PAREJA IDEAL de LOGAN URY

Explora cómo nuestras decisiones influyen en nuestras relaciones amorosas. La autora, psicóloga y científica del comportamiento, combina investigación y experiencia personal para ofrecer estrategias prácticas sobre cómo encontrar y mantener el amor, guiándonos hacia relaciones sanas y significativas. Su profundo conocimiento del comportamiento humano y las relaciones hace que este libro sea una herramienta esencial para encontrar y mantener el amor.

Disponibles también en formato **e-book.**

Solicita más información en revertemanagement@reverte.com
www.revertemanagement.com
@revertemanagement